Familie Kılıç
Azra
Köchin in der Schulmensa von Eren und Elif
Eren
Sohn von Azra und Hüssein, überzeugter Vegetarier, der sich sehr für Ernährung interessiert
Hüssein
Inhaber eines Gemüseladens
Elif
Tochter von Azra und Hüssein, interessiert sich für Mode und Musik
Opa Schultz
Rentner, erzählt gerne von früher, Hobby-Imker
Ama
Freundin von Tom, Grafik-Designerin in einer Werbeagentur
Tom
Cousin von Charlotte, arbeitet als Pflegefachmann im Schichtdienst
Jule
Bankangestellte, hilft ehrenamtlich in einem Repair-Café
Charlotte
Tochter von Mai-Thi und Jule, interessiert sich für Umweltthemen und möchte Sinnfluencerin werden
Mai-Thi
Ärztin, reist leidenschaftlich gerne
Familie Schultz-Kim

#WAT 2

Wirtschaft-Arbeit-Technik

UpdateCodes

Aktualisierung von Grafiken, Statistiken und Tabellen

Herausgegeben von
Vera Kirchner

Bearbeitet von
Julia Alisch
Carsten Hinz
Constantin Klitsch
Robert Löffler
Sara Marschall
Isabelle Penning
Christin Richter
Nikita Solodilow

Mit digitalen Aufgabenkästen
Digitale Hilfen für Operatoren und Methoden, Zusatzmaterialien, interaktive Anwendungen (Quizze, Rankings, Abstimmungen, ...)

Erklärfilm
73000-521

BE: Integrierte Sekundarschule, Gemeinschaftsschule
BB: Oberschule, Gesamtschule, Gymnasium

Berlin/Brandenburg

C.C.BUCHNER

WAT – Berlin/Brandenburg

Wirtschaft-Arbeit-Technik
Band 2

Herausgegeben von Vera Kirchner
Bearbeitet von Julia Alisch, Carsten Hinz, Constantin Klitsch, Robert Löffler, Sara Marschall, Isabelle Penning, Christin Richter und Nikita Solodilow

Zu diesem Lehrwerk ist geplant:
- Digitales Lehrermaterial click & teach Einzellizenz, WEB-Bestell-Nr. 823041

Weitere Lizenzformen (Einzellizenz flex, Kollegiumslizenz) und Materialien unter www.ccbuchner.de

Dieser Titel ist auch als digitale Ausgabe **click & study** unter www.ccbuchner.de erhältlich.

1. Auflage, 1. Druck 2024

Dieses Werk folgt der reformierten Rechtschreibung und Zeichensetzung. Ausnahmen bilden Texte, bei denen künstlerische, philologische oder lizenzrechtliche Gründe einer Änderung entgegenstehen.

Die Mediencodes enthalten ausschließlich optionale Unterrichtsmaterialien.
An keiner Stelle im Schülerbuch dürfen Eintragungen vorgenommen werden.
Auf verschiedenen Seiten dieses Buches finden sich Verweise (Links) auf Internetadressen. Haftungshinweis: Trotz sorgfältiger inhaltlicher Kontrolle wird die Haftung für die Inhalte externer Seiten ausgeschlossen.

Redaktion: Svenja Gronau
Layout, Satz und Illustrationen: Wildner + Designer GmbH, Fürth
Druck und Bindung: Mohn Media Mohndruck GmbH, Gütersloh

www.ccbuchner.de

ISBN 978-3-661-**82302**-7

Liebe Schülerinnen und Schüler,

ihr wollt

- etwas über gesunde Ernährung und Nachhaltigkeit erfahren,
- beim Thema Wirtschaft endlich mehr verstehen und mitreden können,
- euch Gedanken zu eurer beruflichen Zukunft machen und
- in der Werkstatt eigene Projekte planen und erfolgreich umsetzen?

Dann seid ihr in diesem Buch genau richtig!
Wie bereits in Band 1 werdet ihr auch in **#WAT 2** auf eurem Weg durch die Kapitel den Kiezfiguren immer wieder begegnen.
Hinweise, wie ihr möglichst gut mit diesem Buch arbeiten könnt, findet ihr auf der folgenden Doppelseite.

Die Herausgeberin, das Autor:innenteam und der Verlag

Zur Arbeit mit dem Buch

1 Auftaktdoppelseite

Jedes Kapitel beginnt mit einer Doppelauftaktseite. Material und offene Aufgaben ermöglichen euch eine erste Annäherung an die Inhalte des neuen Kapitels. Dabei könnt ihr zeigen, was ihr schon über das neue Thema wisst.

Ein kleiner **Einführungstext** verschafft euch einen Überblick über die Inhalte des Kapitels.

Über welches Wissen und Können ihr am Ende des Kapitels verfügt, könnt ihr ebenfalls nachlesen.

2 Gemeinsam aktiv

Auf den ersten zwei Seiten im Kapitel wird euch immer ein Weg vorgestellt, über den ihr weitgehend selbstständig das Kapitel bearbeiten könnt! Dazu müsst ihr euch projektartig mit den Materialien und Inhalten des Kapitels auseinandersetzen und abschließend ein Produkt dazu erstellen.

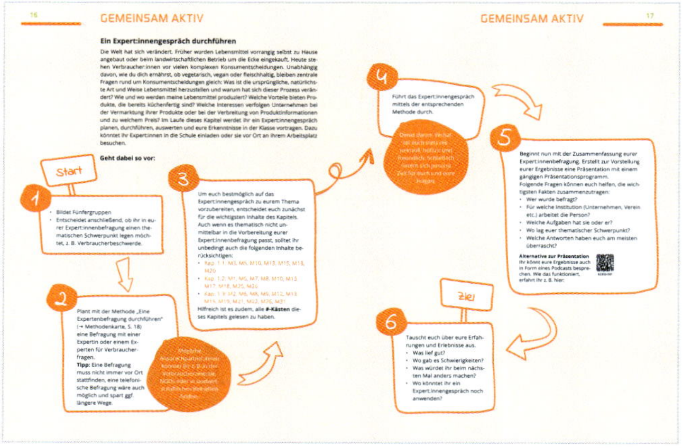

3 Unterkapitel

Das Thema der Unterkapitel wird in der Überschrift und wenigen Zeilen darunter erläutert. Die Materialien sind immer mit „M" gekennzeichnet.

In der Randspalte gibt es oft Hilfen H oder Zusatzangebote F zu den Aufgaben.

4 Praxisseite

Die Praxisseiten liefern detaillierte Anleitungen, Tipps und Sicherheitshinweise zur Arbeit in der Werkstatt.

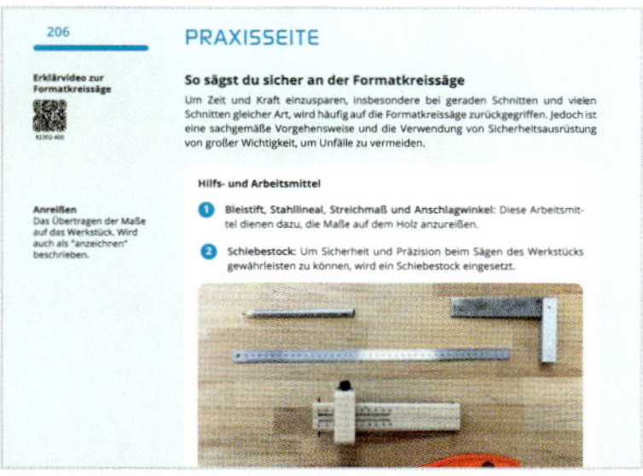

5 Methodenseiten

Methodenseiten geben euch eine schrittweise Hilfestellung, wie ihr Fachmethoden richtig erlernen könnt.

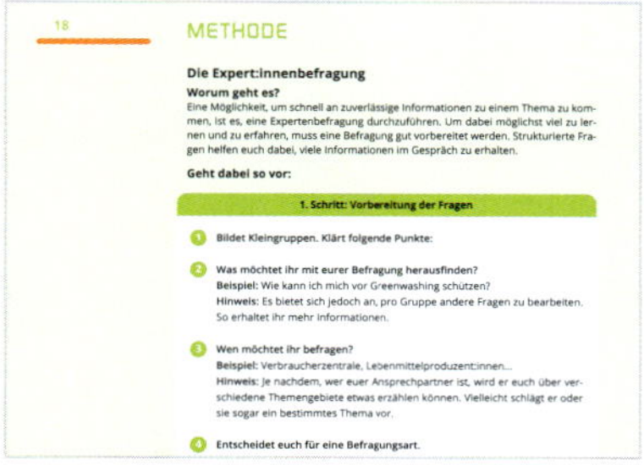

6 Kompetenztraining

Auf dieser Seite könnt ihr mit einer umfangreichen Aufgabe testen, ob ihr die Inhalte des Kapitels verstanden habt. Die Bearbeitung der Aufgabe zeigt euch, ob ihr die Inhalte auf ein konkretes, umfangreicheres Beispiel anwenden könnt.

So differenzieren Sie mit #WAT

Ziele des Differenzierens	
Ziele von grundlegender Bedeutung	
Förderung der Lernbereitschaft	Erfolgserlebnisse sind das Ziel: Die Schüler:innen sollen ermutigt und gestärkt, ihre Lernlust geweckt und ihr Leistungswille aktiviert werden.
Förderung der Selbstständigkeit	Nur wenn Schüler:innen auch in der Lage sind, sich – in überschaubarem Maße – um sich selbst zu kümmern, kann Differenzierung gelingen.
Förderung der Sozialkompetenz	Gefördert werden soll die Fähigkeit, sich zu engagieren, Verantwortung zu übernehmen, zu helfen und sich helfen zu lassen, offen für andere Sichtweisen zu sein.
ZIELE VON FACHLICHER BEDEUTUNG	
Förderung der Schüler/innen	Schüler:innen sollen so gefördert werden, dass alle das Fundamentum erreichen können.
Förderung der Schnell-Lerner	Schüler:innen, deren Fähigkeiten über dem Fundamentum liegen, sollen zusätzlich gefordert werden.
Förderung der individuellen Lernstile	Der eigene Lernstil soll bewusst gemacht werden, die individuellen Lernwege beschritten und neue Wege ausprobiert werden. Von der Erreichung dieses Zieles hängt der Lernerfolg der Schüler:innen ab.

Grundformen
Lernstandsdiagnose
zusätzliche Aufgaben
unterschiedliche Quantität der Aufgaben
unterschiedliches Niveau der Aufgaben
unterschiedliche Themen
unterschiedliche Methoden
unterschiedliche Sprache
Unterstützung durch Mitschüler/innen
Unterstützung durch die Lehrkraft

Nach: Gerhard Hey, Ulf Jesper, differenziert unterrichten, Bamberg 2012, S. 12

des Differenzierens	So differenziert das Schulbuch
Um die Schüler:innen abzuholen und die Unterrichtseinheit differenziert planen zu können, sollte diese zu Beginn eines Themas durchgeführt werden.	Jedes Großkapitel beginnt mit einer Auftaktdoppelseite mit Material und Aufgaben, die einen offenen Zugang zum neuen Thema ermöglichen. Mit diesem Ansatz lassen sich Vorwissen und Kompetenzstand der Lernenden einschätzen und der differenzierte Unterricht planen.
Zusatzaufgaben können über das Fundamentum hinausgehen (Additum-Aufgaben) oder dazu dienen, es zu erreichen (Unterstützungsaufgaben).	In der Randspalte werden vielfältige Aufgaben zum **Helfen** H und **Fordern** F angeboten.
Nicht alle Schüler:innen müssen alle Aufgaben bearbeiten.	Die Aufgabenblöcke bieten umfangreiche Vorschläge zur Bearbeitung an, hier kann bei Bedarf eine Auswahl getroffen werden.
Die Aufgaben sind in verschiedenen Anforderungsbereichen formuliert.	Die Aufgaben sind durch die Verwendung von **Operatoren aus den drei Anforderungsbereichen** grundsätzlich differenzierend angelegt. Aufgaben können zudem unterschiedlich anspruchsvoll gelöst werden – Hinweise hierzu finden sich im **click&teach Unterrichtsassistenten** zum Schülerbuch.
Die Schüler:innen widmen sich demjenigen Lerngegenstand, der sie entweder am meisten interessiert oder den sie noch nicht beherrschen.	Insbesondere der **Gruppenlernweg** „Gemeinsam aktiv" ermöglicht es den Schüler:innen, individuelle Schwerpunkte zu setzen.
Themen können auf unterschiedlichen Wegen bearbeitet werden.	Eine große Vielfalt an problemorientiertem und schülernahem **Material** weckt Interesse und ermöglicht unterschiedliche Zugänge. Die Aufgaben zeichnen sich insgesamt durch eine große Vielfalt aus: **Unterschiedliche Sozial- / Unterrichtsformen** und Bearbeitungsmöglichkeiten ermöglichen einen abwechslungsreichen Unterricht. Mit **Kompetenzbausteinen** wird strukturiert methodisches Vorgehen explizit geschult.
Durch einfache Sprache zentraler Erklärungen wird sichergestellt, dass die gesamte Lerngruppe mitarbeiten kann.	Bei grundlegenden Texten wurde besonders auf eine einfache Sprache geachtet, die **Grundbegriffe** werden auf zwei Niveaustufen angeboten.
Die Schüler:innen kooperieren. Dazu nehmen sie immer wieder die Rolle von Lernhelfern oder Experten ein.	**Vielfältige kooperative Aufgabenformate** regen Sozial- / Unterrichtsformen an, bei denen eine Unterstützung durch Mitschüler und / oder die Lehrkraft Teil der Bearbeitung ist.
Eine der intensivsten und effektivsten Grundformen: Die Lehrkraft arbeitet mit einzelnen Schüler:innen (oder einer Kleingruppe) zusammen.	

Inhalt

Zur Arbeit mit dem Buch ... 4

1 Ernährung und Konsum: damals, heute und in Zukunft ... 14
Gemeinsam aktiv: Ein Expert:innengespräch durchführen ... 16
Methode: Die Expert:innenbefragung ... 18
1.1 Lebensmittel früher, heute und in Zukunft ... 20
Wo liegt der Ursprung der Massentierproduktion? ... 20
Vom Bauernhof zur modernen Fleischfabrik? ... 22
Essen aus der Dose – Hochgenuss in Krisenzeiten? ... 24
Besser essen Dank Folie & Co? ... 26
Generation Convenience? ... 28
Perfektion auf Knopfdruck:
Verändern 3D-Drucker unsere Ernährung? ... 30
1.2 Der (weite) Weg unserer Lebensmittel ... 32
Wie hat sich der globale Handel entwickelt? ... 32
Mit dem Fahrrad, der Bahn oder dem Flugzeug? ... 34
Krabben aus Marokko? Lebensmittelketten international ... 38
Selbst gekocht oder bestellt? ... 40
Spreewald statt Spanien? Eine konkurrenzfähige Region ... 42
Vegan, vegetarisch oder lieber flexitarisch?
Ernährungsformen im (Klima-)Überblick ... 46
Methode: Eine nachhaltige Kaufentscheidung treffen ... 48
1.3 Politik mit dem Einkaufskorb und auf dem Teller ... 50
Meine Ernährung – (nur) meine Angelegenheit? ... 50
Grüner als Grün? ... 52
Haben Nahrungsmittel Lobbys? ... 54
Verspeisen oder verbrennen – ein Zielkonflikt? ... 56
Bunte Lebensmittel ... mit dunklen Flecken? ... 58
Wie mit Nahrungsmittelverschwendung umgehen? ... 60
Alles was recht und billig ist:
Wie bekommen Verbraucher:innen Recht? ... 62
Wer leistet welchen Beitrag zu nachhaltigem Konsum? ... 64
Politik mit dem Einkaufskorb –
worauf haben Konsument:innen Einfluss? ... 66
Was tragen Unternehmen zu nachhaltigem Konsum bei? ... 68
Methode: Eine Fallstudie durchführen ... 70
Was leistet die Politik für nachhaltigen Konsum? ... 72
Kompetenztraining ... 74

2 Unternehmerisches Handeln ... 76
Gemeinsam aktiv: Einen (nachhaltigen) Businessplan entwickeln ... 78
2.1 Struktur eines Unternehmens ... 80
Unternehmen als Motoren für Innovationen ... 80
Wo kommen die Rohstoffe denn her? ... 82
Produkte produzieren – aber wie? ... 84

Wie verkaufe ich mein Produkt? ... 86
Methode: Einen Fragebogen erstellen ... 88
Beschaffung – Produktion – Absatz: Warum ist die Reihenfolge wichtig? ... 90
2.2 Das „Soziale“ im Unternehmen ... 92
Arbeiten oder leben? ... 92
Beruflich oder privat? ... 94
Zusammen ist man weniger allein? ... 96
Methode: Ein Pro-Kontra-Streitgespräch führen ... 98
Arbeit vs. Freizeit – oder muss man das nicht trennen? ... 99
Meine Rechte am Arbeitsplatz – muss ich alles, was ich kann? ... 102
2.3 Unternehmen im Wandel ... 104
Jedem Anfang wohnt ein Zauber inne ... oder? ... 104
Tourismus statt Tagebau in der Lausitz ... 106
Brandenburg – ein Tor zur Welt? ... 108
Methode: Einen Wirtschaftsraum untersuchen ... 110
Ist der Handel im Internet besser? ... 111
Methode: Eine Website planen und erstellen ... 113
Fassbrause ist doch kein Champagner ... 114
Methode: Berechnung der Stückkosten ... 115
Methode: Berechnung von Umsatz und Gewinn ... 115
Kompetenztraining ... 116

3 Berufs- und Lebenswegplanung ... 118
Gemeinsam aktiv: Dein Weg in einen Beruf – eine Übersicht mit TaskCards erstellen ... 120
3.1 Gut informiert ist halb entschieden? ... 122
Bildungswege und Anschlussperspektiven nach der Schule – wie informiere ich mich richtig? ... 122
Methode: Informations- und Beratungsangebote zur beruflichen Orientierung nutzen ... 124
Methode: Besuch einer Studien- und Ausbildungsmesse vorbereiten ... 126
3.2 Arbeit in der Zukunft ... 127
Welche Berufsfelder bieten Perspektiven? ... 127
Welche Fähigkeiten müssen Arbeitnehmer:innen zukünftig mitbringen? ... 129
3.3 Fachkräftemangel: wenn Unternehmen zu Bewerbern werden ... 130
Woher kommt der Fachkräftemangel und wie kann er behoben werden? ... 130
Was tun regionale Betriebe gegen den Fachkräftemangel? ... 132
3.4 Stereotype Berufswahl: typisch Frau, typisch Mann? ... 133
Was hat das Geschlecht mit der Berufswahl zu tun? ... 133
Welche Rechte und Pflichten bringt der Ausbildungsvertrag mit sich? ... 136
3.5 Mitarbeiten, Mitgestalten, Mitbestimmen: Beteiligung rund um die Erwerbsarbeit ... 138
Welche Beteiligungsmöglichkeiten haben Arbeitnehmer:innen? ... 138
Ein Konflikt, verschiedene Meinungen dazu ... 140
Methode: Eine Betriebserkundung durchführen ... 142

3.6 Sich entscheiden ... 144
Wege nach der 10. Klasse – (un)endliche Möglichkeiten ... 144
Einflussfaktoren auf die Berufswahl ... 146
Ohne Moos nichts los? ... 148
Achtung Beruf(swahl)! ... 150
Methode: Eine Nutzwertanalyse durchführen ... 153
Keine Ausbildung – was nun? ... 155
3.7 Sich bewerben ... 156
Mein Profil – das zeichnet mich aus ... 156
Methode: Check-U ... 158
Methode: Eine Potenzialanalyse durchführen ... 160
3.8 Stellenanzeigen lesen und verstehen ... 162
Wie sieht eine seriöse Stellenanzeige aus? ... 162
Wie sehen aktuelle Stellenanzeigen aus? ... 164
Stellenanzeigen – wie geht´s besser? ... 166
Matching – passt das? ... 167
Methode: Einen Lebenslauf erstellen ... 168
Wie verfasse ich ein überzeugendes Bewerbungsschreiben? ... 170
Methode: Ein Bewerbungsschreiben erstellen ... 172
Methode: Einen Interviewleitfaden erstellen ... 174
Wie überzeuge ich im Vorstellungsgespräch? ... 176
Methode: Ein Vorstellungsvideo erstellen ... 178
3.9 Betriebspraktikum ... 179
Was soll dir ein Praktikum bringen? ... 179
Praktikumsplatzsuche leicht gemacht? ... 180
Telefonieren will gelernt sein ... 181
Methode: Selbst- und Zeitmanagement – der Praktikumshefter ... 182
Methode: Mein Praktikumshefter ... 184
Tools zur Beruflichen Orientierung ... 187

4 Technik in deiner Welt ... 190
Gemeinsam aktiv: Ein Makerspace erkunden ... 192
4.1 Ran an die Maschine – Fertigen wie die Profis ... 194
Bist du sicher bei Sicherheitsfragen? ... 194
Methode: Werkraumordnung ... 195
Ergonomie – mehr als nur Komfort am Arbeitsplatz? ... 196
Was zeichnet Maschinen aus? ... 198
Wie entstehen Produkte in der Fertigung? ... 200
Wie haben sich die Fertigung und die dazugehörigen Berufe verändert? ... 202
Womit sägen eigentlich die Profis? ... 204
Praxisseite: So sägst du sicher an der Formatkreissäge ... 206
Praxisseite: Sägen an der Bandsäge ... 209
Können Lichtstrahlen Stahl schneiden? ... 212
4.2 Technische Neuerungen und deren gesellschaftliche Folgen ... 214
Was ist eine Neuerung? ... 214
Ohne Fahrer:in ans Ziel – wie funktioniert autonomes Fahren? ... 217
Autonomes Fahren – Problemlöser oder Problemverursacher? ... 220
Werden Neuerungen von Menschen für Menschen gemacht? ... 224

Mit Neuerungen die Welt verbessern? ... 227
Woher kommt die Energie? ... 229
Warum brauchen wir eine Energiewende? ... 231
Ein Leben ohne Kommunikation, geht das überhaupt? ... 233
Methode: Technische Exkursion ... 236
Mit dem Fahrrad in den Urlaub – Utopie oder Realität? ... 238
Wie entstehen individuelle Wohn(t)räume der Zukunft? ... 240
Mit Maschinen zu neuen Arbeitsplätzen? ... 242
VR/AR – eine neue Welt? ... 244
4.3 Zusammenspiel von Mensch-Maschine ... 246
Was ist ein Roboter? ... 246
Mit Robotern zum blitzsauberen Zuhause? ... 248
Mit Care-Robotern und KI die Zukunft revolutionieren? ... 250
Besser als 10 Arbeiter:innen? ... 252
Mein neuer Kollege ist eine Maschine? ... 254
4.4 Mach mal was – Making und Reparatur ... 256
Mach doch mal was ... 256
Praxisseite: Ein sprechendes Poster mit dem Makey Makey erstellen ... 259
Helfen Pläne? ... 261
Wie bekomme ich Struktur in mein Projekt? ... 263
Läuft doch alles, oder nicht? So behältst du dein Projekt im Blick ... 266
Schicht für Schicht und trotzdem dicht? ... 268
Wie kommt man von der Idee zum 3D-Produkt? ... 270
Lässt sich heutzutage alles drucken? ... 273
Was passiert mit unserem Schrott? ... 276
Wie entsteht unser ganzer Schrott? ... 278
Mein Gerät – mein Recht auf Reparatur? ... 281
Reparieren als Beruf? ... 283
Methode: Eine Reparatur durchführen ... 285
Kompetenztraining ... 288

Methoden im Überblick:

Die Expert:innenbefragung ... 18
Eine nachhaltige Kaufentscheidung treffen ... 48
Eine Fallstudie durchführen ... 70
Einen Fragebogen erstellen ... 88
Ein Pro-Kontra-Streitgespräch führen ... 98
Einen Wirtschaftsraum untersuchen ... 110
Eine Website planen und erstellen ... 113
Berechnung der Stückkosten ... 115
Berechnung von Umsatz und Gewinn ... 115
Informations- und Beratungsangebote zur beruflichen Orientierung nutzen ... 124
Besuch einer Studien- und Ausbildungsmesse vorbereiten ... 126

Eine Betriebserkundung durchführen 142
Eine Nutzwertanalyse durchführen 153
Check-U 158
Eine Potenzialanalyse durchführen 160
Einen Lebenslauf erstellen 168
Ein Bewerbungsschreiben erstellen 172
Einen Interviewleitfaden erstellen 174
Ein Vorstellungsvideo erstellen 178
Selbst- und Zeitmanagement – der Praktikumshefter 182
Mein Praktikumshefter 184
Werkraumordnung 195
Technische Exkursion 236
Eine Reparatur durchführen 285

Grundbegriffe im Überblick

Domestizierung 21
Haltbarkeit durch Pasteurisieren und Sterilisieren 24
Convenience Food 29
Lieferkette 36
Globalisierung 39
Geschützte geografische Angabe 44
Unsichtbare Kosten 51
Greenwashing 53
Lobbyismus 55
Containern 61
Verbraucherbeschwerde 62
Kreditanstalt für Wiederaufbau . 72
Beschaffung 83
Dienstleistung 85
Marketing 85
Absatz 87
Aufbau- und Ablauforganisation 92
Gewerkschaft 96
Strukturwandel 105
Variable und fixe Kosten 114
Fachkräftemangel 130
Rente 135
Ausbildungsvertrag 136
Arbeitskampf 138
Hard Skills und Soft Skills 157
Recruiting 164
Bewerbung 171
Ergonomie 196
Maschine 198
Automatisierung 202
Sägeblatt 204
Laser 212
Invention und Innovation 214
Technikfolgenabschätzung 223
Primärenergieträger 229
Energiewende 232
Kommunikation 234
VR und AR 244
Roboter 246
Transhumanismus 247
Messen, Steuern und Regeln . . . 249
Künstliche Intelligenz (KI) 250
Maker-Bewegung 257
Projekt 261
Projektmanagement 263
3D-Druck 268
Obsoleszenz 278

Allgemeine Hinweise

- Ein Register zum Auffinden von Querverweisen kann euch ein wichtiges Hilfsmittel sein und das selbstständige Arbeiten mit dem Buch erleichtern.
- Eigens für das Schulbuch erstellte Zusatzmaterialien oder Erklärfilme (drei bis fünf Minuten) könnt ihr auf der Verlagshomepage (www.ccbuchner.de) kosten- und werbefrei jederzeit abrufen. Mithilfe von Mediencodes könnt ihr sie entweder direkt (Quick-Response-Code ↔ Smartphone/Tablet) oder über die Eingabe des jeweiligen Mediencodes in das Suchfeld der Verlagshomepage beziehen.
- **Geschlechtergerechte Sprache:** Im Schulbuch werden in der Regel sowohl die weibliche als auch die männliche Form verwendet; wo immer möglich, werden neutrale Formen wie „Lehrkraft" gebraucht. Ausnahmen davon bilden zum Beispiel
  - layouttechnische Gründe (Platzmangel),
  - bestimmte Funktionsbezeichnungen bzw. Begriffe mit Nähe zu formalen und juristischen Texten oder domänenspezifischen Fachbegriffen (z. B. *„Gläubiger"*, *„Schuldner"*, *„Käufer"*, *„Produzent"*, *„Hersteller"*, *„Dienstleister"*, *„Händler"* etc.),
  - Fremdtexte oder
  - die massive Beeinträchtigung der Lesbarkeit.

  Selbstverständlich sind auch in diesen Fällen Personen jeglichen Geschlechts gemeint.
- Materialien ohne Quellenangaben sind von den Bearbeiter:innen verfasst.
- Sofern bei Materialien aus dem Internet kein Verfasserdatum ermittelt werden konnte, wird das Abrufdatum genannt.

Was weißt du schon?

1. Nenne möglichst alle abgebildeten Obst- und Gemüsesorten.
2. a) Einheimisch oder importiert? Ordnet die abgebildeten Obst- und Gemüsesorten zu zweit zu. Erstellt hierzu eine Tabelle.
   b) Nennt mögliche Herkunftsländer, wenn ihr wisst, wo diese Obst- und Gemüsesorten wachsen.
3. Charlotte wünscht sich zu ihrem Geburtstag im November einen Kuchen mit frischen Erdbeeren. Diskutiert ihren Wunsch und findet mögliche Alternativen für einen saisonalen Geburtstagskuchen.

1

#Ernährung und Konsum: damals, heute und in Zukunft

Beim Einkauf im Supermarkt findest du ständig Produkte, die entweder nicht zu dieser Jahreszeit oder überhaupt nicht bei uns wachsen. Und auch beim Shoppen von Klamotten wirst du nur mit viel Mühe ein Kleidungsstück finden, dessen Rohstoffe aus Deutschland kommen und das auch hier hergestellt wurde.
Doch woran liegt das und was haben die Produkte im Supermarkt oder im Einkaufscenter mit Globalisierung zu tun? Woher kommen all unsere Lebensmittel überhaupt und wie gelangen sie frisch zu uns? Wie wurden Lebensmittel früher produziert und sind Waren aus der eigenen Region eigentlich immer die beste Wahl?

Was lernst du in diesem Kapitel?

... wo Fleisch für den Konsum hergestellt und verarbeitet wird.
... woher der Begriff Convenience kommt und wie Speisen haltbarer gemacht werden können.
... wie die Zukunft von Lebensmitteln aussehen kann.
... welche Folgen unser Lebensmittelkonsum und verschiedene Ernährungsformen auf die Umwelt und das Klima haben.
... welche Auswirkungen die Globalisierung von Lebensmittelketten auf unsere Gesellschaft haben.
... warum der Spreewald eine starke Region ist.
... wie Unternehmer:innen versuchen, Produkte möglichst nachhaltig zu verkaufen und in ihrem Sinne zu vermarkten.
... ob es sinnvoll ist, Nahrungsmittel für Kraftstoffe zu verwenden und wie wir Nahrungsmittelverschwendung vorbeugen können.
... wie du eine Verbraucherbeschwerde schreiben kannst.

Ein Expert:innengespräch durchführen

Die Welt hat sich verändert. Früher wurden Lebensmittel vorrangig selbst zu Hause angebaut oder beim landwirtschaftlichen Betrieb um die Ecke eingekauft. Heute stehen Verbraucher:innen vor vielen komplexen Konsumentscheidungen. Unabhängig davon, wie du dich ernährst, ob vegetarisch, vegan oder fleischhaltig, bleiben zentrale Fragen rund um Konsumentscheidungen gleich: Was ist die ursprüngliche, natürlichste Art und Weise Lebensmittel herzustellen und warum hat sich dieser Prozess verändert? Wie und wo werden meine Lebensmittel produziert? Welche Vorteile bieten Produkte, die bereits küchenfertig sind? Welche Interessen verfolgen Unternehmen bei der Vermarktung ihrer Produkte oder bei der Verbreitung von Produktinformationen und zu welchem Preis? Im Laufe dieses Kapitel werdet ihr ein Expert:innengespräch planen, durchführen, auswerten und eure Erkenntnisse in der Klasse vortragen. Dazu könntet ihr Expert:innen in die Schule einladen oder sie vor Ort an ihrem Arbeitsplatz besuchen.

Geht dabei so vor:

Start

1

- Bildet Fünfergruppen
- Entscheidet anschließend, ob ihr in eurer Expert:innenbefragung einen thematischen Schwerpunkt legen möchtet, z. B. Verbraucherbeschwerde.

2

Plant mit der Methode „Eine Expertenbefragung durchführen“ (→ Methodenkarte, S. 18) eine Befragung mit einer Expertin oder einem Experten für Verbraucherfragen.

Tipp: Eine Befragung muss nicht immer vor Ort stattfinden, eine telefonische Befragung wäre auch möglich und spart ggf. längere Wege.

Mögliche Ansprechpartner:innen könntet ihr z. B. in der Verbraucherzentrale, NGOs oder in landwirtschaftlichen Betrieben finden.

3

Um euch bestmöglich auf das Expert:innengespräch zu eurem Thema vorzubereiten, entscheidet euch zunächst für die wichtigsten Inhalte des Kapitels. Auch wenn es thematisch nicht unmittelbar in die Vorbereitung eurer Expert:innenbefragung passt, solltet ihr unbedingt auch die folgenden Inhalte berücksichtigen:

- Kap. 1.1: M3, M5, M10, M13, M15, M18, M20
- Kap. 1.2: M1, M5, M7, M8, M10, M13, M17, M18, M25, M26
- Kap. 1.3: M2, M6, M8, M9, M12, M13, M15, M19, M21, M22, M26, M31

Hilfreich ist es zudem, alle **#-Kästen** dieses Kapitels gelesen zu haben.

4

Führt das Expert:innengespräch mittels der entsprechenden Methode durch.

Denkt daran: Verhaltet euch stets respektvoll, höflich und freundlich. Schließlich nimmt sich jemand Zeit für euch und eure Fragen.

5

Beginnt nun mit der Zusammenfassung eurer Expert:innenbefragung. Erstellt zur Vorstellung eurer Ergebnisse eine Präsentation mit einem gängigen Präsentationsprogramm.
Folgende Fragen können euch helfen, die wichtigsten Fakten zusammenzutragen:

- Wer wurde befragt?
- Für welche Institution (Unternehmen, Verein etc.) arbeitet die Person?
- Welche Aufgaben hat sie oder er?
- Wo lag euer thematischer Schwerpunkt?
- Welche Antworten haben euch am meisten überrascht?

Alternative zur Präsentation
Ihr könnt eure Ergebnisse auch in Form eines Podcasts besprechen. Wie das funktioniert, erfahrt ihr z. B. hier:

82302-001

Ziel

6

Tauscht euch über eure Erfahrungen und Erlebnisse aus.

- Was lief gut?
- Wo gab es Schwierigkeiten?
- Was würdet ihr beim nächsten Mal anders machen?
- Wo könntet ihr ein Expert:innengespräch noch anwenden?

Die Expert:innenbefragung

Worum geht es?

Eine Möglichkeit, um schnell an zuverlässige Informationen zu einem Thema zu kommen, ist es, eine Expertenbefragung durchzuführen. Um dabei möglichst viel zu lernen und zu erfahren, muss eine Befragung gut vorbereitet werden. Strukturierte Fragen helfen euch dabei, viele Informationen im Gespräch zu erhalten.

Geht dabei so vor:

1. Schritt: Vorbereitung der Fragen

1. **Bildet Kleingruppen. Klärt folgende Punkte:**

2. **Was möchtet ihr mit eurer Befragung herausfinden?**
   Beispiel: Wie kann ich mich vor Greenwashing schützen?
   Hinweis: Es bietet sich jedoch an, pro Gruppe andere Fragen zu bearbeiten. So erhaltet ihr mehr Informationen.

3. **Wen möchtet ihr befragen?**
   Beispiel: Verbraucherzentrale, Lebenmittelproduzent:innen...
   Hinweis: Je nachdem, wer euer Ansprechpartner ist, wird er euch über verschiedene Themengebiete etwas erzählen können. Vielleicht schlägt er oder sie sogar ein bestimmtes Thema vor.

4. **Entscheidet euch für eine Befragungsart.**
   Beispiel: Es gibt verschiedene Möglichkeiten, eine Befragung durchzuführen:
   - schriftlich, z. B. mit einem Fragebogen in Papierform
   - in Form eines Interviews (persönlich, telefonisch)

   Hinweis: Die schriftliche Befragung eignet sich insbesondere dann, wenn eine größere Anzahl an Personen befragt werden soll.

5. **Sammelt geeignete Fragestellungen. Einigt euch anschließend auf die besten Fragen.**
   Beispiel: Formuliert eure Fragen so, dass sie möglichst kurz und eindeutig sind. Dabei könnt ihr offene und geschlossene Fragen stellen.
   Hinweis: Wenn ihr offene Fragen stellt, erfahrt ihr oft noch weitere Informationen, nach denen ihr sonst nicht gefragt hättet. Der oder die Befragte hat dadurch mehr Möglichkeiten, interessante Aspekte zu nennen.

6. **Gestaltet euren Fragebogen am Computer. mithilfe eines geeigneten Textverarbeitungsprogramms**

2. Schritt: Vorbereitung des Interviews

1. **Nehmt Kontakt zur Person auf, die ihr befragen möchtet (E-Mail, Telefon). Stellt euch freundlich vor und tragt euer Anliegen vor. Fragt die Person, ob sie sich den Fragen stellen würde und ob ihr einen Interviewtermin vereinbaren könntet.**
   Beispiel: Nennt eure Namen, eure Schule, euer Thema und wofür ihr die Befragung durchführt.
   Hinweis: Prüft zunächst Termine in eurer Gruppe, die ihr dann vorschlagen könnt. Gebt eine Einschätzung, wie lange die Befragung dauert. Ihr könnt die Fragen vorab per E-Mail zuschicken, damit sich die Expert:innen vorbereiten können.

2. **Ihr wollt das Gespräch digital aufnehmen? Fragt zuvor um Erlaubnis.**
   Beispiel: Video- oder Tonaufzeichnung
   Hinweis: Prüft, ob und wie ihr die Aufnahme verwenden dürft. Muss dafür ein Dokument ausgefüllt werden?

3. **Verteilt die Rollen im Gespräch. Schreibt die Antworten stichpunktartig mit.**
   Beispiel: Wer stellt welche Frage? Wer schreibt wann mit?
   Hinweis: Die Stichpunkte müssen kurz, aber später nachvollziehbar sein. Am besten teilt ihr euch das Mitschreiben untereinander auf, z. B. jeder eine Frage.

3. Schritt: Durchführung des Interviews

1. **Erscheint pünktlich und vorbereitet zum Termin.**
   Hinweis: Habt alle Materialien dabei. Ist die Technik bereit? Sind die Rollen klar?

2. **Führt das Interview durch.**
   Beispiel: Verfallt nicht in Panik, wenn etwas nicht wie vorgesehen klappt.
   Hinweis: Verhaltet euch ruhig und konzentriert.

3. **Bedankt euch am Ende für die Teilnahme an eurer Befragung.**
   Hinweis: Es ist nicht selbstverständlich, dass sich Experten Zeit für eine Befragung nehmen können, da sie in der Regel bereits viele andere tägliche Aufgaben haben.

4. Schritt: Auswertung

Fasst die Antworten zusammen und visualisiert sie.
Hinweis: Überlegt zuvor, welche Visualisierung geeignet ist, damit sie gut in eurer Präsentation wirkt.

1.1 Lebensmittel früher, heute und in Zukunft

Wo liegt der Ursprung der Massentierproduktion?

Hättest du vor 200 Jahren auf dem Land gewohnt, hätte dein Tag ziemlich wahrscheinlich mit der Versorgung der eigenen Nutztiere begonnen und geendet. Also erstmal raus aus den Federn und die Tiere versorgen und abends dasselbe Spiel nochmal. Du hättest sicher fast ausschließlich das gegessen, was du auf deinem Land produziert hast und damit wenig Abwechslung auf dem Teller. Doch die Zeiten haben sich geändert. Woran liegt das und wie wurde die landwirtschaftliche Produktion intensiviert?

M1 Nutztierhaltung im alten Ägypten

Ägyptische Malereien um 1200 v. Chr.

M2 Am Anfang stand die Jagd

Video: Jäger und Sammler

82302-002

Bevor der Mensch Tiere als Nutztiere hielt, war das Jagen und Sammeln von Nahrung eine der wichtigsten Beschäftigungen, um das eigene Überleben und das der Familie zu sichern. Und das war mitunter ein gefährliches Unterfangen. Bei der Jagd selbst, auf dem Weg dorthin oder zurück konnten Unfälle passieren. Zudem war es umständlich, die gesammelten oder gejagten Lebensmittel über weite Strecken zurückzutransportieren.

Die Haltung und Zucht von eigenen Tieren direkt in der Nähe des Hauses brachte viele Vorteile. Fleisch war in Form von lebenden Tieren stets verfügbar. Später nutzte man zudem die Arbeitskraft von z. B. Rindern, Ochsen und Eseln, um Felder zu bewirtschaften.

DOMESTIZIERUNG

Als Domestizierung wird die gezielte Zucht von Wildtieren hin zu Haus- oder Nutztieren bezeichnet. Über Generationen hinweg werden nur Tiere mit besonders gewünschten Merkmalen (Größe, Farbe, ...) und Eigenschaften (friedlich, robust, ...) vermehrt.
So wurden vor rund 10.500 Jahren in Vorderasien aus dem wilden Auerochsen die Vorfahren der heutigen Rinderarten gezüchtet. Das Wort Domestizierung geht auf das lateinische Wort „domesticus" zurück und bedeutet „häuslich".

M3 Falsches Kaninchen?

Charlotte ist auf dem Weg in den Spreewald. Sie wird einen Teil der Sommerferien bei Opa Schultz auf dem Land verbringen. Noch vor wenigen Wochen erzählte er ihr am Telefon wie prächtig sich der Kaninchennachwuchs entwickelt. Aus den sechs kleinen Hüpfern waren inzwischen ausgewachsene Tiere geworden.

Nach einer knappen Begrüßung eilt sie direkt zum Kaninchenstall. Bis auf zwei alte Kaninchen ist der Stall jedoch leer. Charlotte ahnt Schlimmes. Auf die Frage, was mit den Kaninchen passiert ist, erklärt Opa Schultz: „Kleene, die sind in die Kühltruhe umgezogen."

Doch es sollte noch schlimmer kommen. Am darauffolgenden Sonntag wurde zum Mittag gebratenes Kaninchen mit Kartoffeln und Rotkohl aufgetischt. Charlotte verweigert das Essen. „Opa, das kann ich doch nicht essen. Das ist doch brutal und grausam!" Opa Schultz schüttelt verwundert den Kopf: „Wat esst ihr denn in Berlin? Und wo kommt dit wohl her?"

AUFGABEN

82302-200

1. Beschreibt, welchen Tätigkeiten die abgebildeten Personen in **M1** nachgehen.
2. a) Erklärt Nachteile und Schwierigkeiten des Sammelns und Jagens (**M2**, **QR-Code**).
   b) Erläutert Vorteile, die sich aus der Sesshaftigkeit des Menschen und der Domestizierung von Wildtieren ergaben (**M2**, **#Domestizierung**).
   c) Erörtert und diskutiert die unterschiedlichen Ansichten von Opa Schultz und Charlotte in **M3**: Was könnt ihr an welcher Position nachvollziehen, was findet ihr schwierig?
   d) Befragt Verwandte oder Bekannte, ob und warum sie selbst Nutztiere halten und ggf. schlachten.

Sesshaftigkeit
bedeutet, dauerhaft an einem Ort zu leben und nicht mit mobilen Wohnmöglichkeiten (z. B. Zelten, Jurten, Wohnwagen) umherzuziehen

H zu Aufgabe 1
Überlegt, welche Aufgaben in einem landwirtschaftlichen Betrieb zu erledigen sind.

Vom Bauernhof zur modernen Fleischfabrik?

Du stehst im Supermarkt, um Eier zu kaufen. Auf manchen Packungen steht „Bodenhaltung“ und auf anderen „Freilandhaltung“. Nun sollst du dich entscheiden. Aber was bedeutet eigentlich „Haltungsform“?

M4 Hühnerhaltung: Klasse statt Masse?

Private Hühnerhaltung

Industrielle Hühnerhaltung

M5 Ernährung für alle – aber zu welchem Preis?

Video: Industrialisierung erklärt

82302-003

Justus von Liebig
(1803-1873)
deutscher Chemiker und Universitätsprofessor

Mit der Industrialisierung veränderte sich auch die Produktion von Lebensmitteln. Die schnell wachsende Bevölkerung musste zuverlässig mit Lebensmitteln versorgt werden. Mit der Erfindung des Mineraldüngers durch Justus von Liebig (um 1840) konnten pflanzliche Erträge, z.B. Erträge von Weizenfeldern, schnell gesteigert werden. Die zunehmende Intensivierung der Tierzucht führte zudem zu einer besseren Versorgung der Menschen mit tierischen Lebensmitteln. Ab dem Jahr 1950 kann in etwa von einer industriellen Landwirtschaft gesprochen werden. Auf dem Gebiet der ehemaligen DDR wurden dazu private Bauernbetriebe, zum Teil gegen ihren Willen, zu großen landwirtschaftlichen Produktionsgenossenschaften (sogenannten LPGs) zusammengeführt. Moderne Zuchtanlagen für z.B. Schweine und Geflügel, in denen tausende Tiere auf engsten Raum gemästet und geschlachtet wurden, waren in dieser Zeit in Großteilen der Bevölkerung kaum hinterfragt. Nach den Entbehrungen des Zweiten Weltkrieges wünschten sich die Menschen eine zuverlässige und günstige Nahrungsversorgung.

Die gesellschaftliche Akzeptanz der Massentierhaltung hat in den letzten Jahren jedoch stark abgenommen. Grund hierfür sind u.a. die zum Teil sehr schlechten und zu engen Haltungsbedingungen, unter denen die Tiere leiden sowei der Einsatz von vielen Medikamenten. Diese sind notwendig, damit die vielen Tiere auf dem engen Raum nicht krank werden, landen dann aber auch zum Teil im Essen und in den Körpern von Menschen.

M6 Die 4 Stufen der Kennzeichnung „Haltungsform"

Video: Haltungsformen erklärt

82302-004

M7 Weniger Platz für höhere Gewinne

Ökologische Haltung:	Freilandhaltung:	Bodenhaltung:
0,16 qm Stallfläche; 4 qm Auslauf	0,11 qm Stallfläche; 4 qm Auslauf	0,11 qm Stallfläche; kein Auslauf

Legen die Hennen nicht mehr genug Eier, werden sie geschlachtet und als sogenannte Suppenhühner vermarktet. Das betrifft in Deutschland jährlich ca. 34 Mio. Legehennen.

Weiterführende Informationen

82302-005

M8 Noch nicht das Gelbe vom Ei

Wieder zurück vom Besuch bei Opa Schultz nutzt Charlotte das ausgiebige Sonntagsfrühstück, um ihren Müttern von den Ferien im Spreewald zu berichten. Jule hat extra frische Brötchen gekauft und Frühstückseier gekocht. Beim Frühstück stellt Charlotte fest, dass die Brötchen und Eier zwar ganz okay schmecken, aber nichts über die Frühstückseier von Opa Schultz' Gartenhühnern und die Brötchen von Friederikes Landladen geht. Sie schaut auf die Packungen: Die Eier stammen aus Bodenhaltung von einem Betrieb hier in der Region, die Brötchen von einer großen Berliner Bäckereikette.

AUFGABEN

82302-201

1. Nenne Vor- und Nachteile der abgebildeten Haltungsformen für den Menschen und für Tiere (**M4**) .
2. a) Erörtert, warum sich die Einstellung der Konsument:innen zur industriellen Massentierhaltung gewandelt hat (**M5**-**M7**).
   b) Erläutere mögliche Ursachen für Charlottes Wahrnehmungen hinsichtlich der Lebensmittel (**M8**).
   c) Diskutiert in Kleingruppen, ob die Kennzeichnung der Haltungsformen (**M6**) auf Fleischwaren sinnvoll ist.
3. Entwickelt einen Schüler:innenwarentest für gekochte Eier und führt diesen durch (**M8**).
   a) Legt konkrete Testkriterien fest und vergleicht gekochte Eier verschiedenster Haltungsstufen.
   b) Stellt eure Testergebnisse in der Klasse vor.
   c) Diskutiert die Ergebnisse: Was hat euch besonders überrascht?

F zu Aufgabe 2
Könnt ihr Massentierhaltung befürworten? Führt mit der gesamten Klasse eine Positionslinie durch.

H zu Aufgabe 3
Die Methode im QR-Code kann euch dabei helfen.

82302-006

Essen aus der Dose – Hochgenuss in Krisenzeiten?

Ravioli, Mischgemüse und Mandarinen sind wohl die bekanntesten Varianten von Lebensmitteln aus der Dose. Ihr Mindesthaltbarkeitsdatum beträgt meistens mehrere Jahre. Wie kann das funktionieren?

M9 Not macht erfinderisch!

Auf seinen unzähligen Feldzügen hatte Napoleon Bonaparte ein organisatorisches Problem: Sein Heer musste zuverlässig mit Lebensmitteln versorgt werden. Dazu plünderte sein Heer oder wurde von der Bevölkerung mit Nahrung versorgt. Aber die Versorgungslage des wachsenden Heeres war schlecht. Im Jahr 1795 rief Bonaparte ein Preisgeld über 12.000 Goldfrancs für denjenigen aus, der eine neue Methode zur Haltbarmachung von Lebensmitteln erfindet. Um 1800 waren die gängigen Methoden zur Haltbarmachung das Salzen, Räuchern und Trocknen. Der französische Konditor und Koch Nicolas Appert experimentierte mit der Haltbarmachung von Lebensmitteln durch Einkochen und anschließendem luftdichten Verschließen in Glasflaschen. Die Methode wurde als gut bewertet, die Glasflaschen erwiesen sich jedoch auf dem Schlachtfeld als unpraktisch, sie waren schwer und gingen zu schnell kaputt. Appert erhielt 1810 dennoch das Preisgeld. Der Brite Peter Durand baute auf den Erkenntnissen Apperts auf und erfand ein Gefäß aus Weißblech. Am 25. August 1810 wurde die Konservendose patentiert.

Napoleon Bonaparte (1769-1821)

Bearbeiter, basierend auf: Maier, Yvonne: Die kuriose Erfindung der Konservendose. In: www.ardalpha.de, 24.08.2018

Goldfrancs
Münze der gängigen Währung des 18. und 19. Jahrhunderts in Frankreich

Die **Konservendose** verschloss die Lebensmittel sicher. Sie zu öffnen war allerdings ein Problem. Soldaten verwendeten ihre Stichwaffen oder Hammer und Meißel. Der Dosenöffner wurde erst 1870 patentiert.

Video: Warum sind Konservendosen rund?
82302-007

HALTBARKEIT DURCH PASTEURISIEREN UND STERILISIEREN

Lebensmittel können durch biologische, chemische oder thermische Verfahren (durch Wärme) haltbar gemacht werden. Zu den thermischen Verfahren gehören das Pasteurisieren und Sterilisieren.
Beim Pasteurisieren werden Lebensmittel kurzzeitig auf 60-90°C erhitzt, um eine Vielzahl an Mikroorganismen abzutöten. Beim Sterilisieren werden Lebensmittel über einen längeren Zeitraum, bis zu einer Stunde, auf etwa 130°C erhitzt. Bei diesem Verfahren werden im Idealfall alle Keime und Sporen in und auf den Lebensmitteln abgetötet. Das Pasteurisieren findet oft bei Frischmilch Anwendung, das Sterilisieren in der Regel bei Konserven.

Pasteurisation
Das Verfahren des Pasteurisierens geht auf den französischen Biologen und Chemiker Louis Pasteur (1822-1895) zurück.

M10 Wer kocht die beste Erdbeermarmelade?

Selbstgekochte Erdbeermarmelade

Bei einem Straßenfest wird die beste Erdbeermarmelade im Kiez gesucht. Den Gewinner:innen winkt ein Gutschein in Höhe von 500 € für das neue Einkaufszentrum um die Ecke.
Charlotte wittert ihre Chance. Opa Schultz hatte ihr einen riesigen Korb frischer Brandenburger Erdbeeren mitgegeben, als sie ihn am Wochenende besuchte. Sie bat ihre Mutter Jule um Tipps für eine perfekte Marmelade. „Saubere Früchte und Gläser sind das A und O! Miss alle Zutaten genau ab und koche die Marmelade genau so lange, wie es auf der Verpackung des Gelierzuckers angegeben ist. Fülle die kochend heiße Marmelade dann schnell in die Gläser und verschließe sie gründlich", erläuterte sie. Am nächsten Tag waren die Gläser abgekühlt. Vier Wochen vor dem Wettbewerb mussten 3 Gläser bei der Jury abgegeben werden. Auf dem Weg zum Abgabeort passierte Charlotte ein kleines Missgeschick. Sie stolperte und die Gläser im Tragekorb knallten heftig aneinander. Ein kurzer Kontrollblick: „Ein Glück, alle Gläser sind noch ganz!" Vier Wochen später, am Tag der Preisverleihung, steht auf einer Liste, dass sie disqualifiziert wurde. „Marmelade verdorben" stand hinter ihrem Namen. Charlotte ist fix und fertig. Wie konnte das bloß passieren?

AUFGABEN

82302-202

1. a) Beschreibe das Problem Napoleons und erkläre die Lösung Apperts (**M9**).
b) Erläutere, unter welchen Voraussetzungen sich Lebensmittel länger halten (**#Haltbarkeit durch Pasteurisieren und Sterilisieren**).
c) Neben Konservendosen gibt es weitere Lebensmittel, die durch das Pasteurisieren haltbarer gemacht wurden. Überprüft die Vorräte in eurer (Schul-)Küche und nennt mindestens drei Lebensmittel, die länger als sechs Monate haltbar sind.

2. Seht euch das Video im **QR-Code** zu **M9** an. Skizziert den Aufbau einer Konservendose, beschriftet Details und erfasst stichpunktartig weitere Besonderheiten.

3. a) Analysiere, warum Charlottes Marmelade möglicherweise verdorben ist (**M10**).
b) Erläutere, welche Bedingungen erfüllt sein müssen, dass sich Marmelade auch über ein Jahr frisch hält.
c) Entwickle und verfasse ein Rezept für eine Marmelade deiner Wahl. Berücksichtige dabei auch Hygienetipps, die eine möglichst lange Lagerung ermöglichen.

H zu Aufgabe 3b
Weitere Tipps oder Anregungen können dir sicherlich Freunde oder Familie geben.

F zu Aufgabe 3c
Bereitet selbst Marmelade in der Lehrküche zu. Wie das funktioniert, erfahrt ihr hier:

82302-008

H zu Aufgabe 3c
Die Methode im QR-Code kann euch dabei helfen.

82302-009

Besser essen Dank Folie & Co?

Morgens schnell das Schulbrot in Frischhaltefolie wickeln, die Reste vom Mittagessen mit Folie abdecken und am Abend die Plastikverpackung vom Fertig-Sandwich aufreißen und wegwerfen – aber ist so viel Verpackungsmüll wirklich notwendig?

M11 Banane to go – jetzt noch frischer?

In Plastik verpackte Bananen im Supermarkt

M12 Plastikproduktion – muss das sein?

Video: Kampf gegen Plastik

82302-010

Produktionsmenge von Kunststoffverpackungen in Deutschland 2022 in Tsd. Tonnen (Stand: 2023)

73000-664

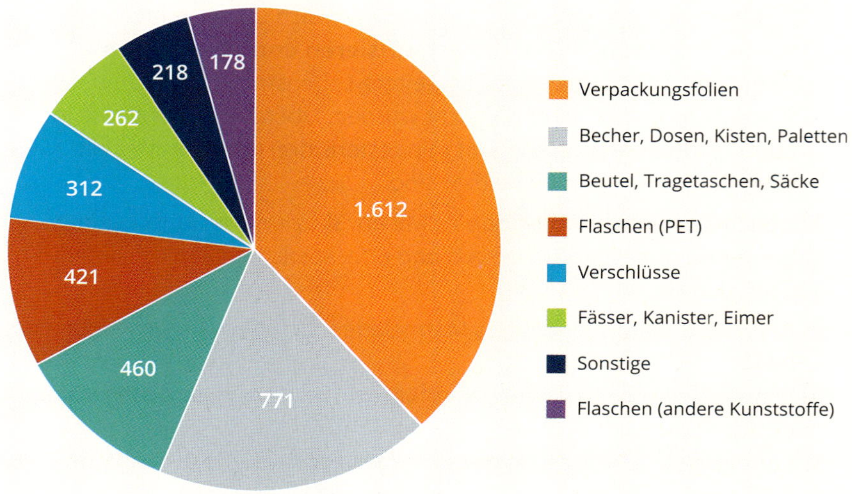

©C.C. Buchner Verlag, aktuelle Daten nach: Industrievereinigung Kunststoffverpackungen e.V. (Datenerhebung: 2023; Grafikerstellung: 2023)

M13 Folie für alle Fälle?

Sarah, 15, Schülerin:
Meine Pausenbrote sowie geschnittenes Obst und Gemüse umwickele ich immer mit Frischhaltefolie und lege es dann in meine Brotbox für die Schule.
Ich mag es nicht, wenn mein Frühstücksbrot nach dem schmeckt, was noch so in der Box liegt. Außerdem sieht es schöner aus.

Hasnain, 37, Koch:
Wir benutzen täglich sehr viel Frischhaltefolie im Restaurant. Vorbereitete Speisen und Reste müssen wir zuverlässig abdecken, um eine Verunreinigung zu verhindern und Krankheiten bei unseren Gästen zu vermeiden.
Einige Lebensmittel wickeln wir ein, um ihre Qualität beizubehalten. Geschnittenes Brot würde z. B. sehr schnell trocken werden, wenn wir es nicht einwickeln würden. Mit Folie halten sich die Lebensmittel einfach länger!

Sophia, 29, Abteilungsleiterin in einem Nahrungsmittelunternehmen:
Wir stellen unterschiedliche Fertiggerichte für den Einzelhandel her. Unsere Kundschaft soll möglichst wenig Aufwand bei der Zubereitung haben. Deshalb füllen wir unsere Gerichte in Plastikteller, die dann mit einer Folie luftdicht abgedeckt, verschlossen und erhitzt werden.
So halten sich unsere Gerichte auch ungekühlt mehrere Monate. Die Kund:innen müssen die Gerichte nur erwärmen, die Folie entfernen und genießen.

Karl-Heinz, 81, Rentner:
Frischhaltefolie? Brauch ich nicht! Bleibt bei mir etwas übrig, lege ich es in eine Dose oder auf einen tiefen Teller und lege einen zweiten Teller obendrauf.

AUFGABEN

82302-203

1. Erläutert zu zweit die Notwendigkeit von Verpackungsfolien (**M11**, **M12**).
   a) Nenne weitere Beispiele von Lebensmitteln, bei denen eine zusätzliche Verpackung eigentlich nicht notwendig ist.
   b) Erläutere den Nutzen, wenn du Lebensmittel in Frischhaltefolie verpackst.
   c) Diskutiert euch bekannte Alternativen zur Plastikfolie und beschreibt deren Vor- und Nachteile.
2. Gibt es hier Verbesserungspotential (**M13, QR-Code Randspalte**)? Entwickelt für Sarah, Hasnain und Sophia Tipps, um unnötigen Verpackungsmüll einzusparen.

Video: Alltagsheld Frischhaltefolie?

82302-011

F zu Aufgabe 1
Wenn du bereits Alternativen zur Frischhaltefolie verwendest, berichte der Klasse über deren Einsatzmöglichkeiten.

H zu Aufgabe 1a
Hierzu lohnt sich ein Ausflug in den Supermarkt, z. B. in die Gemüse- und Obstabteilung.

Generation Convenience?

Convenience-Produkte
bequeme oder annehmliche Produkte

Ob frisch gekocht, vorbereitet gekauft und zuhause fertiggekocht oder fix und fertig und nur zum Warmmachen – am Ende soll es schmecken, satt machen und möglichst gesund sein. Aber kommen wir überhaupt noch ohne Fertigprodukte (sogenannte Convenience-Produkte) im Alltag klar und was sind die Folgen davon?

M14 Karikatur: Fertiggerichte im Supermarkt

Karikatur: Heiko Sakurai, 2013

M15 Convenience im Überblick

Convenience-Stufe	Beschreibung	Beispiele
1	küchenfertige Lebensmittel, die bereits gesäubert, zerlegt oder portioniert sind	Ein Beutel Kartoffeln, portioniertes Hackfleisch, ...
2	garfertige Lebensmittel, die bereits gewürzt sind und direkt gegart (z. B. gebraten) werden können	Teigwaren, Tiefkühlgemüse, paniertes und gewürztes Fleisch, ...
3	aufbereitungsfertige Lebensmittel, die mit weiteren Zutaten gemischt werden und eine fertige Speise ergeben	Tütensuppen, Puddingpulver, ...
4	regenerierfertige Gerichte (fertige Menüs oder Menübestandteile), die lediglich erwärmt werden, um verzehrfertig zu sein	Dosenravioli, eingeschweißte Fertigmenüs, ...
5	tischfertige Gerichte, die sofort – ohne weitere Zubereitung – verzehrt werden können	Salate mit Dressing, Obstsäfte, ...

Bearbeiter, basierend auf: Bundeszentrum für Ernährung: Die 5 Fertigungsstufen von Convenience-Produkten. In: www.bzfe.de, Abruf am 27.11.2023

Regenerieren
(lat.: wiederherstellen, erneuern) bezeichnet bezogen auf Lebensmittel das Aufwärem

CONVENIENCE FOOD

Convenience Food (aus dem Englischen) bedeutet bequemes oder annehmliches Essen und ist in fünf Verarbeitungsstufen eingeteilt (siehe M15). Lebensmittel mit höheren Verarbeitungsstufen haben oft einen schlechteren Ruf. Pauschal kann man jedoch keine Aussage darüber treffen, ob ein höher verarbeitetes Convenience-Produkt ungesünder ist als weniger verarbeitete, frischere Lebensmittel.
Beim Einfrieren etwa bleiben viele Vitamine enthalten, die sonst auf dem Transportweg zerstört werden. Lange haltbare Fertiggerichte der Stufe 5 enthalten oft Zusatzstoffe, Konservierungsstoffe sowie hohe Mengen an Zucker und Salz. Diese Lebensmittel sollten kritisch bewertet werden. Einige stehen auch in Verdacht, Allergien auszulösen.

Beispiel: Tiefkühlspinat (entspricht Convenience-Stufe 2) ist reicher an Vitaminen als frischer Spinat vom Markt, denn er wurde nach der Ernte möglichst rasch eingefroren.

M16 Kochen vergessen?

Charlotte und ihre Mitschüler:innen stehen in der letzten Pause gemeinsam auf dem Hof. Charlottes Magen knurrt laut. „Wenn ich zuhause bin, brate ich mir erstmal ein Rührei mit Schinken“, kommentiert sie ihr Magenknurren. Ihr Mitschüler Philipp entgegnet ihr: „Was? Das machst du allein? Bei mir gibt es heute wieder ein Fertiggericht. Das muss ich nur kurz in die Mikrowelle stellen. Meine Eltern haben keine Zeit für uns zu kochen. Da sind diese Fertiggerichte schon praktisch und auch lecker.“ Charlotte hakt nach: „Kochen deine Eltern nie frisch?“ „Meine Eltern können das nicht so gut. Selbst Oma greift oft zur Dose“, erläutert Philipp. Charlotte denkt kurz nach und kommt auf eine Idee …

AUFGABEN

82302-204

1. Analysiere die Karikatur **M14**. Berücksichtige insbesondere die Inhaltsstoffe des abgebildeten Produkts in der Sprechblase.
2. Benennt zu zweit je Convenience-Stufe drei weitere Beispiele (**M15**).
3. Stell dir vor, ein Freund oder eine Freundin isst täglich mehrmals Lebensmittel der Convenience-Stufe 4. Erläutere, was du ihm oder ihr raten würdest. Tauscht euch zu zweit dazu aus (**M15**, **#Convenience Food**).
4. Blitzumfrage: Kann man vergessen, wie Nahrung zubereitet wird? (**M16**).
   a) Erläutere das Problem, welches in **M16** deutlich wird.
   b) Entwickelt eine Lösungsidee: Wie könnte Charlotte Philipp helfen, sich langfristig besser zu ernähren?
   c) Diskutiert, warum es wichtig ist, Lebensmittel auch selbst zubereiten zu können.
   d) Entwickelt in Gruppen jeweils eine einfache Rezeptidee für Philipp für ein möglichst frisches, schnelles und gesundes Gericht, das er sich nach der Schule zubereiten könnte.

F zu Aufgabe 4
Erstellt eine Liste von Speisen, die ihr bereits selbst zubereiten könnt, und verfasst zu einer ein Rezept.

H zu Aufgabe 4c
Bedenkt auch, dass ihr voraussichtlich früher oder später Zuhause ausziehen werdet.

Perfektion auf Knopfdruck: Verändern 3D-Drucker unsere Ernährung?

Kleine Modelle oder andere Produkte aus dem 3D-Drucker haben fast alle schon einmal in der Hand gehabt. Aber wie wäre es mal mit einem Steak oder einem Kuchen aus dem 3D-Drucker? Sieht so die Zukunft der Ernährung aus?

M17 Einmal Schloss Neuschwanstein mit zwei Löffeln bitte!

Dessert aus Marzipan, hergestellt mittels 3D-Drucktechnik

M18 Käsekuchen aus dem Drucker

Video: Fleisch aus dem 3D-Drucker?

82302-012

Essen hergestellt von einem 3D-Drucker? Forschenden der Columbia University in New York ist es gelungen, einen Käsekuchen mit einem 3D-Drucker herzustellen. Sie wollten mit ihrer Forschung beweisen, dass es möglich ist, auch komplexere Gerichte mit dieser neuen Technologie herzustellen. Schicht für Schicht bedient sich der Drucker aus sieben Zutaten, welche direkt nach dem Auftragen von einem Laser „gebacken" werden. Die Forschenden sehen in der Zukunft viele Anwendungsfelder. In Pflegeeinrichtungen haben viele Patient:innen Schluckbeschwerden. Mittels der neuen Technik können ansehnlichere Gerichte gedruckt werden, die die Konsistenz von Püree haben und somit leichter geschluckt werden können. Einige Unternehmen haben sich bereits heute auf das Drucken von Fleisch spezialisiert. Dabei wird versucht, Fleisch herzustellen, ohne dass hierfür Tiere gezüchtet und getötet werden müssen. Die große Zukunftsvision der Forschenden ist, dass der 3D-Druck von Lebensmitteln auch in private Küchen einzieht. Ob Schnitzel mit Pommes, Pizza und Schokopudding bald auf Knopfdruck auf dem Teller liegen, wird sich zeigen. Bis dahin heißt es aber noch: (leider oder zum Glück) selbst kochen.

Bearbeiter, basierend auf: Donath, Andreas: Käsekuchen in 3D aus sieben Zutaten gedruckt. In: www.golem.de, 26.03.2023

M19 V-leisch und V-urst im Trend

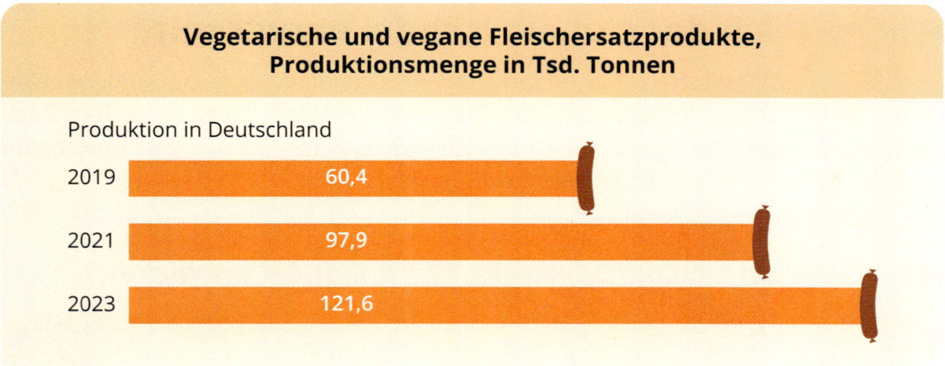

©Destatis, 2024

M20 Zum Reinbeißen

Dass es sich bei diesem Burger nicht um ein Burger-Patty aus saftigem Rindfleisch handelt, können die Konsument:innen kaum erahnen. Als die ersten Fleischersatzprodukte, hergestellt aus Soja-, Erbsen-, Linsen-, Lupinen- oder Weizeneiweiß, auf den Markt kamen, wurden sie von vielen belächelt. Durch neue Herstellungsverfahren, unter anderem auch durch den 3D-Druck, sind die pflanzlichen Alternativen in Aussehen, Struktur, und Geschmack kaum noch vom Original zu unterscheiden und bei vielen umweltbewussten Verbraucher:innen beliebt.

Burger-Patty aus Soja- und Weizenprotein

(Burger-)Patty
flache, runde Scheibe aus Fleisch oder vegetarischem / veganem Fleischersatz

Lupinen
essbare Samen der Lupinenpflanze, die zu verschiedenen Lebensmitteln weiterverarbeitet werden können

AUFGABEN

82302-205

1. Blitzumfrage: "3D-Druck - Bedrohung oder Zukunft?" (**M17**, **M18**).
   a) Nennt Situationen, aus denen ihr die 3D-Druck-Technologie kennt oder wo sie Anwendung findet.
   b) Die abgebildete Nachspeise (**M17**) kostet 38 Euro. Erklärt euch gegenseitig, was für und was gegen eine Bestellung spricht.
   c) Erläutert die These: „Der 3D-Druck von Lebensmitteln wird das Handwerk der Konditor:innen überflüssig machen."
   d) Diskutiert, welchen Mehrwert der 3D-Druck von Lebensmitteln für unsere Gesellschaft haben könnte.
2. Wer hat Fleischersatzprodukte (**M19**, **M20**) schon probiert? Entwickelt eine passende Umfrage zum Thema.
   a) Führt die Befragung in einer anderen Klasse durch.
   b) Wertet die Ergebnisse aus und stellt sie grafisch dar.
   c) Präsentiert eure Ergebnisse in der befragten Klassenstufe.

F zu Aufgabe 1c
Fallen dir weitere Anwendungsmöglichkeiten ein, die unserer Gesellschaft nützlich sein können? Erstelle eine Mindmap.

H zu Aufgabe 2
Bezieht auch Fragen nach Häufigkeit, Geschmack, Weiterempfehlung, Akzeptanz in der Familie etc. mit in eure Befragung ein.

1.2 Der (weite) Weg unserer Lebensmittel

Wie hat sich der globale Handel entwickelt?

Noch zu Beginn des letzten Jahrhunderts waren Reisen und Waren aus anderen Ländern, z. B. Gewürze oder exotische Früchte, rar und deshalb teuer zu kaufen. Doch der globale Handel nahm in den letzten Jahrzehnten massiv zu und bestimmt heute an vielen Stellen wirtschaftliche Entscheidungen.

M1 Wie hat sich der weltweite Warenhandel entwickelt?

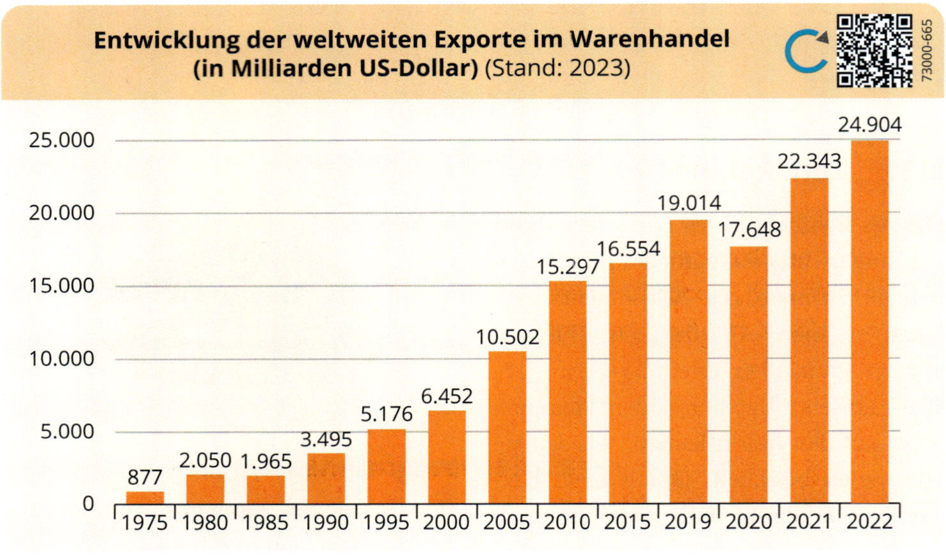

©C.C. Buchner Verlag, aktuelle Daten nach: UNCTAD Statistics: Merchandise: Total trade and share (Datenerhebung: 2022 (jährlich); Grafikerstellung: 2023)

M2 Verschiffungskosten eines 20-Fuß-Containers

20-Fuß-Container
der weltweit erste standardisierte Container mit den Abmessungen von 6,06 Metern Länge, 2,44 Metern Breite und einer Höhe von 2,59 Metern

Strecke	Kosten für einen 20-Fuß-Container
Shanghai – Barcelona	1509 €
Miami – Bremerhaven	503 €
New York – Hongkong	503 €
Los Angeles – Tokio	1048 €

Bearbeitergrafik, Daten nach: www.icontainers.com, 13.03.2023

M3 Wie haben sich die Preise für Telekommunikation entwickelt?

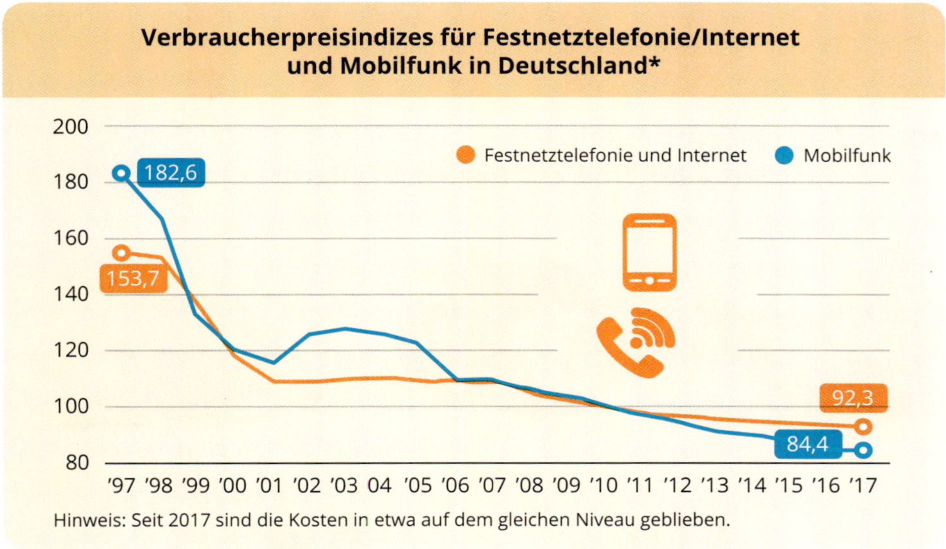

*Nach: Statista; Datenquelle: Statistisches Bundesamt, *2010 = 100*

Index-Darstellung
Bei einer Index-Darstellung werden die Werte auf ein Ausgangsjahr zurückgerechnet (hier: 2010 = 100). Ein Wert von z. B. 120 gibt dann eine Steigerung auf 120 Prozent des Wertes an, ein Wert von 90 eine Verringerung auf 90 Prozent.

M4 Wie wanderten Deutsche in die USA aus?

Die Passage auf einem Dampfschiff [Anfang des 20. Jahrhunderts] dauert in der Regel zwei Wochen, später auf den Schnelldampfern lediglich neun Tage. Die Mehrzahl der Emigranten reist für 160 Mark auf dem fensterlosen Zwischendeck. Die Summe entspricht in etwa dem Jahresgehalt eines Arbeiters. Dafür bekommen die Zwischendeckspassagiere wenig geboten: Schlechte Durchlüftung, Platzmangel, Nässe und die Folgen der Seekrankheit machen den Menschen zu schaffen.

Kühl, Janine: Von Hamburg in die weite Welt. In: www.ndr.de, 29.12.2023

Beispiel für Flugkosten in die USA

Flug	**Nur Hinflug**
Hamburg	**New York**
1 Erwachsener	**1 Stopp**
267,– €	

Video: Globalisierung erklärt
82302-013

AUFGABEN 82302-206

1. Beschreibe die aktuelle Situation des internationalen Handels und seine Entwicklung (**M1**).
2. Erkläre die Bedeutung der Informationen aus **M2-M4** für die Entwicklung des Welthandels.
3. a) Wie sieht der Welthandel in zehn Jahren aus? Entwickelt zu zweit eine Zukunftsvision.
   b) Diskutiert eure Zukunftsvisionen anschließend in der Klasse.

H zu Aufgabe 3
Weitere Fragen, die euch helfen eure Zukunftsvision zu entwickeln:
Sind Transportkosten eher niedrig oder hoch?
Wie wird sich das Angebot zum Beispiel im Supermarkt ändern? Was gibt es noch zu kaufen und was nicht?

F zu Aufgabe 3
Skizziert eine Welt ohne globalen Handel (als Bild oder als schriftliche Vision).

Mit dem Fahrrad, der Bahn oder dem Flugzeug?

Wenn du mit dem Fahrrad zum Obst-Bauern um die Ecke fährst, um dort eine Kiste frische Äpfel zu kaufen, weißt du, welche Fahrtstrecke die Äpfel in etwa zurückgelegt haben. Aber wie sieht es beim Obst im Supermarkt aus?

M5 Ananas statt Apfel? – Obst aus aller Welt auf unseren Tellern

Bananen, Litschis, Sternfrucht, Ananas und Granatapfel

M6 Flugobst im Bauch

Flugobst und -gemüse schmecken deutlich intensiver als die über den Seeweg transportierte Ware, da sie bis zuletzt unter idealen Bedingungen reifen können. Dieser Geschmack hat jedoch seinen Preis. Die sensible Fracht muss schnell ausgeliefert werden, was sehr teuer ist. Durch die hohen Transportkosten ist Flugware vorrangig im Feinkostbereich zu finden und macht mit ca. 5 % nur einen eher kleinen Teil des in Deutschland verkauften Obst- und Gemüseangebots aus. Dessen Klimabilanz ist aber umso schlechter. Beispielsweise hat eine Flugananas (15 kg CO_2 je kg Ananas) aus Mittelamerika einen ca. 25-Mal höheren CO_2-Fußabdruck als eine auf dem Seeweg transportierte Ananas (ca. 0,6 kg CO_2 je kg Ananas). Das ist ein schlechterer Wert als bei den meisten Fleischprodukten. Aus diesen Gründen verzichten immer mehr Supermarktketten auf die Flugware. Als Verbraucher:in kannst du leider meist nicht erkennen, ob deine Ware per Schiff oder per Flugzeug geliefert wurde.

Flugware wird in ein Frachtflugzeug geladen.

Bearbeiter, basierend auf: Verbraucherzentrale Südtirol: Was ist eigentlich Flugobst? In: www.consumer.bz.it, 03.01.2022

M7 So bleibt's frisch im Schiff

Der größte Teil vom Obst und Gemüse aus Übersee wird mit dem Schiff transportiert. Das bedeutet, die Ware ist mehrere Wochen unterwegs, bevor die Ware aus Südamerika oder Neuseeland bei uns ankommt. Selbst im heimischen Kühlschrank wären die meisten der Waren in dieser Zeit längst verdorben. Der Grund: Obst und Gemüse reifen nach der Ernte weiter, indem sie u. a. Sauerstoff aufnehmen und CO_2, sowie Feuchtigkeit abgeben. Deshalb werden sie für den Seetransport auch unreif geerntet.
Wie kann die Ware dann in bester Qualität im Supermarkt liegen? Die Lösung sind spezielle Kühlcontainer (Reefer). Sie sind mit sehr viel Technologie ausgestattet, die das Reifen von Obst und Gemüse verlangsamt, Schimmelbildung verhindert und auch dessen Gewicht stabil hält.
Dazu wird die Ware nicht nur anders gelagert und gekühlt, sondern auch mit Gasen behandelt. Über Sensoren wird, je nach Ware und Wegstrecke, die Zu- und Abfuhr verschiedener Gase (Sauerstoff (O_2), Kohlenstoffdioxid (CO_2), Stickstoff (N_2), Ozon (O_2)) automatisch geregelt. Trotz des enormen Aufwands, des Einsatzes z. T. sehr klimaschädlicher Gase und der langen Reisezeit, ist die Klimabilanz des Seewegs weitaus besser als die der Luftfracht.

Bearbeiter, basierend auf: Hapag-Lloyd AG: Controlled Atmosphere. In: www.hapag-lloyd.com, Abruf am 31.01.2024

Kühlcontainer
sind übrigens immer weiß, so sind sie beim Be- und Entladen überall auf der Welt als solche zu erkennen.

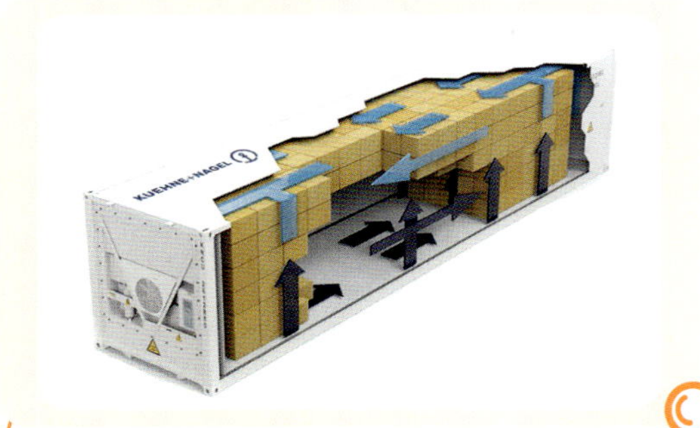

Aufbau eines Reefers

Voll beladenes Containerschiff

LIEFERKETTE

Lebensmittel, die wir z. B. aufgrund von klimatischen Bedingungen nicht selbst anbauen können, werden importiert. Das heißt, sie werden aus dem Ausland ins Inland geliefert.
Egal, ob hier produziert oder importiert, alle Lebensmittel haben gemeinsam, dass sie von Erzeuger:innen zu den Konsument:innen transportiert werden müssen. Je nach Lebensmittel und Herkunftsland kommen verschiedene Transportmittel zum Einsatz: Flugzeug, Schiff, Bahn, LKW, Transporter, Autos, Fahrräder u.v.m. Der Transportweg von den Erzeuger:innen zu den Verbraucher:innen wird Lieferkette genannt.

M8 Wie lange reist der Apfel?

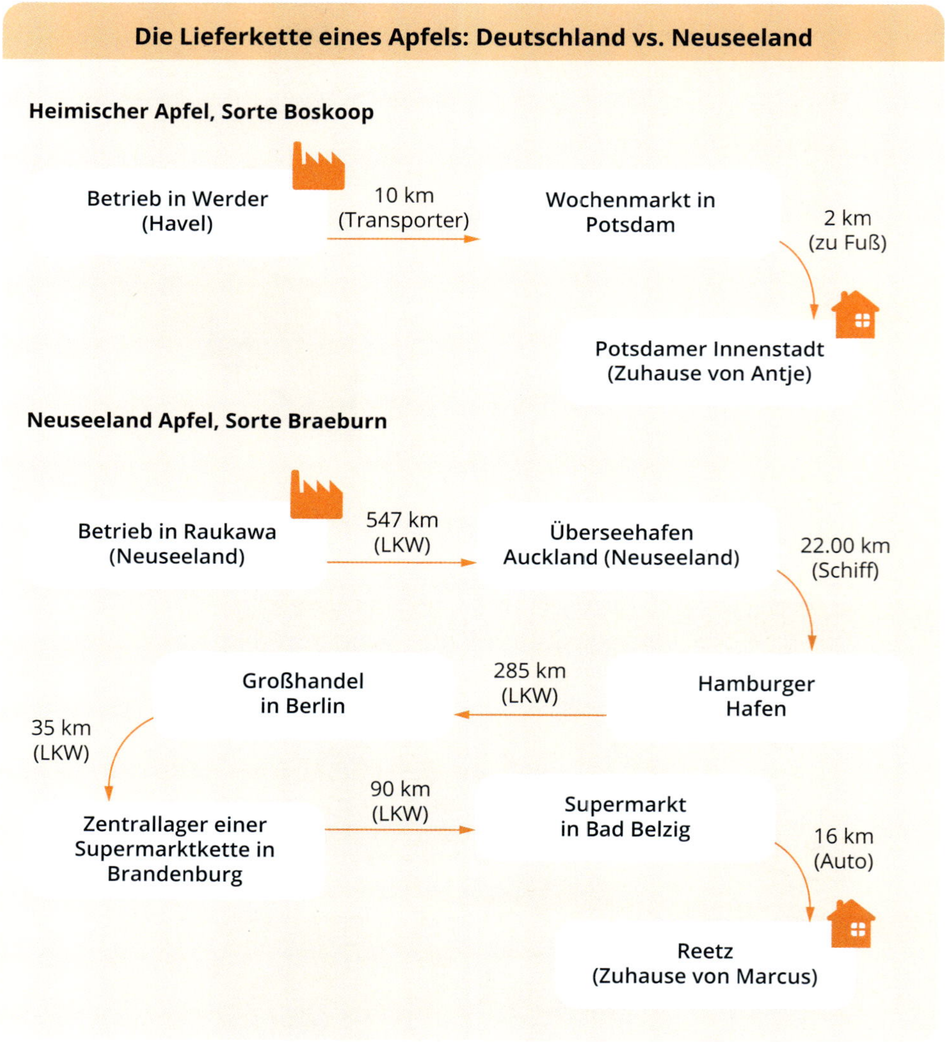

Bearbeitergrafik

M9 Du hast die Qual der Wahl

Berlin, Mitte Oktober. Die Äpfel, die Opa Schultz für Charlotte, Jule und Mai-Thi nach Berlin geschickt hat, sind alle. Charlotte muss also wieder die Äpfel aus dem Supermarkt essen. Die schmecken zwar auch, aber lange nicht so, wie die aus Opas Garten.

Vor der Auslage der Äpfel im Supermarkt stehend stellt Charlotte etwas Komisches fest: Angeboten wird die Sorte Braeburn aus Neuseeland, das Kilo für 2,99 €. Direkt daneben liegt die gleiche Sorte deutscher Herkunft, jedoch für 3,29 € je Kilo. Wie kann das sein? Gleiche Sorte, anderer Preis? Und dabei haben die Äpfel aus Neuseeland doch einen viel weiteren Weg zurückgelegt.

„An apple a day keeps the doctor away." Was ist dran?
Weiterführende Infos findest du hier:

82302-014

Preisunterschiede zwischen Äpfeln aus Neuseeland und Deutschland

AUFGABEN

82302-207

1. Recherchiere die Herkunftsländer der Obstsorten (**M5**). Erfasse in einer Tabelle Name, Herkunft und Entfernung (zwischen Herkunftsland und deinem Heimatort) der Früchte (**M5**).
2. Vergleiche den Transport von Obst und Gemüse per Schiff und per Flugzeug in Bezug auf den Aufwand, die Dauer, den Geschmack und die Kosten miteinander (**M6**, **M7**).
3. a) Berechnet die Transportstrecke für den heimischen und den neuseeländischen Apfel (**M8**).
   b) Erläutert, an welchen Stellen ihr die Lieferkette beeinflussen könnt und an welchen nicht (**#Lieferkette**, **M6-M9**).
4. Entscheide, welchen Apfel du wählen würdest und diskutiert eure Positionen in der Klasse (**M9**).

H zu Aufgabe 3a
Nutze hierfür einen Atlas oder Google Maps.

F zu Aufgabe 4
Produkttest: Vergleicht einen heimischen und einen neuseeländischen Apfel einer gleichen Sorte hinsichtlich des Geschmacks.

Krabben aus Marokko? Lebensmittelketten international

Stell dir vor, du bist im Urlaub an der Nordsee und hast Appetit auf ein frisches Krabbenbrötchen. Innerhalb weniger Schritte bist du an einer Fischbude. Doch welchen Weg hat dein Krabbenbrötchen schon hinter sich gebracht?

M10 Internationales Krabbenbrötchen

Teigling
bereits geformter Teig, der in der Bäckerei nur noch fertig gebacken wird

Allein die Krabben haben bereits eine Strecke von ca. 6000 km hinter sich gelassen.

Bestandteile eines Krabbenbrötchens

M11 Kosten unter Druck

Delikatesse
erlesene oder besondere Lebensmittel, auch Feinkost genannt

Krabben waren früher an der Nordseeküste ein „Arme-Leute-Essen". Heute sind sie eine Delikatesse, für die man viel Geld bezahlen muss. Ein Krabbenbrötchen kann heute schon mal 13 € kosten. Eigentlich wäre es noch deutlich teurer, hätten die Unternehmer:innen nicht schon den Rotstift angesetzt.

~~100 regionale Bäckerbrötchen:~~	~~49,00 €~~	100 Brötchenrohlinge aus Polen:	19,00 €
~~5 kg Salat vom Bauern nebenan:~~	~~40,00 €~~	5 kg Salat vom Großmarkt, Ursprung Spanien:	25,00 €
~~2 Flaschen Hamburger Remoulade:~~	~~8,00 €~~	2 Flaschen Remoulade aus dem Großmarkt, Hergestellt in Rumänien:	4,00 €
~~10 kg Krabben, vor Ort gepult:~~	~~900,00 €~~	10 kg Krabben, in Marokko gepult:	600,00 €
100 Krabbenbrötchen	**997,00* €**		**648,00* €**

*reine Warenkosten, ohne Personal- und weitere Betriebskosten

GLOBALISIERUNG

Als Globalisierung wird der Prozess der stetig zunehmenden internationalen Verflechtung von Ländern auf der ganzen Welt bezeichnet.
Als Ursachen der Globalisierung gelten u. a. technischer Forschritt, der sich auf den vereinfachten Transport von Gütern und die Entwicklung von Kommunikationstechnologien auswirkt, aber auch politische Entscheidungen, die den weltweiten Handel erleichtert haben. Globalisierung betrifft verschiedene Bereche des Lebens, u. a. Politik, Wirtschaft und Kultur. Auf wirtschaftlicher Ebene entstehen international agierende Konzerne, deren Produktionsstätten und Absatzmärkte über den ganzen Globus verteilt sind. Dadurch wächst auch die Menge an Waren, die über Ländergrenzen hinweg gehandelt werden. Dienstleistungen werden zum Teil in Länder ausgelagert, in denen z. B die Lohnkosten geringer sind. Dabei können aber auch Herausforderungen entstehen, z. B. wenn die Lieferketten aufgrund von Problemen in weit entfernten Ländern unterbrochen werden. Manchmal können dann Produkte entweder gar nicht oder nur mit großer Zeitverzögerung produziert werden, was dann auch zu Preissteigerungen führen kann.

M12 Krabben pulen für Gisela

Heute ist Opa Schultz' Schwester Gisela im Spreewald zu Besuch. Sie hat ihm aus ihrem eigenen Fischereibetrieb 1 kg Nordseekrabben mitgebracht. Gisela erzählt von ihren Sorgen: „Bisher konnte ich immer mit ‚In Deutschland gefangen und gepult' werben. Du weißt ja, viele Rentner:innen in der Nachbarschaft haben sich etwas dazuverdient und die Krabben für 5 € pro kg gepult. Altersbedingt gehen mir die Arbeitskräfte aus … Für diese Arbeit wollen andere mindestens 15 € pro kg. Dann kann ich den Betrieb gleich schließen." Opa Schultz pult weiter und überlegt. „Aber nach Marokko bringste se nich! Die Leute da müssen für nen Hungerlohn pulen und der Chef haut sich de Taschen voll!"

AUFGABEN

82302-208

1. Erläutere den Begriff der Globalisierung mit deinen eigenen Worten. Gehe dabei auf das Beispiel des Krabbenbrötchens ein (**M10**, **#Globalisierung**).
2. a) Berechnet anhand **M11** zu zweit die Ersparnis für die Unternehmer:innen je 100 Krabbenbrötchen, in Euro und in Prozent.
   b) Berechnet den Materialpreis eines Krabbenbrötchens bei einer Preissteigerung um 15 % bei den marokkanischen Zulieferbetrieben.
3. Diskutiert in der Klasse: Wärt ihr bereit, 20 € statt 13 € für ein Krabbenbrötchen im Urlaub zu bezahlen, vorausgesetzt, es wäre komplett in Deutschland herstellt (**M12**)?

H zu Aufgabe 1
Findet ggf. in Kleingruppen zunächst eine Beschreibung für Globalisierung.

F zu Aufgabe 2
Beschreibe, wie Gisela weitere Kosten einsparen kann, ohne die Qualität ihres Produkts zu vermindern (**M12**).

Selbst gekocht oder bestellt?

Wer kennt es nicht: Du sitzt auf der Couch und hast Hunger, aber keine Lust, selbst zu kochen. Da liegt eine Bestellung beim Lieferdienst nahe. Ob Pizza, Pasta oder Burger – vor allem in der Stadt folgt die Lieferung schnell. Doch wie sinnvoll ist das und welche Probleme sind damit verbunden?

M13 Volle Kontrolle?

Karikatur: Thomas Wizany, 2012

M14 Kochen aus der Kiste

Kochbox

Klimaneutralität
Durch Produktion oder menschliches Handeln wird das Klima nicht negativ beeinflusst.

Paket auswählen, bezahlen und Lebensmittel mit passgenauen Rezepten geliefert bekommen – Kochboxen sind voll im Trend. Für Verbraucher:innen ist dieser Service sehr bequem, denn sie müssen sich weder um Einkauf noch um die Rezeptplanung kümmern. Nur geschnippelt und gekocht werden muss noch allein. Das spart Zeit und Nerven und Kochen macht so zunächst auch vielen Menschen Spaß.

Die Anbieter der Kochboxen lassen sich diesen Service gut bezahlen: Gerichte für drei Tage, gedacht für zwei Personen, kosten rund 40 € zzgl. Versandgebühren. Das heißt, eine Portion kostet im Durchschnitt 7,66 €, ein gemeinsames Abendessen schlägt somit mit durchschnittlich 15,32 € zu Buche. Hinzu kommen Unmengen an Verpackungsmüll (Karton, Umverpackungen aus Plastik, Kühlpacks usw.) sowie die auf der Straße zurückgelegten Kilometer der Versandlogistik.

Verbraucherschützer:innen kritisieren das Marketing der Kochboxen-Anbieter. Oft wird mit nachhaltigen Lieferketten und klimaneutral produzierten Lebensmitteln und Transport geworben. Diese Klimaneutralität soll mit Ausgleichsmaßnahmen, wie z. B. Aufforstungsprojekten, sichergestellt werden, diese sind jedoch für die Verbraucher:innen nur schwer nachzuvollziehen.

M15 Bestellst du noch oder kochst du schon?

Laut Ernährungsreport des Bundesministeriums für Ernährung und Landwirtschaft aus dem Jahr 2022 ist Kochen sehr beliebt. Von den Befragten gaben 46 % an, zwei- bis dreimal in der Woche selbst zu kochen. Dabei haben 71 % der Befragten Spaß am Kochen. In der Altersgruppe der jungen Erwachsenen geben das sogar 75 % der Befragten an. Lieferdienste spielen auch eine immer größere Rolle. Immer mehr Haushalte lassen sich fertige Gerichte (11 %) oder ganze Einkäufe (20 %) nach Hause liefern. Von diesem Angebot machen meist jüngere Haushalte Gebrauch.

Bearbeiter, basierend auf Daten von: Bundesministerium für Ernährung und Landwirtschaft: Ernährungsreport 2022

M16 Kochbox-Challenge

In Charlottes WAT-Unterricht wurde heute über den Trend der Kochboxen gesprochen. Die Lehrerin erörterte deren Vor- und Nachteile. Sie rechnete vor, dass ein Gericht für zwei Personen im Schnitt 15,32 € kostet. „Im Falle einer Kohlrabisuppe müsste diese ja fast aus Gold sein!", scherzte sie. In der kommenden Stunde wollen sie die Suppe mit selbst eingekauften Zutaten nachkochen und die Portionspreise berechnen. Charlotte hat die Aufgabe bekommen, ein gutes Rezept für eine Kohlrabisuppe zu recherchieren.

Rezept für Kohlrabisuppe

82302-015

AUFGABEN

82302-209

1. Führt eine Umfrage in der Klasse durch: Wer oder wessen Familie hat in der letzten Woche über einen Lieferdienst Essen bestellt?
2. Analysiere die Karikatur in Bezug auf nicht vorgefertigtes Essen (**M13**).
3. a) Nennt zu zweit Vor- und Nachteile von Kochboxen (**M14**).
   b) Stellt Vermutungen an, welche Zielgruppen am häufigsten Gebrauch von diesen oder ähnlichen Angeboten machen und warum.
4. Wie oft wird bei euch gekocht (**M15**)?
   a) Entwickelt in Kleingruppen eine Online-Umfrage. Leitet die Fragen aus den Ergebnissen im Text ab. Ergänzt weitere thematisch passende Fragen.
   b) Führt diese Befragung im Bekannten- und Verwandtenkreis durch.
   c) Analysiert die Ergebnisse und stellt sie grafisch dar.
   d) Präsentiert die Ergebnisse vor der Klasse. Stellt Unterschiede zu den Ergebnissen des Ernährungsreports 2022 heraus.
5. Bereitet in Kleingruppen die Kohlrabisuppe nach Rezept zu (**M16**, **QR-Code**).
   a) Vergleicht den Preisunterschied zwischen der selbstgekochten Suppe und der Suppe aus der Kochbox.
   b) Diskutiert mögliche Gründe für den Preisunterschied zwischen der selbstgekochten Suppe und der aus der Kochbox.

F zu Aufgabe 3
Nennt mögliche Ursachen für die Beliebtheit der Kochboxen.

H zu Aufgabe 4
Ein kostenloses Online-Fragentool für Schüler:innen findet ihr hier:

82302-016

Spreewald statt Spanien? Eine konkurrenzfähige Region

Im Supermarkt finden wir tausende Artikel unterschiedlicher Herkunft. Bei den Gewürzgurken fällt die regionale Auswahl aber leicht, die Spreewaldgurke ist meist im Regal zu finden. Bei anderen Lebensmitteln wird es schon schwieriger, ein in unserer Region produziertes Produkt zu finden. Wie kann es dennoch gelingen? Und warum ist es überhaupt sinnvoll, Produkte aus der Region zu kaufen?

M17 Die geografische Besonderheit des Spreewaldes

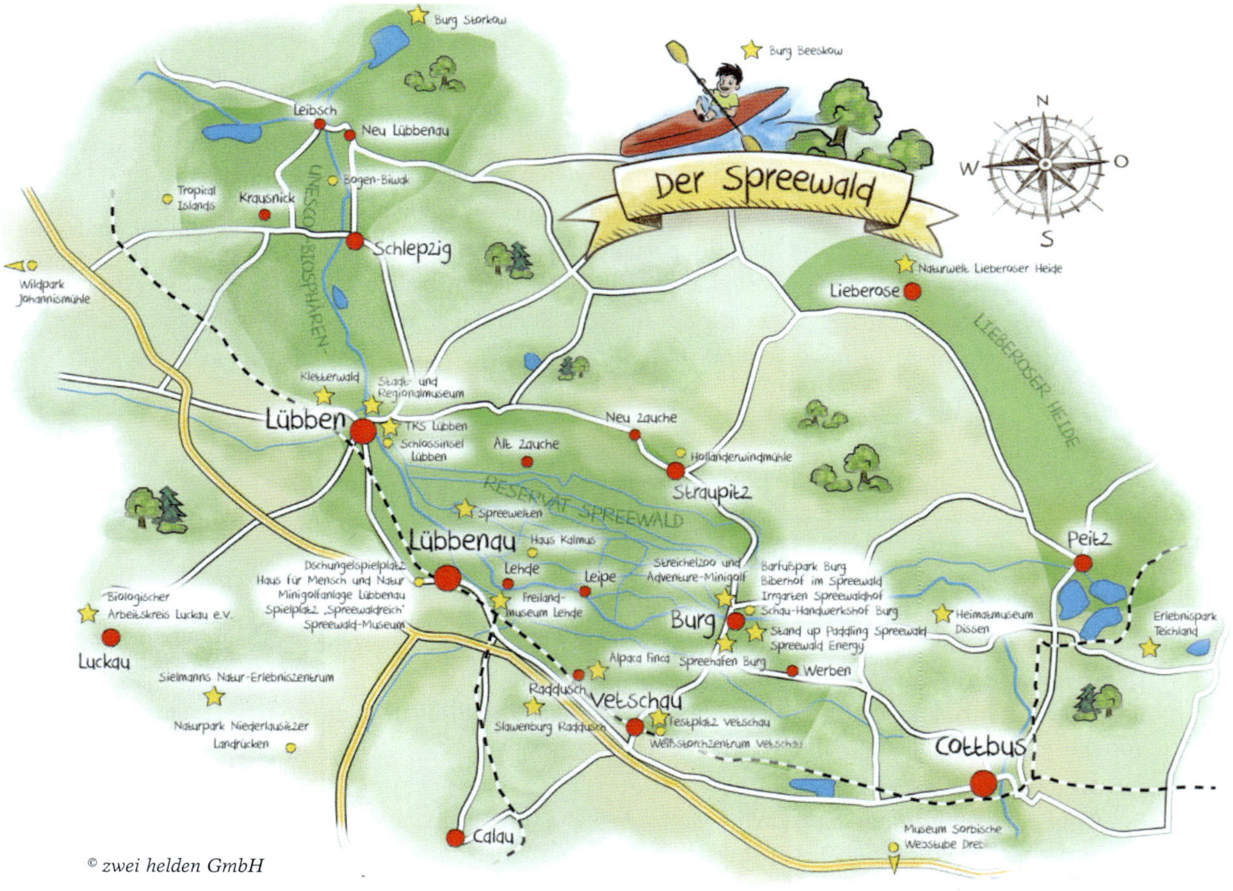

© zwei helden GmbH

UNESCO Biosphärenreservat
Kulturlandschaft, die durch ihre Flora und Fauna (Pflanzen- und Tierwelt) besonders schützenswert ist

Südöstlich von Berlin liegt der Spreewald. Aufgeteilt in den Oberspreewald und den Unterspreewald erstreckt sich der Spreewald auf einer Fläche zwischen Cottbus bis 50 km vor die Landesgrenze nach Berlin.

Das Landschaftsbild ist von der durchfließenden Spree sowie den sogenannten Fließen (Nebenarmen) geprägt. In den Gewässern tummeln sich viele Fischarten wie z. B. Aal, Hecht und Karpfen. Die humusreichen Ackerflächen und das besondere Klima des Spreewaldes bieten geeignete Anbaubedingungen für viele Gemüsesorten. Diese einzigartige Naturlandschaft ist eines von 714 UNESCO Biosphärenreservaten weltweit.

M18 Sorbische Kultur in der Spreewaldregion

Mit der Völkerwanderung im 6. Jahrhundert ließen sich westslawische Siedler:innen an den Ufern des Spreewaldes nieder. Die Römer gaben diesem Volk den Namen Wenden. In der Lausitz nennt man sie je nach Region Ober- oder Niedersorben. Sie prägen bis heute diese Region mit der Kultur und Sprache ihrer Vorfahren. Besucht man heute den Spreewald, fällt schon beim Einfahren in den ersten Ort ein zweisprachiges Ortschild auf. Spreewaldtypische Häuser, eindrucksvolle Trachten und künstlerisch bemalte Ostereier sind nur ein kleiner Ausschnitt sorbischer Kultur.

Spreewaldkahn: früher Transportmittel für alles, heute meist für Tourismus

Traditionelles Spreewaldhaus

Sorbische Tracht

Sorbische Ostereier (Kratztechnik)

M19 Wenn das Klima und die Preise drücken

Für viele Spreewaldbauern war 2022 ein schlechtes Jahr. Hitze und Trockenheit haben vielen Kulturen zugesetzt, die Erträge waren schlecht. Gleichzeitig ist durch die Krisen in der Welt die Produktion deutlich teurer geworden. Auch die Kunden haben weniger Geld zur Verfügung. Im Spreewald gehen deshalb die Anbauflächen für Gemüse mehr und mehr zurück. […] Gemüseanbau in Deutschland ist teuer und damit auch das Gemüse. Viele Kunden könnten sich das nicht mehr leisten und würden stattdessen zum günstigeren Gemüse aus dem Ausland greifen, sagt Thomas Göbel[, Inhaber eines brandenburgischen Landwirtschaftsbetriebs]. „Im letzten Jahr haben wir für einen Blumenkohlkopf im Schnitt bis zu 3,50 Euro nehmen müssen", so Göbel. Dieses Jahr werde es wahrscheinlich noch mehr. Mit der Supermarktware könne er nicht mithalten. „Im Supermarkt hat er bis zu 70 Cent gekostet, obwohl auch dort die Preise gestiegen sind", sagt der Landwirt.

Manske, Phillip: Geht dem Spreewald das Gemüse aus? In: www.rbb24.de, 16.03.2023

Siegel der "geschützten geografischen Angabe"

GESCHÜTZTE GEOGRAFISCHE ANGABE

Das Siegel „geschützte geografische Angabe" wird nach Beantragung von der Europäischen Union (EU) für Produkte vergeben, die innerhalb eines bestimmten Gebietes produziert bzw. hergestellt werden. Es soll Erzeuger:innen unterstützen, ihre traditionellen Produkte gegen andere (zum Teil nachgeahmte) Produkte hervorzuheben und somit besser am Markt verkaufen zu können.

In Brandenburg gibt es einige Produkte mit dieser besonderen Angabe, z. B. Beelitzer Spargel, Spreewälder Gurken und Brandenburger Landwein. Neben diesem Siegel, gibt es noch die Angaben „geschützte Ursprungsbezeichnung" und „garantiert regionale Spezialität".

M20 Tourist:innen statt Tomaten

Charlotte hat die Hausaufgabe bekommen, eine Berufsbiografie zu schreiben. Da sie ohnehin mit Opa Schultz telefonieren wollte, verbindet sie das Angenehme mit dem Nützlichen und befragt ihren Großvater. Opa Schultz berichtete, dass er mit 15, im Jahr 1963, eine Ausbildung zum Facharbeiter für Obst- und Gemüseverarbeitung in einem Betrieb hier im Spreewald begonnen hat. Lange Zeit hatte er sich mit den Kolleg:innen um das Gemüse rund um Lübbenau gekümmert. 1989, er war Anfang 40, kam dann die Wende und die Nachfrage nach Gemüse aus dem Spreewald sank. Vielen Kolleg:innen wurde damals gekündigt. Er beschloss, nebenbei drei kleine Ferienhäuser auf seinem Grundstück zu bauen, die er im Fall der Fälle an Feriengäste vermieten konnte. So kam es dann auch recht schnell. Tomaten und Gurken wurden dann nur noch auf dem eigenen Grundstück gezüchtet und zusätzlich auf dem Wochenmarkt verkauft.

M21 Unterwegs mit dem Gurkenflieger

Video: Ernte mit dem Gurkenflieger

82302-017

1

2

Mit dem Gurkenflieger wird das Gemüse in Handarbeit geerntet.

AUFGABEN

82302-210

1. Beschreibt, wofür die Spreewaldregion bekannt ist (**M17**).
2. a) Wer sind Sorben und Wenden (**M18**)? Recherchiere weitere Fakten dieser nationalen Minderheit.
   b) Erstelle zu den Fakten ein Fact-Sheet.
3. a) Beschreibe die Auswirkungen fallender Preise und steigender Temperaturen auf die Landwirt:innen im Spreewald (**M19**, **M20**, **#geschützte geografische Angabe**).
   b) Diskutiert in der Klasse, welche ökologischen, wirtschaftlichen und gesellschaftlichen Auswirkungen es hätte, wenn wir ausschließlich importiertes Obst und Gemüse zu Niedrigpreisen kaufen würden.
4. a) Beschreibt die Arbeitsbedingungen in einem Gurkenflieger (**M21**, **QR-Code**).
   b) Stellt Vermutungen an, welche Personen in dem gezeigten Herstellungsprozess arbeiten.
   c) Diskutiert anschließend, warum sich Unternehmer:innen dafür entscheiden.

H zu Aufgabe 2
Weitere Informationen findest du z. B. hier:

82302-018

F zu Aufgabe 3
Vergleicht den Preis von Spreewaldgurken mit dem anderer Gurkengläser und nennt mögliche Gründe für den Preisunterschied.

Vegan, vegetarisch oder lieber flexitarisch? Ernährungsformen im (Klima-)Überblick

„Wie? Du ernährst dich ab heute vegan?" Kaum ein Thema führt schneller zu Diskussionen am Esstisch als unterschiedliche Ernährungsformen und -trends. Nicht nur in der Familie, auch in der Gesellschaft herrscht eine Debatte um „die richtige" Ernährungsform. Einige argumentieren auch, dass Ernährung ein Bestandteil der Rettung des Klimas sein kann. Was ist da dran?

M22 Ernährungsformen – eine Übersicht

© BLE, Text: Larissa Kessner, BLE

M23 Ernährung und Klima – wie hängt das zusammen?

Unsere Ernährung hat einen großen Einfluss auf das Klima. Denn Faktoren wie Herstellung, Verarbeitung, Transport, Aufbewahrung und Zubereitung spielen eine große Rolle. Sie bestimmen über die Menge an freigesetzten Treibhausgasen. Für die Erzeugung unserer Lebensmittel werden in Deutschland knapp 50 % der Landfläche verwendet. Wird der Acker in einer Monokultur bestellt und werden Kunstdünger, Pestizide und Herbizide verwendet, wird im Vergleich zur ökologischen Landwirtschaft mehr CO_2 ausgestoßen und die Biodiversität vermindert. Die Aufzucht von Tieren, wie z. B. Rindern, verbraucht viel Futter. Dieses Futter muss auf Feldern produziert werden. Zudem produzieren Rinder, als Wiederkäuer, Unmengen des klimaschädlichen Gases Methan. Würden wir uns verstärkt pflanzenbasiert ernähren, könnten auf der Ackerfläche Nahrungsmittel für Menschen angebaut werden und wir könnten viel CO_2 einsparen.

Video: Treibhausgase erklärt

82302-019

M24 Flächenverbrauch von Lebensmitteln

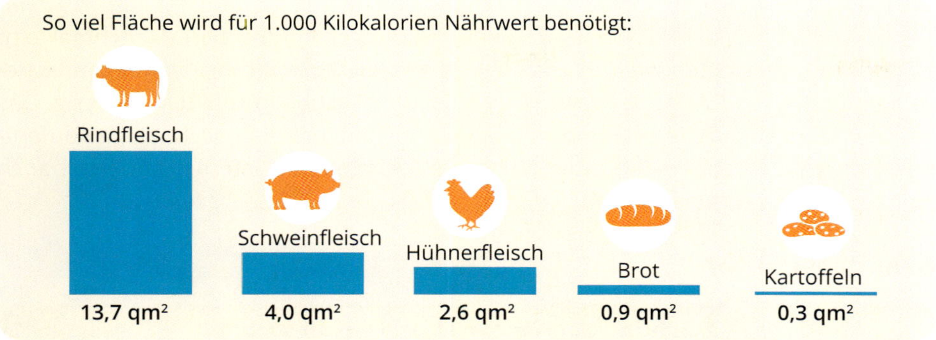

Nach: Bundesministerium für Umwelt, Naturschutz, nukleare Sicherheit und Verbraucherschutz: Mein Essen, die Umwelt und das Klima. In: www.bmuv.de, 08.06.2020

M25 Unbelehrbar?

Karikatur: Schwarwel, 2018

AUFGABEN

82302-211

1. Beschreibe anhand der Abbildungen die unterschiedlichen Ernährungsformen (**M22**).
2. a) Erkläre den Zusammenhang zwischen Ernährung und Klima (**M23**, **M24**).
   b) Erläutere, was unter Treibhausgasen zu verstehen ist und warum es „menschengemachter Klimawandel" heißt (**M23**, **QR-Code**).
   c) Informiert euch zu zweit mithilfe des Videos zu **M23** über die Vor- und Nachteile der ökologischen Landwirtschaft.
   d) Führt eine Pro- und Kontra-Diskussion zur Aussage „Ökologische Landwirtschaft bringt dem Klima gar nichts, außer höhere Preise für Lebensmittel."
3. Analysiere die Karikatur im Hinblick auf eine nachhaltige Ernährung (**M25**).

H zu Aufgabe 2b
Schaut das Video im QR-Code zwei Mal an. Notiert euch erst beim zweiten Mal arbeitsteilig die Informationen.

F zu Aufgabe 3
Entwickle zu einer Ernährungsform (**M21**) einen Vorschlag, wie sich ein Mensch nach dieser einen Tag lang ernähren könnte (drei Hauptmalzeiten, inkl. Snacks und Getränke).

Eine nachhaltige Kaufentscheidung treffen

Worum geht es?

Täglich sind wir mit zahlreichen Einkaufentscheidungen konfrontiert. Manchmal geht es nur um Kleinigkeiten wie das Brötchen in der Bäckerei und manchmal um teure oder große Produkte. Die Auswahl ist auch bei gleichen Produkten oft riesig. Das Internet kann euch Hilfe und Informationen anbieten, um eine nachhaltige Kaufentscheidung gut vorzubereiten. Aber nicht alles, was man im Internet findet, ist auch eine hilfreiche Information.

Geht dabei so vor:

1. Schritt: Überlege, was und wo du suchst

Überlege dir, welche Eigenschaften das Produkt haben soll. Häufig müssen auch Fragen zum Produkt geklärt werden und auch der Preis spielt eine Rolle. Formuliere diese Punkte schriftlich, dann kannst du am Ende beurteilen, ob die gefundenen Informationen hilfreich für dich sind.

Wo du Informationen findest, hängt häufig auch vom Produkt ab. Überprüfe, ob es einen Fachhandel in deiner Nähe gibt. Hier kannst du dich von ausgebildetem Personal beraten lassen.

Auch Siegel können dir zusätzliche Informationen über die Qualität und Nachhaltigkeit eines Produktes liefern.

Für die meisten Produkte lohnt sich außerdem eine Recherche im Internet. Dabei musst du einige Dinge berücksichtigen!

2. Schritt: Formuliere den passenden Suchbegriff

Für ein gutes Ergebnis solltest du deine Suche genau formulieren.

- Verbinde zwei Begriffe durch ein +, um die Suche einzugrenzen. (Smartphone + Vergleich + Kamera)
- Setze Begriffe in Anführungszeichen, um nach genau dieser Wortkombination zu suchen. („Produktvergleich neuer Smartphones“)

3. Schritt: Wähle ein Suchergebnis aus

Als Ergebnis erhältst du immer eine lange Liste an Treffern von Internetseiten. Bei den obersten Suchergebnissen handelt es sich in der Regel um Werbeanzeigen. Dein Suchmaschinenanbieter wird dafür bezahlt, diese Suchergebnisse besonders weit oben zu platzieren – das sagt aber nichts über deren Qualität aus. Sie sind mit dem kleinen Hinweis „Anzeigen" versehen.
Wenn die ersten Ergebnisse darunter deiner Suche entsprechen, lies die kurze Beschreibung unter der Überschrift. Die URL (fängt mit „https://" oder „www." an) gibt oft darüber Auskunft, wer der Anbieter der Internetseite ist. Institutionen, Ministerien, Unternehmen u. Ä. verwenden in der Regel ihren Namen als URL, sodass du gleich weißt, wer der Anbieter der Informationen ist. Klicke die Seite an, die am besten zu deiner Suche passt, und überfliege den Inhalt. Wenn du glaubst, dass die Seite dir weiterhilft, kannst du sie genauer prüfen (Schritt 4).

Institution
gesellschaftliche staatliche oder kirchliche Einrichtung

4. Schritt: Prüfe die Seite

Bedenke immer, dass jeder im Internet eine Information posten kann. Daher ist es wichtig, die Verlässlichkeit einer Internetquelle zu prüfen.
Folgende Fragen helfen dir dabei:

Wer ist für die Seite verantwortlich? → Gibt es Kontaktdaten, im besten Fall von einer öffentlichen Institution? Du kannst die Identität des Verfassers beispielsweise über das Impressum oder die Rubrik „Wir über uns" herausfinden.

Inhalt/sachliche Richtigkeit → Wie aktuell sind die Informationen? Lassen sich die Aussagen durch andere Webseiten überprüfen? Werden Quellen angegeben?

Warum werden Informationen veröffentlicht? → Was ist das Ziel der Seite? An wen richtet sich die Information? Ist der Beitrag sachlich und neutral? Wird versucht, den Leser zum Kauf zu drängen? Wird besonders offensichtlich dargestellt, dass es sich um ein günstiges Angebot handelt? Werden Produkte direkt auf dieser Seite verkauft oder handelt es sich um eine Informationsplattform?

Hilfreiche Informationen findet ihr z. B. auf folgenden Plattformen:
- Verbraucherzentralen der Länder
- Stiftung Warentest
- Vergleichsportale, Informationsseiten wie NGOs, Blogs mit Erfahrungsberichten, Onlineplattformen und Magazinen zu spezifischen Themen (z. B. Utopia für Nachhaltigkeit, Chip für IT/Technik)

1.3 Politik mit dem Einkaufskorb und auf dem Teller

Meine Ernährung – (nur) meine Angelegenheit?

Die Wurst auf der Stulle, nur regionales Bio-Gemüse im Einkaufswagen oder Erdbeeren zur „falschen" Jahreszeit – hast du auch manchmal das Gefühl, du musst dich für das, was du kaufst und isst, rechtfertigen? Solange es dir und deinem Körper nicht schadet, kannst du doch einkaufen und essen, was du willst, oder etwa nicht?

M1 Der nächste Skandal

Blutdiamanten
Diamanten, die in Kriegsgebieten und/oder unter menschenunwürdigen Arbeitsbedingungen sowie durch Kinderarbeit gewonnen wurden

M2 Unsichtbare Kosten: Nahrung kostet mehr als Geld

Je nach Aufwand in der Herstellung kosten Lebensmittel unterschiedlich viel Geld. Das gilt jedoch auch für die Kosten, die man auf den ersten Blick nicht sehen kann. Ganz konkret betrifft das den Wasser-, Energie- und Flächenverbrauch, sowie den CO_2-Ausstoß, den jedes Lebensmittel verursacht, bis es bei uns auf dem Teller landet. Auch Verbraucher:innen haben einen ökologischen Fußabdruck, der von einer Vielzahl von Faktoren beeinflusst wird: Wie und wo wurde das Lebensmittel angebaut oder gezüchtet? Wie wurde es transportiert, wann gegessen? Diese Kosten haben in Deutschland zwar keine direkten Auswirkungen auf den Preis der Lebensmittel, auf die Umwelt hingegen schon. Und das wirkt sich langfristig auch auf unser Leben aus. Der Discounter Penny machte diesbezüglich mit einer Werbekampagne von sich reden, die kontrovers diskutiert wurde.

Video: Penny und der wahre Preis

82302-020

UNSICHTBARE KOSTEN

Die Herstellung von Produkten belastet die Umwelt, z. B. weil während der Produktion Schadstoffe wie CO_2 ausgestoßen werden. Die Kosten, um die dadurch entstehenden Schäden (Krankheiten, Verschmutzung der Umwelt, schlechtere Luftqualität, ...) zu beseitigen, sind aber nicht im Produktpreis enthalten. Sie sind unsichtbar.
Man nennt sie auch Umweltkosten oder externe Kosten, da sie nicht von den Verursacher:innen, sondern von der Gesellschaft, etwa durch Steuergelder oder Versicherungsbeiträge, bezahlt werden.
Deshalb haben alle Produkte neben dem zu zahlenden Preis noch einen „zweiten Preis", der wesentlich höher ist als der beim Einkauf zu zahlende Preis und dessen Höhe je nach Umweltschädlichkeit des Produkts bzw. seiner Herstellung ausfällt.

M3 Opa Schultz vs. „Ökodiktatur"

Opa Schultz sitzt mit seinen Freunden beim Stammtisch. Er ist froh, dass er hier noch entspannt seine Bratwurst essen kann. Wenn er in Berlin seine Familie besucht, hat er manchmal das Gefühl, die Leute gucken ihm naserümpfend auf den Teller, wenn er im Restaurant ein Fleischgericht bestellt. „Ungesund", „Tierquälerei", „umweltschädlich" – alles Schlagworte, die er aus den Gesichtern der Nebentische ablesen kann.
Mittlerweile isst er dort auch oft vegetarische und vegane Gerichte, die ihm auch sehr gut schmecken. Aber grundlegend vorschreiben lassen, was er aus besagten Gründen zu essen hat, will er sich nicht. „Sollen doch alle essen, wat se woll`n."

AUFGABEN

82302-212

1. Beschreibe, wie die Schlagzeilen auf dich wirken (**M1**).
2. a) Erläutert zu zweit den Begriff unsichtbare Kosten und welchen Einfluss die eigene Ernährungsweise auf diese Kosten hat (**M2**, **#unsichtbare Kosten**).
   b) Erarbeitet mithilfe des Videos zu **M2** Pro- und Kontra-Argumente für die Aktion des Discounters.
   c) Diskutiert in der Klasse, ob es für Unternehmen verpflichtend werden sollte, die unsichtbaren Kosten von Lebensmitteln in Form des wahren Preises neben dem zu zahlenden Preis aufzuführen.
3. Nehmt Stellung zu der Aussage von Opa Schultz. Ist die eigene Ernährung nur die eigene Angelegenheit (**M1**-**M3**)?

F zu Aufgabe 1
Recherchiere zu den Schlagzeilen. Welche Informationen findest du hierzu?

F zu Aufgabe 2c
Fragt euch z. B.: Welche Auswirkungen hätte die Maßnahme auf dein Einkaufsverhalten? Wer würde von der Maßnahme profitieren und wer hätte Nachteile?

Grüner als Grün?

Du kennst diese Situationen wahrscheinlich: In Drogeriemärkten stehst du vor Regalen voller grüner Verpackungen, „FAIR“, „ÖKOLOGISCH“ oder „NACHHALTIG“ steht in Großbuchstaben auf gefühlt jeder Plakatwerbung und online wirst du mit klimaneutralen Klamotten und Accessoires aus recycelten Materialien überhäuft. Was ist dran an den Versprechen?

Video: Klimaschutz und CO_2-Zertifikate

82302-021

Kompensieren
etwas ausgleichen

Emission
Ausstoß von (Schad-)Stoffen

M4 (Aus-)Gleichgewicht

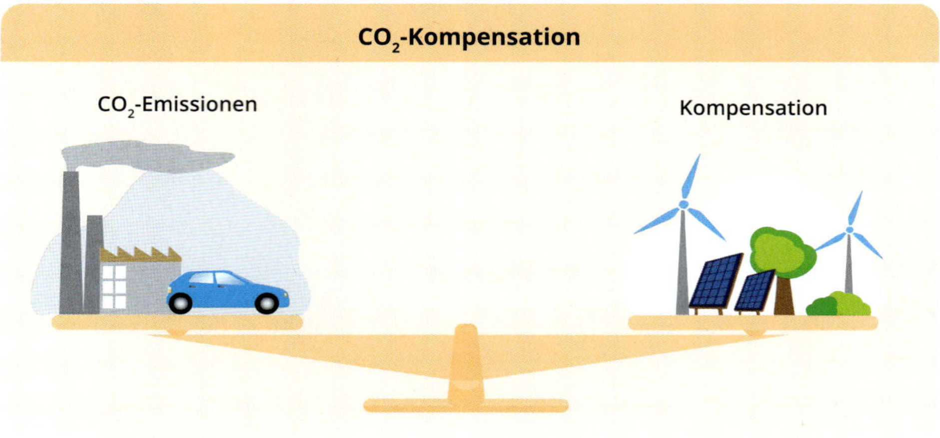

„Learning Snack“ der Verbraucherzentrale Rheinland-Pfalz

82302-022

M5 Grün – die Farbe der Nachhaltigkeit?

Verbraucher:innen reagieren auf Farben. Im Fokus steht vor allem die Farbe Grün. Sie ist eng mit der Natur, mit Ruhe, Kraft und Gesundheit verknüpft, seit einiger Zeit auch mit Nachhaltigkeit. Es liegt nahe, dass Unternehmen versuchen, Verbraucher:innen mit „grünen“ Produkten und Dienstleistungen zu locken, denn Nachhaltigkeit ist heute für viele ein wichtiges Kaufkriterium. Die Unternehmen werben mit nachhaltig aussehenden, meist Grüntöne enthaltenden Verpackungen und mit Begriffen wie „klimaneutral“, „CO_2-neutral“, „100 % natürlich“ und schön gestalteten Siegeln. Für Verbraucher:innen ist auf den ersten Blick nur schwer zu erkennen, ob die Produkte wirklich nachhaltig sind. Folgende Tipps können dir dabei helfen:

- ✓ Informiere dich im Netz über die Produkte, Dienstleistungen und Unternehmen.
- ✓ Achte auf unabhängige Siegel auf den Produktverpackungen
- ✓ (z. B. EU-Bio-Siegel, Blauer Engel, FSC, grüner Knopf).
- ✓ Hinterfrage grün klingende Begriffe wie „nachhaltig“, „umweltfreundlich“ und „klimaneutral“. Sie sind nicht geschützt und somit keine Anhaltspunkte zur Nachhaltigkeit eines Produktes.
- ✓ Prüfe, ob die positiv hervorgehobenen Eigenschaften für das Produkt relevant sind und ob negative Eigenschaften verschwiegen werden.
- ✓ (z. B. Erdnüsse: Auf der Verpackung steht „vegan“, was zu erwarten ist, und „enthält Bio-Erdnüsse“, es sind aber zu 95 % Erdnüsse aus konventionellem Anbau enthalten.)

GREENWASHING

Greenwashing ist eine Strategie, mit der sich Unternehmen durch bewusstes Verbreiten von Informationen ein nachhaltiges bzw. grünes Image aufbauen möchten, um weniger oder nicht nachhaltige Prozesse zu kaschieren. In der Regel wird dafür die Werbung genutzt. Ziel ist es, die Attraktivität eines Produktes oder des ganzen Unternehmens zu steigern, da Verbraucherinnen und Verbrauchern nachhaltiger Konsum immer wichtiger wird. Dazu werden häufig bestimmte Farben, Bildsprachen und Worte genutzt oder eigene Siegel entworfen, um den Effekt zu verstärken.
Werbung mit nachhaltigen Produkten ist nicht per se Greenwashing, sondern nur, wenn die herausgegebenen Informationen Verbraucherinnen und Verbraucher täuschen sollen.

Video: Beispiele von Greenwashing

82302-023

Hinweis: Die EU arbeitet aktuell an einer Richtlinie gegen Greenwashing, die irreführende Aussagen zu Umweltaspekten in der Werbung mit hohen Strafen belegen soll.

M6 Altes Plastik mit neuer Bestimmung

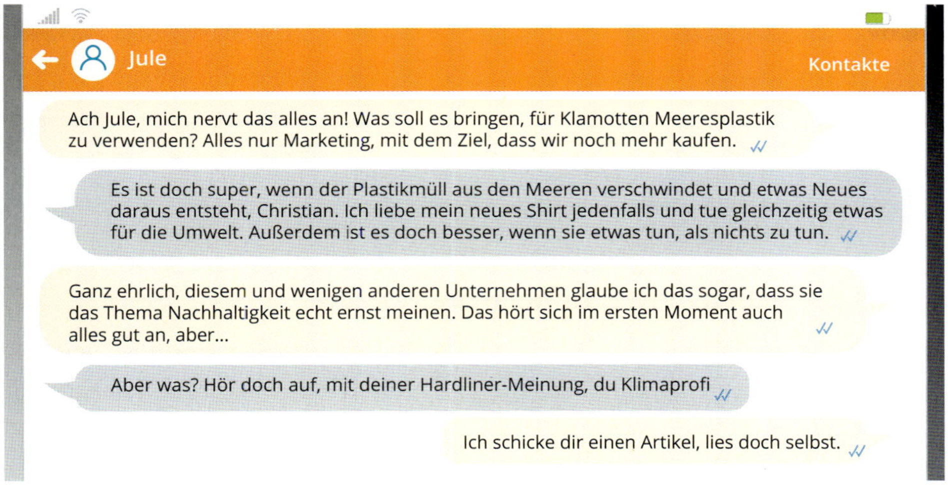

Artikel: Mode aus Meeresplastik

82302-024

AUFGABEN

82302-213

1. Beschreibe die Abbildung **M4** im Hinblick auf einen nachhaltigen Lebensstil.
2. Erarbeitet zu zweit, mit Hilfe der Abbildung und des Videos, den Begriff „CO_2-Kompensation" (**M4**).
3. Erläutere, mit welchen Herausforderungen dich die Farbe Grün in Konsumentscheidungen konfrontiert und wie du diesen begegnen kannst (**M5**).
4. Arbeite aus dem Beitrag vier Gründe heraus, warum Meeresplastik in Kleidung nicht zum Klimaschutz beiträgt (**M6**).
5. Diskutiert in der Klasse: Ist der Konsum von als nachhaltig ausgewiesenen Gütern ohne schlechtes Gewissen möglich (**M4-M6**, **#Greenwashing**)?

F zu Aufgabe 1
Kennst du Fälle von Greenwashing aus deinem Alltag? Erläutere, warum diese Fälle Beispiele für Greenwashing sind.

H zu Aufgabe 3
Erarbeite dir mithilfe des Learning Snacks (QR-Code zu **M5**) das Thema Greenwashing und wie du damit umgehen kannst.

Haben Nahrungsmittel Lobbys?

Dass Zucker und Zusatzstoffe in Lebensmitteln nicht besonders gesund sind, hast du vielleicht schon mal gehört. Deshalb werden auch immer wieder Gesetze verabschiedet, die deren Kennzeichnung festlegen oder ihre Nutzung beschränken. Aber oft kommt es dann doch anders als zunächst vorgesehen – woran liegt das?

M7 Was ist der Nutri-Score?

Der Nutri-Score dient dazu, Lebensmittel einer Produktgruppe anhand ihrer Nährwerte miteinander zu vergleichen. So kannst du sehen, welche Tiefkühlpizza reichhaltiger ist, oder ob das Frucht- oder das Schoko-Müsli die gesündere Wahl ist. Du kannst so jedoch eine Cola nicht mit einem Jogurt vergleichen und der Score sagt auch nichts darüber aus, ob ein Lebensmittel gesund oder ungesund ist.

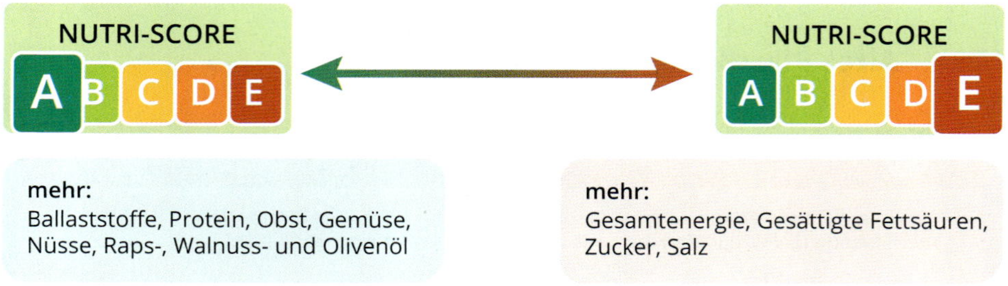

Nach Verbraucherzentrale Sachsen

M8 Die Lebensmittelampel in der Kritik

Welche Bedeutung hat die Lebensmittelampel?

82302-025

Hinweis: Die DGE empfiehlt maximal 30 g Zucker am Tag.

Der Nutri Score ist im Herbst 2020 als freiwillige Lebensmittelkennzeichnung in Deutschland offiziell eingeführt worden. Er soll Verbraucher:innen dabei helfen, beim Einkauf schnell zu erkennen wie gesund die jeweiligen Produkte sind. Bis dahin war es allerdings ein langer Weg: Die Lebensmittelindustrie leistete national und auf europäischer Ebene erbitterten Widerstand gegen den Nutri-Score. Auch oder gerade deshalb war die damalige Landwirtschaftsministerin Julia Glöckner (CDU) kein Fan der Lebensmittelampel, behaupten Kritiker:innen wie die Verbraucherschutzorganisation Foodwatch.

Obwohl die Einführung nicht verhindert werden konnte, ist die Effektivität des Scores weiter fraglich. Viele offensichtlich ungesunde Lebensmittel, wie z. B. Toastbrot oder Fertigpizza, können sehr gute Bewertungen erzielen. Das liegt u. a. an den zum Teil sehr hohen Basiswerten für einige Nährstoffe, die der Berechnung zu Grunde liegen. So kann ein Produkt trotz eines sehr hohen Zuckergehaltes von 80 g eine grüne A-Kennzeichnung erhalten.

Diese Werte entstanden hoher Wahrscheinlichkeit nach durch Einflussnahme aus der Industrie. Dass man das nicht genau sagen kann, liegt auch daran, dass Treffen zwischen Politiker:innen und Lobbyist:innen nicht vollständig offengelegt werden. Auch das wird von Verbraucherschutzorganisationen stark kritisiert.

LOBBYISMUS

Lobbyismus beschreibt Aktivitäten, mit deren Hilfe verschiedene Interessengruppen (sogenannte Lobbys) z. B. aus der Wirtschaft versuchen, Politiker:innen in ihrem Sinne zu beeinflussen. Beispielsweise geschieht dies im Hinblick auf geplante Gesetzesänderungen. Lobbyismus passiert z. B. durch die Pflege persönlicher Kontakte, mit Parteispenden oder der Finanzierung politischer Veranstaltungen.
Lobbyismus ist für die politische Arbeit grundsätzlich wichtig, weil die Expertise der einzelnen Fachgebiete und unterschiedlichen Interessen an die Politik weitergegeben und so ein Problem aus vielen Perspektiven betrachtet werden kann. Die Gefahr ist jedoch, dass insbesondere finanzstarke Lobbyisten (wie etwa die Tabakwarenindustrie) übermäßig Macht und Einfluss auf die Politik ausüben und z. B. Gesetze zu ihren Gunsten gestaltet werden. Dem entgegen haben andere Gruppen kaum Interessenvertreter:innen, z. B. Kinder und Jugendliche. Diese Gruppen haben so Schwierigkeiten, im politischen Prozess gehört und entsprechend berücksichtigt zu werden.

Lobbyismus
gibt es auch in anderen Bereichen wie z. B. Religion, Bildung und Forschung.

zu Aufgabe 3
Video: Lobbyismus einfach erklärt
82302-026

M9 Der runde Tisch

Zuckersüß GmbH: Zucker ist gut, günstig und extrem beliebt. Nicht umsonst setzen wir Milliarden um.

Verbraucherschützer:innen: Die Lebensmittelampel hilft Verbraucher:innen nicht!

Partei A: Übergewicht und Diabetes müssen bekämpft und Verbraucher:innen daher schon beim Einkauf unterstützt werden.

Ärzteverband: Es ist mehrfach wissenschaftlich bewiesen, dass der hohe Konsum von Zucker für viele Krankheiten verantwortlich ist.

Partei B: Die Bevormundung von Verbraucher:innen muss aufhören. Sie selbst können am besten entscheiden, was gut für sie ist.

AUFGABEN

82302-214

1. Beschreibe die Funktion des Nutri-Scores und erkläre, wie das Ampelsystem funktionieren soll (**M7**).
2. Erarbeite dir mithilfe des Textes und des Videos zu **M8** die aktuelle Diskussion um den Nutri-Score und wie sie entstand.
3. Erläutert zu zweit den Einfluss von Lobbyismus am Beispiel der Lebensmittelindustrie (**#Lobbyismus**).
4. Podiumsdiskussion zum Thema „Nutri-Score: Eine Ampel ohne Orientierungsfunktion?“ (**M7-M9**):
   a) Recherchiert in Gruppen Standpunkte der vertretenen Gruppen.
   b) Stellt eure Argumente vom Schwächsten zum Stärksten gewichtet dar.
   c) Entscheidet, wer welche Gruppe in der Diskussion vertritt.
   d) Führt die Podiumsdiskussion im Klassenverband durch.

F **zu Aufgabe 2**
Recherchiere Beispiele für den Nutri-Score (M7), die du auf Lebensmitteln bei dir Zuhause gefunden hast.

F **zu Aufgabe 3**
Kennst du weitere Lobbyverbände? Erläutere, für was bzw. wen sie sich einsetzen.

Verspeisen oder verbrennen – ein Zielkonflikt?

In jedem Liter Benzin oder Diesel steckt ein bestimmter Anteil Biokraftstoff. Das sorgt dafür, dass weniger Rohöl gefördert werden muss, ruft aber auch andere Probleme auf den Plan. Welche das sind, erfährst du hier.

M10 Einmal volltanken bitte!

verschiedene Pflanzenarten

M11 Das Flächenproblem

Vielleicht hast du dich bei einer Fahrt durch das ländliche Brandenburg schon mal gefragt, wieso es hier viele Rapsfelder gibt. Weltweit werden 17 % der verfügbaren landwirtschaftlichen Flächen für den Anbau von Energiepflanzen verwendet. Diese werden zur Herstellung von Biokraftstoffen genutzt. Ein Großteil davon befindet sich in Brasilien und den USA. Das Problem: Die zur landwirtschaftlichen Nutzung geeigneten Flächen sind weltweit begrenzt. Flächen, die für andere Zwecke genutzt werden, stehen für die Nahrungsmittelproduktion nicht zur Verfügung. Dabei steigt die Zahl der hungernden Menschen weltweit jährlich an. Auch im führenden Anbauland für Energiepflanzen, Brasilien, wird dieses Problem immer deutlicher. Das liegt nicht nur an der verfügbaren Menge der Lebensmittel, es liegt vor allem an ihrem Preis. Durch den Einfluss der Kraftstoffproduktion steigen die Preise von Ölsaaten, Futtergetreide, Weizen und Co. stärker als üblich. Dadurch werden Grundnahrungsmittel schlicht zu teuer für viele Menschen, die von Armut bedroht sind.

Landwirtschaft weltweit: Das wird aus unserer Ernte

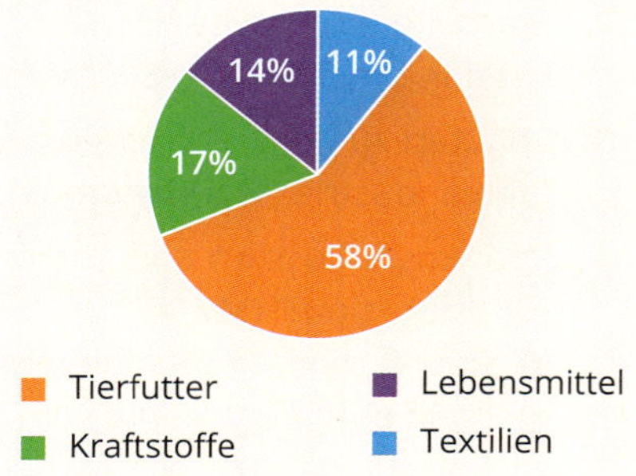

Bearbeitergrafik, Zahlen aus WDR/Quarks; nova-institut, FAO, Zukunftsstiftung Landwirtschaft

M12 Hunger vs. CO_2-Einsparungen: ein Zielkonflikt?

Die Beimischung von Biokraftstoffen zu Benzin und Diesel ist in der Politik immer wieder ein Streitthema. Per Gesetz müssen Benzin und Diesel einen Mindestanteil Biokraftstoffe enthalten. Ziel war es, so die CO_2-Emissionen im Verkehr zu senken und weniger abhängig von Öl fördernden Ländern zu sein.

1 Menschenrechtsorganisation „Leben in Würde“:

Wir kritisieren seit jeher, dass die zum Anbau genutzten Flächen im Konflikt mit der Nahrungsmittelproduktion stehen und die Bekämpfung des Welthungers Vorrang haben muss. Zum Teil werden die Pflanzen unter fraglichen Bedingungen dort angebaut, wo Hunger herrscht. Das ist absurd.

2 Umweltverband „Eine Natur“:

Es ist fraglich, ob tatsächlich CO_2 eingespart wird. Die Kraftstoffe sind durch die Beimischung weniger effizient. Um den Bedarf zu decken, müssen außerdem Rohstoffe aus dem Ausland importiert werden, was die Klimabilanz zusätzlich verschlechtert. Hinzu kommt, dass die Pflanzen zunächst zu Kraftstoffen verarbeitet werden müssen und dieser Prozess ebenfalls Energie kostet.

3 Industrieverbund „Starke Automobilwirtschaft“:

Mittelfristig wird der Verbrennungsmotor noch eine große Rolle auf den Straßen der Welt spielen. Auch wenn sich der Elektroantrieb im PKW-Bereich immer schneller durchsetzt, bleibt das CO_2-Einsparpotenzial riesig.

4 Partei X:

Die Abschaffung der Beimischung von Biokraftstoffen würde gegen die deutschen Klimaziele im Verkehr verstoßen. Außerdem können die zur Biokraftstoffproduktion genutzten Pflanzen nicht als Nahrungsmittel verwendet werden, da sie von minderwertiger Qualität sind. Zugleich steigt der Anteil von aus Restabfällen gewonnenen Biokraftstoffen stetig an. Diese sogenannte zweite Generation Biokraftstoffe steht in keinem Fall in Konkurrenz zur Nahrungsmittelproduktion.

AUFGABEN

82302-215

1. Benenne die abgebildeten Pflanzen (**M10**).
2. Erläutere das Flächenproblem, dessen Folgen und welchen Einfluss Kraftstoffe darauf haben (**M11**).
3. Erarbeitet zu zweit Pro- und Kontra-Argumente für die Verwendung von Biokraftstoffen (**M11**, **M12**).
4. Diskutiert in der Klasse, ob Biokraftstoffe in einem Zielkonflikt mit globalen Hungersnöten stehen (**M11**, **M12**).

H zu Aufgabe 1
Versuche mithilfe von Google Lens herauszufinden, um welche Pflanze es sich handelt.

F zu Aufgabe 1
Recherchiere Anbaugebiete und mögliche Gerichte für die abgebildeten Pflanzen.

Bunte Lebensmittel … mit dunklen Flecken?

Eine gut sortierte Obst- und Gemüseabteilung ist bunt und vielfältig. Besonders Südfrüchte sind nicht nur farbenfroh und lecker, sondern auch sehr beliebt. Daran kann nichts falsch sein, oder etwa doch?

M13 Die Hype-Frage

a) Die Vorteile der Avocado

- Wirkt entzündungshemmend
- Liefert viele ungesättigte Fettsäuren, Vitamine und Mineralstoffe
- Ungesättigte Fettsäuren helfen bei Fettverbrennung
- Cremiger Sattmacher mit „guten" Fetten
- Ballaststoffe unterstützen die Verdauung
- Hilft den Cholesterinspiegel zu senken

b) Avocadoimport

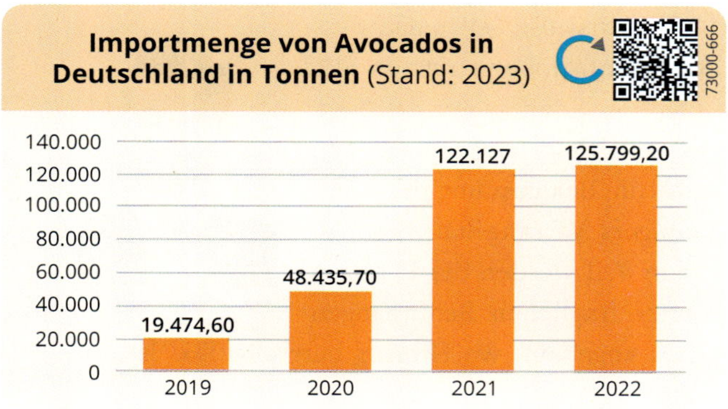

©C.C. Buchner Verlag, aktuelle Daten nach: DESTATIS (Datenerhebung: 2023; Grafikerstellung: 2023)

M14 Die Umweltfrage

Ökosystem
bestimmter Lebensraum, in dem Pflanzen, Tiere und Mikroorganismen miteinander umgehen

Die Avocado ist eine Südfrucht. Wie der Name schon verrät, wächst sie vor allem in subtropischen Klimazonen in Südamerika. Mexico ist seit Jahren mit Abstand der größte Avocado-Exporteur, gefolgt von Peru. Die Früchte legen also weite Strecken zurück, bis sie auf unseren Tellern landen. Hinzu kommt, dass die Früchte sehr viel Wasser benötigen, um zu reifen, es in diesen Regionen aber nicht viel regnet, bzw. die Wasserversorgung generell ein Problem darstellt. Zwischen 450-1.200 Liter Wasser werden pro Kilogramm Avocado (ca. 3 Früchte) benötigt, je nach Bewässerungssystem. Das führt in den Anbauregionen zu großen Problemen. Zum Vergleich: Ein Kilogramm Tomaten braucht in Schnitt 200 Liter Wasser. Durch die ständig steigende Nachfrage bedarf es immer größerer Plantagen. Diese riesigen Monokulturen verdrängen die heimische Tier- und Pflanzenwelt und schaden somit dem regionalen Ökosystem. Hinzu kommt, dass Monokulturen sehr anfällig für Schädlinge sind. Deshalb muss mit Chemikalien vorgesorgt werden, die dann wiederum in das Grundwasser gelangen. Diese stehen zudem im Verdacht, bei Anwohner:innen Leber- und Nierenprobleme zu verursachen. Avocados werden in der Regel unreif gepflückt, und um auf dem Weg nicht zu verderben, werden sie zusätzlich gekühlt. Um trotzdem verbraucherfreundliche, „genussreife" Früchte verkaufen zu können, werden sie in Reifekammern behandelt. Beides kostet neben dem weiten Transport zusätzlich eine Menge Energie. Die Klimabilanz einer Avocado ist, wie bei den meisten Südfrüchten, sehr schlecht.

Was kann ich als Verbraucher:in tun?

- ✓ Auf das Herkunftsland achten
- ✓ Avocado nicht als Grundnahrungsmittel, sondern als Genussmittel konsumieren
- ✓ Unreife Avocados kaufen, in Papier einwickeln, an einen warmen Ort legen und selbst reifen lassen
- ✓ Keine Avocados wegwerfen

Bearbeiter, basierend auf: Kabacinsky, Anne: Wie schlecht sind Avocados wirklich? In: www.swrfernsehen.de, 08.04.2022

Video: Die Schattenseiten der Avocado

82302-027

M15 Die Kartellfrage

Den Beinamen „grünes Gold" hat sich die Avocado nicht umsonst erarbeitet. Sie ist eines der wichtigsten Wirtschaftsgüter Mexicos. Allein an die USA hat das Land im Jahr 2021 1,1 Millionen Tonnen der Frucht im Wert von 2,8 Milliarden € exportiert. Drogenkartelle und andere kriminelle Gruppen haben hier ihre Finger im Spiel. Besonders betroffen ist der Bundesstaat Michoacán, wo der Großteil der Früchte geerntet wird. Hier werden Schutzgelder und „Steuern" von Bäuer:innen und Packer:innen und so von ganzen Kleinstädten erpresst. Die Einwohner:innen wehren sich mit bewaffneten Bürgerpatrouillen. Auch die US-Behörde Tier- und Pflanzenschutz (Aphis), die für die Kontrolle der Avocado-Importe zuständig ist, bekam schon einen Drohanruf aus einem mexikanischen Gefängnis. Das führte wenige Tage vor dem Super-Bowl 2022 – wegen der Guacamole zu Nachos und Co. auf den Super-Bowl-Partys ein sehr wichtiges Event für die Avocado-Industrie – zu Spannungen und einem kurzzeitigen Importstopp zwischen den beiden Ländern. Nicht umsonst bezeichnet man die Avocado heute auch oft als „neuen Blutdiamanten".

Bearbeiter, basierend auf: ©dpa-infocom: Gewalt in Mexiko betrifft auch Avocados. In: www.sueddeutsche.de, 22.02.2022 und Henne, Jan: Sterne-Koch nennt Avocados „die Blutdiamanten Mexikos". In: www.geo.de, Abruf am 28.11.2023

AUFGABEN

82302-216

1. Beschreibe, warum das Essen von Avocados im Trend liegt (**M13**).
2. Erläutere, wo dir die Frucht überall begegnet und wann und wo du zuletzt Avocado gegessen hast (**M13**).
3. Arbeitet zu zweit heraus, welche Folgen der steigende Konsum von Avocados für die Umwelt und das Klima hat und was du als Verbraucher:in dagegen tun kannst (**M14**).
4. Vergleicht in Partnerarbeit die Aussagen aus **M13** und **M14** mit den Informationen aus dem Video in der Randspalte.
5. Begründe, warum Avocados heute auch die „neuen Blutdiamanten" genannt werden (**M15**).
6. Diskutiert, ob der Hype um die Avocado berechtigt ist (**M13-M15**).

F **zu Aufgabe 1**
Ermittelt Avocado-Trend-Gerichte und entwickelt Ideen, wie man diese ersetzen könnte.

F **zu Aufgabe 2**
Du kannst zusätzlich auch Verwandte und Bekannte fragen.

Wie mit Nahrungsmittelverschwendung umgehen?

Vermutlich ist dir das auch schon mal passiert: Dein Pausenbrot schmeckt nicht, Schuld ist der falsche Belag. Bevor es zu Hause Ärger gibt, landet es im Mülleimer. Besonders in der Masse ist das ein Problem. Was kannst du tun, um Lebensmittelverschwendung zu vermeiden?

M16 Lebensmittelverschwendung in Deutschland

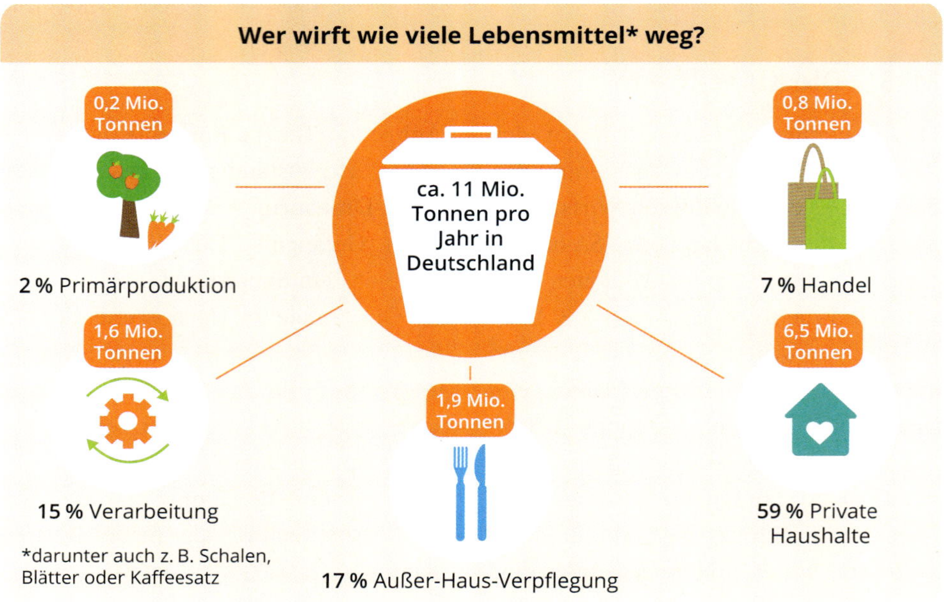

©C.C. Buchner Verlag, Daten nach: Statistisches Bundesamt, 2022

M17 Was tun als Verbraucher:in?

Verschiedene Organisationen, Unternehmen und Initiativen setzen sich gegen Lebensmittelverschwendung in Deutschland ein. Alle verfolgen andere Ziele und Wege, um diese zu erreichen.

a foodsharing.de
82302-028

b TOO GOOD TO GO
82302-029

c TAFEL DEUTSCHLAND
82302-030

d ZU GUT FÜR DIE TONNE!
82302-031

CONTAINERN

Containern beschreibt das Sammeln weggeworfener, aber noch genießbarer Lebensmittel aus Abfallbehältern. Gesammelt wird vorrangig aus Abfällen von Supermärkten, aber auch von Lebensmittelfabriken.
Lebensmittel, die kurz vor oder nach dem MHD stehen oder unschöne Stellen haben, landen im Müll. Sie dürfen oder sollen nicht mehr verkauft werden, sind aber meist noch genießbar. Diese werden für den Eigenbedarf mitgenommen. Containern ist bei uns aktuell noch illegal, weil es als Diebstahl gilt.

M18 Streitfall Containern

Die Lebensmittelverschwendung ist eines unserer größten gesellschaftlichen Probleme. Diejenigen, die viel haben, schmeißen es weg und gleichzeitig können sich immer mehr Menschen die Lebensmittel nicht mehr leisten. Wir wollen damit ein Zeichen gegen den Überkonsum setzen, der auch der Umwelt schadet und Unternehmen in die Verantwortung ziehen. Viele von unseren Mülltaucher:innen sammeln aus Protest, aber natürlich sparen wir so eine Menge Kosten, gerade heute, wo Lebensmittel so teuer sind. Deshalb: Lebensmittelverschwendung im Einzelhandel reduzieren!

Sam Ming, Organisation Mülltauchen gegen Verschwendung

Müll gehört zum Privateigentum, Containern ist somit Diebstahl. Das wurde vom Bundesverfassungsgericht bestätigt. Ob sich das in Zukunft ändert, muss man sehen. Klar ist, dass es gute Gründe dafür gibt, nichts aus der Mülltonne zu fischen: Lebensmittel können verdorben oder mit Keimen belastet sein, die Krankheiten auslösen. Zudem spendet der Einzelhandel viele seiner Lebensmittel an die Tafeln und arbeitet sehr effizient. Vielleicht fangen wir zu Hause an, etwas zu ändern, bevor wir die Tonnen anderer durchsuchen.

Petra Brandenburg, Verband Pro Supermarkt

AUFGABEN

82302-217

1. a) Beschreibe anhand **M16**, wer die meisten Lebensmittel verschwendet.
   b) Erläutere, wie die Verschwendung in den Bereichen entstehen könnte.
2. a) Erarbeitet zu zweit Informationen zu den abgebildeten Organisationen und stellt sie vor (**M17**).
   b) Vergleicht die Angebote im Hinblick auf ihre Vorgehensweise, angesprochene Zielgruppen und Zugangsbedingungen miteinander.
3. Diskutiert in der Klasse, ob Containern aus eurer Sicht verboten bleiben sollte und was ihr tun könnt, um weniger Lebensmittel wegzuwerfen (**M17**, **M18**, **#Containern**).

H **zu Aufgabe 1**
Was könnte unser eigenes Verhalten, z. B. im Supermarkt oder bei der Tagesplanung, damit zu tun haben?

F **zu Aufgabe 3**
Recherchiert zur aktuellen Situation bzgl. Containern. Was soll zukünftig passieren? Wer hat welche Meinung zum Thema?

Alles was recht und billig ist: Wie bekommen Verbraucher:innen Recht?

Wenn du dich von einem Unternehmen ungerecht behandelt fühlst, musst du das nicht einfach hinnehmen, sondern kannst dich dagegen wehren. In den meisten Fällen wirst du dabei sogar unterstützt. Doch was ist eigentlich ein triftiger Grund zur Beschwerde?

M19 (K)ein Grund zur Beschwerde?

1 Mai-Thi wirft einen Blick auf die Inhaltsstoffe ihres Erdbeer-Smoothies. Er besteht fast nur aus Äpfeln. Das steht jedoch weder in der Produktbezeichnung, noch sind sie auf der Verpackung abgebildet.

2 Seitdem „neue Rezeptur“ auf Toms Lieblingskeksen steht, schmecken sie nicht nur anders, in der Packung sind auch nur noch 8 statt 12 Kekse enthalten. Zu allem Übel wurde ihr Preis auch noch leicht angehoben.

3 Auf vielen Plakaten der Stadt wird Werbung für eine neue Online-Dating-Show gemacht. Paul ärgert sich über die Texte und Darstellungen. Er findet, sie würden die Diskriminierung von Frauen in der Gesellschaft fördern.

4 Ama wartet seit Wochen auf ein Päckchen von ihrer Freundin. Sie ist wütend, weil Anrufe bei der Hotline ebenso wenig halfen wie Nachfragen beim Postschalter und beim Paketfahrer.

5 Christian beschwert sich darüber, dass sein Datenvolumen den dritten Monat in Folge viel zu früh verbraucht ist und er den Rest des Monats nur mit sehr langsamer Geschwindigkeit surfen kann.

VERBRAUCHERBESCHWERDE

Als Verbraucher:in hast du die Möglichkeit, bei Unternehmen oder öffentlichen Einrichtungen eine Beschwerde einzureichen, um auf Missstände hinzuweisen.
Für Beschwerden im Bereich Lebensmittel und sonstigen Produkten im Einzelhandel kannst du dich z. B. an die Verbraucherzentrale oder das Verbraucherschutzministerium wenden. Hast du schwerwiegende Probleme mit einem Telekommunikations- oder Postunternehmen, findest du bei der Bundesnetzagentur Unterstützung. Wenn dir mediale Inhalte negativ auffallen oder sie gegen Gesetze verstoßen, kannst du eine Beschwerde bei der Landesanstalt für Medien einreichen.

M20 Ein beschwerlicher Weg

Elif und Eren kaufen sich nach der Schule schnell eine Packung Fertig-Frikadellen. Kurze Zeit später bekommen beide Bauchschmerzen. Beim Blick auf die restlichen Frikadellen stellen sie fest, dass eine leicht verschimmelt ist.

Verbraucherzentrale

Fleischfabrik

Lebensmittelüberwachungsbehörde

AUFGABEN

82302-218

1. Wann ist eine Beschwerde angemessen?
   a) Nenne die Beispiele in **M19**, bei denen eine Verbraucherbeschwerde für dich berechtigt scheint.
   b) Begründe deine Entscheidung.
   c) Lies **#Verbraucherbeschwerde** und ordne den Beispielen die passende Beschwerdestelle zu.
2. Welche Möglichkeiten einer Verbraucherbeschwerde gibt es?
   a) Erörtert anhand der Abbildungen in **M20**, welche Möglichkeiten Elif und Eren haben, um auf das fehlerhafte Produkt hinzuweisen.
   b) Verfasse eine Verbraucherbeschwerde im Namen von Elif und Eren an den Frikadellenhersteller.
3. Was sind die Folgen einer Beschwerde?
   a) Stelle Vermutungen an, welche Folgen Verbraucherbeschwerden haben können.
   b) Erläutere, welche der Folgen positiv oder negativ für die Unternehmen und die Verbraucher:innen sind.

H zu Aufgabe 1
Überlege zunächst für dich selbst, wann du dich über ein Produkt beschweren würdest.

F zu Aufgabe 2
Begründe, in welcher Reihenfolge du die einzelnen Anlaufpunkte kontaktieren würdest, wenn du nicht sofort eine Lösung erreichst.

Wer leistet welchen Beitrag zu nachhaltigem Konsum?

Im Kampf gegen den Klimawandel und für soziale Gerechtigkeit ist nachhaltiger Konsum eine der größten Herausforderungen unserer Zeit. Große Fortschritte sind nur möglich und vor allem fair, wenn mehrere Akteur:innen zusammenarbeiten, sich abstimmen und auf die Bedürfnisse der einzelnen Gruppen Rücksicht nehmen. Aber wer sind diese Akteur:innen und welche Aufgaben übernehmen sie?

M21 Nachhaltig einkaufen – gar nicht so einfach ...

Bambusfahrrad

„Ist es denn wirklich so schwer, ein bezahlbares Bambusfahrrad zu finden?", fragt Alina ihre Freundin Nikola, als sie wieder einmal das Internet danach durchforstet. „Die wenigen Räder, die ich finde, kosten mindestens 1.500 Euro. Wer soll sich das leisten können? Dabei sehen die so super aus, sind viel leichter als normale Räder und deutlich ressourcenschonender." Nikola ist skeptisch: „Was willst du denn mit so einem Ding? Ich finde, die sehen alles andere als super aus und nach zwei Tagen im Regen ist das Teil dann verrottet, oder wie?!" „Wenn es die in einem Geschäft bei uns hier in der Stadt gäbe, würde ich dir zeigen, warum die so super sind, aber keine Chance." „Kein Wunder bei den Preisen", erwidert Nikola.

Akteur:in
Als Akteur:in wird eine Person oder Institution bezeichnet, die an einem bestimmten Geschehen beteiligt ist.

Konsumgüter
Güter, die für den Konsum durch Privatpersonen produziert werden (z. B. Nahrungsmittel, Kleidung, Kosmetik etc.)

Regulierung
Einführung von Regeln oder Gesetzen, die das Verhalten der Konsument:innen oder Unternehmen zum Wohle der Wirtschaft beeinflussen sollen

M22 Akteure im Spannungsverhältnis

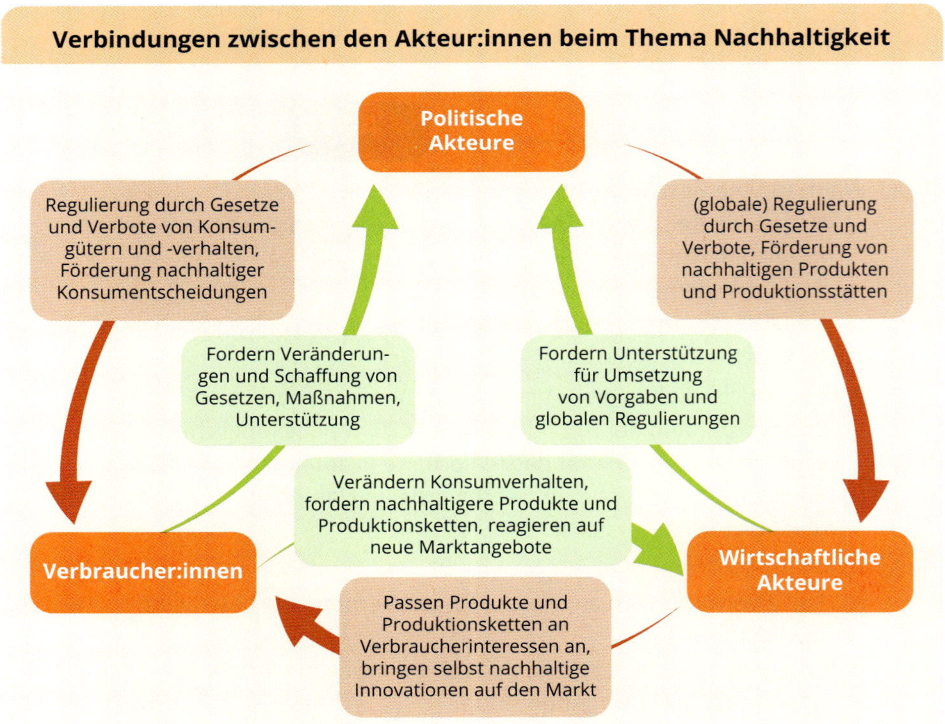

M23 Die Politik schreitet ein

a) Bundesregierung beschließt Förderung für nachhaltige Fahrräder

Fahrradinteressenverbände fordern: „Wer mit dem Rad fährt, spart viel CO_2 ein und stärkt die eigene Gesundheit. Wir wollen, dass mehr Leute auf das Rad umsteigen und das Radfahren noch komfortabler und ressourcenschonender machen. Deshalb fordern wir die Regierung auf, Geschäfte, die Räder aus Bambus oder anderem Holz anbieten, bei der Gründung zu unterstützen und den Kauf von Holzfahrrädern mit mindestens 1000 € zu subventionieren. Sie sollen für Kundinnen und Kunden bezahlbar werden."

Subventionen
Zuschüsse vom Staat zur Unterstützung bestimmter Wirtschaftszweige oder einzelner Unternehmen

b) Neueröffnung eines nachhaltigen Fahrradgeschäfts

Alina und Nikola gehen nach der Schule durch die Stadt. Sie bemerken ein neues Geschäft, das vor kurzem aufgemacht hat, und bleiben davor stehen. „Eco Wheels" – nachhaltig auf Zweirädern" steht groß über der Eingangstür. Alina freut sich und weist Nikola auf den Aufsteller vor dem Geschäft hin. „Mega! Endlich kann ich mich hier über aktuelle Angebote informieren und muss nicht mühsam das Internet danach durchforsten. Und dir zeige ich jetzt erstmal, warum die Räder so super sind. Komm mit!"

AUFGABEN

82302-219

1. Beschreibe, welches Problem Alina hat und wie Nikola dazu steht (**M21**).
2. Erklärt euch gegenseitig anhand von Beispielen, wie die einzelnen Akteur:innen aufeinander einwirken (**M22**).
3. Untersuche mögliche Lösungen des Problems.
   a) Erläutere die Forderung der Fahrradinteressenverbände. Kennst du andere Subventionsmaßnahmen in Bezug auf nachhaltigen Konsum (**M23a**)?
   b) Erzähle die Geschichte zu Ende und begründe dabei die Entscheidungen der beiden Figuren (**M23b**).
4. Weise einen Zusammenhang zwischen dem Schaubild aus **M22** und den Texten (**M21**, **M23**) nach, indem du die Aspekte des Schaubildes entsprechend zuordnest.
5. Diskutiert folgende Aussage in der Klasse: „Nur Konsumverzicht ist wirklich nachhaltiger Konsum."

H zu Aufgabe 2
Als Beispiele könnten u. a. Plastikstrohalme, USB-C-Ladegeräte oder Veggie-Produkte dienen.

F zu Aufgabe 2
Bewertet, ob es sich dabei aus eurer Sicht um ein faires bzw. ausgeglichenes Verhältnis handelt.

Politik mit dem Einkaufskorb – worauf haben Konsument:innen Einfluss?

Als Verbraucher:in kannst du mit deinen Konsumentscheidungen viel bewirken. Veränderte Konsuminteressen können dazu führen, dass sich Angebote verändern. Das betrifft soziale Themen, aber auch die Energie- und Ressourceneinsparung. Aber wozu ist das überhaupt notwendig?

M24 Veränderungen mit Erfolg

- erhöhte Energieeffizienz von Elektrogeräten
- Anteil von Bio-Produkten in Supermärkten
- ...

- Mikroplastik in Hygiene- und Kosmetikprodukten
- Reduzierung von Produktverpackungen
- ...

M25 An alle denken – nachhaltiger Konsum

Nachhaltig zu konsumieren bedeutet, bei seiner Lebensweise auch auf die Umwelt und das soziale Miteinander zu achten. Zum Beispiel geht es darum, Produkte zu kaufen, die möglichst wenige Rohstoffe verbrauchen und die umweltschonend hergestellt werden. Nachhaltiger Konsum bedeutet, Ressourcen zu schonen und Rücksicht auf die Generationen der Zukunft zu nehmen. Vom Wohlstand sollen möglichst alle profitieren, also auch die Hersteller der Konsumgüter. Dazu gehört auch, dass die Arbeiter:innen, beispielsweise in den Entwicklungsländern, unter menschenwürdigen Bedingungen arbeiten und so viel verdienen, dass sie gut davon leben können.

Wenn man die Nachhaltigkeit von Produkten bestimmen möchte, sind neben den Bedingungen, unter denen Menschen arbeiten, auch die Ökobilanzen der Konsumgüter ein wichtiges Kriterium. Diese umfassen alle Umweltbelastungen (z. B. Luft- und Wasserverschmutzung, Energie- und Ressourcenverbrauch), die ein Produkt erzeugt – von der Produktion über die Nutzung des Konsumenten bis zur Entsorgung.

Nachhaltigkeitsdreieck

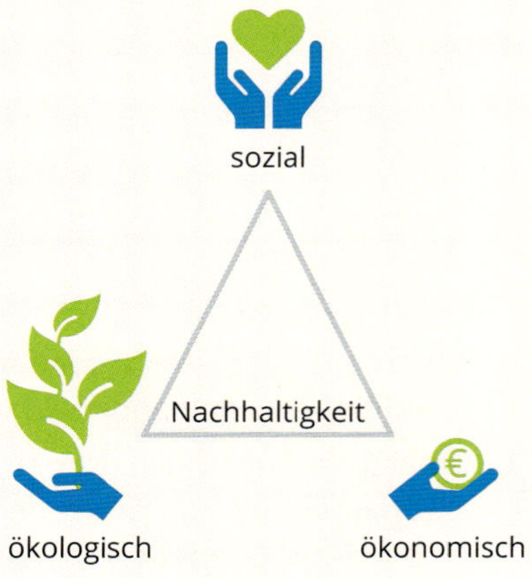

Ökobilanz
Auswirkungen eines Produktes auf die Umwelt

M26 „Nice to have“ oder wirklich notwendig?

1 Mai-Thi liebt Deko. Ihre Wohnung passt sie stets an die entsprechende Jahreszeit oder besondere Feiertage an. Dafür ist sie immer auf der Suche nach schönen Artikeln. Jule ist davon genervt. „Du hast kistenweise für jeden Anlass im Keller stehen. Reicht das nicht für die nächsten Jahre?“

2 Um die Fliesen im Bad abzustemmen, will Hüssein einen Presslufthammer kaufen. Azra ist wenig begeistert. „Na Schatz, ist das wieder so ein Gerät, das nach der Nutzung im Schrank verstaubt und nie wieder gebraucht wird? Kannst du dir das nicht vom Nachbarn leihen oder irgendwo mieten?“

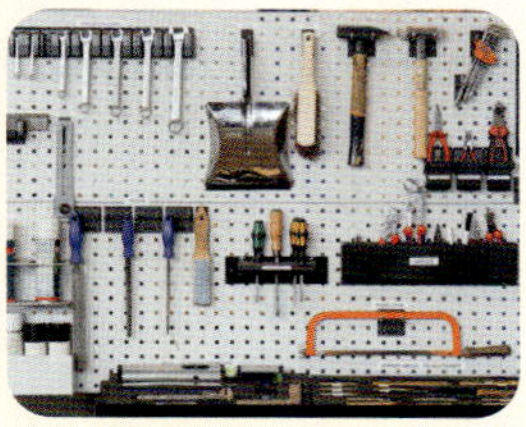

3 Niklas arbeitet bei einem Modeversand. Er bekommt von seinem Arbeitgeber sehr viel Kleidung geschenkt. Was ihm nicht gefällt, wirft er direkt weg. Was er behält, trägt er kaum, weil ständig neue Klamotten kommen. „Die Sachen sind doch alle noch super! Willst du sie nicht weiterverkaufen oder verschenken? Ist doch schade um den Aufwand und das ganze Material!“, meint seine Freundin Caro dazu.

Nutzung intensivieren

Konsum reduzieren

Nutzungsdauer verlängern

AUFGABEN

82302-220

1. Nenne weitere Beispiele dafür, wie Verbraucher:innen durch Änderung des Konsumverhaltens Einfluss auf soziale Fragen oder Energie- und Ressourceneinsparungen haben (**M24**).
2. a) Erarbeite die Bedeutung von Nachhaltigkeit beim Konsum (**M25**).
   b) Finde zu jedem Nachhaltigkeitsaspekt ein Beispiel aus dem Alltag.
3. Setzt euch zu zweit mit der Bedeutung eures eigenen Konsumverhaltens auseinander (**M26**).
4. a) Ordnet die Handlungsmöglichkeiten rechts den Texten zu (**M26**).
   b) Erläutert, was ihr unter den Handlungsmöglichkeiten in Bezug auf euren persönlichen Konsum versteht.
5. Entwickelt Ideen, wie es durch das Verhalten von Verbraucher:innen zu den Veränderungen aus **M24** und Aufgabe 1 gekommen sein könnte. Nutzt auch die Begriffe und Beispiele aus **M26**.

F zu Aufgabe 4
Diskutiert in Kleingruppen die Aussage: „Die Deutschen sind besonders sparsam. Klimaschutz wird beim Konsum zwar wichtiger, aber zusätzlich kosten darf es nichts.“

H zu Aufgabe 5
Die Abbildung in **M22** (S. 64) kann euch hierbei unterstützen.

Was tragen Unternehmen zu nachhaltigem Konsum bei?

Unternehmen sparen Energie und Ressourcen ein und legen Wert auf faire Arbeit in ihren Lieferketten, weil Kund:innen das wünschen, weil politische Vorgaben sie dazu verpflichten und weil sie aus ökonomischen Gründen davon profitieren. In den seltensten Fällen kann hier klar getrennt werden. Das macht ihr Handeln ebenso interessant wie undurchsichtig.

Video: Lieferkettengesetz erklärt
82302-032

M27 Was fordern Politiker:innen?

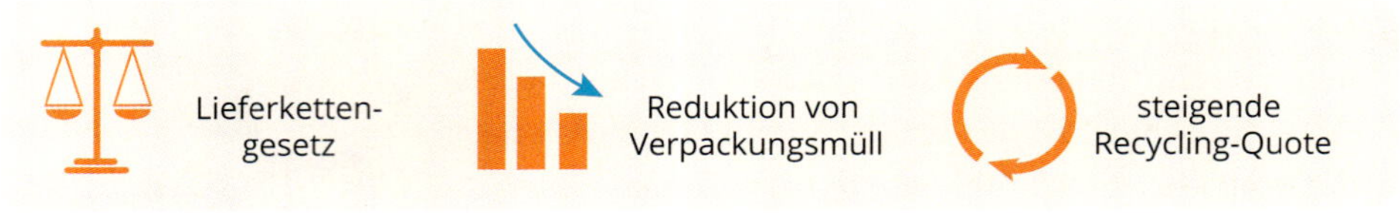

M28 Was wünschen sich Kund:innen?

Der Wunsch nach nachhaltigen Produkten, Produktionsketten und Unternehmen steigt bei Verbraucher:innen stetig an. Viele neue Unternehmen werden mit dem Ziel gegründet, nachhaltige Produkte zu verkaufen. Bestehende Unternehmen wollen und müssen auf die veränderten Bedürfnisse reagieren, wenn sie wettbewerbsfähig bleiben wollen. Manche Unternehmen setzen deshalb auf ein besonders nachhaltiges Image. Sie bewerben verstärkt die veränderten Produkte, transparente und faire Produktionsketten sowie Einsparungserfolge, um dem veränderten Interesse der Kund:innen besonders zu entsprechen. So soll neue Kundschaft gewonnen werden. Wenn große Unternehmen oder Konzerne ihre Maßnahmen bewerben, mag es nicht immer nach großen Errungenschaften klingen. Beispielsweise hat eine bekannte Möbelhauskette das Ziel, seine Fleischbällchen langfristig durch ein pflanzliches Produkt zu ersetzen, deren Klimabilanz bei nur 4% verglichen zur Fleisch-Variante liegt. Da die Kette davon jährlich allerdings ca. eine Milliarde Stück verkauft, ist das Energie- und Ressourceneinsparpotenzial riesig.

M29 Was wollen Unternehmen?

amortisieren
Kosten durch Erträge über einen bestimmten Zeitraum wieder ausgleichen

a) Für Unternehmen sind Energie- und Ressourceneinsparungen besonders attraktiv, wenn sie mit möglichst geringen Investitionen die Betriebs- und Produktionskosten schnell und dauerhaft senken können. Je größer die nötige Investition ist, je geringer die Einspareffekte ausfallen oder je länger es dauert, bis sich die Investition lohnt (amortisiert), desto unattraktiver wird eine Einsparmaßnahme für ein Unternehmen. Im besten Falle gewinnen sie durch die Maßnahmen sogar Kund:innen (zurück).

b)

1. Das kostenlose Wasser aus PET-Flaschen gegen einen Wasserspender tauschen.
2. Die Produktkataloge nur noch digital zur Verfügung stellen.
3. Die aufwändig gestaltete Produktverpackung gegen ein schlichtes Modell tauschen.
4. Die bestehende Produktionsanlage schrittweise modernisieren.
5. Eine neue Produktionsanlage mit modernster Gebäude- und Prozesstechnik errichten.

M30 Entscheidungsschwierigkeiten

Anne-Judith und ihr Mann Alex betreiben eine kleines Nähatelier in Potsdam. Dort nähen und verkaufen sie Kleidung für Babys und Kleinkinder. Sie werben mit dem Slogan „Kleidung für die Kleinsten aus der Nähe". Alex ist für den Wareneinkauf zuständig. Er achtet darauf, dass die Stoffe in Deutschland hergestellt werden. Ihre große Stammkundschaft weiß das sehr zu schätzen. Sie legt großen Wert auf faire Löhne, gute Arbeitsbedingungen und Regionalität. Für die neue Kollektion hat Alex einen besonderen Stoff gefunden, den Anne-Judith unbedingt verarbeiten möchte. Der Stoff weist großartige Eigenschaften auf und ist trotzdem viel günstiger als der übliche Stoff. Allerdings wird er in Bangladesch produziert. So sehr Anne-Judith sich den Traum erfüllen möchte, diesen Stoff zu verarbeiten, so sehr sorgen sich beide auch um ihre Stammkundschaft. „Was unterscheidet uns dann noch vom Rest der Konkurrenz?" Ob sie einen Versuch wagen sollten?

AUFGABEN

82302-221

1. Beziehe Stellung zu den in **M27** dargestellten Maßnahmen der Bundesregierung: Ist die jeweilige Maßnahme ein Gewinn für die Nachhaltigkeit? Können die betroffenen Branchen davon auch profitieren?
2. Beschreibe, welche Auswirkungen die Wünsche von Kund:innen auf das Verhalten von Unternehmen haben (**M28**).
3. Arbeite heraus, welche Ziele Unternehmen mit der Umstellung auf nachhaltigere Produkte verfolgen (**M29**).
4. Vergleicht Energie- und Ressourceneinsparmöglichkeiten von privaten Haushalten und Großkonzernen. Was stellt ihr fest (**M28**, **M29**)?
5. Bewerte die beispielhaften Maßnahmen nach ihrer Attraktivität für Unternehmen. Stelle dazu ein Ranking auf (**M29**).
6. Bildet Kleingruppen. Durchlauft die Schritte 1-5 der Methodenkarte Fallstudie auf der nächsten Doppelseite für **M30**. Benennt in Schritt 6 gemeinsam Kriterien, nach denen die Entscheidung von Anne-Judith und Alex getroffen werden sollte.

F zu Aufgabe 3
Recherchiert, welche konkreten Maßnahmen verschiedene Unternehmen (z. B. McDonalds oder H&M) zur Verbesserung der Nachhaltigkeit durchführen.

H zu Aufgabe 5
Fragt euch: Wie teuer könnte die Maßnahme für das Unternehmen sein? Wie groß ist die Außenwirkung der Maßnahme?

Eine Fallstudie durchführen

Worum geht es?

Eine Fallstudie stellt ein Beispiel dar, an dem konkrete Lösungsmöglichkeiten diskutiert werden können. Zielsetzung ist es, aus dem Einzelfall allgemeine Prinzipien für andere Fälle abzuleiten. Eine Fallstudie gliedert sich in sechs Phasen.

Geht dabei so vor:

1. Schritt: Vorstellung eines Fallbeispiels

Was ist passiert bzw. was ist die Herausforderung? In welcher Situation befinden wir uns? Wer sind die handelnden Personen?

Beispiel: *Ein Nähatelier möchte einen neuen Stoff verwenden.*
Anne-Judith und Alex betreiben ein Nähgeschäft für Kinderbekleidung. Sie verwenden Stoffe aus Deutschland und haben eine große Stammkundschaft, die auf Regionalität Wert legt.

2. Schritt: Vorwissen und Informationsbeschaffung

Welche Informationen stehen bereit? Welche Informationen fehlen noch und sind zu beschaffen? Woher können weitere Informationen beschafft werden?

Beispiel: *Der neue Stoff kommt aus China.*
Anne-Judith möchte sich mit der Verarbeitung des Stoffes einen Traum erfüllen. Der Stoff ist aus China. Sie haben eine große Stammkundschaft, denen Regionalität sehr wichtig ist.

3. Schritt: Informationsverarbeitung und Lösungsmöglichkeiten

Wie könnte eine Lösung aussehen? Gibt es mehrere Lösungsmöglichkeiten? Was sind die Vor- und Nachteile der verschiedenen Lösungsmöglichkeiten?
Beispiel: *Mehrere Lösungsmöglichkeiten sind denkbar.*
Die Entscheidung über den Stoff kann verschiedene Auswirkungen auf ihr Geschäft haben.

Modell 1: Anne-Judith und Alex verzichten auf ihren Traum, um die Stammkundschaft nicht zu verärgern.

Modell 2: Anne-Judith und Alex verarbeiten den Stoff, riskieren Ärger, können aber eine andere Kundschaft gewinnen.

Modell 3: Anne Judith und Alex entscheiden sich, mit viel Aufwand zwei Kollektionen parallel anzubieten.

Modell 4: Anne-Judith und Alex deklarieren den gekauften Stoff um und bieten ihn wie gewohnt als deutsches Erzeugnis an.

4. Schritt: Begründung einer Entscheidung

Welche Lösungsmöglichkeit ist die beste? Wie sind die Vor- und Nachteile der verschiedenen Lösungsmöglichkeiten zu bewerten?

Beispiel: *Den Stoff nicht verwenden.*

Entscheidung für Modell 1 bei folgender Begründung: Anne-Judith und Alex sind auf die Einnahmen der Stammkundschaft angewiesen. Das Risiko, sie zu verlieren, könnte das Geschäft so sehr schädigen, dass sie es aufgeben müssen. Dadurch würden sie ihre Lebensgrundlage verlieren und müssten neu anfangen.

5. Schritt: Diskussion der Entscheidung

Welche Konsequenzen hat die getroffene Entscheidung? Warum wäre eine andere Lösungsmöglichkeit besser? Warum werden Vor- und Nachteile unterschiedlich beurteilt?

Beispiel: *Eine getroffene Entscheidung wird diskutiert.*

In einem Unternehmen gibt es verschiedene Interessengruppen, zum Beispiel den Eigentümer, die Mitarbeitenden und die Kundschaft. Deshalb muss eine Lösung gefunden werden, die möglichst alle Interessen ausgleicht.

6. Schritt: Vergleich der Entscheidung

Wie haben andere in vergleichbaren Situationen entschieden? Welche Vor- und Nachteile haben andere betrachtet?

Beispiel: *Die Entscheidung wird mit anderen Fällen verglichen.*

Wie vollziehen andere Unternehmen die Entscheidung zur Produkt- und Materialauswahl? Kann die Entscheidung von Anne-Judith und Alex auf andere Unternehmen übertragen werden? Welche Kriterien sind zu beachten?

Was leistet die Politik für nachhaltigen Konsum?

Politische Entscheidungen zielen darauf ab, Anreize zur Veränderung zu geben oder Veränderungen zu erzwingen. Das gilt für Verbraucher:innen sowie für Unternehmen. Maßnahmen zu Ressourcen- und Energieeinsparungen können davon profitieren. Das ist jedoch nicht alles.

M31 Neue Technik mit staatlicher Unterstützung

Franka ist Leiterin einer Traditionsbäckerei. Ihr Großvater baute den Betrieb vor vielen Jahren auf. So alt sind auch die Maschinen und vor allem die Backöfen. Mittlerweile gehen sie oft kaputt. Die Reparaturen sind teuer und zeitaufwendig. Franka möchte deshalb die Backstube vollständig modernisieren. Die neuen Geräte sind nicht nur zuverlässig, sondern deutlich leiser und energieeffizienter als die alten. Davon erhofft sich Franka stark reduzierte Nebenkosten und größere Gewinne, ohne dass sie etwas an den stadtbekannten Backwaren verändern muss. Die Modernisierung der Backstube ist jedoch eine sehr große Investition, die sie nicht allein tragen kann. Deshalb fragt sie bei der Kreditanstalt für Wideraufbau (KfW) nach, ob es für das Projekt eine staatliche Förderung gibt. Sie hat Glück. Die Bank fördert ihr Projekt mit großzügigen Zuschüssen und Krediten. Dafür verlangt diese aber den Einbau sehr effizienter Maschinen, was Franka sowieso vorhatte.

Eigentlich wollte Franka im gleichen Zuge auch noch einen neuen Firmenwagen mit Elektroantrieb für die Bäckerei finanzieren, allerdings war ihr die staatliche Unterstützung nicht attraktiv genug. Daher hat sie sich dagegen entschieden.

KREDITANSTALT FÜR WIEDERAUFBAU

Die Kreditanstalt für Wiederaufbau (KfW) ist eine der größten staatlichen Förderbanken der Welt. Sie unterstützt Unternehmen und Privatpersonen mit Krediten sowie anderen Zuschüssen bei der Umsetzung ihrer Vorhaben.

Im Gegensatz zu anderen Banken ist die KfW kein Privatunternehmen, sondern eine Anstalt des öffentlichen Rechts. Sie wurde mit dem Ziel gegründet, die wirtschaftlichen, sozialen und ökologischen Lebensbedingungen zu verbessern. Ihre Hauptförderfelder sind unter anderem: Unterstützung von Maßnahmen zum Schutz der Umwelt, Programme zur energieeffizienten Sanierung von Wohngebäuden, Förderung kleiner und mittlerer Unternehmen sowie Existenzgründern und die Bildungsförderung für private Kunden.

M32 Zuhören und Grundlagen schaffen

Es gibt eine Vielzahl an Projekten und unternehmerischen Strategien, die das Ziel verfolgen, Energie einzusparen und Ressourcen zu schonen. Auch vernet-

zen diese Unternehmungen sich häufig in kleinen bis größeren Kreisen miteinander, um sich zu unterstützen oder gemeinsame Ziele zu verfolgen. Für globale Probleme wie dem Klimawandel bedarf es allerdings auch länderübergreifender oder internationaler Zusammenarbeit und damit der Hilfe politischer Institutionen. Diese werden entweder selbst tätig, indem sie Vorschläge einbringen, oder auf Forderungen aus der Gesellschaft reagieren.
Mit politischer Hilfe kann eine gemeinsame Basis geschaffen werden. Das Ziel: möglichst viele zu verpflichten, möglichst viel zur Einsparung von Ressourcen und Energie beizutragen. Egal ob auf nationaler, europäischer oder internationaler Ebene. Dazu müssen politische Entscheidungen die Interessen von Unternehmen, Verbraucherinnen und Verbrauchern, aber auch von politischen Gruppen oder anderen Staaten berücksichtigen und einen Kompromiss bilden, der für alle tragbar ist. Dazu werden Abkommen, Strategien, Richtlinien und Gesetze genutzt. Je kleiner die Ebene, desto konkreter, meistens fordernder, werden die Maßnahmen.

M33 Ausrangiert

Nach der jährlichen Wartung der Ölheizung sucht der Mitarbeiter der Heizungsfirma das Gespräch mit Opa Schultz. Er erläutert ihm, dass sein alter Ölbrennkessel zur Warmwasseraufbereitung nun 30 Jahre fehlerfrei heizte, aber zeitnah ausgewechselt werden sollte, denn er würde mit einer neuen Heizung Betriebskosten sparen. Der Monteur empfiehlt den Einbau einer modernen und energiesparenden Wärmepumpe. Die Kosten für das Gerät und den Einbau belaufen sich auf ca. 20.000 €, abzüglich 30 % staatlicher Förderprämie. Opa Schultz fragt sich, ob das wirklich notwendig ist: „Warum soll ich eine funktionierende Heizung austauschen? Werde ich jetzt auch ausrangiert, nur, weil ich schon 83 Jahre alt bin?"

AUFGABEN

82302-222

1. Setze dich mit Anreizen der Politik zur Ressourceneinsparung auseinander (**M31**).
   a) Nenne Vor- und Nachteile, die Franka von ihrem Vorhaben hat.
   b) Erkläre die Rolle der Kreditanstalt für Wiederaufbau in Frankas Vorhaben (**M31**, **#Kreditanstalt für Wiederaufbau**).
   c) Erläutere das Prinzip von Fördern und Fordern anhand Frankas Beispiel. Gehe auch darauf ein, warum es nicht immer funktioniert.
2. Entwickelt zu zweit Ideen, wie Franka ihre Bäckerei noch energie- und ressourcenschonender gestalten kann und wie die Politik sie dabei unterstützen könnte (**M31**, **#Kreditanstalt für Wiederaufbau**, **M32**).
3. Diskutiert den Fall **M33**. Sammelt gemeinsam Pro- und Kontra-Argumente für bzw. gegen den Austausch der alten Heizungsanlage von Opa Schultz.

H zu Aufgabe 2
Prüfe mithilfe des QR-Codes, welche Maßnahmen die KfW zur Förderung für Unternehmen anbietet.

82302-033

F zu Aufgabe 3
Beschreibe, wie du reagieren würdest, wenn du an der Stelle von Opa Schultz wärst.

M1 Super bio – super teuer?

Gurken im Supermarkt

M2 „Kleene, Fleisch ist gesund!"

Charlotte ist zu Besuch bei Opa Schultz. Wieder mal kommt es beim Essen zu einer Diskussion. „Lotti, warum isst du eigentlich nur Bio-Gemüse und keen Fleisch? Dit kann doch nicht gesund sein! Ab und zu eine dicke Scheibe Kotelett gibt deinem Körper alles, was er braucht. Fleisch is jesund! Kein Wunder, dass du in letzter Zeit so blass aussiehst." „Opa, das ist doch Quatsch!"

M3 Grün, grüner, nachhaltig?

Plastikflasche mit grünem Farbanstrich

Aufgaben

1. Für welche Sorte Gurke würdest du dich entscheiden? Begründe dein Wahl (**M1**).
2. Benenne die Ernährungsformen von Charlotte und Opa Schultz (**M2**).
3. Erläutert mögliche Nachteile einer fleischhaltigen Ernährung gegenüber einer fleischlosen Ernährung hinsichtlich des Klimas (**M2**, **M3**).
4. a) Erarbeitet fünf Argumente, die für eine vegetarische Ernährungsform sprechen.
   b) Verfasst für Charlotte mithilfe der Argumente eine Antwort auf Opa Schultz' Aussage in **M2**.
   c) Führt die Diskussion fort: Erarbeitet nun Argumente, die Opa Schultz für einen angemessenen Fleischkonsum Charlotte entgegenbringen kann.
5. a) Grüne Produktverpackung: Nenne Merkmale von Greenwashing (**M3**).
   b) Du bist Unternehmer:in und möchtest ein minderwertiges Produkt möglichst teuer mit nachhaltigem Image verkaufen: Entwirf eine Produktverpackung für ein Produkt deiner Wahl.
   c) Du bist auf die Produktverpackung eines anderen Unternehmers hereingefallen. Schreibe eine Verbraucherbeschwerde.

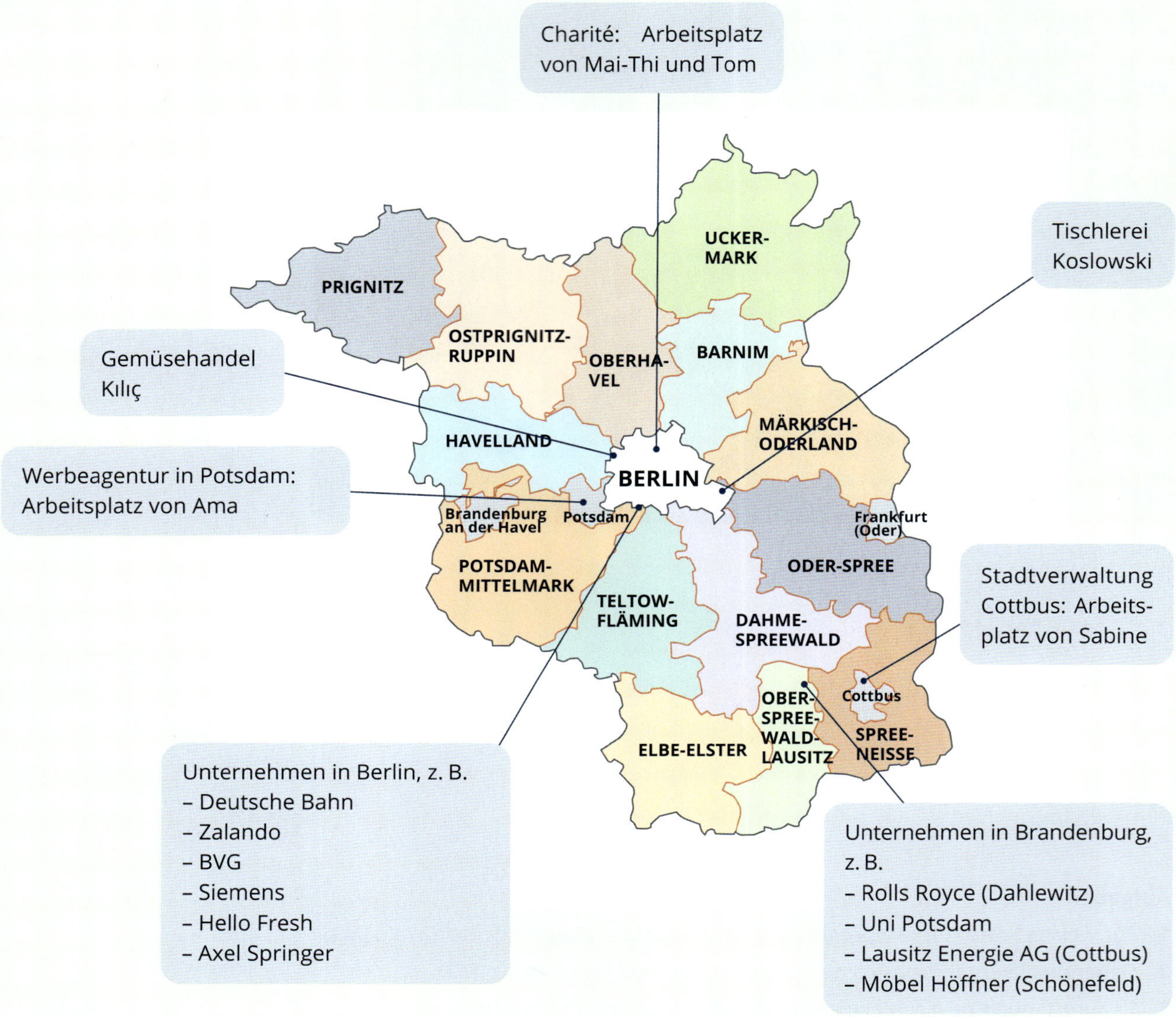

Was weißt du schon?

1. Beschreibt die abgebildete Karte und bestimmt euren Standort.
2. Geht euren Schulweg in Gedanken ab und benennt Unternehmen und Betriebe, an denen ihr auf diesem Weg vorbeikommt.
3. Erklärt die Begriffe Wirtschaftsraum und Infrastruktur: Was gehört alles dazu?
4. Diskutiert die Besonderheiten des Wirtschaftsraums und stellt Chancen und Herausforderungen in einer Tabelle gegenüber.

2

#Unternehmerisches Handeln

Brandenburg und Berlin bilden gemeinsam einen sogenannten Wirtschaftsraum: ein Raum aus Städten und umgebendem Land, der sich gemeinsam wirtschaftlich und gesellschaftlich entwickelt. Hier gibt es viele verschiedene private und auch öffentliche Unternehmen. Unternehmen sind ein wichtiger Bestandteil unseres Alltags. Sie produzieren Waren und Dienstleistungen und schaffen Arbeitsplätze – und sind nicht zuletzt auch für viel CO_2-Ausstoß verantwortlich. In Deutschland gibt es rund 3 Millionen Unternehmen ganz unterschiedlicher Art und Größe: von einem Kiosk, den eine Person betreibt, bis zu großen Konzernen, die mehr als 100.000 Arbeitnehmer:innen beschäftigen. Auch du lebst in einem Wirtschaftsraum mit vielen Kleinstbetrieben, kleinen und mittelständischen Unternehmen und auch international tätigen Konzernen – manche haben als Familienunternehmen eine lange Tradition, andere sind neu gegründet.
Alle Unternehmen sind auf eine gute Wirtschaftsstruktur bzw. Infrastruktur angewiesen. Aber wie sind diese Unternehmen organisiert, damit alles reibungslos funktioniert? Welche Arten von Unternehmen gibt es? Und welche Mitbestimmungsmöglichkeiten haben Arbeitnehmer:innen in Unternehmen?

Was lernst du in diesem Kapitel?

... wirtschaftliche Zusammenhänge in Unternehmen zu beschreiben und zu erklären.
... Arbeitsplätze in Unternehmen zu untersuchen.
... wirtschaftliche Entwicklung in Unternehmen anhand von Beispielen zu beurteilen.
... den Wandel der Arbeit in Unternehmen anhand von Beispielen zu erörtern.
... auf der Grundlage von Kriterien der Nachhaltigkeit Entscheidungen für die Arbeitsorganisation zu überprüfen.
... Rechte und Pflichten an Arbeitsplätzen kritisch zu diskutieren.
... eigene Geschäftsideen zu entwickeln.

GEMEINSAM AKTIV

Einen (nachhaltigen) Businessplan entwickeln

Egal, ob zunächst eine Schülerfirma oder später ein eigenes Unternehmen gegründet werden soll: Ihr benötigt einen Plan, damit ihr erfolgreich sein könnt. Versetzt euch also in die Rolle einer Unternehmerin oder eines Unternehmers und erstellt einen Businessplan.
Erarbeitet euch dazu zunächst mithilfe der Inhalte aus diesem Kapitel ein Grundlagenwissen. Charlottes Schülerfirma auf den folgenden Kapitelseiten wird dir unter anderem dabei helfen.

Geht dabei so vor:

Start

1

Bildet Gruppen von drei bis vier Personen.

2

Erarbeitet folgende Themen aus dem Kapitel:

- Welche Ziele verfolgen Unternehmen? (Kap. 2.1: M2)
- Beschaffung, Produktion, Absatz: Worauf muss man achten? (Kap. 2.1: M13-M15, #Beschaffung, #Absatz)
- Hierarchie: Wie kann ein Unternehmen organisiert sein? (Kap. 2.2: M1-M3)
- Welche Kosten fallen in einem Unternehmen an? (Kap. 2.3: M13, #Variable und fixe Kosten)

3

Nutzt das Poster auf der nächsten Seite als Fahrplan und geht die Schritte ab, um eure Unternehmensidee zu planen und realisieren zu können.

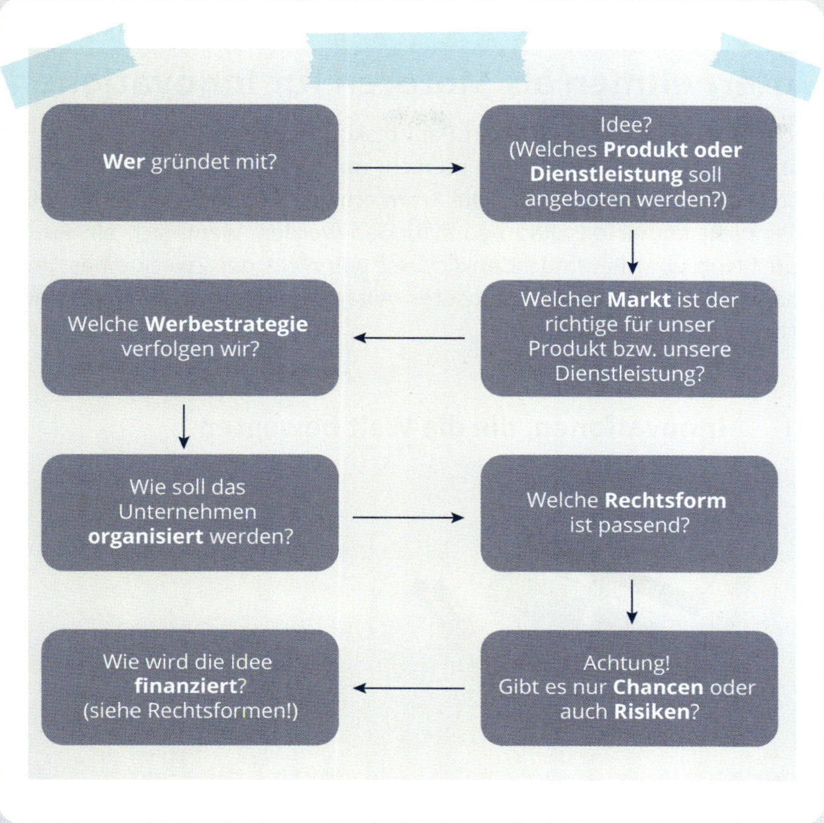

4

Fasst euren Businessplan zusammen, z. B. als Übersichtsflyer oder Plakat und stellt es der Lerngruppe vor.
Tipp: Nutzt dazu die App „Canva".

5

Nutzt eure Flyer, Plakate usw. und präsentiert diese als „Elevator-Pitch". Das bedeutet, dass ihr eure Idee innerhalb von maximal 120 Sekunden vorstellt. Enthalten sein muss:

- Problem, das euer Produkt löst
- Vorteile eures Teams – warum seid ihr „die Richtigen?"
- Konkrete Beschreibung der Bedarfe – was benötigt ihr, um erfolgreich zu sein?

2.1 Struktur eines Unternehmens

Unternehmen als Motoren für Innovationen

Tischlermeister Peter und Sohn Paul diskutieren mal wieder über die altbackenen Möbel, die Peter plant. „Kannst du nicht mal was Neues machen? Immer dieser alte Kram!“, meckert Paul. „Dieser alte Kram ernährt uns, mein Lieber“, kontert Peter. „Es muss nicht immer das Rad neu erfunden werden, wenn sich ein Produkt gut verkauft.“ Nun wird Paul nachdenklich. Ist das nicht der Zweck eines Unternehmens, Produkte zu entwickeln, die unseren Alltag erleichtern oder Probleme für uns als Verbraucher:innen lösen?

M1 Innovationen, die die Welt bewegten

Innovation
kommt aus dem Lateinischen und bedeutet in etwa Neuerung oder Erneuerung.
In der Wirtschaft steht der Begriff für Veränderung oder Neuerungen, z. B. bei Produkten.

Streichholz

Post-it

Geschirrspülmaschine

Airbag

M2 Welche Ziele verfolgen Unternehmen?

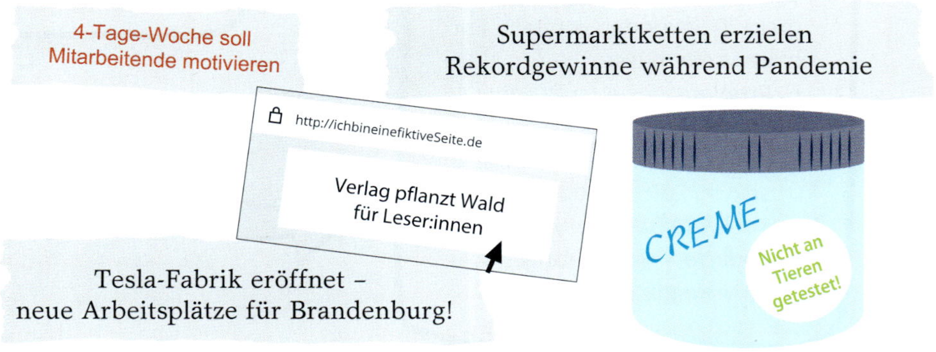

M3 Fassbrause – eine Berliner Erfolgsgeschichte

Die Familie ist zum Sonntags-Kaffee und Kuchen versammelt und Opa Schultz schwelgt in Erinnerungen: „Als ich ein Kind war, damals in den 1960ern, hat mich mein Opa Fritz schon immer Fassbrause trinken lassen. Wusstet ihr, dass der Chemiker Ludwig Scholvien vor über 100 Jahren die Fassbrause für seine Kinder erfunden hatte?

Er wollte ein passendes Gegenstück zum täglichen Bier der Erwachsenen herstellen. Täglich Alkohol zu trinken war damals vollkommen normal. Doch für Kinder, das wusste man schon, sollte es ein alkoholfreies Getränk sein – die Fassbrause.

Scholvien hat damals für die Kinder Apfel und Süßholzwurzelkonzentrat, wie in Lakritz, hinzugefügt. Das mag ich immer noch am liebsten. Ich kenn das Getränk auch noch als Sportmolle. Echt berlinerisch, weil Molle hier ein Wort für Bier ist! Die Fassbrause war ein Verkaufsschlager. In den 1980er Jahren ist die Fabrik in Spandau dann mehrfach verkauft worden und gehört nun zur Radeberger Gruppe. Heute ist diese Fassbrause vor allem in Berlin und der Umgebung auch weiterhin tatsächlich ‚vom Fass' und von vielen verschiedenen Anbietern erhältlich und wird noch immer als regionale Spezialität angesehen."

Werbung für Scholviens Fassbrause Anfang des 20. Jahrhunderts

AUFGABEN

82302-223

1. Beschreibe die Produkte in **M1** und erkläre, ob und wie diese unser Leben beeinflussen: Was wäre, wenn sie nicht erfunden und vermarktet worden wären?
2. a) Erläutere die Schlagzeilen bzw. Aussagen in **M2**.
   b) Analysiere die unternehmerischen Ziele, die sich aus den Schlagzeilen bzw. Aussagen ableiten lassen.
3. a) Beschreibe die Geschichte der Berliner Fassbrause (**M3**).
   b) Ermittle weitere regionale Getränke wie Limonaden aus Brandenburg und Berlin.
4. Diskutiert, ob die Fassbrause einen Beitrag zur Reduktion des Bierkonsums leisten kann (**M3**).

Wo kommen die Rohstoffe denn her?

Rohstoffe
sind unverarbeitete Waren und Güter. Fische sind unverarbeitet und daher ein Rohstoff, Fischstäbchen hingegen ein verarbeitetes Produkt.

Nicht nur Opa Schultz liebt die Fassbrause. Sie ist ein Produkt, das bis heute sehr beliebt ist. Du hast sie vielleicht auch schon einmal probiert. Charlotte hat die Liebe zur Brause entdeckt und will das regionale Getränk ihren Follower:innen näherbringen – am besten mit einer eigenen Version der Fassbrause. Doch wie genau stellt man sie her und welche Zutaten und Maschinen werden benötigt?

M4 Fassbrause – das (un)bekannte Getränk?

Zutaten für Fassbrause

M5 Man nehme...

Video: Herstellung von Bier
82302-034

Video: Herstellung von Bionade
82302-035

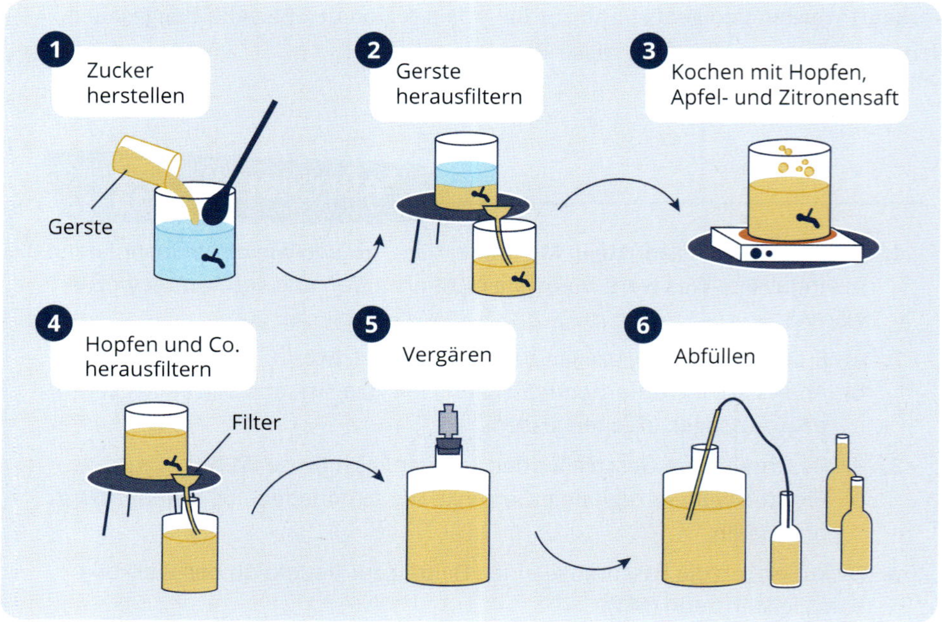

Nach: Malzknecht.de

M6 Woran hakt es?

Rohstoff-Engpass!
Landwirt:innen fürchten um Gerstenernte!

Bayern, Sommer 2023

Der Albtraum eines jeden Landwirtschaftsbetriebes scheint Gewissheit zu werden. Die Hitzesommer der letzten Jahre haben zu Ernteeinbrüchen geführt.
Immer weniger Hopfen und Gerste können geerntet werden. Leia Heitmann, Bäuerin in 5. Generation in der Nähe von Bamberg, ist zerknirscht. „Seit jeher ist meine Familie stolze Lieferantin für die Klosterbrauereien der Umgebung und natürlich für die berühmte Brandenburger Fassbrause. Das kann doch jetzt nicht alles enden?! Der Regen bleibt einfach zu oft aus!" Zudem fürchten die Brauereien um einen Flaschen-Mangel. Es gibt zu wenig Lastkraftwagenfahrer:innen und die Glasherstellung schwächelt.
Wie soll es weitergehen?

Hopfen und Gerste sind wesentliche Bestandteile beim Brauen von Bier.

BESCHAFFUNG

Der Unternehmensbereich der Beschaffung beschäftigt sich mit mit dem Einkauf, dem Transport und der Lagerung von Produktionsmitteln. Die Beschaffung regelt die Bereitstellung der Produktionsmittel. Darunter versteht man Werkstoffe, Betriebsmittel, Finanzmittel und Arbeitskräfte.

AUFGABEN

82302-224

1. a) Benennt die Zutaten für Fassbrause in **M4**.
   b) Ermittelt in Teamarbeit, woher die Zutaten jeweils stammen und erstellt eine Übersicht.
2. Erläutere die Herstellung der Fassbrause anhand von **M5** und erstelle eine Liste mit allen Zutaten, Materialien und Personen, die daran beteiligt sind.
3. a) Erkläre die Problematik, mit der sich **M6** befasst.
   b) Erläutere, inwiefern Produkte wie Joghurt, Möbel und Smartphones ebenfalls von Rohstoffengpässen gefährdet sein können.
   c) Diskutiert, welche Handlungsmöglichkeiten Anbieter (wie die Landwirtschaftsbetriebe) und Nachfrager (wie ihr als Verbraucher:innen) in solchen Fällen von Lieferengpässen haben.

F zu Aufgabe 2
Vergleiche die Videos zu **M5**. Welche Unterschiede gibt es bei der Herstellung von Bier und Bionade?

Produkte produzieren – aber wie?

Mit dem Begriff „Produktion“ oder „produzieren“ verbindest du vielleicht Fabriken oder Fließbänder. Aber ist das bei jedem Produkt so? Werden alle Dinge, die du kaufst oder die ein Unternehmen verkaufen möchte, produziert?

M7 Produkt ist nicht gleich Produkt

Baguettes

Briefkasten

Kartoffeln

Maniküre

Homeoffice

Turnschuhe

M8 Die Entwicklung der Arbeit und Produkte

Primärer (= erster) Sektor: Wirtschaftsbereich, der sich mit der Gewinnung von Rohstoffen befasst (z. B. Landwirtschaft, Fischerei, Bergbau).

→

Sekundärer (= zweiter) Sektor: Wirtschaftsbereich, in dem die Rohstoffe weiterverarbeitet werden (z. B. Industrie, Bauwesen, Handwerk).

↙

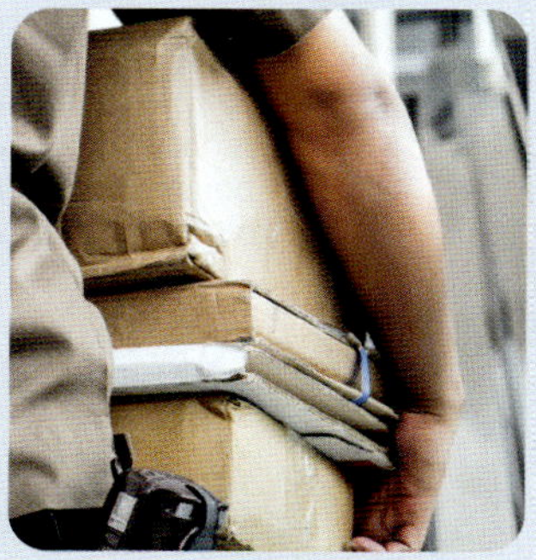

Tertiärer (= dritter) Sektor: Wirtschaftsbereich, der keine Sachgüter produziert, sondern Dienstleistungen bereitstellt (z. B. Banken, Ärzt:innen, Friseur:innen).

→

Quartärer (= vierter) Sektor: Wirtschaftsbereich, der die Tätigkeiten zusammenfasst, die mit der Erstellung, Verarbeitung und Verteilung von Informationen zu tun haben (z. B. Medien, IT).

DIENSTLEISTUNG

Im Gegensatz zu einem Produkt sind Dienstleistungen nicht immer gegenständlich.
Für einen Haarschnitt zahlt man Geld und erhält einen Dienst, den z. B. eine Person für den oder die Käufer:in leistet. Ein Produkt wie ein Buch oder eine Zimtschnecke hingegen kann man (teilweise mehrfach) nutzen und anfassen.

M9 Die Dienstleistung – die besondere Art Produkt

Charlotte denkt immer noch über die Geschichte der Fassbrause von Opa Schultz nach. Um das Produkt möglichst gut vermarkten zu können, sucht Charlotte nun nach Strohhalmen, Bechern, Flaschen und Stickern mit dem Logo ihrer Fassbrause.

Merchandise
Werbung durch Produkte, die die gleiche Botschaft transportieren wie ein Produkt oder Unternehmen

MARKETING

Marketing ist ein Oberbegriff für alle Strategien und Maßnahmen, die Produkte oder Dienstleistungen an einem Markt bewerben.

AUFGABEN

82302-225

1. a) Beschreibe die Gemeinsamkeiten und Unterschiede zwischen den abgebildeten Produkten und Situationen in **M7**.
   b) Ordne die Abbildungen den zwei Begriffen Dienstleistung oder Produkt zu und begründe deine Wahl (**#Dienstleistung**).
2. Erkläre anhand von **M8** die Entwicklung der Wirtschaft und setze diese in Bezug auf die Geschichte von Produkten und Dienstleistungen.
3. Hilf Charlotte bei ihren Ideen zu Dienstleistungen (**M9**). Entwickle weitere passende Dienstleistungs-Erweiterungen für die Fassbrause.

Wie verkaufe ich mein Produkt?

Ama, Toms Freundin, arbeitet in einer Werbeagentur. Ein neuer Auftrag für ein „altes" Produkt kommt rein: Das Produkt Fassbrause ist nicht geschützt und nun möchte ein lokaler Betrieb eine eigene Produktlinie herausbringen. Auch Charlotte ist immer noch dabei, ihre eigene Fassbrause zu erfinden und bittet Ama um Hilfe für Werbeideen.

M10 Fassbrause ist nicht gleich Fassbrause

1

2

M11 Die vier P des Marketings

P Product (Produkt)
Produktpolitik

- Wie wird das Produkt gestaltet? (Design, Funktionen etc.)
- Wie ist die Verpackung gestaltet?
- Ist das Produkt in ein Sortiment eingebettet („Marke")?
- Welcher Produktname ist geeignet?

P Place (Ort)
Distributionspolitik

- Wie gelangt das Produkt zum Kunden? (Vertrieb über Einzelhandel, Großhandel, Internet, Vertreter ...)
- Wie wird das Ladenlokal gestaltet?

Marketing-Mix

P Price (Preis)
Konditionenpolitik

- Wie hoch ist der Preis? (Anpassung an die Konkurrenz, Deckung der Stückkosten)
- Gibt es Sonderpreise für bestimmte Kundengruppen?
- Wie werden Rabatte gestaltet?

P Promotion (Werbung)
Kommunikationspolitik

- Welches Werbekonzept verspricht am meisten Erfolg (Medien, Botschaft, Budget)
- Wie kann das Image des Unternehmens verbessert werden? (Public Relations, z. B. Sponsoring, Zusammenarbeit mit Schulen)

Public Relations
Kommunikationsstrategie, die darauf abzielt, das Image und die Beziehung zwischen einer Organisation oder einem Unternehmen und der Öffentlichkeit zu gestalten und zu pflegen

ABSATZ

Neben der Analyse des Kundenbedarfs und Aufgaben des Marketings umfasst der Absatz eines Unternehmens die Verteilung der erbrachten Leistungen.
Konkret sind das die Menge der verkauften Produkte oder die Stundenzahl bei erbrachten Dienstleistungen. In einem Unternehmen bildet der Absatz eine entscheidende Größe für den Erfolg eines Unternehmens am Markt. Dieser Bereich stellt den Kontakt zu den Kund:innen her und ermöglicht den Verkauf.

M12 Fassbrause – Einstiegsdroge oder Rettung für die Bierbranche?

Charlotte wird nach einer Fassbrause-Verkostung im WAT-Unterricht in der letzten Woche zum Gespräch bei ihrer Klassenlehrerin gebeten. Frau Rade zeigt ihr den folgenden Zeitungsausschnitt:

Fassbrause ist nichts für Kinder und Jugendliche!

Das Einstiegsgetränk ist seit Jahren immer mehr Modegetränk. Doch die häufige billige Nutzung von alkoholfreiem Bier statt Malzextrakt verleitet Kinder frühzeitig zum Biergenuss. Auch das Trinken von übermäßig viel Limonade mit Malzgeschmack ist nicht viel gesünder. „Zucker in Getränken führt zu Übergewicht und Karies", warnt die Verbraucherzentrale und empfiehlt zuckerfreie Tees und natürliches Wasser als Durstlöscher.

Hinweis:
Fassbrause enthält bis zu 0,5 % Vol. Restalkohol und darf trotzdem als alkoholfreies Getränk verkauft werden.
Im Vergleich dazu enthält Apfelsaft von Natur aus ca. 0,3 % Vol. Alkohol.

AUFGABEN

82302-226

1. a) Untersuche beide Abbildungen in **M10** im Hinblick auf die vier P des Marketings (**M11**). Spiegeln sich diese in den Abbildungen wider?
   b) Überlegt zu zweit, inwiefern ihr die Abbildungen optimieren könnt.
2. Erstellt in Gruppen anhand von **M11** und der Methode auf der nächsten Seite einen Fragenbogen zum Thema „Welche Getränke sind am beliebtesten und warum?" und führt die Umfrage an eurer Schule durch.
3. Helft Charlotte und Ama, Werbeideen für Fassbrause zu finden. Erarbeitet in Kleingruppen mithilfe von **M11** einen Marketingansatz, der dazu beiträgt, Fassbrause in der Schulcafeteria zu verkaufen.
4. a) Beurteile, ob Charlotte weiterhin ihr Fassbrause-Unternehmen gründen sollte (**M12**). Welche Kriterien sollte sie berücksichtigen?
   b) Führt eine Pro- und Kontra-Diskussion zum Thema „Fassbrause als geeignetes Getränk für Jugendliche" in der Klasse.

F zu Aufgabe 3
Recherchiert, was man unter Guerilla-Marketing versteht. Sammelt verschiedene Beispiele hierfür und diskutiert, wie, wann und warum diese besondere Art Werbung zu machen funktioniert.

Einen Fragebogen erstellen

Worum geht es?

Fragebögen benötigt ihr immer wieder. Ob nun für eine Umfrage oder eine Evaluation. Fragebögen beginnen immer mit einem so genannten „Eisbrecher“, d. h. einer leichten Einstiegsfrage, die gut verständlich ist und Lust auf die Befragung macht. Insgesamt sollten es nicht zu viele Fragen sein. Mehr als zehn Fragen ermüden die Befragten. Aber auch die Art der Fragen ist wichtig, da die Auswertung der Ergebnisse eindeutig durchführbar sein sollte.

Geht dabei so vor:

1. Schritt: Überblick verschaffen

Zunächst überlegt ihr euch, was genau ihr wissen möchtet. Dabei kann euch eine Mindmap helfen.

Beispiel:

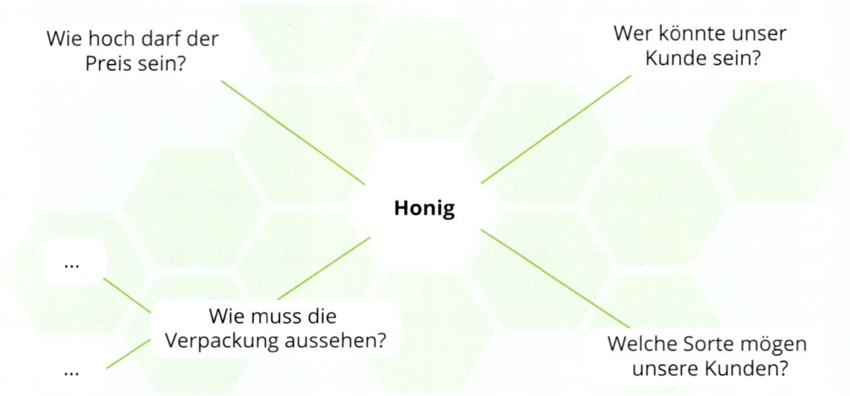

2. Schritt: Aufbau des Fragebogens

a) Die erste Frage nennt man auch „Eisbrecher“. Dabei handelt es sich um eine einfache und motivierende Frage: Was bringt die Befragten dazu freiwillig alle Fragen zu beantworten?
b) Stellt nicht mehr als zehn Fragen.
c) Stellt nur wenige offene Fragen. Das sind Fragen, die frei beantwortet werden können.
d) Nutzt Abstufungen als Hilfe für die Antworten wie z. B.:
Sehr ... / ... / Weder noch / Nicht sonderlich ... / Gar nicht ...
e) Stellt abwechslungsreiche, kurze Fragen, damit die Konzentration bestehen bleibt.

3. Schritt: Testlauf

Testet euren Fragenbogen, indem ihr euch gegenseitig befragt. So bemerkt ihr Probleme beim Beantworten und Auswerten der Fragen.

4. Schritt: Auswertung

Sammelt alle Fragebögen und teilt die Fragen bzw. jeweiligen Antworten je einer Person zu. Es ist sinnvoll, wenn sich eine Person auf eine Frage konzentriert und diese auszählt oder auswertet.

Tipp: Der Fragebogen kann auch online beispielsweise über Pingo (*https://pingo.coactum.de/*) mithilfe eines Accounts erstellt werden. Auf dieser Website fällt euch auch die Auswertung leichter.

Beschaffung – Produktion – Absatz: Warum ist die Reihenfolge wichtig?

Paul nimmt am Wahlpflichtkurs WAT teil und gründet mit seinen Mitschüler:innen gerade eine neue Schülerfirma. Beim Abendbrot erzählt er davon. Vater Peter ist begeistert: „Ich habe doch am meisten Erfahrung! Meine Tischlerei ist die beste Vorlage für eure Schüler:innenfirma, Paul. Nehmt euch da mal ein Beispiel. Ich zeige euch gern, wie das bei uns läuft!"

M13 Tischlerei Koslowski ist organisiert

1 Werkstoffe
Peter Koslowski (Tischlermeister und Inhaber der Tischlerei):
„Welche Rohstoffe benötigen wir für die Möbelstücke? Was muss ich für die Umsetzung der Aufträge einkaufen? Benötigen wir mehr Strom und haben wir genug Leim, Schrauben und Nägel? Das sind eigentlich die ersten Fragen, die man sich bei der Beschaffung stellen muss."

2 Betriebsmittel
„Für die Tischlerei benötige ich verschiedene Maschinen und Werkzeuge. Sägen, Hammer, Schleifgerät und viele weitere Geräte gehören zu den Betriebsmitteln."

3 Finanzmittel
Viktor Meyer (Buchhalter):
„Ich behalte die Übersicht über die Kosten. Die Miete, Personalkosten und Investitionen sowie der Einkauf der Werkstoffe und Betriebsmittel werden von mir überwacht und ausgeführt."

4 Arbeitskräfte
Susannah Gärtner (Geschäftsführerin):
*„Ich helfe Peter bei der Organisation und stelle ggf. Mitarbeitende ein. Dazu ermittle ich, wie viel Personal für die Ausführung unserer Aufträge nötig ist.
Wie viele Beschäftigte brauchen wir in der Produktion, im Verkauf, in der Verwaltung und beim Ausliefern der Produkte?"*

M14 Wofür braucht man all das Geld?

Paul befragt weitere Expert:innen, wie zum Beispiel Azra, die Schulköchin und Charlottes Mutter Jule, die in der Bank arbeitet.

Betriebsbedingte Kosten	Beispiel Schulcafeteria	Beispiel Bank	Beispiel?
Personalkosten (Löhne, Gehälter)	Aushilfen, die ihr für größere Events benötigt	Gehälter der Angestellten	?
Materialkosten (Rohstoffe, Vorprodukte)	Brötchen, Aufschnitt, Obst, Gemüse, Getränke	–	?
Dienstleistungskosten (Müllgebühren, Transport, Energie, Versicherung)	Müllgebühr, Strom für den Ofen	Kosten für externe Anbieter (IT-Hilfe, Beratung usw.)	?
Raumkosten (Miete, Pacht, Reinigung)	–	Miete für Filialen	?
Sonstige Kosten (Werbung, Flyer, Events)	Stifte, Plakate, Tafeln	Werbeanzeigen (Internet)	?

M15 Wer macht was in welcher Reihenfolge?

Bestellung aufgeben | Störungen berücksichtigen | Termine festlegen

Lieferanten auswählen | Bedarf ermitteln | Wareneingang überprüfen

Arbeitskräfte bereitstellen | Kosten kalkulieren | Bestand kontrollieren

Bearbeitungszeit kalkulieren | Qualitätsprüfung | Wartezeiten einplanen

Transportzeiten planen | Kapazitäten kalkulieren | Aufträge freigeben

Produktionsphase | Produktmenge festlegen | Kontrollen durchführen

Zahlung abwickeln | über die zu produzierenden Produkte entscheiden

Marketing | Marktnachfrage | Marktforschung | Kommunikation

Produktplanung | Logistik | Marktanalyse | Vertrieb

Logistik
steht für die Planung und Organisation aller Prozesse und Abläufe rund um das Produkt.

Marktanalyse
Bei einer Marktanalyse werden alle wichtigen Merkmale des entsprechenden Marktes untersucht, wie z. B. die Zielgruppe und die Konkurrenz.

AUFGABEN

82302-227

1. Beschreibe die Aufgaben der Beschaffung in der Tischlerei (**M13**).
2. a) Vergleiche die Antworten aus der Tabelle in **M14** mit den Aufgaben aus **M13** im Hinblick auf Gemeinsamkeiten und Unterschiede.
   b) Finde mindestens zwei weitere Beispiele für Unternehmen und erweitere die Tabelle.
3. Die Begriffe zu den drei Bereichen Beschaffung, Produktion und Absatz sind durcheinandergeraten (**M15**). Ordnet sie in Patner:innenarbeit in einer zeitlich sinnvollen Reihenfolge an. Klärt zunächst Begriffe, die ihr noch nicht kennt, mithilfe einer Online-Recherche.
4. Diskutiert die folgenden Aussagen:
   a) „Beschaffung für Unternehmer:innen ist Absatz für die Lieferanten."
   b) „Absatz für Unternehmer:innen ist Beschaffung für die Kund:innen."

H zu Aufgabe 3
Zur Recherche könnt ihr z. B. das Wirtschaftslexikon der Bundeszentrale für politische Bildung nutzen:

82302-036

2.2 Das „Soziale" im Unternehmen

Arbeiten oder leben?

Für die Gründung einer Schüler:innenfirma haben Paul und seine Mitschüler:innen schon die passenden Geschäftsideen. Der Kurs soll in zwei Gruppen geteilt werden: Gruppe A betreibt eine Fahrradwerkstatt, Gruppe B stellt Schmuck und Dekoration aus Recycling-Material her. Pauls Gruppe A ist sich in einer Sache nicht einig ...

M1 Fallbeispiel Schüler:innenfirma

Paul: Ich möchte schon, dass wir einen Chef oder eine Chefin haben. Wenn wir immer alles gemeinsam bestimmen, dauert das hier ewig!

Khalil: Demokratie ist unser höchstes Gut! Ganz ehrlich, wir sollten niemand übergehen! Alles wird gemeinsam besprochen!

Lea: Wir teilen uns einfach in Abteilungen auf und jede Abteilung wählt eine:n Sprecher:in.

Nour: Kann nicht einfach Frau Rade entscheiden, was wir einkaufen? Ich brauche echt klare Ansagen.

M2 Eine:r für alle oder alle gemeinsam?

Hierarchie
Organisationsform, die z. B. Mitarbeitende nach Wichtigkeit oder Aufgabengebiet ordnet.
Je steiler die Hierarchie aufgebaut ist, desto mehr Macht entfällt auf einige wenige Personen.

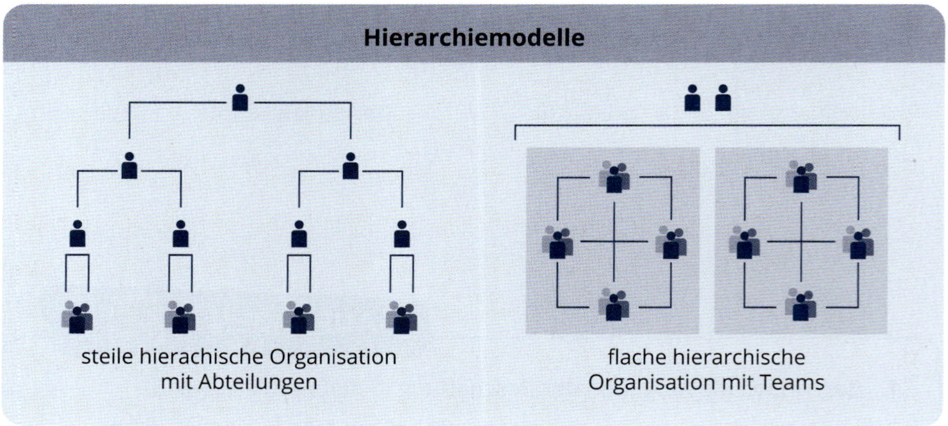

Bearbeitergrafik

AUFBAU- UND ABLAUFORGANISATION

Die Aufbauorganisation regelt insbesondere, welche Aufgaben von welchen Personen übernommen werden. Die Ablauforganisation hingegen steuert die Abläufe der Aufgaben innerhalb des Unternehmens.
Sie dient dazu, dass das Unternehmen möglichst störungsfrei und effizient (wirtschaftlich) funktioniert.

M3 Einsam oder gemeinsam?

1 Mitarbeitende, die mitgestalten und Verantwortung übernehmen dürfen, sind motivierter und eigenverantwortlicher als solche, die von Chef:innen ihre Aufgaben vorgesetzt bekommen.

2 Entscheidungen können auf kurzen Wegen getroffen werden und werden somit unkomplizierter und schneller.

3 Führungskräfte müssen sich nicht um jede Detailentscheidung kümmern und haben dadurch mehr Zeit, sich um grundlegende Entwicklungen zu beschäftigen.

4 Mitarbeitende sind durch (zu) viele Gestaltungsfreiräume und Entscheidungen überfordert.

5 Teams können zu groß oder zu instabil (bei häufigen Wechseln) sein, um darin sinnvoll miteinander Entscheidungen treffen zu können.

6 Es ist unklar, wer für was verantwortlich ist.

7 Flache Hierarchien bieten weniger Aufstiegsmöglichkeiten.

6 Entscheidungen werden durch lange Diskussionsrunden in die Länge gezogen.

AUFGABEN

82302-228

1. a) Benenne die unterschiedlichen Ansichten der Schüler:innen, die in **M1** dargestellt werden.
b) Erläutere die Anforderungen, die die Schüler:innen an ihre Arbeit stellen.

2. a) Vergleiche die Abbildungen in **M2** und stelle mithilfe von **#Aufbau und Ablauforganisation** in eigenen Worten dar, was man unter den beiden Hierarchieformen versteht.
b) Stellt eine Übersicht für die Mitarbeitenden in eurer Schule auf.
c) Erläutert, wie ihr die Organisationsform eurer Schule am ehesten beschreiben würdet.

3. a) Arbeite die Vor- und Nachteile von flachen Hierarchien heraus (**M3**).
b) Begründe, in welchen Bereichen eher steile oder flache Hierarchien geeignet wären.
c) Entscheide dich für ein Modell (**M2**), in dem du später arbeiten oder selbst gern leiten möchtest und begründe deine Wahl.

4. Diskutiert in der Klasse Lösungsmöglichkeiten und vorbeugende Maßnahmen für die Probleme in **M1**.

H **zu Aufgabe 3b**
Beispiele für Bereiche: Produktion in der Industrie, Tageszeitung, IT-Unternehmen, Bürgeramt, Schule, ...

Schichtdienst
Um eine Versorgung z. B. in einem Krankenhaus jeden Tag für die gesamtem 24 Stunden zu gewährleisten, müssen Arbeitnehmer:innen nacheinander in Schichten arbeiten.

Übersicht zu Arbeitsformen

82302-037

Beruflich oder privat?

Ama und ihr Freund Tom sitzen nach der Arbeit in der Eisdiele. „Dieser Schichtdienst macht mich echt mürbe!", beschwert sich Tom. „Klar geht das einfach im Krankenhaus nicht anders. Es muss ja rund um die Uhr jemand da sein. Aber für uns Pfleger:innen ist das heftig. Das schaffen wir nur durch den Zusammenhalt."

M4 Beziehungen am Arbeitsplatz

Tom: Meine Chefin ist einfach blöd. Aber die Kolleg:innen sind toll. Deswegen gehe ich trotzdem meistens gern zur Arbeit.

Jule: Vor knapp 20 Jahren habe ich Mai-Thi bei der Arbeit kennengelernt. Dafür hat sich die Banklehre doch schon gelohnt!

Opa Schultz: Früher hieß es ja immer „Lehrjahre sind keine Herrenjahre". Ich bin froh, dass das vorbei ist. Die haben mich damals total gepiesackt!

Sabine: Ich arbeite strikt in Teilzeit. Mir bleibt sonst nicht genug Zeit für die vielen anderen Dinge im Leben.

M5 Gutes Benehmen – wichtig im Betrieb?

1

Vorstellungsgespräch

2

Mittagspause

3

Unterricht

Tür aufhalten | Messer und Gabel | Tischmanieren

Zauberwort | nicht schmatzen / schlürfen | eine Person vorlassen

Hand geben | Hilfe anbieten | Pünktlichkeit | Siezen

leise sprechen | Bitte / Danke sagen | Kopfbedeckung absetzen

M6 Austausch ist alles – oder?

Karikatur: Thomas Plaßmann, 2016

AUFGABEN 82302-229

1. Beschreibe die Beziehungen bzw. Einstellungen der Personen zum Thema Arbeit (**M4**).
2. a) Benenne die einzelnen Umgangsformen in **M5** und finde weitere Beispiele.
   b) Ordne die Höflichkeiten den Situationen in den Fotos zu.
   c) Gibt es Unterschiede zwischen dem Verhalten bei der Arbeit und Zuhause? Erörtere die Unterschiede und Gemeinsamkeiten.
   d) Bewerte, inwiefern Verhaltensregeln am Arbeitsplatz wichtig sind.
3. Analysiere die Karikatur **M6** im Hinblick auf die Anforderungen, die ein Arbeitsplatz erfüllen sollte.

Zusammen ist man weniger allein?

In der Schüler:innenfirma von Paul läuft es langsam wirklich gut. Die Radwerkstatt ist ein Renner. Einige Schüler:innen in der Firma möchten nun mehr mitbestimmen und fordern: „Wenn wir die Räder reparieren, dann möchten wir auch den Preis der Reparatur und die Werbung für unsere Firma bestimmen können."

M7 „So geht es nicht weiter!"

1

2

Links: Demonstration während einer Tarifauseinandersetzung zwischen Arbeitgebenden und der Gewerkschaft Verdi; **rechts:** Streik von Amazon-Mitarbeitenden

§ Artikel 9 Absatz 3 GG
Das Recht, zur Wahrung und Förderung der Arbeits- und Wirtschaftsbedingungen Vereinigungen zu bilden, ist für jedermann und für alle Berufe gewährleistet.

GEWERKSCHAFT

Eine Gewerkschaft ist ein Zusammenschluss von Arbeitnehmenden. Sie vertritt die wirtschaftlichen und sozialen Interessen der Arbeitnehmenden gegenüber den Arbeitgebenden.
Beide Parteien haben in verschiedenen Bereichen gegensätzliche Interessen, v. a. was die Höhe des Arbeitslohns angeht. Damit nicht jeder einzelne Arbeitnehmende mit seinen Vorgesetzten verhandeln muss, schließen sich seit dem 19. Jahrhundert Arbeitnehmende zu Gewerkschaften zusammen. Sie sehen ihre Aufgabe vor allem darin, in Tarifverträgen bessere Lohn- und Arbeitsbedingungen zu verankern und die Mitbestimmungsrechte der Arbeitnehmenden zu sichern.

M8 Tarifvertrag oder lieber nicht?

✓ Tarifvertrag	X Kein Tarifvertrag
Tariflicher Arbeitslohn	Arbeitgebender entscheidet individuellen Arbeitslohn
35 Stunden Wochenarbeitszeit	40 Stunden Wochenarbeitszeit
30 Tage Jahresurlaub	24 Tage Jahresurlaub

M9 Mitbestimmung im Betrieb – Gewinn für alle!?

Astrid und Jörg Gärtner betreiben ihre Schokoladenfabrik „Schokoladengarten“ in Hermsdorf nun schon in der zweiten Generation. In den letzten zwei Jahrzehnten ist die Firma ständig gewachsen. So gab es ursprünglich nur reine Schokolade im Angebot und die Schokolade wurde noch in der eigenen Küche hergestellt. Über die Jahre kamen immer mehr Mitarbeitende dazu sowie eine große Betriebsküche mit Verkaufsfläche. Aktuell führt die Firma mehrere Pralinensorten, saisonale Produkte für die Feiertage und die klassische Schokolade in verschiedenen Geschmacksrichtungen. Sogar auf regionale Zutaten und fair gehandelten Kakao konnte umgestellt werden. Die Gärtners beschäftigen 53 Mitarbeitende unterschiedlicher Berufsgruppen für die Herstellung, die Verwaltung und den Verkauf.

Das Betriebsklima bei „Schokoladengarten“ ist sehr gut. Die wöchentliche Arbeitszeit beträgt zurzeit 36 Stunden und alle Beschäftigten können 29 Tage Urlaub im Jahr nehmen. Es gibt im Sommer immer eine gemeinsame Grillfeier und zu Weihnachten und den Geburtstagen Schokoladen-Geschenke. Seit drei Jahren erhalten alle Betriebsangehörigen sogar eine Mitgliedschaft bei einem Sportverein oder Fittnessclub ihrer Wahl.

Astrid und Jörg Gärtner

Bisher gab es keinen Tarifvertrag. Die Beschäftigten haben mit der Familie Gärtner immer einzeln über ihren Lohn verhandelt. Seit ein paar Monaten wird innerhalb des Betriebs über die Einführung eines allgemeinen Tarifvertrags diskutiert. Familie Gärtner ist selbst nicht abgeneigt, dem Arbeitgeberverband der Ernährungsindustrie beizutreten, der wiederum mit der Gewerkschaft Nahrung-Genuss-Gaststätten Tarifverträge abschließt.

AUFGABEN

82302-230

1. Beschreibe die Situation auf den Fotos (**M7**).
2. Vergleiche die Situationen in **M8** miteinander. Welche Vor- und Nachteile bietet ein Tarifvertrag für wen?
3. Führt eine Talkshow zu **M9** durch. Nutzt dazu die Methodenseite Pro-Kontra-Streitgespräch auf der nächsten Seite.
   a) Teilt die Klasse in zwei Gruppen: Eine Gruppe vertritt die Arbeitgebenden, die andere Gruppe vertritt die Beschäftigten. Unterteilt die beiden Gruppen wiederum in Kleingruppen von 3-4 Schüler:innen.
   b) Notiert in diesen Kleingruppen auf Kärtchen Argumente, die aus der Sicht der jeweiligen Gruppe für und gegen einen Tarifvertrag für den Betrieb „Schokoladengarten“ sprechen.
   c) Spielt im Anschluss das Gespräch zwischen der Arbeitgeberpartei und den Beschäftigten über die mögliche Einführung eines Tarifvertrages nach.

F **zu Aufgabe 1**
Untersuche Artikel 9 GG und erläutere die Grundlage für das Streikrecht.

F **zu Aufgabe 1**
Recherchiere aktuelle Streiks und stelle die Forderungen der Streikenden zusammen.

Ein Pro-Kontra-Streitgespräch führen

Worum geht es?

Im Pro-Kontra-Streitgespräch wird ein konfliktreiches Thema von allen Seiten beleuchtet. Unterschiedliche Meinungen werden mit dem Ziel zusammengetragen, sich mit verschiedenen Sichtweisen auseinanderzusetzen. Ihr sammelt in zwei Gruppen zu einer These oder einer Frage Argumente, um euren Standpunkt zu begründen. Ernannte Vertreter:innen der Befürworter:innen und Gegner:innen tragen dann ihre Argumente in einem Streitgespräch vor. Ein:e Moderator:in leitet als neutrale Person das Gespräch. Die Beobachter:innen bekommen konkrete Beobachtungsaufträge. Sie sind Gruppenmitglieder, die nicht an der Diskussion teilnehmen.

Geht dabei so vor:

1. Schritt: Vorbereitung

- Teilt eure Klasse in zwei Gruppen auf: eine Pro-Gruppe und eine Kontra-Gruppe
- Legt pro Gruppe die Vertrete :innen für die spätere Diskussion fest.
- Bereitet eure Argumente mithilfe des ausgegeben Materials vor.

↓ ↓ ↓

2. Schritt: Durchführung des Streitgesprächs

- Der oder die erste Redner:in der Pro-Gruppe stellt in maximal drei Minuten seine bzw. ihre Argumente zur These oder Frage vor.
- Der oder die erste Redner:in der Kontra-Gruppe stellt ebenfalls seine bzw. ihre Argumente zur These oder Frage in maximal drei Minuten vor.
- Es findet eine strikte Abwechslung der zwei Gruppen statt. Der oder die Moderator:in achtet auf diesen Ablauf.
- Eine Person jeder Gruppe trägt ein zusammenfassendes Schlusswort zum jeweiligen Standpunkt vor.

↓ ↓ ↓

3. Schritt: Auswertung

- Die Redner:innen sprechen über ihre Gefühle und Erfahrungen aus dem Gespräch.
- Die Beobachter:innen bewerten das Streitgespräch.
- Zum Schluss stimmt ihr in der Klasse über die These oder Frage ab: Stimmt ihr zu oder nicht?

Arbeit vs. Freizeit – oder muss man das nicht trennen?

Jules Bruder Christian liefert nun seit fast 15 Jahren Pakete aus. Einerseits macht ihm sein Job wirklich Spaß. „Man lernt so viele Menschen kennen!" Andererseits steigt die Belastung jedes Jahr: „Gerade an den Feiertagen komme ich nicht mehr hinterher mit dem Ausliefern. Wir haben einfach zu wenig Kolleg:innen! Wir müssen die Arbeit wieder attraktiver gestalten – aber wie?"

M10 Das ABC des Arbeitens

Homeoffice
beschreibt das Arbeiten von zu Hause aus, anstatt vor Ort (z. B. in einem Büro) zu sein.

M11 Arbeiten im Wohnzimmer?

a) Von Homeoffice profitieren Unternehmen und Mitarbeiter:innen

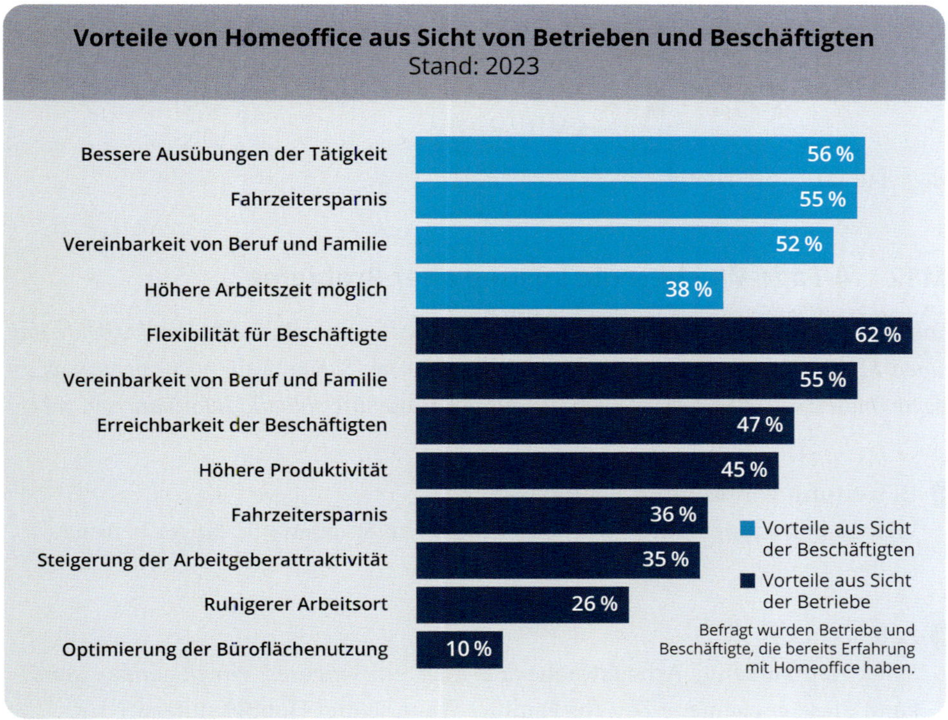

Nach: IAB-Kurzbericht, 11/2019

b) Herausforderungen beim Homeoffice gemeinsam angehen

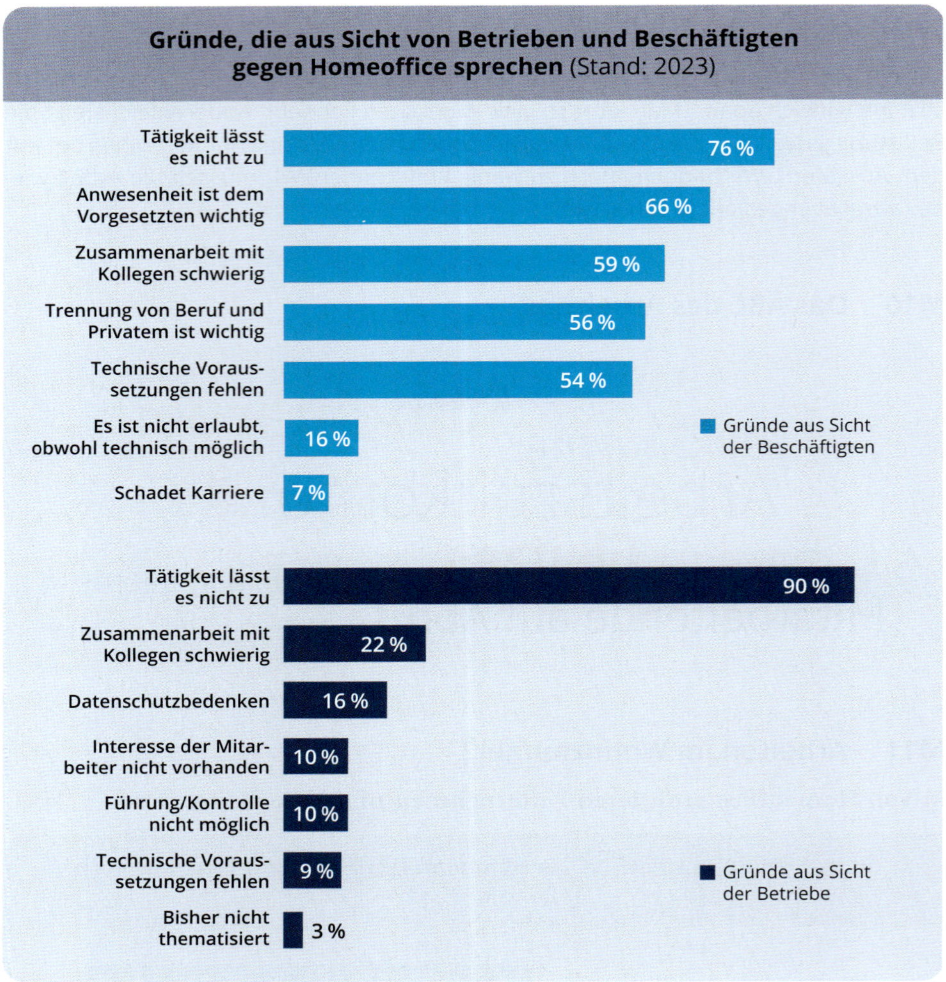

Nach: IAB-Kurzbericht, 11/2019

M12 4-Tage-Woche – die Lösung aller Probleme?

Sabine arbeitet bereits in Teilzeit in der Stadtverwaltung Cottbus. Die Stadt möchte nun einen Modellversuch unternehmen: die 4-Tage-Woche. Sabine weiß noch nicht, was sie davon halten soll. Der folgende Auszug aus der Broschüre soll alle Informationen geben:

1 Betreuung von kleinen Kindern
Welche Betreuungsstätten würden Kinder zehn Stunden und länger betreuen?

2 Zeit
Dank der kürzeren Arbeitswoche hat man ein längeres Wochenende. Man kann diese gewonnene Zeit für Familie, Freunde und Hobbys nutzen.

3 Überstunden
Sollten elf oder zwölf Stunden gearbeitet werden?

4 Produktivität
Studien zufolge steigt die Produktivität um ca. 60 Prozent. Zudem führt die kürzere Arbeitswoche zu weniger Stress und weniger Krankheitsausfällen. Konzentriertes Arbeiten in einem kurzen und intensiven Zeitraum ermöglicht einen stärkeren Fokus auf wichtige Aufgaben im Arbeitsalltag. Es kann effektiver gearbeitet werden.

5 Konzentration
Nach fünf bis sechs Stunden sinkt die Konzentrationsfähigkeit des Menschen.

6 Fahrtkosten
Man muss einen Tag weniger zur Arbeit fahren. Man spart Zeit und Geld.

7 Urlaubsanspruch
Der gesetzliche Urlaubsanspruch würde von 20 Tagen auf 16 Tage sinken.

Bearbeiterin, basierend auf: Credico, Letizia: 4-Tage- VS. 5-Tage-Woche: Die Vor- und Nachteile. In: www.cbs.de, 29.10.2018

AUFGABEN

82302-231

1. Erstellt ein Glossar zu den Begriffen aus **M10**.
2. a) Erläutert euch gegenseitig anhand von **M11** die Vor- und Nachteile des Homeoffice.
   b) Benennt weitere Vor- und Nachteile des Homeoffice.
   c) Nimm Stellung zur Arbeit im Homeoffice. Kommt es für dich später in Frage und unter welchen Bedingungen?
3. a) Erkläre mögliche Vor- und Nachteile der 4-Tage-Woche (**M12**).
   b) Ordne die Argumente nach Wichtigkeit.
   c) Beurteile, ob die 4-Tage-Woche eine Alternative für Sabine darstellt.
4. a) Bewerte, welches Arbeitszeitmodell (**M10-M12**) für dich in Zukunft aus deiner heutigen Perspektive sinnvoll erscheint und welches gar nicht in Frage kommt.
   b) Diskutiert eure Entscheidungen zum Thema Arbeitszeitmodell in der Klasse.

H zu Aufgabe 1c
In welchen Lebensphasen (z. B. Praktikum, Berufseinstieg) oder Lebensumständen (z. B. Schwangerschaft, Umzug) könnte Homeoffice besonders interessant oder hinderlich sein?

Meine Rechte am Arbeitsplatz – muss ich alles, was ich kann?

Mai-Thi kommt von ihrer Schicht im Krankenhaus nach Hause und ist tief erschüttert. „Ihr glaubt nicht, was mir heute passiert ist! Der Junge war noch keine 18 und ist vom Dach gestürzt. Der hat so ein Glück, dass er noch lebt." Am nächsten Tag berichtet sogar die Zeitung über den Vorfall.

M13 Unfälle am Arbeitsplatz

Jugendlicher stürzte acht Meter tief – Lehrling bei Arbeitsunfall schwer verletzt

Ein 17-jähriger Auszubildender einer Berliner Dachdeckerfirma ist am Donnerstagmorgen gegen 10.30 Uhr vom Dach eines Kleinmachnower Einfamilienhauses rund acht Meter tief in einen Lichtschacht gestürzt und hat dabei schwere Verletzungen erlitten. Mit einem Rettungshubschrauber wurde er anschließend zur Behandlung in ein Berliner Krankenhaus gebracht. Der Auszubildende sollte mit einem weiteren Dachdecker offenbar die Dachrinne des Hauses in der Käthe-Kollwitz-Straße reinigen. Nach Angaben des Landesamts für Arbeitsschutz war der junge Mann dabei nicht gesichert. Sein Kollege habe lediglich von unten die Leiter festgehalten und die Eimer mit den Laubresten entgegengenommen, sagte Katarina Weisberg vom Landesamt den PNN. „Laut Gesetz dürfen Leiterarbeiten nur bis zu einer Höhe von fünf Metern durchgeführt werden." Der Arbeitnehmer hätte demnach eine Hubarbeitsbühne oder ein mobiles Gerüst aufbauen müssen, so Weisberg weiter. Es bestehe zudem der Verdacht, dass der Arbeitgeber auch gegen das Jugendarbeitsschutzgesetz verstoßen hat. Danach dürften Jugendliche unter 18 Jahren keine gefährlichen Arbeiten ausführen. „Außer sie dienen dem Erreichen eines Ausbildungsziels", so Weisberg. Bei dem Arbeitsunfall habe es sich aber klar um eine verbotene Tätigkeit gehandelt. Rund 20 Einsatzkräfte waren am Donnerstagvormittag am Unfallort, darunter die Feuerwehren aus Kleinmachnow und Teltow. Die Kriminalpolizei ermittelt jetzt, die Dachdeckerfirma wurde wegen des Verdachts der fahrlässigen Körperverletzung angezeigt.

Potsdamer Neue Nachrichten: Jugendlicher stürzte acht Meter tief Lehrling bei Arbeitsunfall schwer verletzt. In: www.tagesspiegel.de, 20.12.2013

M14 Mehr Sicherheit am Arbeitsplatz

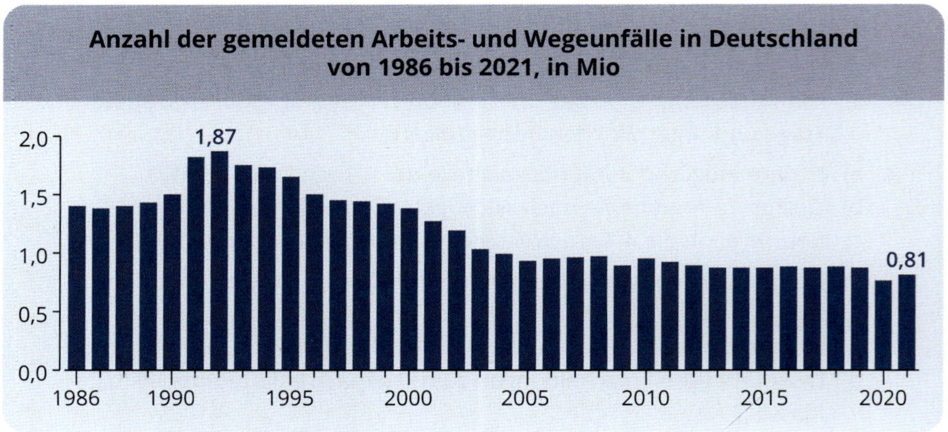

Nach: © Statista, Deutsche Gesetzliche Unfallversicherung

M15 Gefahren lauern überall

AUFGABEN 82302-232

1. Unfälle passieren immer wieder. Das ist ganz doch normal, oder?
   a) Beschreibt die Problematik in **M13**.
   b) Ermittelt Möglichkeiten, die den Unfall verhindert hätten.
2. Analysiert die Statistik **M14** im Hinblick auf den Verlauf der gemeldeten Arbeitsunfälle in Deutschland im abgebildeten Zeitraum.
3. Untersucht die Abbildung **M15** zu zweit. Findet ihr zu jeder Nummer eine Gefahr?
4. Erstellt gemeinsam einen Sicherheitsleitfaden für das Verhalten in eurer Schule.
   a) Ermittelt zunächst die Gefahrenquellen.
   b) Teilt euch anschließend in Kleingruppen auf die jeweiligen Besonderheiten eurer Schule auf (z. B. Werkstatt, Lehrküche, Pausenhof, Klassenraum etc.).

2.3 Unternehmen im Wandel

Jedem Anfang wohnt ein Zauber inne ... oder?

Opa Schultz sitzt mit seinen Enkeln beim Essen und erzählt mal wieder von früher. „Heute bitte mal nichts über Fassbrause!", ärgert Alina ihren Opa. „Ihr haltet mich wohl für einen ganz alten Zausel. Man muss da schon unterscheiden. Manche Dinge haben sich zum Guten verändert und manche halt nicht. Das Schlimmste wäre Stillstand! Selbst die Fassbrause hat sich über die Jahre angepasst und euer Opa auch!", sagt er und lacht.

M1 „Schuster bleib bei deinen Leisten"

1

Schuhmacher um 1880

2

Arbeitskräfte fertigen Nike-Schuhe in Ho Chi Minh City, Vietnam (2000).

M2 Einzelstück, Massenproduktion oder doch Serienfertigung?

Informationen zu den Fertigungsarten

82302-038

1

2

3

1: Automobilherstellung; 2: Kleidung; 3: Bau eines Kreuzfahrtschiffes

STRUKTURWANDEL

Der Strukturwandel der Arbeitswelt zeigt sich im Entstehen und Verschwinden ganzer Wirtschaftszweige und Berufe. Dazu zählen auch die Veränderungen von Arbeitszeiten und Beschäftigungsverhältnissen.
Der wirtschaftliche Strukturwandel bildet einen Trend ab, in dem der primäre (Land- und Forstwirtschaft) und sekundäre Sektor (Industrie) an Bedeutung abnehmen, während der tertiäre Sektor (Dienstleistungen) an Bedeutung zunimmt. Im Zuge der zunehmenden Vernetzung über das Internet entsteht ein vierter Sektor, der vor allem Bereiche des Wissenstransfers beinhaltet. Der Strukturwandel hat zur Folge, dass Arbeitnehmende mobiler und flexibler werden müssen. Gleichzeitig werden Freizeit und Arbeitszeit dadurch individueller gestaltbar. Zusätzlich verlangen neu entstehende Jobs zunehmend höhere Qualifikationen der Beschäftigten.

→ zu den Sektoren vgl. M8 S. 84

M3 Angst vor der Veränderung

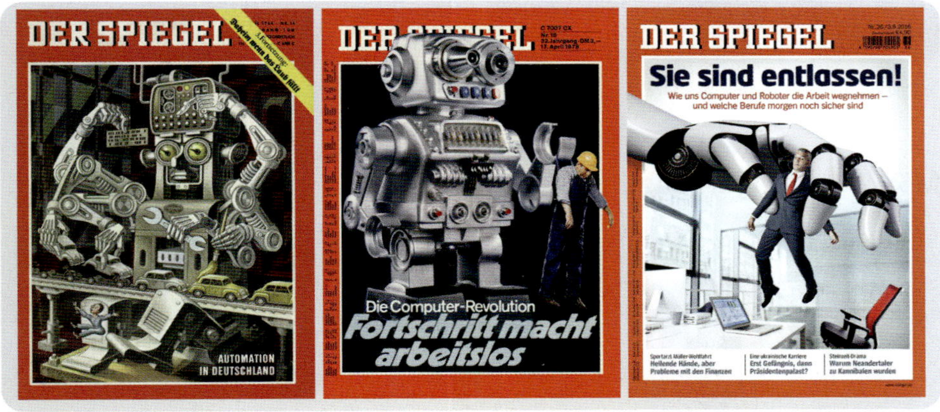

Cover des Spiegels aus den Jahren 1964, 1978 und 2016

AUFGABEN

82302-233

1. Vergleiche die beiden Bilder in **M1**. Welche Veränderungen kannst du erkennen?
2. a) Ordne die Bilder in **M2** der Art der Produktion zu. Handelt es sich um Einzelfertigung, Serienproduktion oder Massenproduktion?
   b) Erstellt eine Tabelle und findet weitere Beispiele für die Produktionsarten.
3. a) Analysiere die Zeitungscover und arbeite heraus, warum häufig die Risiken und nicht die Chancen von Veränderung betont werden (**M3**).
   b) Diskutiert eure Ergebnisse in der Klasse.
   c) Beurteilt, ob Veränderungen (z. B. im Bereich Computer) für euch persönlich und in der Schule eher von Vorteil oder von Nachteil sind.

Tourismus statt Tagebau in der Lausitz

Es geht auf Klassenfahrt! Charlotte und ihre Mitschüler:innen fahren in die Lausitz. Ihre Klassenlehrerin Frau Rade möchte ihnen den Strukturwandel vor Ort zeigen. „Meine Stiefmutter hat hier noch im Kraftwerk „Schwarze Pumpe" gearbeitet. Das gibt's jetzt gar nicht mehr!" Da bleibt nur die Frage offen, warum fahren wir dann dahin?

Fürst-Pückler ist weniger für sein Schloss in Muskau, als für die Eissorte bekannt. Vielleicht hast auch du schon mal die Mischung aus Erdbeere, Vanille und Schokolade probiert.

M4 Eiscreme und Kohle – wie passt das zusammen?

1

Schloss Muskau in der Lausitz

2

Braunkohle-Tagebau Jänschwalde

M5 Energieerzeugung in Deutschland

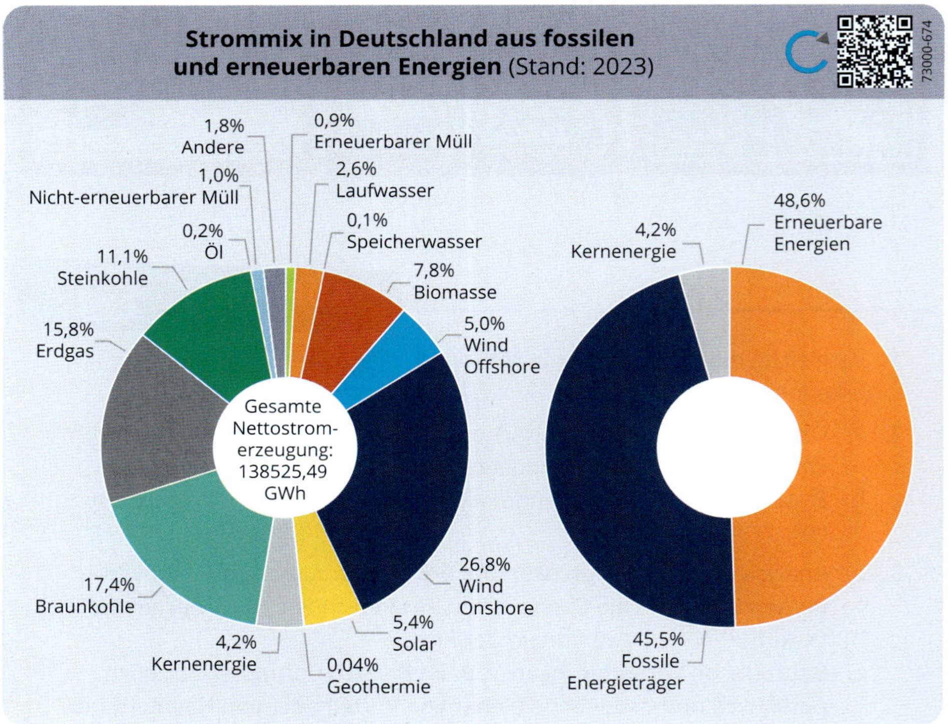

©C.C. Buchner Verlag, aktuelle Daten nach: Energy-Charts (Datenerhebung: 2023; Grafikerstellung: 2023)

M6 Wieviel Kohle wird in der Lausitz abgebaut?

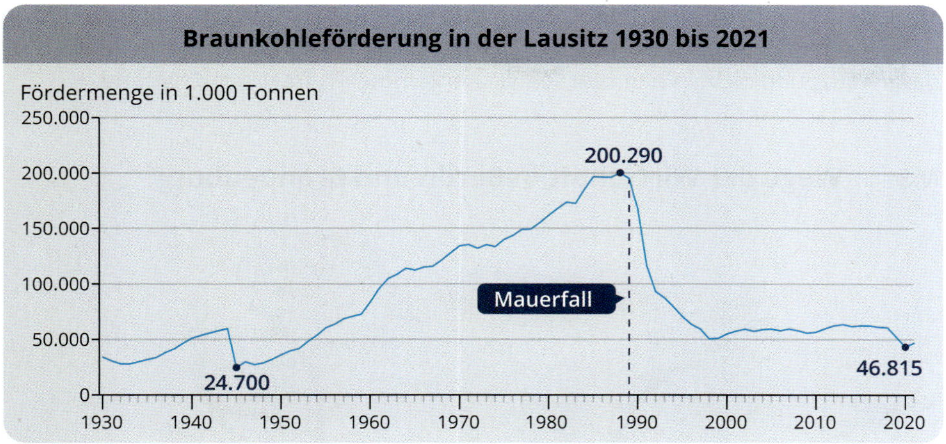

Nach: Martin Kopplin – Hoferichter & Jacobs GmbH, Quelle: Statistik der Kohlenwirtschaft e.V.

Mauerfall
Bis 1989 war die Bundesrepublik Deutschland geteilt in DDR und BRD. Der Fall der Berliner Mauer brachte Ost- und Westdeutschland wieder zusammen.

Dokumentation über die Lausitz
82302-039

M7 Potential in der Lausitz?

a Ich habe mein Leben hier verbracht. Das Dorf, in dem ich aufgewachsen bin, gibt es nicht mehr. Hier ist so viel Geschichte verloren gegangen.
Manfred, 67

b Wir freuen uns auf den Wandel. Meine Eltern sind nach der Wende Richtung Berlin gezogen und wir kommen nun zurück. Leben da wo andere Urlaub machen! Wir werden hier eine Pension eröffnen.
Familie Meier, Anfang 30 mit zwei kleinen Kindern

c Ich bin Bergmann mit Leib und Seele. Soll ich jetzt noch einen anderen Beruf lernen?
Gerhard, 62

d Endlich kommt hier mal Schwung in die Region! Das konnte so nicht weitergehen, wir müssen mit der Zeit gehen und neue Unternehmen einladen.
Zarah, 32

AUFGABEN

82302-234

1. Vergleiche die Bilder in **M4**. Welche Unterschiede kannst du erkennen?
2. a) Analysiere die Grafik **M5** in Hinblick auf den Anteil erneuerbarer und fossiler Energien.
   b) Erläutere die Bedeutung der jeweiligen Energieträger.
3. Erkläre den Verlauf der Braunkohleförderung in der Grafik **M6**.
4. a) Erläutere die Äußerungen der Personen in **M7**.
   b) Erörtere die Vor- und Nachteile des Strukturwandels anhand von **M4-M7** und **#Strukturwandel**.
   c) Nimm Stellung zum sorbischen Sprichwort „Gott schuf die Lausitz und der Teufel versteckte die Kohle darunter".

F zu Aufgabe 2
Recherchiere die Herkunft unserer Energie und bewerte dies in Bezug auf ihre Nachhaltigkeit.

H zu Aufgabe 3
Recherchiere die Hintergründe zum Mauerfall mithilfe des QR-Codes.
82302-040

Brandenburg – ein Tor zur Welt?

Auf dem Rückweg der Klassenfahrt kommen Charlotte und ihre Mitschüler:innen an der Gigafactory des Unternehmens Tesla vorbei. „Warum bauen die eigentlich hier diese Autos und nicht in den USA, wo die herkommen?“, fragt sich Charlotte.

M8 Wege der Wirtschaft in Berlin und Brandenburg

M9 Wohin exportiert Brandenburg?

M10 Der erweiterte Wirtschaftskreislauf

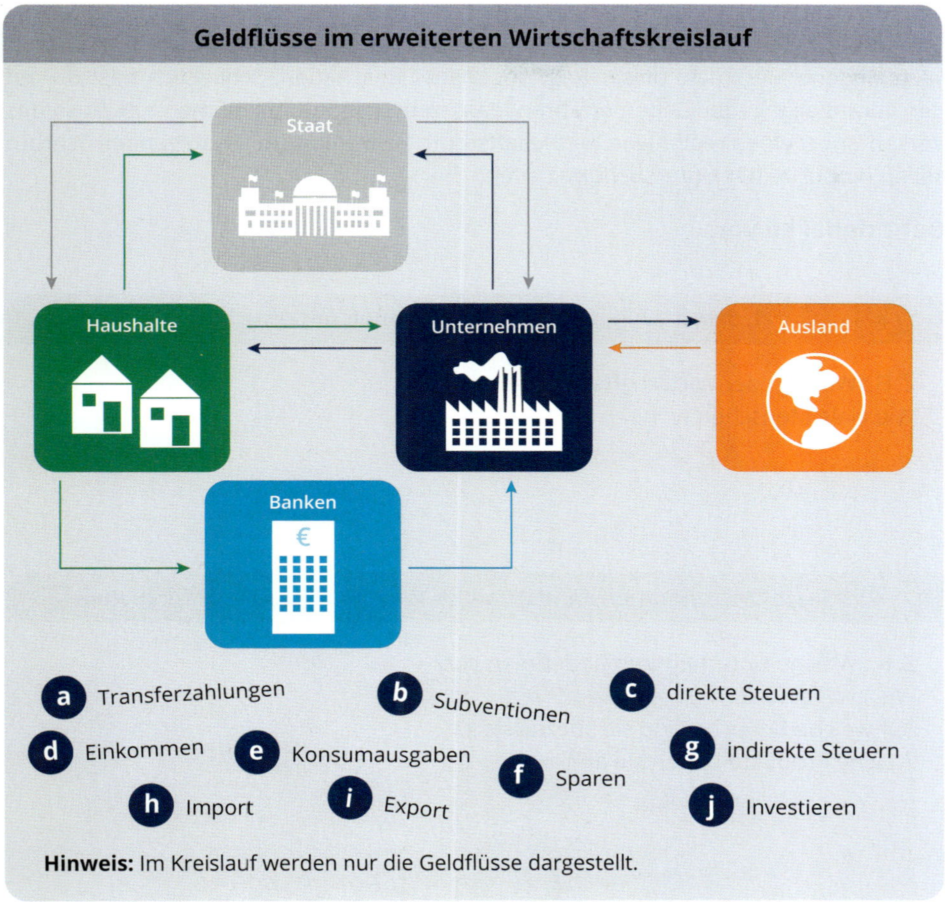

Interaktive Übung zum Wirtschaftskreislauf

82302-041

AUFGABEN

82302-235

1. a) Beschreibe die Grafik in **M8**: Welche Möglichkeiten des Transports gibt es?
   b) Ermittelt die Verkehrswege in eurer Region.
2. a) Beschreibe den vollständigen Wirtschaftskreislauf anhand von **M10**.
   b) Erkläre die Wege des Geldes anhand eines eigenen Beispiels.
3. a) Beschreibe die Statistik in **M9**.
   b) Entwickelt mithilfe der Methode auf der nächsten Seite eine Strukturanalyse für eure Region.
   c) Erläutert, welche Produkte aus eurer Region in welche Staaten exportiert werden.
   d) Beurteilt, inwiefern eure Region über eine starke oder schwache Infrastruktur verfügt.
   e) Diskutiert gemeinsam Ideen für die wirtschaftliche Stärkung eures Wirtschaftsraums.

H zu Aufgabe 2
Nutze zum Üben die interaktive Aufgabe im QR-Code zu **M10**.

Einen Wirtschaftsraum untersuchen

Worum geht es?

Um den Wirtschaftsraum, in welchem du lebst, untersuchen zu können, musst du dir verschiedene Merkmale dieser Region genauer anschauen. Schließlich hast du auf den vorangegangenen Seiten erfahren, dass neben den Unternehmen z. B. auch das Verkehrsnetz einen regionalen Wirtschaftsraum kennzeichnet. Die folgenden Schritte sollen dir bei deiner Untersuchung helfen:

Geht dabei so vor:

1. Schritt: Allgemeine Informationen untersuchen

Z. B.: Wo liegt der Wirtschaftsraum genau?
Wie viele Menschen wohnen dort?
...

2. Schritt: Unternehmenslandschaft im Wirtschaftsraum untersuchen

Z. B.: Welche Unternehmen findet man vor?
Wie groß sind sie?
Auf welche Bereiche sind sie spezialisiert?
Welche Produkte bieten sie an?
...

3. Schritt: Arbeitsplätze untersuchen

Z. B.: Wie viele Menschen arbeiten in dem Wirtschaftsraum?
In welchem Unternehmen arbeiten die meisten Menschen?
...

4. Schritt: Infrastruktur untersuchen

Z. B.: Wie sind die Unternehmen zu erreichen?
Wie sind die Verkehrswege ausgebaut?
Welche Bildungsmöglichkeiten und welche Freizeitmöglichkeiten gibt es?
...

Ist der Handel im Internet besser?

Peter und Christian sind sich einig: Die Tischlerei Koslowski muss digitaler werden. Zusammen mit ihren Söhnen Paul und Tom sowie Toms Freundin Ama planen sie eine neue Website und organisieren den Onlineshop. Nun wird Christian auch bald die Pakete der Tischlerei transportieren müssen.

M11 E-Commerce national und international

E-Commerce
steht für Electronic Commerce bzw. elektronischer Handel und beschreibt den Kauf und Verkauf von Waren im Internet.

a) Wer liefert uns wie viele Pakete?

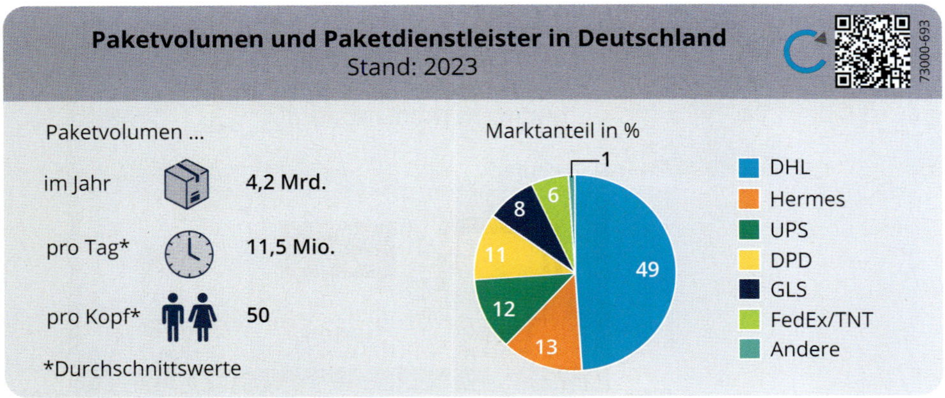

©C.C. Buchner Verlag, aktuelle Daten nach: Pitney Bowes Parcel Shipping Index (Datenerhebung: 2023; Grafikerstellung: 2024)

b) Welche Länder verschicken die meisten Pakete?

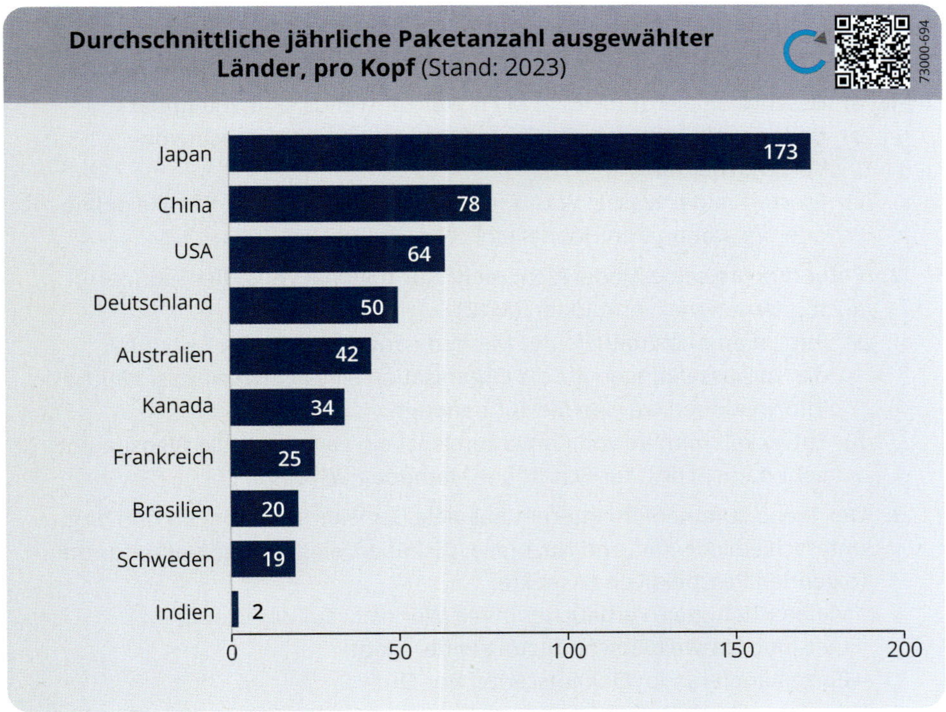

©C.C. Buchner Verlag, aktuelle Daten nach: Pitney Bowes Parcel Shipping Index (Datenerhebung: 2023; Grafikerstellung: 2024)

M12 Tischlerei Koslowski geht online

Websites erstellen mithilfe von Canva

82302-042

F zu Aufgabe 3
Beschreibe weitere Aspekte, die aus eurer Sicht noch zu beachten sind.

AUFGABEN

82302-236

1. a) Beschreibe die Grafiken in **M11**. Welche Trends sind erkennbar?
   b) Benenne Gründe für eine Bestellung im Internet aus Sicht von Verbraucher:innen.
   c) Erörtert in der Klasse: Was und wann kauft ihr in eurer Familie online oder im stationären Handel ein?

2. Peter möchte seine Möbel nicht mehr nur regional verkaufen, sondern auch international vermarkten (**M12**).
   a) Informiert euch mithilfe der Methode auf der nächsten Seite über die Voraussetzungen für die Organisation eines Onlineshops. Welche Informationen werden hierfür benötigt?
   b) Entwickelt mithilfe von Canva zunächst ein Layout für die Website und geht dann Schritt für Schritt der Methode nach vor.

3. Der Trend zum Kauf im Internet hat viele Begleiterscheinungen und birgt unterschiedliche Vor- und Nachteile. Diskutiert diese in der Klasse für die folgenden Perspektiven / Aspekte:
- Vielbeschäftigte:r Verbaucher:in mit Wohnsitz auf dem Land;
- Luft- und Umweltverschmutzung in der Stadt;
- Einzelhändler:in im Einkaufscenter vor Ort;
- Anbieter:in mit Online-Shop von Übersee.

Eine Website planen und erstellen

Worum geht es?

Websites bieten Informationen über Institutionen, Unternehmen oder Veranstaltungen. Um ansprechend von den Kund:innen empfunden zu werden muss, man bei der Planung einiges beachten.

Geht dabei so vor:

1. Schritt: Strukturskizze anfertigen

Der einfachste Weg zum Erstellen einer Website ist es, eine **Mindmap** zu erstellen mit der Struktur, die die Website später aufweisen soll.

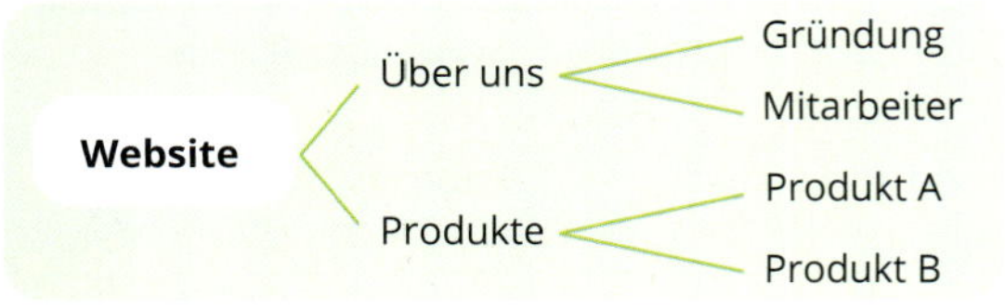

Beispielskizze eines Website-Aufbaus

2. Schritt: Anbieter auswählen und für Vorlage entscheiden

Wordpress, wix oder jimdo sind Anbieter, die weitestgehend kostenlose Angebote für Websites und passende Domains (Internetadressen) bieten. Alle Anbieter stellen zudem kostenlose Vorlagen zur Verfügung, die schon grobe Strukturen beinhalten.

Tipp: Ermittelt den oder die IT-Beauftragte/n eurer Schule. Welcher Anbieter wird bereits für eure Schulwebsite genutzt? Könnt ihr eine Domain oder Speicherplatz erhalten?

3. Schritt: Beiträge planen und formulieren

Teilt euch (am besten in Teamarbeit) auf die zu erstellenden Inhalte auf.
Lizenzfreie Bilder, Fotos und Grafiken findet ihr auf Seiten wie Pixabay oder pexels.

Achtung:
Eure Beiträge sollten dahingehend erprobt werden, ob sie auch auf allen Geräten (Smartphone, Tablet oder PC/Mac) ähnlich gut lesbar sind.

4. Schritt: Veröffentlichen und Feedback einholen

Stellt eure Website zum Testen online und sammelt zunächst Fehler und Rückmeldungen eures Publikums.

Fassbrause ist doch kein Champagner

Charlotte hat sich informiert – das einzig Wahre sind wohl doch regionale Produkte. Und da ist Fassbrause das ideale Produkt! Das muss sich auch im Preis widerspiegeln, daher erhöht ihre Schüler:innenfirma den Preis kurzerhand um 1 €. „Wucher!“, „Abzocke!“ und viele weitere unschöne Begriffe fallen nun immer öfter in der Cafeteria. Charlotte ist irritiert: „Wie legt man denn nun den richtigen Preis fest?“

M13 Welche Kosten fallen an?

Betriebsbedingte Kosten	Beispiel Cafeteria	Beispiel Merchandise
Personalkosten (Löhne, Gehälter)	Aushilfen, die für größere Events benötigt werden	Steuerberater:in
Materialkosten (Rohstoffe, Vorprodukte)	Zutaten für die Fassbrause	Laptops, Software
Dienstleistungskosten (Müllgebühren, Transport, Energie, Versicherung)	Müllgebühr, Strom für Küche und Lagerung	Telefonanschluss, Internet
Raumkosten (Miete, Pacht, Reinigung)	–	–
Sonstige Kosten (Werbung, Flyer, Events)	Stifte, Plakate, Tafeln	Werbeanzeigen (Internet), Messebesuche

VARIABLE UND FIXE KOSTEN

Für eine Schulcafeteria wird täglich Geld benötigt. Zum Beispiel benötigt man Geld für die Miete. Diese bleibt gleich hoch, egal, wie viel verkauft wird. Man spricht von **fixen** Kosten.
Die Kosten für Lebensmittel und Getränke hingegen erhöhen oder reduzieren sich je nach Nachfrage. Sie sind daher **variabel**.

Beispiel:

	Kosten für eine Schule mit 400 Schüler:innen	Kosten für eine Schule mit 600 Schüler:innen	Kosten für eine Schule mit 1.000 Schüler:innen
Fixe Kosten	anteilige Miete z. B. 300 €	anteilige Miete z. B. 300 €	?
Variable Kosten pro Brötchen	3 €	3 €	?
Variable Kosten	1.200€	1.800€	?
Gesamtkosten	1.500€	1.500€	?

Berechnung der Stückkosten

Um die Produktionsmenge richtig bestimmen zu können, muss man die genauen Kosten jedes Stücks berechnen. Die Kosten pro Stück sind eine wichtige Grundlage für die Festlegung des Preises.

$$\text{Variable Kosten} = \text{Variable Kosten pro Stück} \times \text{Stückzahl}$$

$$\text{Stückkosten} = \frac{\text{Gesamtkosten}}{\text{Stückzahl}}$$

Berechnung von Umsatz und Gewinn

Ob ein Unternehmen Gewinn oder Verlust erwirtschaftet, lässt sich am Umsatz und den Kosten ablesen. Die Überwachung des Unternehmenserfolgs ist eine der wichtigsten Messgrößen für Unternehmen.

$$\text{Umsatz} = \text{Preis} \times \text{Stückzahl}$$

$$\text{Gewinn} = \text{Umsatz} - \text{Gesamtkosten}$$

$$\text{Gewinn pro Stück} = \frac{\text{Gewinn}}{\text{Stückzahl}}$$

ODER

$$\text{Gewinn pro Stück} = \text{Preis pro Stück} - \text{Kosten pro Stück}$$

AUFGABEN

82302-237

1. Ordne die Beispielkosten aus **M13** den Begriffen fixe und variable Kosten (**#variable und fixe Kosten**) zu.
2. Vergleiche die beiden Beispiele aus der Tabelle zu **#variable und fixe Kosten** mit einem weiteren Beispiel deiner Wahl (z. B. Bäckerei, Friseursalon) im Hinblick auf die Höhe der Kostenarten.
3. a) Analysiere die Entwicklung der variablen und fixen Kosten bei steigender Produktionsmenge.
   b) Berechne alle Kosten für eine Schule mit 1.000 Schüler:innen mithilfe der Methode auf dieser Seite.
4. Ermittle einen angemessenen Preis für eine Flasche Fassbrause (0,3 Liter) und lege deine Berechnungsgrundlage ausführlich dar (**Methode**). Was hast du warum wie berücksichtigt?
5. a) Diskutiert, ob die Schüler:innenfirma von Charlotte ihre Stellung als einziger Getränkeanbieter an der Schule preislich ausnutzen sollte und könnte. Welche Aspekte gilt es euer Ansicht nach bei dieser Entscheidung zu berücksichtigen?
   b) Diskutiert, was sich ändern würde, wenn an der Schule ein Konkurrenzunternehmen gegründet werden würde, das ebenfalls Fassbrause anbietet. Was würde sich für wen wie verändern?

F zu Aufgabe 5
Erörtere, welche Aspekte der Schüler:innenfirma auf die reale Wirtschaftswelt (Markt für Fassbrause) übertragbar sind und welche nicht.

M1 Was sind die betrieblichen Grundfunktionen?

BESCHAFFUNG = Rohstoffe besorgen	PRODUKTION = Produkte herstellen	ABSATZ = Produkte verkaufen
Welche Rohstoffe / Produkte / Dienstleistungen muss man selbst einkaufen? Braucht man Zulieferer / Maschinen / Arbeitskräfte?	Welche Tätigkeiten müssen erledigt werden? Braucht man dafür Maschinen oder Arbeitskräfte?	Wie kommt das Produkt zu den Kund:innen? Braucht man dafür Arbeitskräfte / Werbung / Transportmittel?

M2 Welche Ziele und Aufgaben haben Unternehmen?

1 Betrieb bildet aus

2 Spenden an gemeinnützige Organisationen

3 Beachtung der Menschenrechte

4 besondere Familienfreundlichkeit

5 Sponsoring von Sport- und Kulturereignissen

6 Umweltbewusstsein

7 flexible Arbeitszeitenmodelle

8 Reduzierung von Arbeitslosigkeit

9 Arbeitsschutz

10 anständige Bezahlung

11 Kinderbetreuung

12 Verminderung von Armut

13 bewusste Auswahl von Geschäftspartnern und Lieferanten

14 …

M3 Pink oder bunt?

Karikatur: Sabine Voigt

M4 Unternehmensführung – zwei verschiedene Modelle

1 **Firma A** – Gründerin: Gabriele Thumm, 54, Bäckerin. Filialen in Deutschland: ca. 8.900, im Schnitt rund 200 qm groß und eng gestellt, Lage: oft an abgelegenen Standorten, Angestellte: ca. 50.000.
In vielen Filialen erledigt eine einzige Person alle Jobs: einräumen, kassieren, beraten, putzen, Waren bestellen. Mehrarbeit bleibt oft unbezahlt. Vorgesetzte Bezirksleiter:innen statten regelmäßig Kontrollbesuche ab und bewerten die Mitarbeitenden mit Schulnoten: bei schlechten Noten droht eine Abmahnung. Um den Aufbau der besonders großen XL-Märkte zu finanzieren, entließ das Unternehmen seine Angestellten, die Tarifverträge hatten, und stellte ihnen frei, sich über eine Leiharbeitsfirma neu zu bewerben – für den gleichen Job zu einem deutlich niedrigeren Stundenlohn.
Gabriele Thumms Philosophie: „Man muss streng kontrollieren, ob die Regeln eingehalten werden, sonst macht jeder, was er will." Die Chefin entscheidet allein, Vorschläge von Angestellten sind nicht erwünscht, Betriebsräte und Gewerkschaften werden höchstens als „notwendiges Übel" geduldet.

2 **Firma B** – Gründer: Nazar Kulyk, 50, Drogist. Filialen in Deutschland: ca. 1.200, im Schnitt rund 600 qm groß, meist in City-Lagen.
Kulyk glaubt daran, dass sich der Gewinn eines Markts durch gut ausgebildetes Personal steigern lässt. Zahl der Angestellten: ca. 33.000. Die Mitarbeitenden bestimmen das lokale Sortiment, Dienstpläne und in Teilen sogar Gehälter selbst. Letztere werden positiv als „Mitarbeitereinkommen" oder „Kreativposten" bezeichnet. Vorgesetzte werden meist von der Belegschaft gewählt. Verbesserungsvorschläge werden mit allen Beteiligten diskutiert, Neuerungen in einer Filiale müssen nicht immer mit der Zentrale abgesprochen werden. Wird mehr erwirtschaftet als erwartet, erhält jeder einen gleich hohen Bonus.
Nazar Kulyks Philosophie: „Wir wollen kein Unternehmen sein, das Druck erzeugt, sondern eines, das einen Sog erzeugt, der zum Mitmachen einlädt." Sein Führungsstil setzt auf flache Hierarchien und Transparenz bis hin zur Führungsebene. Wichtig sind ihm Nachhaltigkeit bei den Produkten und der Logistik sowie Eigenverantwortung der Mitarbeitenden.

Aufgaben

1. Entwickelt zu zweit eine Tabelle wie in **M1** für eine Bäckerei, eine Fahrradwerkstatt und einen Supermarkt und füllt diese für das spezifische Beispiel aus. Beachtet dabei den Unterschied zwischen Produkt und Dienstleistung
2. Ordne die genannten Unternehmensziele in einer Tabelle den übergeordneten Zielen sozial, ökonomisch und ökologisch zu (**M2**).
3. Analysiere die Karikatur in **M3** in Hinblick auf Unternehmensziele.
4. a) Arbeite die Unterschiede in den Führungsstilen von Frau Thumm und Herrn Kulyk heraus (**M4**). Welcher Stil ist eher autoritär (steile Hierarchie) und welcher eher kooperativ (flache Hierarchie)?
   b) Die Firma von Frau Thumm ist pleite, die Firma von Herrn Kulyk ist zum Marktführer aufgestiegen. Entwickle eine Einschätzung zum Zusammenhang zwischen Führungsstil und Geschäftserfolg und begründe diese.
5. Nimm Stellung zu folgender Aussage und beziehe dich dabei auf die Fassbrause-Schüler:innenfirma: *„Ohne eine gut durchdachte Geschäftsidee fährt man jeden noch so gut laufenden Betrieb früher oder später gegen die Wand."*

Was weißt du schon?

1. Beschreibe die Tätigkeiten auf den Fotos und benenne die dazugehörigen Berufe.
2. Erläutert euch zu zweit, welche Erfahrungen ihr mit den abgebildeten Tätigkeiten selbst bereits gemacht habt und inwiefern ihr eure Erfahrungen im kommenden Praktikum vertiefen wollt.
3. Diskutiert, welche Fotos am ehesten mit euren beruflichen Vorstellungen für die Zukunft übereinstimmen.

3

#Berufs- und Lebenswegplanung

Wie stellst du dir deine (berufliche) Zukunft vor? Siehst du dich hinter einem Schreibtisch in einem Büro, draußen an der frischen Luft oder erstmal mit dem Rucksack im Zug durch Europa reisen? Klar ist, man kann nur zwischen Alternativen wählen, die man kennt und große Entscheidungen verlangen einem einiges an Überlegungen ab. Also keine Zeit verlieren und auf geht's!

Was lernst du in diesem Kapitel?

... unterschiedliche Möglichkeiten der Informationsbeschaffung zu Berufen zu nutzen.
... verschiedene Bildungs- und Lebenswege nach der 10. Klasse.
... deine Rechte und Pflichten im Praktikum und in der Ausbildung.
... verschiedene Einflussfaktoren auf die Berufswahl.
... dir deine Stärken bewusst zu machen und deine (bisherige) Berufswahl zu reflektieren.
... dich zielgerichtet zu bewerben.
... einen Praktikumsplatz zu suchen und deinen Praktikumshefter/deine Aufgaben strukturiert anzugehen.

Dein Weg in einen Beruf – eine Übersicht mit TaskCards erstellen

Der Weg zu einem passenden Beruf kann herausfordernd sein. Von der Erkundung der eigenen Interessen über die Erstellung von geeigneten Bewerbungsunterlagen bis hin zur Vorbereitung auf Vorstellungsgespräche gibt es dabei Einiges zu beachten. Damit ihr den Überblick während dieses Berufswahlprozesses behaltet, erstellt ihr mithilfe der Online-Plattform TaskCards eine Übersicht, auf die ihr immer wieder zurückgreifen könnt. TaskCards ist eine digitale Anwendung, die wie eine Pinnwand funktioniert und mit deren Hilfe man Informationen sortieren, veranschaulichen und verschieben kann.

Geht dabei so vor:

1

1. Bildet Vierergruppen und teilt die Aufgaben untereinander auf. Beachtet dabei Folgendes:
   - Sammlung der einzelnen Teilaufgaben auf dem Weg zum Beruf
   - Teilüberschriften für die einzelnen Schritte
   - Informationen zu diesen Schritten (z. B. Fristen, Ansprechpartner:innen, notwendige Unterlagen)
   - eine logische Reihenfolge
   - übersichtliche Gestaltung der TaskCards

2

Macht euch mit der TaskCards-Anwendung vertraut. Nutzt hierfür die QR-Codes:

Wie werden Pinnwände erstellt?	**Wie werden Einträge hinzugefügt?**	**Beispiele für TaskCards-Pinnwände**
82302-043	82302-044	82302-045

4

Startet nun die Recherche zu den einzelnen Themen und tragt eure Ergebnisse auf der digitalen Pinnwand ein. Überprüft die Reihenfolge der Schritte.

5

Bereitet die Präsentation eurer Pinnwand vor. Hierbei geht es nicht nur um die Darstellung der Inhalte. Geht auch auf folgende Aspekte ein:

- Zusammenarbeit in der Gruppe
- Bewertung des eigenen Arbeitsergebnisses
- möglicher Nutzen
- Vor- und Nachteile der Pinnwand

3

Beginnt gemeinsam mit dem Brainstorming. Legt hierfür innerhalb von TaskCards eine Mindmap an (Darstellungsform Tafel) und sammelt die Schritte auf dem Weg zum Beruf. Beachtet dabei unbedingt, wie ihr folgende Punkte umsetzen könnt:

- eigenen Stärken und Interessen kennen und diese mit Berufen abgleichen
- Berufswahltests durchführen, Gespräche mit Lehrkräften, Eltern, Freund:innen
- Praktika absolvieren (auch freiwillig!)
- selbstständig über Berufe informieren
- Bewerbungsunterlagen zusammenstellen
- Bewerbungsgespräche simulieren

Berücksichtigt die folgenden Inhalte des Kapitels: Methode S. 20 f., Kap. 3.7 M1, M4, Methoden S. 56 f., S. 64 f., Kap. 3.8 M9-M11, Methode S. 68 f., Kap. 3.8 M13

Ziel

6

Stellt euer Arbeitsergebnis euren Mitschüler:innen vor.

3.1 Gut informiert ist halb entschieden?

Bildungswege und Anschlussperspektiven nach der Schule – wie informiere ich mich richtig?

Bei ihrem Besuch in Erens Klasse gibt die Berufsberaterin Frau Hildebrandt einen Überblick: „Nach der Schule steht euch gefühlt fast die ganze Welt offen. Ob eine Ausbildung z. B. als Kauffrau oder Kaufmann für Büromanagement im internationalen Unternehmen mit Auslandsaufenthalt oder eine schulische Ausbildung im Gesundheitswesen – es gibt allein über 300 verschiedene staatlich anerkannte Ausbildungsberufe. Neben einer Ausbildung gibt es noch weitere Möglichkeiten, wie z. B. ein Freiwilliges Soziales, Ökologisches oder Kulturelles Jahr – oder wollt ihr doch erstmal weiter zur Schule gehen und vielleicht irgendwann mal studieren? Damit ihr euch frei und gut entscheiden könnt, solltet ihr euch zunächst gründlich informieren! Habt ihr euch schon erste Gedanken gemacht, was ihr euch als Anschlussperspektive vorstellen könnt?"

M1 Schule vorbei – was nun?

Informationen zu den Ausbildungsarten

82302-046

1 Duale Ausbildung und (voll)schulische Ausbildung

Seit er denken kann möchte Frank Erzieher werden. Diese werden gerade ja auch händeringend gesucht! Erzieher:in ist ein anerkannter Ausbildungsberuf – Aber muss man dafür eine schulische Ausbildung oder duale Ausbildung machen? Und worin besteht der Unterschied?

2 Allgemeine Hochschulreife und Fachhochschulreife

Ali ist noch unentschlossen, ob er später Grundschullehrer werden möchte oder doch BWL (Betriebswirtschaftslehre) studieren will. Braucht Ali für beides das Abi oder doch die Fachhochschulreife? Und wie unterscheiden sie sich?

3 Ausbildungsvorbereitung und Jobben

Ronja hatte im letzten Jahr nicht so viel Lust auf Schule und auch ihre Bemühungen um eine Ausbildung etwas schleifen lassen. Sie ist zwar wieder motivierter, stellt sich aber folgende Fragen: Kann sie nach der 10. Klasse einfach ohne Schulabschluss jobben oder was spricht dagegen? Und inwieweit gibt es eine gezielte Ausbildungsvorbereitung und die Möglichkeit, einen Schulabschluss nachzuholen?

4 BFD, IJFD, FSJ und FÖJ

Phillip hat in seinem letzten Schuljahr nochmal alles gegeben und könnte von seinen Leistungen her locker das Abitur machen. Darauf hat er aber keine Lust. Er möchte lieber in der Alten- und Krankenpflege durchstarten. Leider muss er ein Jahr überbrücken, da ihn das städtische Krankenhaus so jung noch nicht als Auszubildenden nimmt. FSJ, FÖJ, IJFD, BFD – da soll mal jemand schlau werden. Welche Möglichkeiten stecken denn dahinter und wie unterscheiden sie sich?

5 Studium und Auslandsaufenthalt

Wegen ihrer Mathe-Schwäche hat Mara zwar die Erweiterte Berufsbildungsreife nicht geschafft, Fremdsprachen und Musik liegen ihr aber sehr. In diesen beiden Bereichen hat sie ein besonderes Talent. Sie spricht verschiedene Sprachen fließend und spielt schon seit zwei Jahren im Deutschen Jugendorchester – mal Geige, mal Querflöte. Sie möchte im kommenden Jahr etwas Sinnvolles für sich machen. Kann man Musik auch ohne Abitur studieren? Oder ein Auslandsjahr könnte was für sie sein. Japanisch wollte Mara sowieso mal lernen.

AUFGABEN

82302-238

1. Gruppenpuzzle: Schlüpft in die Rolle eines Berufsberaters oder einer Berufsberaterin und erläutert den Personen aus den Fallbeispielen in **M1** ihre Möglichkeiten nach der Schule.
   Stammgruppe 1:
   a) Vergleicht eurer Vorwissen zu den Überschriften der Textkästen in **M1** in der Gruppe.
   b) Beschreibt die Abbildung neben dem Einstiegstext und erklärt ihre Bedeutung in der Gruppe.
   c) Erläutert, welche Möglichkeiten ihr nach der Schule habt.
   Expertengruppe:
   a) Recherchiert zu den Möglichkeiten, die die Personen in 1-5 haben, und erläutert diese.
   b) Benenne weitere Fragen, die ihr auf Grundlage der entsprechenden Materialien (QR-Code zu **M1**) entwickelt.
   c) Erläutere die wichtigsten Informationen zu den Möglichkeiten. Führt dazu eine Internetrecherche durch.
   d) Diskutiert eure Rechercheergebnisse und stellt diese anschaulich dar.
   Stammgruppe 2
   a) Erläutert euch gegenseitig die verschiedenen Möglichkeiten in **M1**.
   b) Diskutiert diese im Anschluss gemeinsam und benennt gegebenenfalls, welche Informationen euch noch fehlen.
2. Einzelarbeit: Erörtere, welche der verschiedenen Möglichkeiten, die in **M1** und dem QR-Code beschrieben werden, nach der Schule zu dir passen und welche eher nicht.

Methode Gruppenpuzzle

82302-047

METHODE

Informations- und Beratungsangebote zur Beruflichen Orientierung nutzen

Worum geht es?

Die Berufswahlentscheidung ist etwas sehr persönliches und das Angebot an Berufsinformationen kann schnell überfordern. Dabei sind Informationen über Berufe, die du von Freund:innen, Bekannten oder der Familie bekommst, häufig eher subjektiv und spiegeln deren eigene Erfahrungen und Einstellungen wider. Gleichzeitig kennen dich diese Personen aber auch besonders gut und können dich besser einschätzen. Trotzdem solltest du dir auch gesicherte (objektive) und aktuelle Informationen beschaffen. Beide Informationswege können sich ergänzen und dir einen umfassenden Einblick ermöglichen. Die folgenden Informations- und Beratungsangebote können dir bei deiner Orientierung helfen und dich bei dem Treffen deiner durchdachten Berufswahlentscheidung unterstützen:

Jugendberufsagentur (JBA) und Beratung in der Schule

82302-048

Die Jugendberufsagentur mit ihren Berufsberater:innen gibt es in vielen Städten und Regionen in Berlin und Brandenburg. Nicht nur an festen Standorten, sondern auch an vielen Schulen und im Internet ist die JBA präsent und kann dich individuell unterstützen. Wenn du mit den Berater:innen Kontakt aufnimmst, helfen sie dir bei der Orientierung, senden dir passende Ausbildungsstellen zu und können dich auch zum Thema Finanzen in der Ausbildung beraten. Zudem gibt es auch Lehrer:innen an jeder Schule, die für die Beratung der Schüler:innen zuständig sind.

Check-U

82302-049

Über das Erkundungstool Check-U kannst du dir zu dir passende Berufe vorschlagen lassen. Dazu gibst du Auskunft über deine Interessen und Stärken und absolvierst auch kurze Leistungstests unter Zeitdruck. Je ehrlicher und präziser du arbeitest, umso passender sind die Ergebnisse. Es können aber auch Berufe zu dir (und deinen Testergebnissen) passen, die du nicht kennst oder erstmal als unpassend bewerten würdest. Diese solltest du dann nochmals genauer betrachten.

Berufe.TV

82302-050

Berufe.TV ist ebenfalls ein Informationsangebot der Bundesagentur für Arbeit. Zu verschiedenen Berufen und Berufsfeldern kannst du dir kurze Videos anschauen. Neben einer Suchfunktion kannst du ebenfalls auch Informationen zu den Berufsfeldern in Überblicksfilmen anschauen.

planet-beruf.de

82302-051

Planet-Beruf ist die zentrale Webseite zur Beruflichen Orientierung, die sich direkt an Schüler:innen richtet. Hier findest du zu allen wichtigen Themen Informationen und auch Links zu anderen geeigneten Plattformen.

Ich mach´s

Auf dieser Plattform findest du mehr als 400 Berufe in kurzen Videos portraitiert. Du bekommst einen realistischen Einblick in die gezeigten Berufe. Dabei kannst du z. B. nach einem Berufsvideo alphabetisch suchen.

82302-052

Beruf Aktuell

Beruf Aktuell ist ein Lexikon der Bundesagentur für Arbeit mit allen Ausbildungsberufen. Darüber hinaus findest du noch weitere nützliche Informationen zum Thema Ausbildung.

82302-053

BerufeNet

Das BerufeNet der Bundesagentur für Arbeit hält Informationen zu den verschiedenen Ausbildungs- und Studienberufen für dich bereit. Neben einer Suchfunktion kannst du beispielsweise die Berufe nach Themen oder Berufsfeldern sortieren.

82302-054

Beratungsangebot der Bundesagentur für Arbeit

Die Bundesagentur für Arbeit kümmert sich um die Vermittlung von arbeitslos gewordenen Personen in eine Erwerbstätigkeit oder sorgt für eine weitere Qualifikation durch z. B. Weiterbildungsmaßnahmen.
Sie ist aber (teilweise unter ähnlichem Namen wie Jugendberufsagentur) auch für dich da. So gibt es an vielen Orten das sogenannte BIZ (Berufsinformationszentrum), in dem du dich über Ausbildungen, Berufe etc. informieren kannst und auch Beratung in Anspruch nehmen kannst.

82302-055

AUFGABEN

82302-239

1. Nenne deine:n Ansprechpartner:in bei der Jugendberufsagentur bzw. deine:n Berufsberater:in und beschreibe, welche Angebote es in deiner Nähe gibt.
2. Stelle einen zu dir passenden Beruf dar.
   a) Nutze dazu zunächst das Erkundungstool Check-U.
   b) Wähle einen dir vorgeschlagenen und zu dir passenden Beruf aus, zu dem du die wichtigsten Informationen recherchierst. Nutze dazu auch die anderen Informationsquellen dieser Methodenseite.
   c) Präsentiere deine Rechercheergebnisse.
3. Bewerte mindestens zwei der vorgeschlagenen Informations- und Beratungsangebote nach Umfang, Tiefe und ansprechender Gestaltung.
4. Erkläre eines der Informations- und Beratungsangebote dieser Methodenseite in Form einer Gebrauchsanweisung (s. Methode Check-U S. 158) oder eines Erklärvideos.

Besuch einer Studien- und Ausbildungsmesse vorbereiten

Worum geht es?

IHK, Ausbildungsmesse, vocatium, stuzubi – das sind alles Messen für euch Jugendliche. Diese Messen bieten beste Möglichkeiten, um Betriebe, Hochschulen, Ausbildungsberufe und Personalverantwortliche kennenzulernen. Eine gute Vor- und Nachbereitung sind dabei wesentlich.

Geht dabei so vor:

1. Schritt: Vorbereitung

a) Wählt mindestens drei bis fünf Hochschulen oder Betriebe aus, die ihr auf der Messe besuchen möchtet und recherchiert Studienmöglichkeiten, Standorte, Ausbildungsberufe, Studien-/Ausbildungsdauer, Anforderungen, Gehalt, etc.
b) Welche Angebote interessieren euch von den ausgewählten Betrieben und Hochschulen besonders? Notiert diese mit kurzen Begründungen.
c) Notiert euch Fragen, die ihr stellen möchtet z. B.:
   - Wie viele freie Ausbildungs-/Studienplätze gibt es?
   - Wie viele Auszubildende gibt es derzeit im Betrieb?
   - Welche Karrieremöglichkeiten gibt es?
d) Bereitet euren Lebenslauf, eure Bewerbungen vor; fertigt eine Zeugniskopie an und sammelt alles in einer Mappe.
e) Legt euch ein passendes Outfit für die Messe bereit (s. QR-Code).

Welches Outfit und welche Körpersprache sind angemessen?

82302-056

2. Schritt: Besuch der Messe

a) Erscheint pünktlich.
b) Begrüßt alle freundlich.
c) Achtet auf eure Körpersprache.
d) Tretet mit den von euch ausgewählten Hochschulen und Betrieben in Kontakt und stellt eure Fragen.
e) Fragt im Anschluss an das Gespräch ggf. bei den Unternehmen und Hochschulen nach, inwiefern ihr eure Bewerbung und euer Auftreten verbessern könnt.
f) Schaut euch auch andere Stände an, besucht gegebenenfalls Vorträge, Workshops, um möglichst viele Informationen zu sammeln.

3. Schritt: Nachbereitung

Wertet euren Besuch aus:

a) Welche neuen Eindrücke und Tipps habt ihr erhalten?
b) Haben euch die Gespräche in eurem Berufswunsch bestärkt?
c) Was könnt ihr besser machen? Überarbeitet gegebenenfalls eure Bewerbung.

3.2 Arbeit in der Zukunft

Welche Berufsfelder bieten Perspektiven?

Charlotte möchte nach der Fachoberschulreife ein Oberstufenzentrum besuchen und später Jura studieren. Sie fragt sich, ob der Beruf der Anwältin in einigen Jahren überhaupt noch gefragt sein wird und stellt Nachforschungen an.

M1 Welche Berufe wachsen in Zukunft?

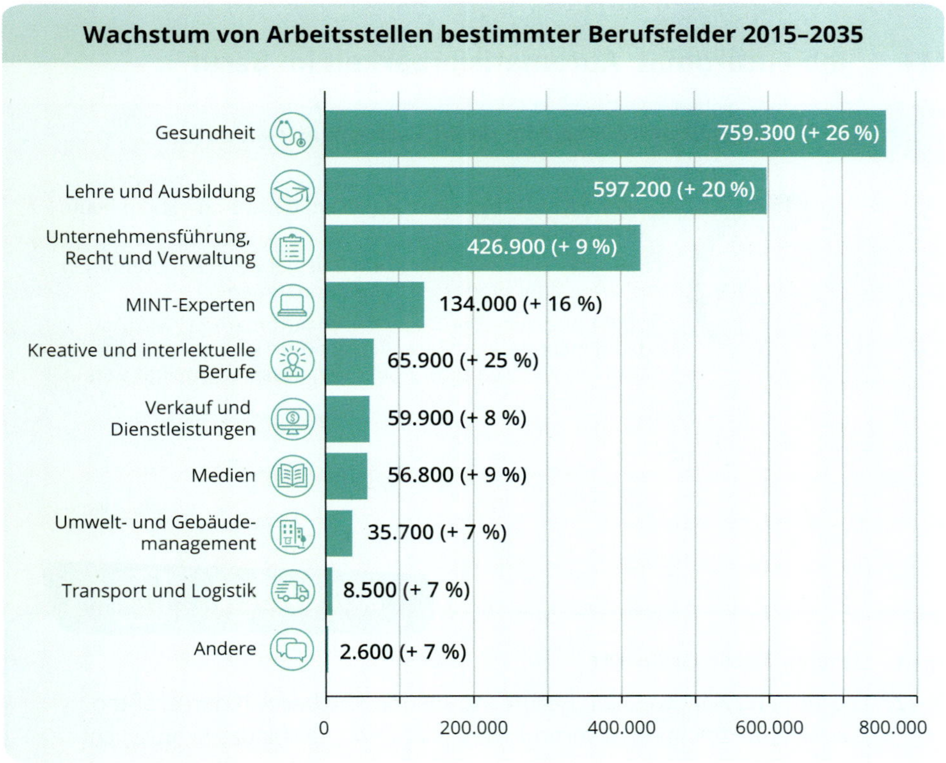

Nach: © Deloitte; Datenquelle: BIBB-IAB Qualifikations- und Berufsprognosen (5. Welle Basisprojektion)

MINT
steht für Mathematik, Informatik, Naturwissenschaften und Technik

M2 Zukunftsberuf Anwältin/Anwalt?

Der Beruf der Anwältin bzw. des Anwalts ist ein Beispiel für eine geringe Technologieersetzbarkeit und auch dafür, wie Technologien Arbeitnehmer:innen unterstützen können. Technologien können nur 13 Prozent der Zeit einer Anwältin/eines Anwaltes ersetzen. Dies vor allem deshalb, weil die Mehrheit der Tätigkeiten in diesem Bereich auf fachlichen, sozialen und kommunikativen Kompetenzen sowie auf komplexen Problemlösungskompetenzen beruht, die grundsätzlich schwerer austauschbar sind.
Die Ersetzbarkeit betrifft Tätigkeiten wie die Recherche nach juristischen Informationen oder die Bearbeitung von juristischen Materialien und öffentlichen Unterlagen. Damit geht einher, dass Datenanalyseprogramme den relativ größten Teil der Arbeitszeit eines An-

walts/einer Anwältin übernehmen können (6 %).
Insgesamt kann man sagen, dass Technologien in diesem Berufsfeld eher ergänzend verwendet werden. Sie unterstützen die Anwaltskompetenzen und können die Produktivität erhöhen. Computerprogramme helfen beispielsweise bei der juristischen Recherche oder können Sachverhalte automatisiert aufbereiten ebenso wie Verträge erstellen. Damit werden Such- und Informationskosten gesenkt und die Anwältin/der Anwalt hat mehr Zeit für Kernaufgaben wie Verhandlungsvorbereitung oder den Kontakt zu Mandant:innen.

Nach: Deloitte: Die Jobs der Zukunft. Berufswelt bis 2035 – fünf Trends, 11/2020, S. 17

M3 Job-Futuromat: Automatisierbarkeit im Beruf

Job-Futuromat
Der Job-Futuromat ist ein Angebot des Instituts für Arbeitsmarkt- und Berufsforschung. Er zeigt, wie digitale Technologien die Arbeitswelt verändern können.

82302-057

Automatisierbarkeit im Beruf Fachanwalt/-anwältin

2 der 6 **Kerntätigkeiten** in diesem Beruf sind - Stand heute - **automatisierbar**.

Das kann ein Vorteil sein, zum Beispiel wenn Roboter Ihnen schwere oder monotone Arbeit abnehmen.

Ob Ihr (Wunsch-)Beruf tatsächlich automatisiert wird, ist damit nicht gesagt. Menschliche Arbeit kann zum Beispiel flexibler, wirtschaftlicher oder von besserer Qualität sein.

Nach: Job-Futuromat, ©IAB

AUFGABEN

82302-240

1. Beschreibe die Grafik **M1**.
2. Erörtert zu zweit, weshalb Berufe im Gesundheitsbereich den größten Zuwachs verzeichnen, während Transport und Logistik das Schlusslicht bilden (**M1**).
3. Erläutere die möglichen Veränderungen für Anwält:innen durch digitale Angebote (**M2**) und begründe, weshalb dieser Beruf nur schwer durch Technologien zu ersetzen ist.
4. Die Quellen **M2** und **M3** zeigen unterschiedliche Prozentzahlen in Bezug auf die Automatisierbarkeit. Erkläre, wie dieser Unterschied zustande gekommen sein könnte.
5. a) Suche dir einen weiteren Beruf aus und erörtere mögliche Veränderungen durch technologischen Fortschritt und Digitalisierung. Nutze den Job-Futuromaten als Hilfsmittel (siehe QR-Code zu **M3**).
   b) Bewerte, ob dieser Beruf gute Zukunftsaussichten bietet.
6. Diskutiert in der Klasse, ob Charlotte den Beruf der Anwältin in der Zukunft anstreben sollte. Stellt hierfür Argumente dafür und dagegen gegenüber.

Welche Fähigkeiten müssen Arbeitnehmer:innen zukünftig mitbringen?

Die Veränderungen in der Arbeitswelt sind weitreichend und wirken sich unter anderem direkt auf die Anforderungen aus, die Arbeitnehmer:innen im Berufsalltag erfüllen müssen. Welche Fähigkeiten sind wichtig und welche bringst du vielleicht schon mit?

M4 Future Skills

Unten siehst du 5 von 17 Future Skills, die für zukünftige Arbeitnehmer:innen von Bedeutung sind. Der QR-Code führt dich zu allen Future Skills mit den entsprechenden Erläuterungen.

Nach: nextskills.org

Future Skills
sind Kompetenzen, die in den kommenden Jahren für das Berufsleben wichtig werden oder bereits wichtig sind.

AUFGABEN 82302-241

1. a) Schaue dir die 17 Future Skills an (QR-Code zu **M4**) und benenne drei, die deiner Meinung nach besonders wichtig sind.
   b) Vergleicht eure jeweilige Auswahl zu zweit und begründet euch gegenseitig, warum ihr euch für welche Skills entschieden habt.
2. Schätze auf einer 10er-Skala ein, wie sehr diese drei Fähigkeiten bei dir ausgeprägt sind (1 = gar nicht ausgeprägt, 10 = sehr stark ausgeprägt). Denke dabei an konkrete Situationen und beschreibe diese.
3. Erläutere eine weitere Fähigkeit, die Arbeitnehmer:innen in Zukunft mitbringen sollten und begründe deine Wahl.
4. Diskutiert in der Klasse die Gründe für die veränderten Anforderungen an Arbeitnehmer:innen.

3.3 Fachkräftemangel: wenn Unternehmen zu Bewerbern werden

Woher kommt der Fachkräftemangel und wie kann er behoben werden?

Eren hat vor wenigen Wochen sein Praktikum in einem Berliner Hotel beendet. Seine Chefin war so zufrieden mit ihm, dass sie ihm einen Ausbildungsplatz angeboten hat. Eren hat im Gespräch erfahren, dass es für seine Chefin nicht leicht ist, gutes Personal zu finden. Dabei spielt der sogenannte Fachkräftemangel in Deutschland eine Rolle. Doch wie ist der eigentlich entstanden?

M1 Demografischer Wandel in Deutschland

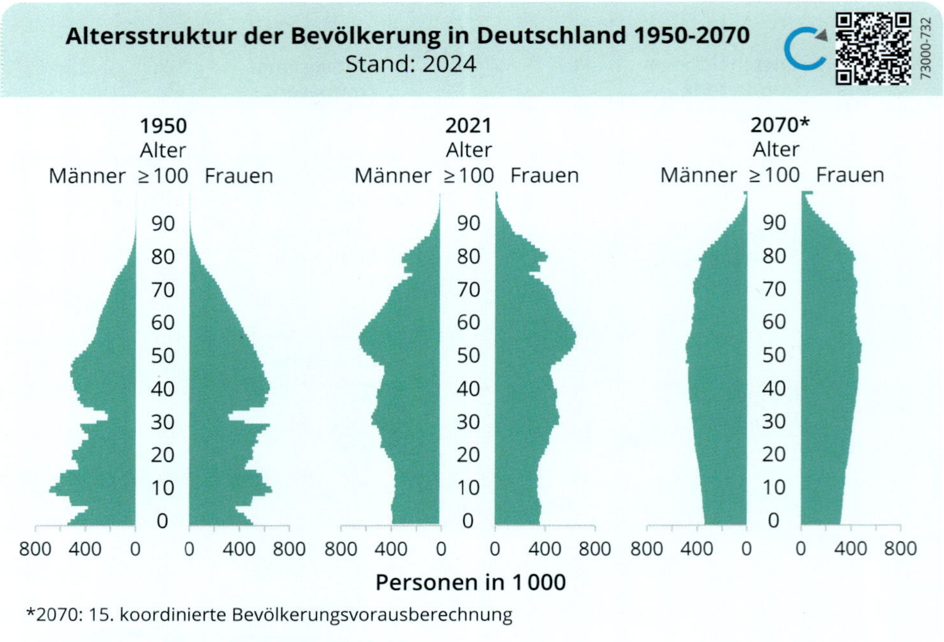

©C.C. Buchner Verlag, aktuelle Daten nach: DESTATIS (Datenerhebung: 2023; Grafikerstellung: 2024)

FACHKRÄFTEMANGEL

Ein Fachkräftemangel entsteht, wenn die Nachfrage nach qualifizierten Arbeitskräften durch die Unternehmen höher ist als das Angebot an Arbeitskräften.

Fachkräftemangel kann die gesamte Wirtschaft betreffen oder lediglich bestimmte Regionen oder Berufsgruppen.

M2 Vier Ansätze gegen den Fachkräftemangel

Ein Forscherteam des Instituts für Arbeitsmarkt- und Berufsforschung hat folgende vier Vorschläge herausgearbeitet, um dem Fachkräftemangel entgegenzuwirken:

1 Zuwanderung

Zuwanderung ist unbedingt notwendig, um die Folgen des demografischen Wandels auszugleichen. Voraussetzungen für eine gelungene Zuwanderung sind beispielsweise Sprachkurse oder die Anerkennung von Abschlüssen aus dem Ausland.

2 Attraktivität

Attraktive Arbeitsplätze tragen dazu bei, dass sich Bewerber:innen für ein Unternehmen entscheiden. Die Attraktivität kann durch gute Bezahlung, Fortbildungsmöglichkeiten und familienfreundliche Arbeitszeiten erhöht werden.

3 Kinderbetreuung

Der Ausbau der Kinderbetreuung trägt dazu bei, dass sich Familie und Beruf besser vereinbaren lassen. Einige Betriebe bieten Betreuungsmöglichkeiten vor Ort an.

4 Modernisierung

Die Weiterentwicklung und Modernisierung der Ausbildung können zur Imageverbesserung mancher Berufsbilder führen.

Bearbeiterin, basierend auf: Wolff, Kathrin: Warum fehlt überall Personal? In: www.zdfheute-stories-scroll.zdf.de, Abruf am 18.04.2024

AUFGABEN

82302-242

1. Analysiere die Grafik **M1** im Hinblick auf die Altersentwicklung in Deutschland.
2. Erkläre den Begriff demografischer Wandel mithilfe von **M1**.
3. Wähle den Ansatz aus **M2** aus, der deiner Meinung nach den größtmöglichen Erfolg verspricht und begründe deine Entscheidung.
4. Entwerft zu zweit einen fünften Ansatz, der dem Fachkräftemangel entgegenwirkt.
5. Diskutiert, ob der Fachkräftemangel überhaupt behoben werden kann. Notiert mögliche Voraussetzungen.

H zu Aufgabe 4
Nutzt den Artikel hinter dem QR-Code als Recherchehilfe.

82302-059

Was tun regionale Betriebe gegen den Fachkräftemangel?

Nicht nur Hotels in Berlin haben Probleme mit dem Fachkräftemangel, auch Betriebe in Brandenburg sind betroffen. Bei einer Jobmesse in Potsdam haben Paul und seine Mitschüler:innen großartige Angebote für Auszubildende gesehen. Vom Gaming-Raum über kostenlose Getränke bis zum Yogakurs war alles dabei. Doch welche Angebote überzeugen?

M3 Betriebe locken mit Rabatten und Yogaräumen

Bäckereien in Potsdam und Umgebung haben es nach wie vor schwer, Fachkräfte und vor allen Dingen Nachwuchs zu finden. Tobias Exner, Obermeister der Bäcker- und Konditoreninnung Potsdam und Chef der Exner-Bäckereien, kennt das Problem. In seinem eigenen Betrieb kann er sich aber nicht beschweren: Rund 20 Azubis lernen in seinen Filialen. 2019 hat die „Allgemeine Bäckerzeitung" seiner Bäckerei einen Preis für das beste Ausbildungskonzept verliehen. Ein Grund dafür war auch die gute Bezahlung: 1.100 Euro pro Monat bekommen Lehrlinge im ersten Jahr bei Exner. „Das spielt natürlich eine Rolle und diese Wertschätzung ist auch wichtig", sagt er. „Auch wir können uns nicht beklagen", sagt Jens Wittkopf, Produktionsleiter in der Bäckerei Fahland. Derzeit beschäftige er drei Azubis in seiner Backstube. Der Arbeitsbeginn um sechs Uhr ist für die Frühaufsteher-Branche recht moderat. Darüber hinaus hat man sich noch einiges mehr einfallen lassen: Es gibt Mitarbeiterrabatte, Treueprämien, sogar einen Yogaraum. [...] Exner sagt, dass es unter den Bewerbern auch viele gebe, die nicht qualifiziert seien: „Wir müssen uns darauf verlassen, dass die jungen Leute eine solide Schulbildung genossen haben. Das ist oft nicht mehr gegeben", sagt er. [...] „Quereinsteiger, aber auch ausländische Fachkräfte werden immer wichtiger", sagt Tobias Exner. „Bei uns arbeiten Menschen aus 32 Nationen, von Polen bis Syrien", sagt er. Quereinsteiger und ausländische Fachkräfte müssten zwar nachgeschult werden, das funktioniere aber gut. Derzeit wirbt er Fachkräfte aus Vietnam an.

Quereinsteiger
Als Quereinsteiger wird eine arbeitnehmende Person bezeichnet, die in ein beruflich fremdes Tätigkeitsfeld wechselt, ohne hierfür die vorausgesetzte Ausbildung absolviert zu haben.

Lenze, Dominik: Betriebe locken mit Rabatten und Yogaräumen: Bäckereien in Potsdam ringen weiter um Fachkräfte. In: www.tagesspiegel.de, 11.04.2023

AUFGABEN 82302-243

1. Benenne stichpunktartig die Anreize, mit denen die beiden Bäckereien in Potsdam versuchen, dem Fachkräftemangel entgegenzuwirken (**M3**).
2. Würden dich diese Maßnahmen überzeugen? Begründe deine Entscheidung.
3. Entwickelt zu zweit weitere Maßnahmen, die Arbeitgeber:innen ergreifen könnten, um Auszubildende anzuwerben. Stellt die Ergebnisse in der Klasse vor.
4. Diskutiert die Aussage von Tobias Exner, dass eine solide Schulbildung bei den Bewerber:innen oft nicht mehr gegeben sei.

3.4 Stereotype Berufswahl: typisch Frau, typisch Mann?

Was hat das Geschlecht mit der Berufswahl zu tun?

Alina hat sich nach ihrem mittleren Schulabschluss für eine Ausbildung zur Industriemechanikerin entschieden. Sie arbeitet bei einem Unternehmen, das Schienenfahrzeuge und -systeme herstellt. Die meisten ihrer Kolleg:innen sind männlich. Bei einem guten Freund von Alina, der eine Ausbildung zum Kaufmann für Büromanagement macht, ist es genau umgekehrt. Weshalb sind Berufe nach wie vor so geschlechtsspezifisch verteilt und was ist daran problematisch?

M1 Die beliebtesten Ausbildungsberufe 2023

a) Ranking bei Frauen

Frauen		
Rang	**Ausbildungsberuf**	**Neuabschlüsse**
1	Medizinische Fachangestellte	16.656
2	Kauffrau für Büromanagement	16.116
3	Zahnmedizinische Fachangestellte	13.011
4	Verkäuferin	10.608
5	Kauffrau im Einzelhandel	8.406

Nach: ©Ausbildungspark Verlag, Quelle: BIBB-Ranglisten der Ausbildungsberufe 2022/2023

b) Ranking bei Männern

Männer		
Rang	**Ausbildungsberuf**	**Neuabschlüsse**
1	Kraffahrzeugmechatroniker	20.295
2	Fachinformatiker	15.903
3	Elektroniker	14.256
4	Anlagenmachaniker für Sanitär-, Heizung- und Klimatechnik	13.992
5	Verkäufer	10.611

Nach: ©Ausbildungspark Verlag, Quelle: BIBB-Ranglisten der Ausbildungsberufe 2022/2023

M2 Wer gibt im Job den Ton an?

Beschäftigte in Unternehmenspositionen nach Geschlecht, in Prozent und absoluten Zahlen (Stand: 2020)

	Frauen(%)	Männer (%)	Gesamtzahl
Insgesamt	46 %	54 %	33.138.009
Führung	27 %	73 %	1.119.899
Aufsicht	27 %	73 %	722.265
Expert/in	44 %	56 %	3.409.159
Spezialist/in	43 %	57 %	3.535.505
Fachkraft	49 %	51 %	19.209.440
Helfer/in	49 %	51 %	5.091.741

Nach: Servicestelle der Initiative Klischeefrei

M3 Wie ungleich ist das Einkommen? Der Gender Lifetime Earnings Gap

Durchschnittliche Lücke im Lebenserwerbseinkommen zwischen den Geschlechtern

M4 Wenn das Geld im Alter fehlt …

Azra: Die Altersversorgung ist ein schwieriges Thema für mich. Um mehr Zeit für meine Kinder zu haben, arbeite ich Teilzeit. Das bedeutet, dass ich 20 statt 40 Stunden in der Woche arbeite. Laut Rentenrechner erhalte ich später 497 € Rente. Ohne private Vorsorge könnte ich davon nicht leben.

RENTE

Die Rente ersetzt im Alter das Gehalt aus dem Berufsleben. Momentan gilt in Deutschland die Regelaltersgrenze von 67 Jahren. Die Höhe der Rentenzahlungen hängt davon ab, wie viel Rentenbeiträge in welcher Höhe man während seines Arbeitslebens eingezahlt hat. Es gilt: Je länger gearbeitet und je mehr verdient wurde, desto höher ist später die Rente.

Frauen erhalten statistisch rund 30 % weniger Rente als Männer. Die Gründe hierfür sind vielfältig: Frauen arbeiten teilweise in schlechter bezahlten Branchen oder häufiger in Teilzeit. Sie nehmen längere Auszeiten für Care-Arbeit und sind seltener in Führungspositionen tätig.

Care-Arbeit
Care-Arbeit oder Sorgearbeit beschreibt die Tätigkeiten des Sorgens und Kümmerns. Darunter fallen Kinderbetreuung oder Altenpflege, aber auch familiäre Unterstützung, häusliche Pflege oder Hilfe unter Freunden.

AUFGABEN

82302-244

1. Benenne verschiedene Faktoren, die Einfluss auf deinen Berufswahlprozess nehmen können.
2. Beschreibe die Abbildung **M1** und benenne die dargestellten Unterschiede.
3. Analysiere das abgebildete Diagramm **M2**.
4. Erkläre den Begriff „Gender Lifetime Earnings Gap" (dt. Lebenseinkommenslücke, **M3**) und verfasse eine eigene Definition.
5. Die Lücke im Lebenserwerbseinkommen zwischen Männern und Frauen hat weitreichende Folgen. Erläutere mithilfe von **M4** und **#Rente** die möglichen Auswirkungen.
6. Diskutiert in der Klasse Gründe für die unterschiedlichen Präferenzen bei den Ausbildungsberufen zwischen Frauen und Männern (**M1**).
7. Eine Freundin/ein Freund von euch möchte einen „geschlechtsuntypischen" Beruf erlernen. Die Eltern sind nicht besonders begeistert von der Idee. Entwickelt zu zweit Ideen, wie ihr die Freundin/den Freund unterstützen könnt und erarbeitet hierfür Argumente.

Welche Rechte und Pflichten bringt der Ausbildungsvertrag mit sich?

Während du beim Kauf eines Apfels auf dem Wochenmarkt sicherlich keinen schriftlichen Kaufvertrag schließt, werden bedeutendere Übereinkünfte i. d. R. in Form von Verträgen verschriftlicht und von den Beteiligten unterschrieben. Auch Arbeitsverträge und Ausbildungsverträge werden zwischen Arbeitgeber:in und Arbeitnehmer:in beziehungsweise Ausbildungsunternehmen und Auszubildenden geschlossen.

M5 Ausbildungsvertrag – ist das nötig?

Nach dem Unterricht fragt Lehrer Müller nach: „Sag mal Charlotte, was ist eigentlich aus dem Probearbeiten letzten Monat geworden?" Charlotte: „Heute hat Firma Seemann angerufen und gesagt, dass ich den Ausbildungsplatz bekomme. Ich soll übermorgen den Ausbildungsvertrag unterschreiben. Und Papa soll ich auch mitbringen. Ist das normal? Ich dachte, dass ich zum Ausbildungsstart einfach anfangen kann."

Hier kannst du dir einen Mustervertrag genauer ansehen.

82302-060

AUSBILDUNGSVERTRAG

Im Ausbildungsvertrag sind sowohl die Rechte als auch die Pflichten der Auszubildenden sowie die Rechte und Pflichten des Ausbildungsunternehmens festgehalten.
Verträge dienen dazu, die Rechte und Pflichten der beteiligten Vertragspartner:innen schriftlich zu fixieren, sodass sich alle auf diese Übereinkunft berufen können und alle Vertragspartner:innen zu ihrem Recht kommen. Auch wenn Verträge grundsätzlich frei ausgehandelt werden können, gibt es für Ausbildungsverträge weitgehende Vorgaben und Rahmenbedingungen, die beispielsweise durch Gewerkschaften ausgehandelt wurden.

M6 JArbSchG – alles recht so?

JArbSchG
Jugendarbeitsschutzgesetz

Das JArbSchG im Detail

82302-061

Bis zu dem Beginn ihrer Ausbildung im September macht Charlotte ein Betriebspraktikum in der Rechtsanwaltskanzlei Claasen. An einem Tag, an dem sich niemand so richtig um Charlotte kümmern kann, sagt ihr die Anwältin: „Es gibt ein Gesetz, dass die Rechte und Pflichten von Arbeitnehmer:innen und Arbeitgeber:innen regelt. Weißt du eigentlich, dass es auch extra Gesetze zum Schutz von Jugendlichen gibt? Selbst wenn ich es wollte, ich dürfte dich nicht wie eine Erwachsene einsetzen. Heute bist du mal Anwältin und musst knifflige Fragen mithilfe des Jugendarbeitsschutzgesetzes beantworten. Und wer weiß, vielleicht musst du morgen die Fälle vor Gericht verhandeln." Sie zwinkert ihr zu und gibt ihr die folgenden Fälle:

1 **Agneta** wird in einer Woche 16 Jahre alt und soll ab morgen die Frühschicht ab 5 Uhr in der Bäckerei machen.

2 **Yalda** hat an ihrem 14. Geburtstag von ihrem Onkel angeboten bekommen, dass sie die 5 Wochen in den Sommerferien bei ihm in der KFZ-Werkstatt arbeitet, weil sie technisch so begabt ist.

3 **Finn** hat zwei Klassen übersprungen und will mit 14 Jahren nach der 10. Klasse erstmal jobben.

4 **Alma** soll am Freitag noch eine Überstunde machen, da ein wichtiger Bericht vor dem Wochenende fertig werden muss.

5 **Anton** macht sein Praktikum im Restaurant und soll statt Montag am Samstag arbeiten, da Montag Ruhetag ist.

6 Obwohl seine Berufsschule am nächsten Tag schon um 8 Uhr beginnt und der Weg fast anderthalb Stunden dauert, soll **Yuri** mindestens bis 22 Uhr bleiben, da das Arbeitszeit sei.

7 Damit **Marta** früher zuhause ist, möchte sie ihre Pflichtpause von 30 Minuten an die 6,5 Stunden Arbeitszeit hinten anhängen und früher gehen.

8 **Franz** ist gerade 15 Jahre alt geworden und plant im übernächsten Jahr seine 30 Urlaubstage am Stück zu nehmen und in die USA zu fliegen.

9 **Anna** hat Angst, dass sie wegen ihrer Knieprobleme die Ausbildung zur Fliesenlegerin nicht machen kann. Sie will sich deshalb erst nach der Ausbildung wieder untersuchen lassen.

AUFGABEN

82302-245

1. Nennt Punkte, die eurer Ansicht nach in einem Ausbildungsvertrag notiert werden müssen (**M5**, **#Ausbildungsvertrag**).
2. Rollenspiel: Bildet 4er-Gruppen und verteilt die Rollen:
   - Unternehmer:in (P1)
   - Ausbilder:in (P1)
   - Auszubildende:r (P2)
   - Elternteil (P2).

   a) Benennt, in welchen Punkten ihr das Interesse welcher Seite (Betrieb/ Auszubildende:r) durchsetzen wollt. Geht dazu zu zweit (P1/ P2) den Ausbildungsvertrag durch.

   b) Diskutiert die strittigen Punkte in einem Rollenspiel und findet Kompromisse.
3. Diskutiert die Fälle und erläutert die rechtlichen Grundlagen im JArbSchG (**M6**, QR-Code).

3.5 Mitarbeiten, Mitgestalten, Mitbestimmen: Beteiligung rund um die Erwerbsarbeit

Welche Beteiligungsmöglichkeiten haben Arbeitnehmer:innen?

Ver.di Jugend
Jugendorganisation der Vereinten Dienstleistungsgewerkschaft Ver.di.
Die Ver.di Jugend konzentriert sich speziell auf die Belange junger Menschen in der Arbeitswelt, darunter Auszubildende, Studierende und junge Berufstätige.

Beteiligungsmöglichkeiten kennst du bereits aus der Schule. Es gibt beispielsweise Klassensprecher:innen, die Schüler:innenvollversammlung oder die Schulkonferenz. Charlottes Cousin Tom, der als Pflegefachmann arbeitet, hat sich in seiner Schulzeit als Klassensprecher engagiert. Nun möchte er bei der Ver.di Jugend aktiv werden und sich für die Interessen von Pflegekräften einsetzen.

M1 Welche Beteiligungsmöglichkeiten gibt es?

Betriebsrat / Personalrat

Jugend- und Auszubildendenvertretung

Arbeitnehmerverbände

Gewerkschaften

ARBEITSKAMPF

Ein Arbeitskampf beginnt, wenn Verhandlungen (z. B. über mehr Lohn) zwischen Arbeitgeber:innen und Arbeitnehmer:innen gescheitert sind. Die Arbeitnehmer:innen auf der einen Seite stören mithilfe von Streik und Boykott die Arbeitsabläufe, um ihren Forderungen Nachdruck zu verleihen. Die Arbeitgeber:innen auf der anderen Seite können beispielsweise mit Aussperrungen reagieren.

M2 Was sind die klassischen Mittel des Arbeitskampfes?

a Streik:
[D]ie gemeinsame vorübergehende Arbeitsniederlegung der gewerkschaftlich organisierten Arbeitnehmer eines Betriebs. Der Streik ist ein gesetzlich zulässiges Arbeitskampfmittel der Gewerkschaft zur Durchsetzung arbeitsrechtlicher Forderungen, z. B. Lohnerhöhungen, Arbeitszeitverkürzung.

Streik der Eisenbahn- und Verkehrsgewerkschaft (EVG) in Duisburg

Bundeszentrale für politische Bildung: Streik. In: www.bpb.de, Abruf am 18.04.2024

b **Aussperrung:**
Die Aussperrung bedeutet, dass die Arbeitgeber für einen bestimmten Zeitraum ihre streikenden Angestellten von der Arbeit ausschließen können. In dieser Zeit müssen keine Löhne oder Gehälter gezahlt werden.

Schneider, Gerd / Toyka-Seid, Christiane: Aussperrung. In: www.hanisauland.de, Abruf am 18.04.2024

c **Boykott:**
die Aufforderung von Gewerkschaften oder Verbänden an Arbeitnehmer:innen, Vertragsabschlüsse mit Arbeitgebern zu meiden, um ein bestimmtes Ziel zu erreichen.

Bearbeiterin, basierend auf: Meckel, Astrid: Boykott. In: www.wirtschaftslexikon.gabler.de, Abruf am 18.04.2024

AUFGABEN

82302-246

1. a) Findet euch in Kleingruppen (drei Personen) zusammen. Jedes Gruppenmitglied überträgt zunächst folgende Tabelle in den Hefter:

	Betriebsrat/ Personalrat	Jugend- und Ausbildungsvertretung	Gewerkschaften
Mitglieder			
Struktur/Aufbau			
Aufgaben			
Ziele			
Beispiele			

b) Teilt die drei Beteiligungsmöglichkeiten (**M2**) untereinander auf. Jedes Gruppenmitglied ist für eine Möglichkeit verantwortlich. Ermittle nun mithilfe des QR-Codes in der Randspalte die notwendigen Informationen und fülle die Spalte für deine zugewiesene Beteiligungsmöglichkeit aus.

c) Vergleicht im Anschluss eure Erkenntnisse und vervollständigt die Tabelle, sodass jede:r die Informationen zu allen drei Beteiligungsmöglichkeiten im Hefter notiert hat.

d) Nehmt als Gruppe Stellung, ob ihr euch wie Tom in einer Gewerkschaft oder anderen Organisation engagieren würdet. Begründet eure Entscheidung.

2. Stelle ein aktuelles Beispiel dar, bei dem ein Mittel des Arbeitskampfes zum Einsatz kommt (**M2**). Nutze dafür den QR-Code zum DGB-Newsticker in der Randspalte.

3. Diskutiere mit einer Partnerin/einem Partner, wofür ihr in der Schule streiken würdet. Beschreibt euer Anliegen und stellt es der Klasse vor. Bringt mittels einer Abfrage in Erfahrung, ob ihr in der Klasse Unterstützer:innen hättet.

Informationen zu den Beteiligungsmöglichkeiten

82302-062

DGB Newsticker

82302-063

Ein Konflikt – verschiedene Meinungen dazu

Eren hatte sich vor einigen Wochen mit seiner guten Freundin Josi verabredet. Sie sollte mit dem Zug von Frankfurt (Oder) nach Berlin fahren. Im letzten Moment muss sie das Treffen absagen. Die Bahnangestellten streiken im Moment regelmäßig, um Lohnerhöhungen durchzusetzen. Eren ist zwar sauer, weiß aber auch, dass es dafür gute Gründe gibt.

M3 Positionen zum Bahnstreik

1 **Josi Bach** (16) ist Schülerin an einer Oberschule in Frankfurt (Oder). Sie besucht gerne Freund:innen in Berlin und nutzt dafür die Bahn. In den vergangenen Wochen war sie mehrmals vom Arbeitskampf der Eisenbahn- und Verkehrsgewerkschaft (EVG) betroffen und musste geplante Treffen absagen. Josi findet zwar, dass die Bahnangestellten eine Lohnerhöhung bekommen sollten, empfindet die Streiks aber trotzdem als Belastung. Sie denkt dabei auch an Arbeitnehmer:innen, die auf die Bahn angewiesen sind.

2 **Henning Martinek** (43) verhandelt für die Deutsche Bahn mit der Eisenbahn- und Verkehrsgewerkschaft (EVG). Er stuft die wiederkehrenden Arbeitskämpfe als unverhältnismäßig ein und sieht darin eine große Belastung für die Kund:innen. Die Deutsche Bahn bietet zehn Prozent mehr Lohn für untere und mittlere Einkommen, acht Prozent mehr für höhere Einkommen sowie eine Inflationsausgleichsprämie. Dies ist das höchste Angebot in der Geschichte der DB. Die Lohnerhöhungen sollen jedoch erst in einigen Monaten greifen.

Inflationsausgleichsprämie
Seit Oktober 2022 können Arbeitgebende Arbeitnehmenden freiwillig eine Prämie in Höhe von 3.000 Euro ausbezahlen, um der Preissteigerung entgegenzuwirken. Die Möglichkeit ist zeitlich befristet bis Ende 2024.

3 **Derya Alkan** (38) ist seit drei Jahren stellvertretende Vorsitzende der EVG. Gemeinsam mit den anderen Mitglieder:innen des Vorstandes vertritt sie die Interessen der Gewerkschaft und tritt regelmäßig in der Öffentlichkeit auf, um Standpunkte zu verdeutlichen. Sie prüft unter anderem Tarifkündigungen, Abstimmungen und Streikankündigungen. Momentan fordert sie im Namen der EVG zwölf Prozent, mindestens jedoch 650 Euro mehr Lohn für die Angestellten verschiedener Bahnunternehmen.

4 **Tobias Schneider (25)** ist Mitarbeiter der Deutschen Bahn und als Fahrdienstleiter in einem Stellwerk in Berlin tätig. Er liebt seinen Job und kommt gut mit seinen Kolleg:innen aus, allerdings ist er unzufrieden mit der Bezahlung und der damit verbundenen Wertschätzung für seinen Job. Aufgrund der Inflation und steigender Lebenshaltungskosten wird es für ihn immer schwieriger, sein Leben zu finanzieren. Seit seiner Ausbildung ist er Mitglied bei der EVG (Eisenbahn- und Verkehrsgewerkschaft) und nimmt regelmäßig an Arbeitskämpfen teil, um seinen Forderungen Nachdruck zu verleihen.

M4 Wie läuft ein Tarifkonflikt ab?

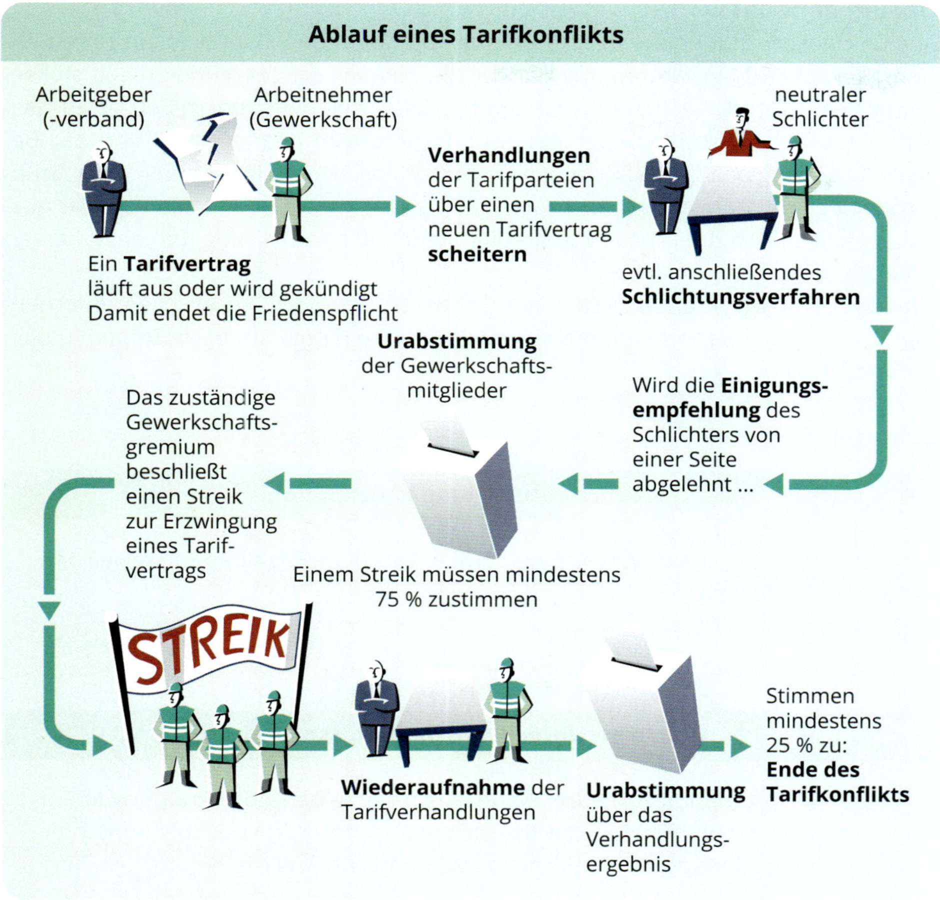

Bergmoser + Höller Verlag AG, Zahlenbilder 244 108

AUFGABEN

82302-247

1. Benenne die Forderungen der Eisenbahn- und Verkehrsgewerkschaft (EVG) (**M3**).
2. a) Beschreibe das Ablaufschema **M4**.
   b) Erläutere, welche Maßnahmen scheitern müssen, damit es überhaupt zu einem Streik kommt.
   c) Ermittle den Punkt des Tarifkonfliktes, an dem sich EVG und Arbeitgeberverband befinden (**M3**, **M4**).
3. a) Erläutert arbeitsteilig in Fünfergruppen die Argumente der DB sowie die Argumente und Forderungen der EVG (**M3**).
   b) Bezieht begründet Stellung, welche Argumente und Forderungen ihr am überzeugendsten findet.
   c) Diskutiert in der Klasse, ob ihr Josis Meinung teilt oder andere Ansichten vertretet.

Eine Betriebserkundung durchführen

Worum geht es?

Eine Betriebserkundung ermöglicht dir einen umfassenden Einblick in ein Unternehmen. So kannst du gewissermaßen hinter die Kulissen schauen und Fragen stellen, die für deine berufliche Zukunft wichtig sind. Dafür bist du in einem Betrieb zu Gast und lernst die unterschiedlichen Arbeitsanforderungen kennen. Während der Betriebserkundung bearbeitest du einen Fragenkatalog, den ihr im Rahmen einer Gruppenarbeit gemeinsam erstellt. Um euch die Chancen auf einen Praktikums- oder Ausbildungsplatz nicht zu verbauen, solltet ihr stets höflich, umsichtig und angemessen gekleidet sein.

Hinweis: Deine Lehrkraft hat sich vermutlich vorab erkundigt, bei welchen Unternehmen vor Ort eine Betriebserkundung möglich wäre. Frage sie nach Empfehlungen und Hinweisen.

Geht dabei so vor:

1. Schritt: Aufteilung in Gruppen

Die Klasse/Lerngruppe wird in eine gerade Anzahl an Gruppen mit jeweils 4-5 Personen eingeteilt.

2. Schritt: Unternehmen heraussuchen

Findet ein Unternehmen in eurer Nähe, das für eine Betriebserkundung in Frage kommt. Nutzt hierfür die Expertise eurer Lehrkraft. Berücksichtigt eure Interessen, aber auch Aspekte wie Erreichbarkeit und Öffnungszeiten.

3. Schritt: Steckbrief anfertigen

Legt gemeinsam fest, welche wichtigen Informationen ihr zu dem Unternehmen recherchieren wollt und teilt diese unter euch auf. Führt anschließend eine Internetrecherche durch und notiert eure Ergebnisse in Form eines Steckbriefs. Die Adresse und Kontaktdaten des Unternehmens findet ihr beispielsweise im Impressum der Website. Beachtet, dass alle Gruppenmitglieder am Ende einen eigenen Steckbrief haben sollen.

Beispiel für einen Fragebogen bzw. einen Unternehmenssteckbrief

82302-064

4. Schritt: Fragebogen vorbereiten

Bereitet nun einen Fragenbogen vor, den ihr mit zur Betriebserkundung nehmt. Wählt hierfür Fragen aus, die für ein zukünftiges Betriebspraktikum oder eine Ausbildung im Unternehmen relevant sind. Ihr könnt auch Punkte aufgreifen, die bei Schritt 3 offengeblieben sind.
Beispiele: Wie viele Auszubildende werden jährlich eingestellt? Welche Einstellungskriterien sind für den Betrieb wichtig? Welche Berufsausbildungen werden angeboten?

5. Schritt: Betriebserkundung durchführen

Verteilt innerhalb eurer Gruppe verschiedene Aufgaben: Eine Person stellt die Fragen (Interviewer:in), zwei Personen notieren die Antworten (Protokollant:innen) und ein bis zwei Personen machen Fotos, sofern dies erlaubt ist (Fotograf:innen). Die Fotograf:innen müssen darauf achten, dass keine Personen abgelichtet werden.
Vergesst nicht, euch am Ende der Betriebserkundung für das Gespräch und die Einblicke zu bedanken.

6. Schritt: Auswertung der Betriebserkundung

Nach der Betriebserkundung findet gemeinsam mit allen Lernenden eine Auswertung statt. Für diese benötigt ihr eure ausgefüllten Fragebögen. Möglicherweise erstellt ihr eine digitale Wandzeitung oder ein Lapbook. Abschließend diskutiert ihr eure Ergebnisse und Eindrücke.

3.6 Sich entscheiden

Wege nach der 10. Klasse – (un)endliche Möglichkeiten

Im ersten Teil dieses Kapitels hast du bereits einige Wege kennengelernt, die dir nach der Schule offenstehen. Der Berufswahlprozess ist zwar von Person zu Person unterschiedlich, die Schritte ähneln sich aber dennoch. Eine Schulform, die viele verschiedene Wege nach der 10. Klasse anbietet, ist das Oberstufenzentrum (OSZ).

Hier findest du eine digitale Zuordnungsübung zum Zeitstrahl

82302-065

M1 Welche Schritte führen zur Berufswahl?

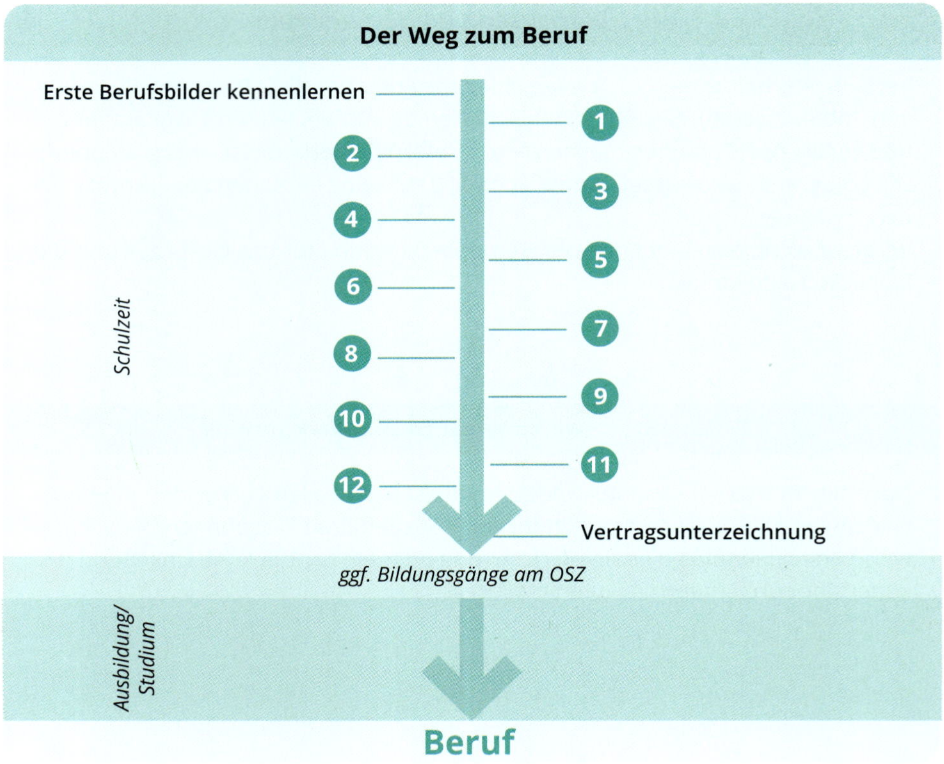

- **a** Seine eigenen Interesse, Fähigkeiten und Fertigkeiten kennenlernen
- **b** Ausbildungsstelle suchen
- **c** Zusage / Absage
- **d** Eignungstest / Assesment-Center
- **e** Vorstellungsgespräch
- **f** Einladung/ Absage
- **g** Abgleich von Anforderungen und eigenen Kompetenzen
- **h** Berufswahlenentscheidung
- **i** Probearbeiten
- **j** Einreichen der Bewerbungsmappe
- **k** Berufsanforungen erkunden
- **l** Betriebspraktika

M2 Schulabschlüsse nach der 10. Klasse in Berlin und Brandenburg

Abkürzung	Bedeutung
BBR	Berufsbildungsreife (erster allgemeinbildender Schulabschluss)
EBR/eBBR	Erweiterte Berufsbildungsreife
MSA/FOR	Mittlerer Schulabschluss/Fachoberschulreife
FORQ	Fachoberschulreife mit der Berechtigung zum Besuch der gymnasialen Oberstufe

M3 Oberstufenzentren – echte Alleskönner

In Deutschland entscheiden sich viele Jugendliche für eine duale Berufsausbildung oder für eine schulische Ausbildung an einer beruflichen Schule. Etwa genauso viele Jugendliche entscheiden sich für ein Studium an einer Hochschule. In Berlin und Brandenburg sind die beruflichen Schulen echte Alleskönner: Die Oberstufenzentren bieten dir nach dem Besuch der allgemeinbildenden Schule (Gesamtschule, Oberschule, Gymnasium), der Förderschule oder dem zweiten Bildungsweg viele Möglichkeiten zur Vorbereitung auf das Berufsleben. Unter dem Dach eines Oberstufenzentrums gibt es verschiedene Bildungsgänge in der Berufsschule (duale Ausbildung), der Berufsfachschule, der Fachoberschule, der Gymnasialen Oberstufe und der Fachschule.

AUFGABEN

82302-248

1. Ordne die Begriffe in **M1** (a-l) den entsprechenden Feldern zu (1-12). Nutze dafür die digitale Übung hinter dem QR-Code zu **M1**.
2. Beschreibe den Weg zum Beruf mithilfe der vervollständigten Grafik (**M1**).
3. Erläutere, weshalb die Oberstufenzentren in Berlin und Brandenburg als Alleskönner bezeichnet werden (**M2**, **M3**).
   a) Suche dir auf der interaktiven Karte hinter dem QR-Code in der Randspalte ein Oberstufenzentrum deiner Wahl aus. Du kannst auch eines nehmen, das dir bereits bekannt ist und dich besonders interessiert.
   b) Rufe die Website des Oberstufenzentrums auf und notiere die angebotenen Bildungsgänge.
   c) Fertige anhand deiner Notizen eine Mindmap als Übersicht an und stelle sie im Plenum vor.
4. Erkundige dich gezielt nach den beruflichen Wünschen und Interessen deiner Sitznachbarin / deines Sitznachbarn. Entwickle auf Grundlage der erhaltenen Informationen aus dem QR-Code eine Empfehlung für ein passendes Oberstufenzentrum.

Verzeichnis aller OSZ in Berlin und Brandenburg

82302-066

Einflussfaktoren auf die Berufswahl

Sind wir ehrlich – ganz frei sind wir in vielen Entscheidungen oft nicht. So hängen deine beruflichen Möglichkeiten unter anderem davon ab, welchen Schulabschluss du hast. Auch mischen sich immer wieder Menschen aus deinem Umfeld in deine Berufswahlentscheidung ein. Das macht es für dich vielleicht sogar noch schwerer.

M4 Wie kann die Familie die Berufswahl beeinflussen?

Paul ist in den Sommerferien zu Gast bei der Familie seiner Mutter in Castrop-Rauxel und es kommt zu folgendem Gespräch beim Abendbrot:

1 **Pauls Mutter Susann**: Paul ist noch immer völlig planlos, was er nach der Schule machen will. Jetzt hat er die Nachbarn wegen eines Schülerpraktikums nach den Ferien beim Bäcker gefragt.

2 **Onkel Maik:** Wat?! Bei uns aus´er Familie sind doch alle Frisöre. Das sollst´ machen!

3 **Paul:** Ja, das hab ich Papa auch gesagt. Der hat mir aber gesagt, dass er mich dann enterbt. Ich will eigentlich auch lieber was mit dem Computer machen.

4 **Mutter Susann:** Du verbringst ja auch viel Zeit damit. Aber neben dem ständigen Gedaddel weißt du auch immer wie alles funktioniert. Und auch in der Nachbarschaft fragen sie dich bei Problemen mit dem PC.

5 **Opa Bernd:** Das mit dem Computer wird sich nicht durchsetzen. Lern was Gescheites! Zum Beispiel Koch. Gegessen wird immer!

4 **Paul:** Koch ist mir zu stressig! Da hat man keine geregelten Arbeitszeiten und steht oft mehr als 12 Stunden in der Küche. Gerade wenn du selbstständig bist, ist das so. Und ich möchte mir nicht vom Küchenchef was sagen lassen. Auch eine Familiengründung ist dann schwer möglich.

M5 Mindmap zu Einflussfaktoren

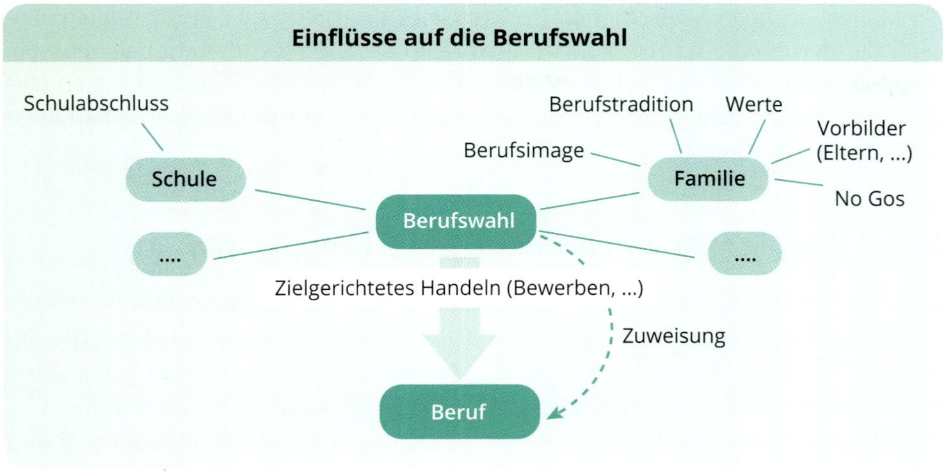

M6 Beruf gewählt ... und was dann?

Auf dem Rückweg aus den Sommerferien in Castrop-Rauxel schaut Paul ganz gedankenversunken aus dem Fenster. Dabei lässt er die intensive Zeit Revue passieren. Besonders die folgenden Aussagen, die er im Laufe seiner Onlinerecherche zur Berufsfindung auf Plattformen gesehen hat, bringen ihn zum Grübeln:

„Einmal gewählt und für immer gefangen?!"

„Der passende Beruf zur Lebensplanung"

„Berufswechsel als Teil des Lebenskonzepts"

AUFGABEN

82302-249

1. Beschreibt, wie die Familie die Berufswahl beeinflusst (**M4**).
2. Erklärt die Punkte der angefangenen Mindmap **M5**.
3. Benennt zu zweit, welche weiteren Faktoren die Berufswahl noch beeinflussen könnten und stellt diese in Form einer Mindmap (vgl. **M5**) dar.
4. Präsentiert euer Arbeitsergebnis und erläutert die Einflussfaktoren anhand von Beispielen anschaulich.
5. Diskutiert verschiedene Positionen zur Berufswahl (**M6**).
6. Erläutert eure Interviewergebnisse zur Frage: „Wer oder was hat deine Berufswahl beeinflusst?" (s. Methode im nebenstehenden QR-Code).
   a) Bereitet Interviewfragen vor. Bezieht die drei Aussagen aus **M6** mit ein.
   b) Führt Interviews mit passenden Berufstätigen.
   c) Präsentiert eure Interviewergebnisse und diskutiert diese aus verschiedenen Positionen.

Methode: Wie führe ich ein Interview durch?

82302-067

Ohne Moos nichts los?

Push-Faktoren
Einflüsse, die abstoßend wirken. Beispiel: Schulgeld.

Pull-Faktoren
Einflüsse, die anziehend wirken. Beispiel: hohe Ausbildungsvergütung.

Ein Mangel an finanziellen Mitteln (sprich: Geld) kann dich sehr einschränken. Obwohl die Berufswahl frei ist, können finanzielle Nöte die Berufswahl beeinflussen. Beispielsweise die Aufnahme eines Studiums kann an mangelnden finanziellen Mitteln (Push-Faktor) scheitern – wohingegen die Aussicht auf das Geldverdienen (Pull-Faktor) anziehend wirkt.

M7 Wie die Finanzen die Berufswahl beeinflussen

Konkurs
Zahlungsunfähigkeit eines Unternehmens oder einer Person

Charlotte hat sich im letzten halben Jahr richtig ins Zeug gelegt. Ihr Lehrer Herr Kletke überreich ihr freudestrahlend das Halbjahreszeugnis mit den Worten: „Weiter so! Dir steht die Welt offen! Ob Ausbildung oder Abitur und Studium – du wirst deinen Weg schon machen!“ Das freut Charlotte natürlich. Gleichzeitig fragt sie sich, ob ihr weiterhin alles offen steht, wenn Papas Arbeitgeber wirklich Konkurs anmelden sollte. Ausziehen will sie aber auf jeden Fall und im Sommer wird ein WG-Zimmer bei einer Freundin in Erkner frei.

M8 Wohin nach dem Schulabschluss?

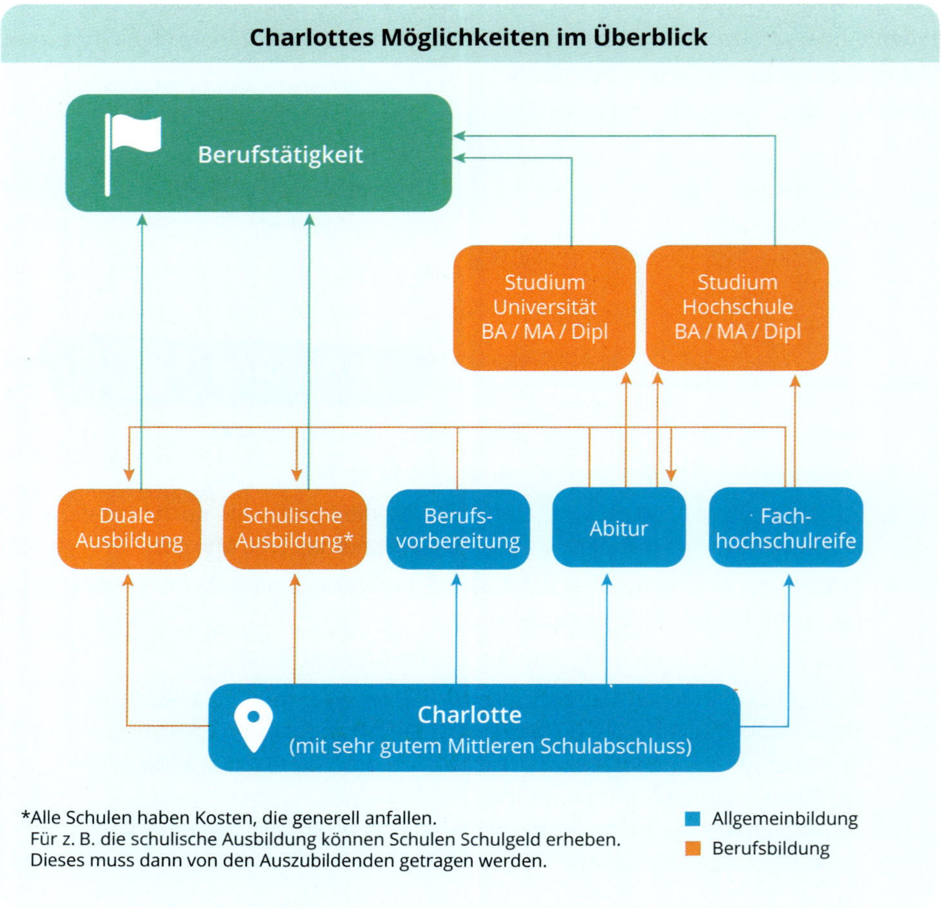

M9 Welche finanzielle Unterstützungsmöglichkeiten gibt es?

Studienkredit
Studienkredite sind spezielle Kredite, die der Finanzierung der Kosten während eines Studiums dienen. Diese werden von einigen Banken, aber auch von der KfW vergeben.

(Studien-)BAföG
BAföG ist eigentlich die Abkürzung für Bundesausbildungsfördergesetz. Im alltäglichen Sprachgebrauch bezeichnet es aber eine finanzielle Förderung während des Studiums. Sie setzt sich aus einem Zuschuss und einem Darlehen zusammen.

Schüler:innen-BAföG
Auch Schüler:innen ab der 10. Klasse können unter bestimmten Bedingungen eine staatliche Förderung während der Schulzeit erhalten ...

Stipendium
Ob politische Parteien, Kirchen, Gewerkschaften oder Stiftungen – sie alle vergeben Stipendien. Stipendien sind finanzielle Unterstützungen, die für Bildungs- oder Forschungszwecke vergeben werden.

Ausbildungsvergütung
In einer dualen Ausbildung lernst du einen Beruf im Betrieb und der Schule. Dem Betrieb stellst du dabei bereits deine Arbeitskraft zur Verfügung, was vergütet wird.

KfW (Kreditanstalt für Wiederaufbau)
Bank, die mittelständische Unternehmen, Selbstständige und soziale Projekte fördert und finanziert

AUFGABEN

82302-250

1. Benenne, welche Ausgaben Charlotte hat, wenn sie Zuhause auszieht (**M7**). Recherchiere dazu konkrete Werte (z. B. Miete) für deine Region und unterscheide Fixkosten und variable Kosten.
2. Erkläre Charlottes Möglichkeiten nach der 10. Klasse mithilfe von **M8**.
3. a) Erklärt euch gegenseitig die verschiedenen finanziellen Unterstützungsmöglichkeiten (**M9**) und ordnet diese Charlottes Möglichkeiten (**M8**) zu.
   b) Recherchiert zunächst arbeitsteilig zu den finanziellen Unterstützungsmöglichkeiten.
4. Diskutiert, wie sich Charlottes finanzielle Situation verändern würde, wenn sie
   a) eine schulische Ausbildung beginnt,
   b) eine duale Ausbildung beginnt,
   c) weiter zur Schule (mit Ziel Abitur) geht oder
   d) beginnt zu studieren.
5. Beurteile, welche der finanziellen Unterstützungsmöglichkeiten (**M9**) für dich infrage kommt. Wäge dazu Vor- und Nachteile ab.

Achtung Beruf(swahl)!

Deine Berufswahl ist heute grundsätzlich frei. Zwar wirst du von verschiedenen Seiten beeinflusst, entscheiden darfst am Ende du aber selbst. Das war übrigens auch in Deutschland nicht immer so ...

M10 Vor 100 Jahren: Wie viel Wahlfreiheit war möglich?

Es gab Zeiten, da war die Berufswahl viel weniger frei als heute. Vor rund hundert Jahren war es beispielsweise üblich, dass das sogenannte „Lehrgeld" gezahlt werden musste. Während heute Auszubildende in dualen Ausbildungen eine Ausbildungsvergütung bekommen, musste früher der Auszubildende seinen Meister für die Ausbildung bezahlen. Für ärmere und kinderreiche Familien war das eine Hürde, die dazu führte, dass die Jungen nicht frei wählen konnten und beispielsweise im Anschluss an die Lehre kostenlos die Ausbildungskosten abarbeiten mussten. Mädchen und junge Frauen waren damals für die Haus- und Sorgearbeit zuständig und wurden in der Regel ausschließlich auf ihre Rolle als Hausfrau und Mutter vorbereitet.

M11 DDR: Wie viel Wahlfreiheit war möglich?

Arbeiterinnen bei der Arbeitspause in einem Blechwalzwerk, 1970er Jahre im heutigen Landkreis Oder-Spree

Im Vergleich zur Bundesrepublik Deutschland (BRD) war die Frau in der Deutschen Demokratischen Republik (DDR) prinzipiell gleichgestellt. Es wurde jede Arbeitskraft gebraucht. Von den Frauen wurde erwartet, dass sie zusätzlich zur Haus- und Sorgearbeit noch zur Arbeit gehen. Das bedeutete auch, dass die Kinder schon sehr früh in Einrichtungen außerhalb der Familie betreut wurden.

Was die Freiheit der Berufswahl angeht, gab es in der DDR weitere Hürden. Beispielsweise durften Kinder von Pfarrern oder systemkritischen Eltern (die beispielsweise die Regierung öffentlich kritisierten) nicht studieren und auch sonst wurde die Berufswahl weitestgehend vom Staat gelenkt.

M12 Jobben – eine Sackgasse?

Einige freuen sich, wenn die Schulpflicht endlich vorbei ist. Andere planen auch schon, dass sie erstmal Jobben wollen, um Geld zu verdienen. Erst später wollen sie dann gegebenenfalls eine Ausbildung beginnen. Erfahrungsgemäß sollte das aber gut durchdacht werden. Würdest du nach Jahren, in denen du Geld verdient hast und dir eventuell eine eigene Wohnung leisten konntest (und mehr), einen finanziellen Schritt zurück machen? Später dann von weniger Geld (z. B. der Ausbildungsvergütung, BAföG oder einer Nebentätigkeit) leben zu können, fällt vielen nicht leicht. Deshalb fällt dieser Schritt schwer und es besteht die Gefahr, dass ein Job nach dem anderen angenommen wird. Und dann kommt die Rente (oder eben auch nicht) …

M13 Prekäre Beschäftigungsverhältnisse – Hauptsache Arbeit?

Vielleicht hast auch du schon einmal den Satz „Heute an Morgen denken" gehört. Damit ist die Aufforderung verbunden, dass jede:r die Zukunft planen und beispielsweise für die Rentenzeit vorsorgen soll. Es gibt aber Berufe und Jobs, bei denen das schlichtweg kaum möglich ist. In sogenannten prekären Beschäftigungsverhältnissen ist „Schmalhans Küchenmeister" und es wird von „der Hand in den Mund" gelebt. Alleinerziehende Eltern, die im Einzelhandel den Mindestlohn verdienen, sind froh, wenn sie die Kosten für Wohnung, Essen und Geburtstage decken können. Für die private Altersvorsorge ist dann schlichtweg kein Geld da.

M14 Ausbildungsabbruch – trotzdem eine bereichernde Lebenserfahrung?

Sowohl Studierende als auch Auszubildende haben eines gemeinsam: Etwa ein Viertel der Studierenden und Auszubildenden bricht im Laufe der Ausbildung bzw. des Studiums den Weg ab. In einigen Fällen liegt das mitunter auch daran, dass z. B. Prüfungen nicht bestanden werden.
Vielfach haben sich die Personen aber schlichtweg einfach etwas anderes vorgestellt oder sich nicht hinreichend informiert. Einmal einen falschen Weg einzuschlagen kann bereichernde Erfahrungen mit sich bringen und Klarheit für den weiteren Lebensweg.
Gleichzeitig birgt der Abbruch eines Studiums oder einer Ausbildung aber die Gefahr, dass es selbst als Scheitern wahrgenommen wird und dazu führen kann, dass einige in ein „Loch" fallen, aus dem sie selbst nicht so leicht kommen.

M15 Selbstständigkeit – Freiheit oder Unsicherheit?

Sein eigener Chef sein – das klingt doch gut! Als Selbstständige:r hast du oftmals freiere Entscheidungsmöglichkeiten.
In „selbstständig" steckt aber auch „selbst" und „ständig". Und das bedeutet in der Realität oftmals, dass Selbstständige keine geregelten Arbeitszeiten haben und für alles allein verantwortlich sind.
Verlockend an der Selbstständigkeit ist für viele, dass sie z. B. nicht in die Arbeitslosenversicherung einzahlen müssen und deshalb mehr Netto vom Brutto haben.
Aber was ist, wenn du keine Aufträge mehr bekommst? Was passiert, wenn du länger krank wirst? Und was, wenn du im Rentenalter bist?

M16 FOBO – besser umentscheiden als nicht entscheiden?

Hast du noch den Überblick über deine Möglichkeiten? Sich zwischen rund 300 Ausbildungsberufen zu entscheiden fällt schon schwer. Wenn dann das Abitur bestanden wurde, kommen noch mehrere tausend Studiengänge hinzu. FOBO (Fear Of Better Options) bezeichnet die Angst vor dem Treffen einer Entscheidung. Die Angst besteht darin, dass vielleicht nicht die beste Option gewählt wird. Deshalb wird sich nicht entschieden oder die Entscheidung wird (teilweise durch einen weiteren Schulbesuch) aufgeschoben.

M17 Bürgergeld – das will keine:r freiwillig?

Gebäude einer Agentur für Arbeit in Brandenburg

Vor nicht allzu langer Zeit hieß es: „Hartz IV und der Tag gehört dir!" Heute heißt die Unterstützung für Arbeitslose Bürgergeld. Auch wenn das in den Medien teilweise anders dargestellt wird – wer von Bürgergeld lebt, macht das oftmals nicht freiwillig! Viele wollen arbeiten, können das aber z. B. aus gesundheitlichen Gründen nicht oder es werden gerade keine passenden Arbeitsplätze angeboten. Das Bürgergeld reicht zum Überleben, ein Luxusleben sollte aber niemand erwarten. Es wird sich darum bemüht, dass die Bürgergeldempfänger:innen schnellstmöglich wieder einer Erwerbsarbeit nachgehen. Deshalb werden Umschulungen, Fortbildungen und andere Qualifikationsmaßnahmen angeboten. Vielleicht fällte es auch dir nach den Ferien schwer, dich in den geregelten Tagesablauf der Schule einzugewöhnen. Diese Gefahr besteht bei einer Arbeitslosigkeit auch.

AUFGABEN

82302-251

1. Entscheide dich für ein Thema (**M10-M17**) und entwickle weiterführende Fragen.
2. Arbeite weitere Informationen zu dem gewählten Thema und deinen Fragen heraus. Führe dazu eine Internetrecherche durch.
3. Präsentiere dein Arbeitsergebnis. Erläutere dazu deinen Mitschüler:innen die weiteren Informationen zum Thema und deinen Fragen.
4. Diskutiert, ob die jeweilige Materialüberschrift zu eurem Thema passt.

Eine Nutzwertanalyse durchführen

Worum geht es?

Wir treffen jeden Tag zahlreiche Entscheidungen. Einige davon – wie z. B. die Wahl des Mittagessens – können wir getrost aus dem Bauch heraus treffen. Andere sollten wir hingegen nicht so leichtfertig entscheiden. Zu ihnen gehört u. a. die Frage: Was soll ich nach der Schulzeit tun?
Die Methode der Nutzwertanalyse kann dir helfen, dich zwischen mehreren Alternativen zu entscheiden. Dabei bewertest du die Entscheidungsalternativen (siehe z. B. **M8** auf S. 148) mithilfe von Entscheidungskriterien, die du nach deinen Vorlieben gewichtest. Finanzielle Entscheidungskriterien (siehe z. B. **M7**) spielen dabei auch eine Rolle. Als Ergebnis siehst du die Nutzwerte der verschiedenen Alternativen, anhand derer du dich entscheiden kannst.

Hier findest du eine Methode zur Nutzwertanalyse

82302-068

		LA1: Duale Ausbildung		LA2: FSJ		LA3: Lösungsalternative 3		...	
Lösungsalternativen / Entscheidungskriterien	Gewichtung (p)	Bewertung (BL1)	Gewichtetes Ergebnis (EL1)	Bewertung (BL2)	Gewichtetes Ergebnis (EL2)	Bewertung (BL3)	Gewichtetes Ergebnis (EL3)	...	...
K1: Verdienst	50	8	400						
K2: Fahrzeit	20	1	20						
K3: Entscheidungskriterium 3	10	...	...						
...	20								
Summe / Nutzwert	= 100		= ???						

Geht dabei so vor:

1. Schritt: Bestimmung der Lösungsalternativen

Bestimme, welche Lösungen es für deine Entscheidung gibt (LA1, LA2 usw.).
Zum Beispiel: Duale Ausbildung, FSJ etc.

2. Schritt: Bestimmung der Entscheidungskriterien

Bestimme die Kriterien, nach denen du die Entscheidung beurteilen kannst (K1, K2 usw.).
Zum Beispiel: Verdienst, Fahrzeit etc.

3. Schritt: Bewertung der Lösungsalternativen

Bewerte jedes Entscheidungskriterium für jede Lösungsalternative mit 1-10 Punkten (BL1, BL2 usw.).
Zum Beispiel: 1 Punkt für eine sehr lange Fahrzeit zum Ausbildungsbetrieb.

4. Schritt: Gewichtung der Entscheidungskriterien

Gewichte die Entscheidungskriterien (p) nach deinen Vorstellungen in Prozentpunkten. Die Summe aller Kriterien muss daher 100 % betragen.
Zum Beispiel: Die Fahrzeit ist dir weniger wichtig als der Verdienst.

5. Schritt: Berechnung der gewichteten Bewertungen

Multipliziere dann jeweils die Gewichtung (des Entscheidungskriteriums) mit den Bewertungen der Lösungsalternative (EL1, EL2 usw.).
Zum Beispiel: 50 x 8 = 400 für den Verdienst in der dualen Ausbildung..

6. Schritt: Bestimmung der Nutzwerte

Addiere die gewichteten Teilergebnisse der Entscheidungskriterien einer jeden Lösungsalternative zum Nutzwert.

7. Schritt: Auswahl der optimalen Lösungsalternative

Vergleiche die Nutzwerte der verschiedenen Lösungsalternativen und bestimme den höchsten Nutzen. Die Alternative mit dem höchsten Wert ist jene, die für dich den höchsten Nutzen hat.

Keine Ausbildung – was nun?

Obwohl es viele Möglichkeiten auf dem Arbeitsmarkt gibt, kann es passieren, dass man nicht weiß, wie es nach der Schule weitergehen soll. Du hast trotz intensiver Vorbereitung keine genaue Vorstellung? Die Bewerbungsfristen sind bereits verstrichen? Leider hast du bisher nur Absagen bekommen? In diesen Fällen sind die Berufsberater:innen der Agentur für Arbeit wichtige Ansprechpartner:innen.

M18 Herr Lewerenz weiß Rat

Ich heiße Tobias Lewerenz und arbeite seit einigen Jahren als Berufsberater in der Agentur für Arbeit. Ich besuche regelmäßig verschiedene Schulen in Berlin.
Nicht immer finden alle Schüler:innen direkt nach der 10. Klasse einen Ausbildungsplatz. Es gibt verschiedene Möglichkeiten, wie man die Zeit zwischen Schule und Ausbildung sinnvoll nutzen kann. Die Jugendlichen können beispielsweise Freiwilligendienste leisten, ein Praktikum machen, ein Berufsvorbereitungsjahr absolvieren oder Jobben. Auch ein Auslandsaufenthalt ist für Volljährige denkbar.

Tobias Lewerenz, 42 Jahre, aus Potsdam

AUFGABEN 82302-252

1. Teilt euch in Kleingruppen (3-5 Personen) ein.
2. a) Lost eines der fünf Themen: Freiwilligendienste, Praktikum, Berufsvorbereitungsjahr, Jobben oder Auslandsaufenthalt.
   b) Besucht die Seite der Agentur für Arbeit (s. QR-Code Randspalte) und recherchiert arbeitsteilig folgende Inhalte zu eurem Thema: Voraussetzungen, Vor- und Nachteile, Dauer, Bezahlung/Kosten, Bewerbungsunterlagen und Fristen.
   c) Erstellt mithilfe der Informationen eine Präsentation für eure Mitschüler:innen.
   d) Präsentiert euer Arbeitsergebnis im Plenum.
   e) Diskutiert gemeinsam, welche Möglichkeiten ihr favorisieren würdet.

Agentur für Arbeit: Alternativen für die Zwischenzeit

82302-069

3.7 Sich bewerben

Mein Profil – das zeichnet mich aus

Unsere Persönlichkeit zeichnet sich u. a. durch unsere Stärken und Schwächen aus. Für die richtige Berufswahl und den Bewerbungsprozess solltest du sowohl deine Stärken als auch deine Schwächen gut kennen.

M1 Die drei Fähigkeitsbereiche

Geistige Fähigkeiten	Köperliche Fähigkeiten	Soziale Fähigkeiten
• Technisches Verständnis • Sprachliche Fähigkeiten • Mathematische Fähigkeiten • Musikalisches Talent • Gestalterisches Talent • Kreativität • Fantasie • Räumliches Vorstellungsvermögen • Logisches Denken • Konzentrationsfähigkeit • Merkfähigkeit • Gutes Orientierungsvermögen	• Körperliche Belastbarkeit • Körperliche Ausdauer • Muskelkraft • Geschicklichkeit • Fingerfertigkeit • Handwerkliches Geschick • Schwindelfreiheit • Fingerspitzengefühl • Schnelligkeit • Wendigkeit • Gutes Sehvermögen • Gutes Hörvermögen • Guter Geruchs- und Geschmackssinn	• Hilfsbereitschaft • Teamfähigkeit • Ordnungssinn • Gewissenhaftigkeit • Sauberkeit • Zuverlässigkeit • Kontaktfähigkeit • Geduld • Selbstbewusstsein • Spontaneität • Flexibilität • Selbstständigkeit • Konsequenz • Einfühlungsvermögen

Bearbeiter, basierend auf: Ebner, Peter/Fritz, Sabine: Berufswahl: Das will ich. Das kann ich. Das mach ich. Lebensplanung spielerisch ausprobieren. Mülheim an der Ruhr: Verlag an der Ruhr 2005

M2 Stärken oder Schwächen?

Hüssein: Mit zwei linken Händen sollte man nichts Handwerkliches machen! Konzentriere dich auf deine Stärken!

Azra: Eine 5 in Mathe geht gar nicht! Du musst an deinen Schwächen arbeiten!

Eren: Ja was denn nun? Könnt ihr euch mal einigen?!

M3 Sich selbst kennenlernen

Elif ist vor ein paar Wochen dem Schulchor beigetreten. Noch ist sie beim Singen recht unsicher. Nach dem Proben nimmt Chorleiter Weese sie zur Seite: „Eine gute Sängerin hört darauf, was andere sagen. Wenn andere sagen, dass es gut klingt, merkt die Sängerin sich das. Denn: Jeder hört sich selbst anders und was sich im inneren Ohr gut anhört, das muss für andere nicht unbedingt gut klingen – und umgekehrt."

M4 Hard Skills und Soft Skills

Rechenfähigkeit
räumliches Denkvermögen
Leseverständnis
emotionale Belastbarkeit
Selbstständigkeit
Fremdsprachenkentnisse
(körperliche) Stärke
Teamfähigkeit
Einfühlungsvermögen
Geduld
feinmotorisches Arbeiten

HARD SKILLS UND SOFT SKILLS

Hard Skills bezeichnen die eindeutig messbaren Fähigkeiten, Fertigkeiten und das Wissen. Soft Skills hingegen sind die eher „weicheren" Persönlichkeitseigenschaften, die in verschiedenen Situationen beobachtet werden können.

M6 Wie erheben Unternehmen Hard Skills und Soft Skills?

Schulnoten

Arbeits- und Sozialverhalten (soweit Teil des Zeugnisses)

Beobachtung

Tests

...

AUFGABEN

82302-253

1. Arbeitet zu zweit und erläutert euch gegenseitig eure Stärken (**M1**).
2. Benenne fünf deiner Stärken. Erkläre, in welchem Zusammenhang andere diese Stärken bei dir beobachten können.
3. Beziehe Stellung zu den Positionen im Gespräch von Familie Kılıç (**M2**).
4. Erkläre die Bedeutung von Selbst- und Fremdwahrnehmung für die Berufswahl. Interpretiere dazu **M3**.
5. a) Ordnet die Beispiele in **M4** in eine Tabelle zu Hard Skills oder Soft Skills ein und erklärt eure Zuordnung.
   b) Ermittelt weitere Beispiele und ergänzt diese in der Tabelle.
   c) Diskutiert am Beispiel euch bekannter Berufe, ob Hard Skills und Soft Skills von gleicher Bedeutung für Unternehmen sind.
   d) Diskutiert Möglichkeiten von Unternehmen, geeignete Informationen über die Hard Skills und Soft Skills von Bewerber:innen zu erlangen (**M5**).

Check-U

Worum geht es?

Check-U ist das offizielle Erkundungstool für Ausbildung und Studium der Bundesagentur für Arbeit. Durch Tests im Bereich Fähigkeiten, Selbsteinschätzungen im Bereich der sozialen Kompetenzen sowie Angaben in den Bereichen Interessen und berufliche Vorlieben ermittelt der wissenschaftlich entwickelte Algorithmus des Tools dein Profil. Auf Grundlage deiner Eingaben werden dir neben deinen Ergebnissen passende Berufe vorgeschlagen. Je zutreffender deine Angaben sind, desto passender sind die Vorschläge. Das Tool kennt dich nicht wirklich, sodass auch scheinbar unpassende Ergebnis vorkommen.

Logo des Check-U

Empfehlung: Die Bearbeitung sollte möglichst am PC oder Laptop erfolgen. Tablets sind weniger geeignet und Smartphones ungeeignet.

Hier geht es zur Anmeldung zu Check-U

82302-070

Algorithmus
bezeichnet die logischen Regeln zur Lösung eines Problems. Hier werden bei Check-U vielfältige Regeln angewendet, die zur Zuordnung von passenden Berufen führen.

Geht dabei so vor:

1. Schritt: Account erstellen

Damit du auch zukünftig auf deine Ergebnisse zugreifen kannst und eine Bearbeitung in mehreren Etappen möglich ist, musst du dich registrieren. Dabei kannst du den Benutzernamen frei wählen.

Empfehlung: Notiere dir gleich deinen Benutzernamen und das Passwort. Auch das Hinterlegen deiner E-Mail-Adresse wird empfohlen.

2. Schritt: Angaben zu dir eintragen

Zunächst musst du ein paar Angaben zu dir (z. B. Geburtsjahr) und deiner Situation machen.

Empfehlung: Wenn du nach der 10. Klasse erst die Allgemeine oder die Fachhochschulreife machen wirst, gib das als deinen höchsten Schulabschluss an. Dann werden dir auch Studienberufe vorgeschlagen. Gib ansonsten den Schulabschluss an, den du voraussichtlich nach der 10. Klasse erreichst.

3. Schritt: Tests zu Fähigkeiten und sozialen Kompetenzen machen

Mit den beiden Tests werden deine Hard Skills und Soft Skills (siehe #-Kasten auf S. 157) erhoben. Die Hard Skills werden durch Leistungstests unter Zeitdruck und die Soft Skills durch Selbstauskunft erhoben. Bei den Leistungstests musst du immer eine Beispielaufgabe lösen, damit du weißt, was auf dich dann unter Zeitdruck zukommt.

Empfehlung: Mache die Tests im Bereich Fähigkeiten, wenn du dich gerade gut konzentrieren kannst. Zwischen den einzelnen Tests kannst du dann auch mal verschnaufen und dich bewegen.

4. Schritt: Ergebnisse verfeinern

Durch Angabe deiner Interessen und beruflichen Vorlieben verfeinerst du die Ergebnisse.
Empfehlung: Nimm dir auch hierfür Zeit zur Bearbeitung, sodass die Angaben wirklich zu dir passen.

5. Schritt: Ergebnisse anschauen und sichern

Schau dir zunächst deine Testergebnisse an und überlege, in welchen Bereichen sie nicht deinen Erwartungen (zu gut oder zu schlecht) entsprechen. Überlege dir, woran das liegen könnte.
Empfehlung: Die Ergebnisse sind eine Momentaufnahme, sodass die Ergebnisse beispielsweise bei Müdigkeit schlechter ausfallen können. Dann solltest du die Tests gegebenenfalls wiederholen.

6. Berufsvorschläge überprüfen

Vielfach werden als Ergebnis Berufe vorgeschlagen, die den Schüler:innen nicht bekannt sind oder die sie auf den ersten Blick als unpassend bewerten würden. Überprüfe, welche der vorgeschlagenen Berufe zu dir passen (entsprechend deiner Leistungen) und dich zudem auch reizen bzw. interessieren. Frage auch Personen, die dich gut einschätzen können, inwieweit sie dich in den vorgeschlagenen Berufen sehen.
Empfehlung: Gib den vorgeschlagenen Berufen eine Chance und schau sie dir zunächst genauer an. Vielleicht stellt sich der Beruf doch als passend heraus. Und vielleicht entdeckst du so deinen neuen Traumberuf.

Eine Potenzialanalyse durchführen

Worum geht es?

Sich selbst mit seinen Stärken und Schwächen richtig einzuschätzen, ist nicht leicht. Eine Potenzialanalyse ist eine Methode, mit deren Hilfe dir eine Rückmeldung über deine Stärken und Fähigkeiten gegeben werden kann. Potenzialanalysen können mehrere Tage dauern. Du wirst bei verschiedenen Aufgaben in Gruppen- oder in Einzelarbeit beobachtet. Dabei werden deine Stärken und Schwächen systematisch analysiert, sodass dir eine genaue Rückmeldung über deine Potenziale gegeben werden kann. Zusammen mit deinen Interessen können sich daraus auch Berufsvorschläge (siehe S. 158, Methode Check-U) ergeben. Diese solltest du dann weiter erkunden.
Generell werden in einer Potenzialanalyse sowohl „Hard Skills" als auch „Soft Skills" beobachtet bzw. gemessen.

Hard Skills bezeichnen die eindeutig messbaren Fähigkeiten, Fertigkeiten und Wissen (z. B. Mathematikleistungen, Fremdsprachenkenntnisse).

Soft Skills hingegen sind die eher weicheren Persönlichkeitseigenschaften, die in verschiedenen Situationen beobachtet werden können (z. B. Team-, Kommunikationsfähigkeit, Selbstständigkeit und Belastbarkeit).
Damit eine Potenzialanalyse für euch wirklich machbar ist, sollen an dieser Stelle nur die Soft Skills beobachtet werden.

Geht dabei so vor:

1. Schritt: Vorbereitungen treffen

1. Die Klasse/Lerngruppe wird in eine gerade Anzahl an Gruppen mit jeweils 4-5 Personen eingeteilt.
2. Alle Gruppen recherchieren, welche Soft Skills in Gruppenarbeiten beobachtet werden können und erläutern sich diese gegenseitig.

2. Schritt: Durchführung der Gruppenarbeiten und Beobachtung

Beobachter:innen-Gruppen
- Verteilung, wer wen beobachtet
- Beobachtungen protokollieren

Durchführer:innen-Gruppen
- Gruppenaufgabe bearbeiten

Damit die Beobachtungen möglichst objektiv sind, beobachtet jeweils eine Person (Beobachter:in) eine andere Person bei der Aufgabenbearbeitung. Die Beobachtenden sollten die Durchführenden dabei nicht beeinflussen.
Die Beobachtungen sollten möglichst genau notiert werden. Mit dem Beobachtungsprotokoll aus dem QR-Code am Ende der Methodenseite gelingt das meist schneller und genauer.
Wählt nun aus dem QR-Codes am Ende der Methodenseite eine Aufgabenstellung aus und führt sie durch.

3. Schritt: Individuelle Auswertung

Führt nun eine individuelle Auswertung der Aufgabe durch. Die Auswertung erfolgt jeweils zwischen den Beobachtenden und den Durchführenden (1:1). Eine individuelle Auswertung macht die schriftlichen Beobachtungen den Beobachteten transparent. Bei dem persönlichen Feedback ist darauf zu achten, dass eine wohlwollende Atmosphäre herrscht, in der alle Beobachtungen angesprochen werden können. Die Beobachteten sollen mit einem positiven Gefühl herausgehen und sich ihrer individuellen Fähigkeiten bewusst werden.

4. Schritt: Gruppenwechsel

Wiederholt nun Schritt 2 und 3 mit getauschten Gruppen. Die Beobachtenden werden nun zu Durchführenden und umgekehrt.

5. Schritt: Gesamtauswertung

Tauscht euch in der Klasse darüber aus, wie die Umsetzung der Methode funktioniert hat. Wo gab es Probleme und Schwierigkeiten? Haben alle Beteiligten etwas über ihre eignen Potenziale herausfinden können?

Mögliche Aufgabenstellungen

82302-071

Beobachtungsbogen

82302-072

3.8 Stellenanzeigen lesen und verstehen

Wie sieht eine seriöse Stellenanzeige aus?

Stellenanzeigen zu verstehen ist manchmal gar nicht so leicht. Fachsprache und sehr spezifische Anforderungen sorgen dafür, dass du vielleicht nicht recht weißt, ob du für die Tätigkeit geeignet bist. Die folgenden Aufgaben sollen dir dabei helfen, Stellenanzeigen richtig zu analysieren, damit deine Bewerbung von Erfolg gekrönt ist.

M1 Welche Informationen enthält eine Stellenanzeige?

Beschäftigungsart

Jobtitel

Anforderungsprofil

Arbeitsbedingungen (z. B. Urlaubsanspruch)

Gehalt *

Aufgabenbeschreibung

Infos zum Unternehmen & Kontaktdaten

Datum der Veröffentlichung

Beginn der Beschäftigung

* Hinweis zur Gehaltsangabe: Viele Gehälter und Ausbildungsvergütungen werden nicht individuell ausgehandelt, da es bestehende Tarifverträge (s. Kap. 2.2 S. 96) gibt. Es gibt auch seriöse Stellenanzeigen ohne Gehaltsangabe, bei welchen dafür üblicherweise von dem/der Bewerber:in die Angabe einer Gehaltsvorstellung verlangt wird.

M2 Muss-Kann-Formulierungen einer Stellenanzeige

Muss-Formulierungen
(Diese Kriterien solltest du unbedingt erfüllen.)
- „erwarten"
- „vorausgesetzt"
- „erforderlich"

Kann-Formulierungen
(Diese Kriterien sind nicht notwendig, bringen aber Vorteile.)
- „im Idealfall"
- „wünschenswert"
- „hilfreich"

M3 Vorsicht bei falschen Versprechungen und fehlenden Angaben

Stellenanzeigen sind nicht immer seriös und können gefälscht sein. Achte auf folgende Warnzeichen:

a) Warnzeichen bei unseriösen Stellenanzeigen

a Es wird ein viel zu hohes Gehalt angeboten oder schnelles Geld versprochen.

b Die Aufgabenbeschreibung ist zu ungenau oder unvollständig.

c Der Ort der Veröffentlichung ist unseriös (z. B. Internetseite ohne Impressum).

e Die notwendigen Qualifikationen fehlen.

d Es gibt keine verlässlichen Ergebnisse, wenn du im Internet nach dem Unternehmen suchst.

b) Beispiel einer unseriösen Stellenanzeige

Farbenfroh & Co. GmbH

Maler und Lackierer (m)
Traumjob mit Superkonditionen!

Über uns: Wir sind ein aufstrebendes Unternehmen in der Welt der Farben und Lacke. Wir sind die Besten und suchen ab sofort auch den Besten Maler&Lackierer. Egal, ob du Erfahrung hast oder nicht – wir brauchen dich!

Deine Aufgaben

- Anstreichen von allem, was dir in die Quere kommt (Lackiererfahrung oder Ausbildung nicht nötig)
- Beschaffung von Material

Wir bieten:

- überdurchschnittliches Gehalt
- flexible Arbeitszeiten
- ein supercooles Team
- keine langweiligen Meetings

Du bist interessiert? Dann ruf einfach in unserer Personalabteilung an.
Bewirb dich jetzt!

AUFGABEN

82302-254

1. Suche dir in einem beliebigen Karriereportal (z. B. Indeed, Stepstone oder Monster) eine Stellenanzeige heraus und vergleiche, ob alle Angaben von **M1** vorhanden sind. Notiere deine Ergebnisse.
2. Arbeite die Muss- und Kann-Kriterien aus derselben Stellenanzeige heraus (**M2**).
3. a) Gestalte mit deiner Sitznachbarin/deinem Sitznachbarn zunächst eine unseriöse Stellenanzeige, die die Warnzeichen von **M3** enthält.
   b) Entwickelt nun eine seriöse Stellenanzeige zu einem Beruf eurer Wahl. Achtet darauf, dass alle Kriterien (**M1**) vorhanden sind.

Wie sehen aktuelle Stellenanzeigen aus?

Charlotte scrollt gelangweilt durch ihren Instagram-Feed. Eigentlich sollte sie Bewerbungen für ihr Betriebspraktikum abschicken, aber das kann warten. Plötzlich stoppt Charlotte. Sie sieht die Anzeige eines Geschäftes für Hundebedarf ganz in ihrer Nähe. Der Inhaber sucht Auszubildende. Charlotte ist begeistert. Wer Auszubildende sucht, lehnt bestimmt keine Praktikant:innen ab. Sie klickt auf das Profil und schreibt eine Nachricht.

M4 Wie kommen Unternehmen zu Bewerberinnen und Bewerbern?

Aktuelle Recruiting-Kanäle

- Stellenanzeige über Jobportale
- Berufs-und Ausbildungsmessen
- Spezialisierte Recruiting- Plattformen (z. B. für die IT-Branche)
- Karrierewebsite des Unternehmes
- Karrierenetzwerke wie Xing oder LinkedIn
- Soziale Medien
- Mitarbeiternetzwerke (Mitarbeitende werben zukünftige Kolleg:innen)

Nach: Kay,Christoph: Recruiting Kanäle: Diese 8 sollten Sie in 2023 nutzen. In: employer.it-talents.de, 11.03.2023

RECRUITING

Unter dem Begriff Recruiting versteht man den Bereich der Personalbeschaffung in einem Unternehmen. Ziel des Recruitings ist es, qualifizierte Arbeitskräfte zu gewinnen. Während früher Recruiting-Kanäle wie Zeitungen oder Radio genutzt wurden, wird heute vermehrt auf Social Media oder Karrierenetzwerke gesetzt.

M5 Worauf Chef:innen wirklich achten

„Ich persönlich schaue mir keine Zeugnisse mehr an, sondern die Person." Bei vielen Positionen im Hotel gehe es um die Attitude, das Benehmen. Denn das könne man – anders als Bettenmachen etwa – niemandem beibringen. „Wenn die Person nicht aufsteht und mir die Hand gibt, damit habe ich ein Problem. Das ist ein K.-o.-Kriterium."
[...] [Es geht] auch um Fehlerkultur. Grundsätzlich akzeptiere sie nicht, wenn Fehler zum dritten Mal passierten. Aber: „Wir müssen uns immer fragen: Liegt es am Mitarbeiter oder liegt es an uns? Nicht immer liegt es an der neuen Generation." Klassische Hierarchien hätten sie heute nur noch auf dem Papier. „Bei mir kann jeder ins Büro kommen, vom Azubi bis zum Manager", sagt sie.

Müller-Wirth, Moritz/Seifert, Leonie: Podcast: Was Chefinnen wirklich denken. In: www.zeit.de, 05.09.2023

Karina Ansos, Direktorin des Hotel Adlon in Berlin

Podcast mit Karina Ansos

82302-073

AUFGABEN 82302-255

1. Benenne die Recruiting-Kanäle, die dir bereits bekannt sind (**M4**).
2. Nutze **M5** und höre dir die ersten 15 Minuten des Podcasts mit Karina Ansos an (QR-Code in der Randspalte).
   a) Nenne die Punkte, die Frau Ansos bei einer Bewerbung besonders wichtig sind.
   b) Erläutere, wie du dich verhalten müsstest, um die Chancen auf eine Anstellung im Hotel Adlon zu erhöhen.
   c) Beurteile das Vorgehen von Frau Ansos kritisch.
3. Diskutiere mit einer Partnerin/einem Partner, worauf ihr bei Bewerbungen am ehesten achten würdet und erstellt eine Rangliste.
4. Vergleicht eure Listen in der Klasse.

Stellenanzeigen – wie geht's besser?

Stellenanzeigen sind eine Form der Werbung und haben den Vorteil, dass sie kompakt und insoweit standardisiert sind, dass sie in Listen bzw. Suchmaschinen leicht auffindbar sind. Die Frage ist aber: Sprechen dich Stellenanzeigen an?

M6 AIDA-Formel

Mithilfe der AIDA-Formel lassen sich einerseits Werbungen analysieren und andererseits kann sie bei der Erstellung helfen.

A = Attention (Aufmerksamkeit stellt immer die Grundlage dar.)
I = Interest (Interesse zu wecken)
D = Desire (Verlangen zu entwickeln bzw. etwas zu wollen)
A = Action ((Kauf-)Handlung bedeutet, dass der Adressat wirklich im gewollten Sinne aktiv wird.)

M7 AIDA-Formel am Beispiel

Wir suchen Dich!
Ausbildung in der Pflege: ein sicherer Arbeitsplatz

Ausbildung als anerkannte/r
Pflegefachmann / Pflegefachfrau

Quereinstieg möglich!

Wir bieten:

- Freie Einteilung der Arbeitszeit
- Praxisnahe Ausbildung
- Familiäres Miteinander
- Einarbeitung durch eine Bezugsperson
- Möglichkeiten der Weiterbildung

Neugierig geworden? Dann schicke Deine Bewerbung an:

Herrn Lukas Jahnert
Hafenstraße 22
12345 Glücksstadt
Du kannst uns auch anrufen (unter 01358-77667700) oder eine Mail schreiben (info@lebensglück.de)!
Wir freuen uns auf Dich!

Pflegedienst LEBENSGLÜCK

Stellenanzeige einer Pflegeeinrichtung

AUFGABEN

82302-256

1. Beschreibe die Stellenanzeige (**M7**).
2. Erläutere die Werbewirkung mithilfe der AIDA-Formel (**M6**, **M7**, QR-Code).
3. a) Erläutere verschiedene Bewertungskriterien für Stellenanzeigen.
   b) Recherchiere dazu nach Stellenausschreibungen, anhand derer du die Kriterien ableitest.
4. Gestaltet in Gruppen eine eigene Werbung für eine Ausbildungsstelle und präsentiert diese.
   a) Einigt euch dazu auf einen Ausbildungsberuf und ein Unternehmen (dieses kann fiktiv sein).
   b) Erläutert anschließend, wie ihr werben wollt (Art des Mediums, Inhalt …). Nutzt dazu auch **M6**.
   c) Gestaltet eine Werbung für eine Ausbildungsstelle.
   d) Präsentiert euer Arbeitsergebnis und diskutiert dieses im Plenum.

Matching – passt das?

Den Begriff Matching hast du vielleicht in anderen Zusammenhängen bereits gehört. Ob bei der Partner:innenwahl oder eben auch der Berufswahl – der Abgleich von Anforderungen mit dem Profil stellt die Grundlage dafür da, die Eignung vorherzusagen. Passt jemand zu einer Stelle oder einem Beruf, so ist beispielsweise Unzufriedenheit wegen Überforderung nicht zu erwarten. Es ist nur logisch, dass man glücklicher ist, wenn es passt!

M8 Was passt zu wem?

MAX
Ausbildung: keine Ausbildung, Berufsbildungsreife
Berufserfahrung: keine
Grund der Stellensuche: Sucht Ausbildungsplatz

Qualifikationen:
- Handwerkliches Geschick
- Körperliche Stärke und Belastbarkeit

Wünsche und Interessen:
- turnt seit 8 Jahren im Verein
- Geld ist ihm nicht so wichtig
- arbeitet gern im Team

RAISSA
Ausbildung: keine Ausbildung, Mittleren Schulabschluss
Berufserfahrung: keine
Grund der Stellensuche: Sucht Ausbildungsplatz

Qualifikationen:
- Handwerkliches und technisches Geschick
- Feinmotorik

Wünsche und Interessen:
- kein Interesse am handwerklichen Arbeiten
- programmiert am PC
- arbeitet gerne allein

Offene Stellen:
- Bankkaufmann/-frau (Ausbildung)
- Lehrer:in für Sport und Geschichte (Studium)
- Fachinformatiker:in Anwendungsentwicklung (Ausbildung)
- Informatiker:in (Studium)
- Gerüstbauer:in (Ausbildung)
- Gärtner:in (Meisterkurs)

Welcher Job passt zu wem?

Arbeitsvermittlerin

AUFGABEN 82302-257

1. Nimm eine Zuordnung der Jobs zu Max und Raissa vor und begründe diese (**M8**).
2. Erprobe das Spiel like2be mithilfe des QR-Codes in der Randspalte und stelle dein eigenes Profil in Form eines ausführlichen Steckbriefes dar.
3. Vergleiche dein Profil mit den Anforderungen deiner Traum-Ausbildung und erörtere deine Eignung.

like2be – welcher Job passt zu wem?

82302-075

Einen Lebenslauf erstellen

Worum geht es?

Wenn du dich in einem Unternehmen bewirbst, möchte der/die Vorgesetzte prüfen, ob ihr gut zusammenpasst. Um dich schnell etwas besser kennenlernen zu können, verfasst du einen Lebenslauf. In tabellarischer Form gibst du darin übersichtlich Auskunft über dein Leben, deine Ausbildung und deine Erfahrungen. Dabei liegt der Schwerpunkt auf den Inhalten, die für einen Beruf und ein Unternehmen interessant sind.

Aufbau eines Lebenslaufs

Lebenslauf

Persönliche Daten

Name	Alina Schultz
Anschrift	Musterweg 5, 14789 Musterstadt
Telefon	0123 / 456 789 10
E-Mail	alina@schultz.land
Geburtsdatum	29.02.2007

Bildungsweg

07/2023	voraussichtlich guter Mittlerer Schulabschluss (MSA)
08/2019 – 07/2023	Sekundarschule in der Hasengrube
08/2013 – 07/2019	Grundschule in der Hasengrube

Praxiserfahrung

10/2022 – 11/2022	Einmonatiges Zeitungsaustragen Aufgaben: Planung der Tour, Vorsortieren der Zeitungen
05/2021	Einwöchiges Praktikum in der Kita Hasengrube Aufgaben: Mittagszubereitung und Kinderbetreuung
11/2020 – 12/2020	Zweiwöchiges Praktikum in der Stadtverwaltung: Aufgaben: Kopieren, Dokumente und Termine vorbereiten

Kenntnisse und Fähigkeiten

Sprachkenntnisse	Englisch (gut) Französisch (Grundkenntnisse)
Computerkenntnisse	MS-Office (gute Kenntnisse in Word, PowerPoint und Excel) Adobe Photoshop (Grundkenntnisse)

Hobbys und Interessen

Modelleisenbahn bauen, Kochen, Shoppen, Showtanz

Musterstadt, 29.02.2022

Alina Schultz

Die Kästen sind durcheinander geraten. Bringe sie mithilfe des QR-Codes wieder in die richtige Reihenfolge.

a Jeder Lebenslauf endet mit dem „Ort", dem aktuellem „Datum" und darunter deiner händischen „Unterschrift". Bei digitalen Bewerbungen kannst du ein Bild deiner Unterschrift einfügen.

b „Lebenslauf" steht immer als Kopfzeile ganz oben auf dem Lebenslauf.

c Der Punkt „Hobbys und Interessen" macht einen Lebenslauf persönlich. Hier notierst du 2-4 Hobbys bzw. Interessen. Wähle dabei diejenigen aus, die z. B. für dein Praktikum von Bedeutung sind oder die, die dich auszeichnen. „Apps programmieren" wäre sicherlich ungewöhnlich, „shoppen" und „Freunde treffen" steht hingegen in vielen Lebensläufen und ist nichts Besonderes.

d Zu den „Praxiserfahrungen" zählen Praktika, Schüler:innenjobs etc. Sie zeigen dem Unternehmen, dass du bereits einen Einblick in das Berufsleben hattest und was (welche Tätigkeiten) du ausgeführt hast. Auch hier stehen die neuesten Erfahrungen oben.

e Unter „Kenntnisse und Fähigkeiten" werden sowohl Sprachkenntnisse, Computerkenntnisse als auch sonstige Kenntnisse und Auszeichnungen als Unterpunkte notiert.

f Unter „Persönlichen Daten" werden Name, Vorname, Adresse, Telefonnummer, E-Mail-Adresse und Geburtsdatum aufgelistet. Namen und Berufe deiner Eltern und Geschwister werden heutzutage nicht mehr notiert.

g Ein Bewerbungsfoto ist keine Pflicht. Wenn, dann sollte es aber professionell und kein Selfie oder Urlaubsbild sein.

h Beim „Bildungsweg" werden alle besuchten Schulen (Grundschule und Sekundarschule oder Gymnasium) in der rechten Spalte aufgelistet. Zudem kannst du hier auch deine Lieblingsfächer aufzählen. In der linken Spalte stehen Beginn und Ende des Besuchs (jeweils Monat/Jahr). Die aktuellste Schule steht immer ganz oben.

Interaktive Aufgabe: Bringe den Lebenslauf in die richtige Reihenfolge

82302-076

Erklärvideo Lebenslauf

82302-077

Musterlebenslauf zum Bearbeiten

82302-078

Wie verfasse ich ein überzeugendes Bewerbungsschreiben?

Alina ist nun auf der Suche nach Praktikumsangeboten und möchte sich auch schon zu einem möglichen Ausbildungsplatz Gedanken machen. Praktikumsplätze werden oft nicht ausgeschrieben, sind aber in den meisten Unternehmen möglich, die auch Ausbildungen anbieten. Doch als sie die ersten Stellenbeschreibungen liest, tauchen gleich wieder viele Fragezeichen auf. Was ist denn damit alles gemeint?

M9 Stellenausschreibung im Einzelhandel

AUSBILDUNG
zum Kaufmann/Kauffrau im Einzelhandel (m/w/d)

Deine Aufgaben: *Du machst mit uns den Unterschied.*
- Werde Teil unserer Familie und ein:e Expert:in rund um unseren hochwertigen Kaffee
- Abwechslungsreiche kaufmännische Ausbildung (Rechnungswesen, Warenwirtschaft, Marketing)

Dein Profil: *Du erfindest uns immer wieder neu.*
- Idealerweise mittlerer Schulabschluss
- Erste Praxiseinblicke, z. B. durch ein Schülerpraktikum
- Hohe Leistungs- und Lernbereitschaft
- Einsatz-Flexibilität innerhalb der üblichen Ladenöffnungszeiten

Deine Vorteile: *Gemeinsam bleiben wir anders.*
- Du erhälst ein attraktives Gehalt sowie einen Mitarbeiter:innen-Rabatt.
- Während der Arbeit bekommst du kostenlose Getränke.
- Wir fördern Weiterbildungen, z. B. zum Barista.

M10 Stellenanzeige und Anschreiben müssen zusammenpassen

Vorlage für ein Musteranschreiben

82302-079

Alina hat eine Stellenausschreibung (M9) im Einzelhandel gefunden und ist fest entschlossen, sich zu bewerben. Sie weiß, dass sie bei Anschreiben auf richtige Grammatik und Rechtschreibung sowie ein schönes, stimmiges Layout achten soll. Dass das Anschreiben maximal eine Seite lang und gut lesbar sein soll, hat sie auch schon gehört. Aber welche Inhalte soll sie eigentlich im Anschreiben erwähnen?

✗ Erzähle im Anschreiben nicht deinen Lebenslauf nach, sondern …

✓ Belege deine Motivation für die Stelle und das Unternehmen! (Ich will es!)

✓ Belege, dass du die Anforderungen aus der Stellenanzeige erfüllst! (Ich kann es!)

M11 Textbausteine für ein Anschreiben

in der Stellenanzeige genannte Anforderungen:	Anforderungen in eigenen Worten:	eigene Erfahrungen, die den Anforderungen entsprechen:	Textbaustein für das Anschreiben:
erste Praxiseinblicke	erste Arbeitserfahrungen	Ferienjob an der Tankstelle, Kunden zufrieden	Letzte Sommerferien habe ich bei meinem Ferienjob an der Tankstelle erste Arbeitserfahrungen gesammelt. Mehrere Kunden haben sich dabei für meinen guten Service bedankt.
Einsatz-Flexibilität	...	...	
...			

#

BEWERBUNG

Eine Bewerbung beinhaltet die Dokumente, die die Eignung und Motivation eines Menschen für eine Stelle belegen. Sie besteht aus einem Anschreiben, einem Lebenslauf und gegebenenfalls Zeugnissen und Nachweisen.

Um einen möglichst guten Eindruck beim einstellenden Unternehmen zu machen, muss eine Bewerbung immer auf die Stellenanzeige angepasst werden. Auch wenn die praktischen Erfahrungen die gleichen bleiben, kann man für jede Stelle die passenden Schwerpunkte im Lebenslauf hervorheben.

AUFGABEN

82302-258

1. a) Drücke die Anforderungen des Unternehmens mit eigenen Worten aus (**M9**).
   b) Erkläre, wie das Unternehmen Jugendliche für sich begeistern möchte.
   c) Nenne „versteckte" Anforderungen des Unternehmens, die man aus den aufgeführten Vorteilen („Deine Vorteile") ableiten könnte.
2. Erstelle eine Formatvorlage für den Kopfteil deines Anschreibens mithilfe des Musteranschreibens im Mediencode (**M10**).
3. Erkläre, warum folgender Textbeginn nicht besonders überzeugend ist: „Sehr geehrter Herr Gruß, mit großem Interesse habe ich Ihre Anzeige in der JOBBÖRSE der Bundesagentur für Arbeit gelesen."
4. Formuliere einige Sätze zu Alinas (möglicher) Motivation (**M10**).
5. Ergänze die Tabelle **M11** für alle Punkte von „Dein Profil" aus der Stellenanzeige **M9**. Gehe dabei davon aus, dass Alina ähnliche Erfahrungen im Leben macht wie du selbst.
6. Suche dir selbst eine interessante Stellenanzeige im Internet aus und verfasse ein eigenes Anschreiben dazu.

Ein Bewerbungsschreiben erstellen

Worum geht es?

Eine Bewerbung ist eine Werbung in eigener Sache. Sie dient dazu, ein Unternehmen von dir als zukünftige Praktikantin bzw. zukünftigen Praktikanten und später als Auszubildende oder Arbeitnehmer zu überzeugen. Ein Bewerbungsschreiben wird teilweise auch als Anschreiben bezeichnet. Dabei kommt es besonders auf den Inhalt an. Aber auch die Form spielt eine Rolle.

Aufbau eines Bewerbungsschreibens

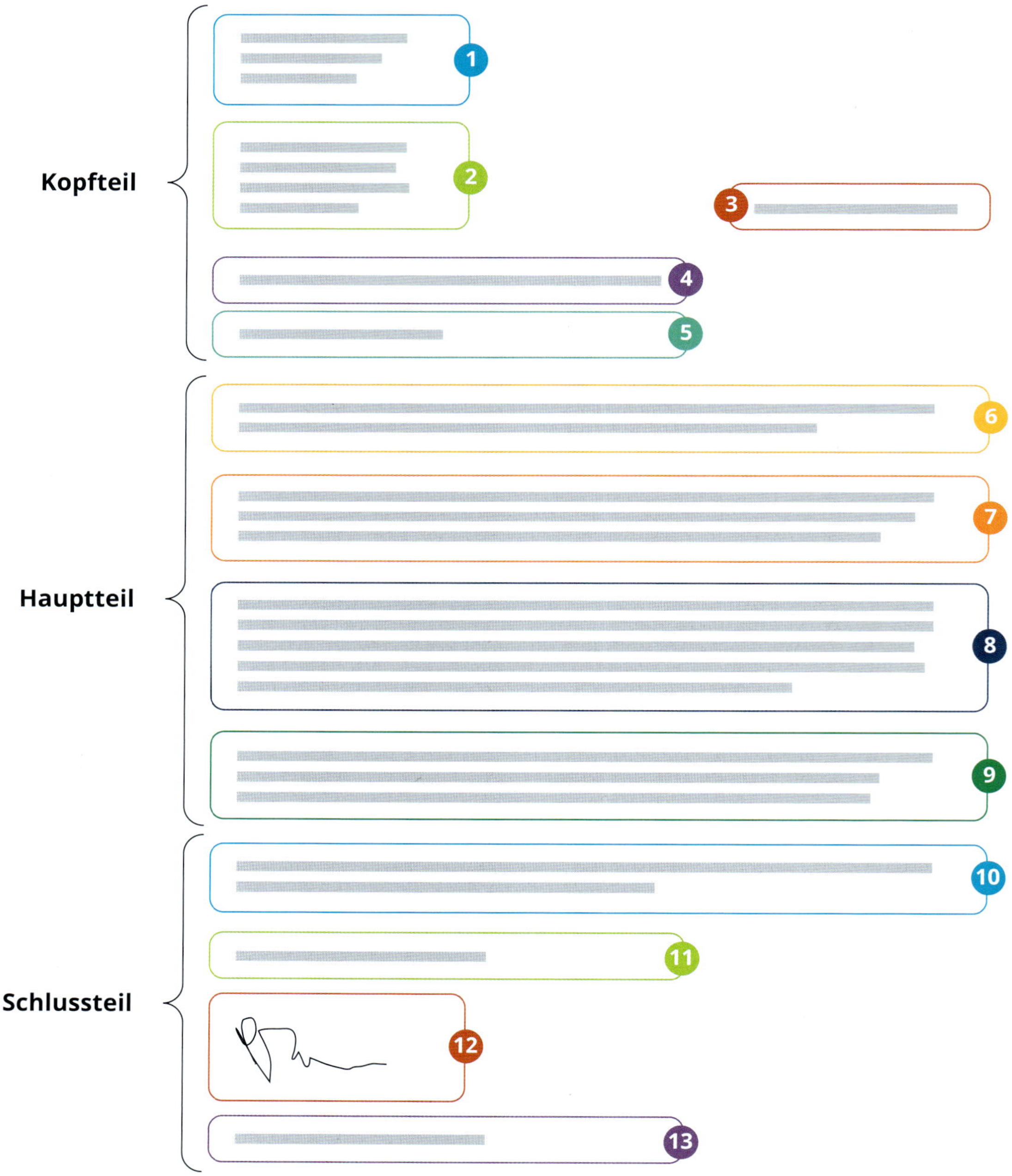

Die Kästen sind durcheinander geraten. Bringe sie mithilfe des QR-Codes wieder in die richtige Reihenfolge.

a **Betreff:** „Bewerbung um einen Praktikumsplatz als Koch“ Das Ziel des Briefes dient der Orientierung und wird immer fett geschrieben.

b **Warum dieses Unternehmen?:** Hier schreibst du, weshalb das Unternehmen dich interessiert. Dazu solltest du dir auf jeden Fall die Internetseite anschauen.

c **Empfänger:in:** Hier kommt die Unternehmensadresse hin. Wenn du eine Abteilung und/oder eine:n Ansprechpartner:in hast, dann wird das unter dem Firmennamen notiert.

d **Bitte um Einladung:** „Gerne stelle ich mich Ihnen in einem persönlichen Gespräch vor und freue mich über eine Einladung.“ So oder so ähnlich bittest du um ein Vorstellungsgespräch.

e **Verabschiedung:** „Mit freundlichen Grüßen“ ist die gängigste Verabschiedung in geschäftlichen Briefen. Hiernach setzt man kein Komma, sondern es folgt direkt der Name bzw. die Unterschrift in der nächsten Zeile.

f **Ort und Datum:** „Berlin, den 20.11.2022“ Notiere immer deinen Ort und das aktuelle Datum.

g **Bezug zur Stellenausschreibung:** Hier schreibst du, wie du auf das Unternehmen und den Praktikumsplatz aufmerksam geworden bist. Das kann durch eine Zeitschriftenanzeige, eine Stellenbörse im Internet oder über Freunde und Bekannte sein.

h **Warum du?:** Hier stellst du durch deine Fähigkeiten und Interessen deine Eignung für den Beruf dar. Du kannst z. B. deine Hobbys und Vorerfahrungen oder deine Lieblingsfächer als Begründung heranziehen. Zudem notierst du deine derzeitige Situation (Schüler:in).

i **Unterschrift:** Jede Bewerbung musst du handschriftlich unterschreiben. Bei digitalen Bewerbungen kannst du ein Bild deiner Unterschrift einfügen.

j **Anrede:** „Sehr geehrte Damen und Herren,“ Wenn du allerdings eine Ansprechperson hast, dann schreibst du „Sehr geehrter Herr ...,“ oder „Sehr geehrte Frau ...,“

k **Anlagen:** Hier wird aufgelistet, welche weiteren Unterlagen du angefügt hast. I.d.R. sind es: Lebenslauf, Zeugnis(se) in Kopie und evtl. Zertifikate.

l **Absender:in:** Hier gehören dein Vor- und Nachname, sowie deine vollständige Anschrift hin. Zusätzlich kannst du auch deine Telefonnummer oder E-Mail-Adresse notieren.

m **Warum dieser Beruf?:** Hier begründest du, was dich an dem Beruf interessiert. Es soll auch zeigen, dass du dich schon vorher informiert hast.

Interaktive Aufgabe: Bringe das Bewerbungsschreiben in die richtige Reihenfolge

82302-080

Einen Interviewleitfaden erstellen

Worum geht es?

Ein Interviewleitfaden dient dazu, während einer Befragung den Überblick zu behalten. Er hilft dir dabei, das Gespräch zu strukturieren und nichts zu vergessen. Das Verfassen eines Interviewleitfadens im Zusammenhang mit der Beruflichen Orientierung ist hilfreich, wenn zum Beispiel ein Besuch in einem Unternehmen geplant ist. Dort hast du die Möglichkeit, Personen zu ihren Tätigkeiten zu befragen. Du kannst während des Interviews außerdem in Erfahrung bringen, wie du am besten an eine Ausbildungsstelle in diesem Unternehmen kommst.
Hinweis: Bringe vorher in Erfahrung, wann, wo und mit wem du das Interview führen wirst. Das hilft dir bei der Vorbereitung. Einem/einer Auszubildenden stellst du vermutlich andere Fragen als der Abteilungsleitung, oder?

Gehe dabei so vor:

1. Schritt: Ziel festlegen

Überlege dir genau, was du mit dem Gespräch erreichen möchtest. Willst du mehr über Praktikumsmöglichkeiten erfahren oder doch lieber Informationen zu den unterschiedlichen Abteilungen des Unternehmens? Notiere dir das Ziel deines Interviews.
Beispiel: Du möchtest erfahren, wie du am besten eine Ausbildungsstelle im Unternehmen bekommst.

2. Schritt: Oberthemen formulieren

Lege nun die Oberthemen für deinen Leitfaden fest, zu denen du dir im nächsten Schritt Fragen überlegst. Die Festlegung der Oberthemen hilft dir dabei, unterschiedliche Themenbereiche geordnet abzufragen und nicht durcheinander zu kommen.
Mögliche Oberthemen: Erstkontakt zum Unternehmen, Bewerbung, Vorerfahrungen, Stärken, Noten/Schulabschluss

3. Schritt: Fragen formulieren

Jetzt ist es an der Zeit, die konkreten Fragen zu notieren, die du stellen möchtest. Achte dabei auf folgende Punkte: eindeutige und klare Formulierung, keine Umgangssprache, Verzicht auf Ja/Nein-Fragen.
Beispiel: Welchen Schulabschluss benötige ich, um bei Ihnen eine Ausbildung zur Kfz-Mechatroniker:in beginnen zu können?
Hinweis: Nummeriere die Fragen und schreibe die Nummer an die jeweilige Antwort.

4. Schritt: Interview durchführen

Besonders spannend ist die Durchführung des Interviews, weil du nun die Möglichkeit hast, all deine Fragen zu stellen und Antworten zu erhalten. Notiere dir unbedingt die Antworten und frage gegebenenfalls noch einmal nach, falls du etwas nicht verstanden hast. Aus Zeitgründen kann es hilfreich sein, Stichpunkte aufzuschreiben. Vielleicht ergeben sich im Gespräch noch andere interessante Fragen. Diese kannst du selbstverständlich auch schriftlich festhalten.
Hinweis: Erkundige dich, ob du dein Smartphone als Aufnahmegerät nutzen darfst. So kannst du später deine Aufzeichnungen ergänzen. Gleiches gilt für eine Fotoerlaubnis. Diese muss dir erteilt werden, bevor du Bilder machst.

5. Schritt: Antworten besprechen und auswerten

Nimm deinen Interviewleitfaden mit in die Schule, damit ihr gemeinsam über die Ergebnisse und Antworten sprechen könnt. Es lohnt sich in vielen Fällen, eine (digitale) Sammlung der wichtigsten Antworten anzulegen. Nutzt die Ergebnisse für eure Praktikumsplatzsuche oder eure Bewerbung.

Wie überzeuge ich im Vorstellungsgespräch?

Die Freude ist groß, Alina hat eine Einladung zu einem Vorstellungsgespräch bekommen. Immerhin heißt das ja, dass der Arbeitgeber Interesse an ihr hat und sie vielleicht als Praktikantin oder sogar Auszubildende gewinnen möchte. Aber jetzt, wo es wirklich so weit sein soll, wird sie ziemlich nervös. Wie kann sie sich auf das Gespräch am besten vorbereiten?

M12 Vorbereitung ist alles

Alina hat es völlig richtig gemacht. Sie hat sich in der Woche vor dem Gespräch gründlich vorbereitet. Sie hat Informationen zum Unternehmen gesammelt, ihre Anfahrt mit den öffentlichen Verkehrsmitteln geplant, sich mögliche Fragen und Antworten überlegt und verschiedene Outfits probiert.

a

b

M13 Typische Fragen in einem Vorstellungsgespräch

Ice-Breaker
auflockernde Fragen, um ins Gespräch zu kommen in einem Vorstellungsgespräch

Frage	Tipps und Denkanstöße
Wie sind Sie hergekommen?	knappe Antwort, nur IceBreaker
Wo liegen Ihre Stärken?	selbstbewusst sein, Stärken mit Beispielen belegen
Wo liegen Ihre Schwächen?	solche nennen, die man beheben kann (z. B. Computerkenntnisse)
Warum haben Sie sich bei uns beworben?	auf Anforderungen aus der Stellenanzeige eingehen; zeigen, dass man sich über das Unternehmen informiert hat
Warum sollten wir Sie auswählen?	Anforderungen aus der Stellenanzeige mit eigenen Stärken belegen
Wer ist Ihr Vorbild?	Passung zur Stelle hinterfragen, Aussage über Interessen tätigen
Was machen Sie in Ihrer Freizeit?	Interesse an deiner Person, Vereinbarkeit mit Arbeitszeiten, erwartete Work-Life-Balance
Welche Erwartungen haben Sie an uns?	eigene Motivation für die Stelle zeigen
Wo wollen Sie in 20 Jahren stehen?	Bereitschaft des Bewerbers zu Weiterbildung und Veränderung, Aussage über eigene Werte

M14 Der erste Eindruck bleibt

Wir lassen uns in der Einschätzung eines Menschen oft vom ersten Eindruck lenken. Dies sollte dir schon bei der Begrüßung des potenziellen Arbeitgebers bewusst sein. Du solltest dich vorstellen und vielleicht noch einen netten Satz ergänzen. Außerdem solltest du auf einen festen Händedruck und Blickkontakt achten und warten, bis dir ein Platz angeboten wird. Alina macht es dir vor:

Guten Tag, mein Name ist Alina Schultz. Ich freue mich über Ihre Einladung.

Schön, dass Sie gekommen sind. Nehmen Sie doch bitte Platz.

Um einen positiven Eindruck zu vermitteln und nicht zu nervös aufzutreten, kannst du dich an die HASE-Regel halten:

Haltung	Brust raus und Kinn anheben – schon stehst du aufrecht.
Atmung	Weiteratmen! Das Gehirn braucht den Sauerstoff. Mach beim Sprechen ganz bewusste Atempausen.
Spannung	Nicht durchhängen! Spür deinen Bauch, halte Körperspannung und strahle Selbstbewusstsein aus.
Erdung	Steh mit beiden Beinen fest auf dem Boden!

Digitale Spuren
Im Vorstellungsgespräch können Fragen zu deinen Einträgen in sozialen Netzwerken auf dich zukommen.

AUFGABEN

82302-259

1. Vergleiche die Darstellungen aus **M12**: Welcher Eindruck wird vermittelt? Welche Fähigkeiten und Eigenschaften schreibst du Alina jeweils auf dem linken und dem rechten Bild zu?
2. Diskutiert, ob folgende Äußerlichkeiten bei einem Vorstellungsgespräch angemessen bzw. nötig sind: *Krawatte, Piercings, Jeans, kurzer Rock, High Heels, Tattoos, Make-Up, Blazer*
3. Bereite das Vorstellungsgespräch für die von dir gewählte Stelle (Aufgabe 6 S. 171) vor, indem du die Fragen (**M13**) beantwortest.
4. Sammelt in der Klasse Ideen für mögliche Fragen an die Personalverantwortlichen.
5. Überprüfe deine Profile in sozialen Netzwerken und Spuren im Internet: Sind alle öffentlich zugänglichen Daten in Ordnung?
6. Simuliert ein Vorstellungsgespräch in Kleingruppen (**M14**, QR-Code).
   a) Informiert den/die „Personalverantwortliche:n" in eurer Gruppe über eure gewählte Stelle.
   b) Spielt das Vorstellungsgespräch nach.
   c) Reflektiert das Gespräch: Was ist euch schwergefallen? Was habt ihr beobachtet? Wie war die Körpersprache und deren Wirkung?

F zu Aufgabe 2
Beurteile folgende Aussage: „Viel wichtiger als Kleidung sind Noten und Fähigkeiten."

Weitere Infos und Rollenkarten zur Simulation

82302-081

Ein Vorstellungsvideo erstellen

Worum geht es?

In den vergangenen Jahren wurden immer wieder sogenannte alternative Bewerbungsverfahren erprobt. Das Vorstellungsvideo oder auch Bewerbungsvideo ist eins davon. Dabei stellen sich Bewerber:innen in einem kurzen Video Unternehmen z. B. für eine Ausbildung vor. Ob das Vorstellungsvideo auch etwas für dich ist, sollst du ausprobieren. Inwieweit sich Vorstellungsvideos zunehmend vermehrt durchsetzen werden, wird die Zeit zeigen.

Gehe dabei so vor:

1. Schritt: Planung

Zu folgenden Fragen und Punkten machst du dir zunächst Gedanken und notierst diese:

- Wie steige ich ein? (locker, seriös, ...? Denke auch an die AIDA-Formel)
- Welche Inhalte möchte ich rüberbringen? (Kurzvorstellung, berufliche Interessen, Abschluss/Qualifikation, Bezug zum Unternehmen und zum Ausbildungsplatz, Eckpunkte aus dem Lebenslauf, ...)
- Wie soll das Video gestaltet werden? (Länge, Hintergrund, Format, Effekte, Drehorte, Kameraführung, ...?)
- Wie präsentiere ich mich? (Kleidung, Körpersprache, Aktivität, ...)

2. Schritt: Dreh

Ob du dich selbst mit Stativ oder jemand anderes dich filmt, alles ist möglich und hat jeweils Vor- und Nachteile, die du dir zuvor schon überlegt hast. Jetzt geht es daran, dass du deine Planung umsetzt. Dabei empfiehlt es sich, dass du einzelne Abschnitte mehrfach filmst, um im nächsten Schritt die besten auszuwählen.

3. Schritt: Schnitt (Postproduction)

Sichte zunächst deine Filmaufnahmen und wähle die passenden aus. Jetzt geht es ans Schneiden und Zusammenfügen der Aufnahmen, das Nutzen von Übergangseffekten und ggf. das Bearbeiten des Tons (z. B. auch mit Nachvertonung oder Musik). Manchmal wird es auch nötig, dass du wieder einen Schritt zurückgehst.

4. Schritt: Auswertung und Diskussion

Reflektiert euren Arbeitsprozess und bewertet das Ergebnis. Diskutiert die Vor- und Nachteile von Bewerbungsvideos im Vergleich zu anderen Bewerbungsverfahren.

3.9 Das Betriebspraktikum

Was soll dir ein Praktikum bringen?

Praktika in der Schulzeit sind Pflicht. Das weiß auch Paul, denn sein Praktikum steht in wenigen Monaten an. Er will auf jeden Fall Spaß bei der Arbeit haben und nicht nur seine Zeit absitzen. Sein Freund Oliver hat schon eine konkrete Idee.

M1 Passst der Job?

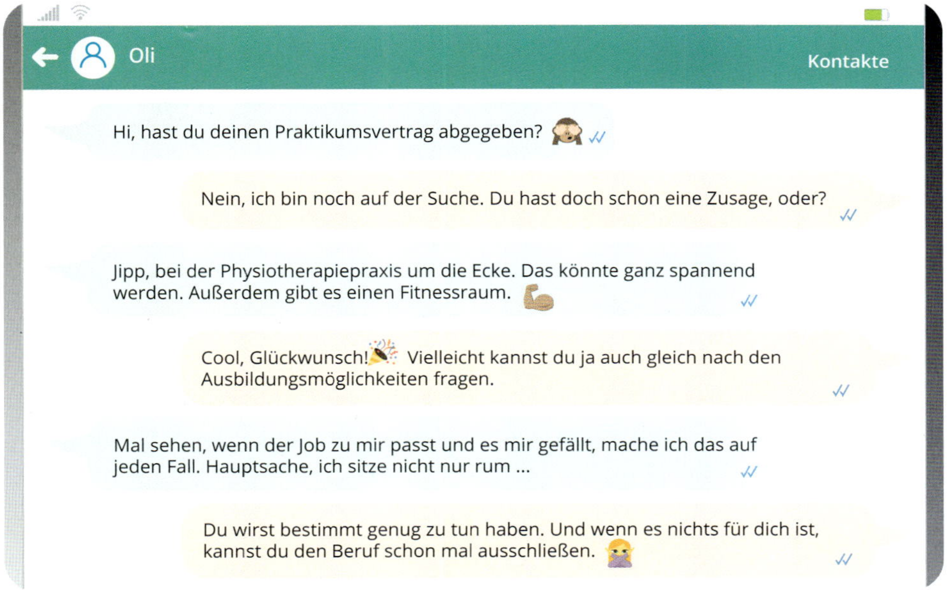

M2 Gute Gründe für ein Praktikum

- Praxiseinblick
- Erleichterung der Berufswahl
- Kontakte knüpfen
- Persönliche Weiterentwicklung
- Arbeitsbedingungen kennenlernen

AUFGABEN 82302-260

1. Wann ist ein Praktikum aus deiner Sicht gelungen? Nenne verschiedene Aspekte.
2. Erläutere, was Oliver von seinem Praktikum erwartet und was es ihm bringen kann (**M1**).
3. Wähle einen Grund aus **M2** aus, der für dich bei einem Praktikum am wichtigsten ist und begründe deine Entscheidung.
4. Diskutiert die Ergebnisse in der Klasse und sammelt weitere Gründe, die für ein Praktikum sprechen.

Praktikumsplatzsuche leicht gemacht?

Paul ist bei der Praktikumssuche noch nicht so weit wie Oliver. Er hat in der Schule einen Berufswahltest gemacht und weiß, dass ihm Tätigkeiten im IT-Bereich Spaß machen würden. Doch wie geht es jetzt weiter? Paul hat sich gemeinsam mit seinem Vater Peter einige Gedanken gemacht und diese als Checkliste gespeichert.

M3 Schritt für Schritt

- ✓ IT-Unternehmen in der Nähe suchen (Internetrecherche)
- ✓ Drei bis vier Unternehmen auswählen und ein paar Inforamtionen sammeln:
  Was machen die Unternehmen genau? Wie groß sind die Unternehmen? Sind Praktikumsplätze ausgeschrieben?
- ✓ Kontaktdaten der Unternehmen notieren (Adresse, Telefonnummer, E-Mail)
- ✓ Anfragen, ob ein Praktikum möglich ist (telefonisch, persönlich, per E-Mail)

M4 Viele Wege führen zum Praktikum

a **Wenke (15)**: Ich habe meinen Praktikumsplatz über eine Bekannte meiner Mutter bekommen.

b **Yusuf (16):** Ich bin häufiger an einer Autowerkstatt vorbeigelaufen und habe schließlich persönlich nach einem Praktikumsplatz gefragt.

c **Jendrik (14):** Ich war mit meiner Klasse bei einer Berufsmesse und habe über die Kontaktdaten eines Unternehmens dort sehr schnell einen Praktikumsplatz gefunden.

d **Romina (16):** Nach meinem Ferienjob im Restaurant habe ich gefragt, ob ich dort mein Praktikum machen darf.

e **Sean (15):** Ich hatte lange gar keine Idee und bin schließlich bei einer Online-Praktikumsbörse fündig geworden.

AUFGABEN

82302-261

1. Gib mit eigenen Worten die Schritte wieder, die Paul gesammelt hat (**M3**).
2. Vervollständigt zu zweit die Checkliste, indem ihr weitere Punkte ermittelt und ergänzt.
3. Arbeite aus **M4** die Wege heraus, über die die Jugendlichen ihre Praktikumsplätze gefunden haben.
4. Erläutere, welcher der Wege am ehesten für dich in Frage kommt und begründe deine Entscheidung.
5. Diskutiert in der Klasse, welche weiteren Möglichkeiten es bei der Praktikumsplatzsuche gibt.

Telefonieren will gelernt sein

Paul hat die Kontaktdaten mehrerer Unternehmen herausgesucht. Nun steht er vor einer Herausforderung: Er möchte sich telefonisch nach Praktikumsplätzen erkundigen. Das spart Zeit und er hat sofort eine Antwort. Wie geht er am besten vor?

M5 Ein Telefonleitfaden

Guten Tag, mein Name ist: ______________________.

Ich möchte mich bei Ihrer Firma für ein Schülerpraktikum als ______________________ bewerben.
An wen muss ich mich wenden?
...

M6 Das muss deine Praktikumsstelle von dir wissen

Sabine: Wir haben regelmäßig Anfragen von Schüler:innen, die sich um einen Praktikumsplatz bemühen. Manchmal fehlen jedoch wichtige Informationen. Sie wissen nicht, in welchem Bereich der Stadtverwaltung sie ihr Praktikum machen wollen und können den Zeitraum nicht nennen. Das sind natürlich wichtige Informationen für uns. Außerdem ist es empfehlenswert, einen Termin für ein persönliches Kennenlernen zu vereinbaren. Zu diesem Gespräch sollten die Bewerbungsunterlagen mitgebracht werden.

AUFGABEN 82302-262

1. Nenne Informationen, die du parat haben solltest, bevor du dich nach einem Praktikumsplatz erkundigst.
2. Arbeite aus **M6** weitere Aspekte heraus, die für einen Telefonleitfaden relevant sind.
3. Erstelle mithilfe von **M5** und **M6** einen vollständigen Telefonleitfaden.
4. Überprüfe, ob der Telefonleitfaden deiner Banknachbarin/deines Banknachbarn vollständig und korrekt ist.
5. Begründe, weshalb ein Telefonleitfaden hilfreich ist.
6. Diskutiert in der Klasse eure Arbeitsergebnisse.

Selbst- und Zeitmanagement – der Praktikumshefter

Worum geht es?

Während der Zeit deines Betriebspraktikums musst du dir die Aufgaben und die Zeit selbst einteilen. Es gibt Methoden, die dich dabei unterstützen können, sodass du nicht am Tag vor der Abgabe den kompletten Praktikumshefter erstellen musst.

Gehe dabei so vor:

1. Schritt: Kanban – Aufgaben strukturieren und Überblick behalten

Verschaffe dir zunächst einen Überblick über die Aufgaben des Praktikumshefters.

- Notiere alle einzelnen Aufgaben auf Klebezetteln. Wenn eine Aufgabe (wie ein Tagesbericht) täglich ansteht, wird sie dementsprechend oft notiert.
- Überlege dir eine für dich sinnvolle Reihenfolge (entspricht vermutlich der Reihenfolge der Aufgabenstellung).
- Schätze die benötigte Arbeitszeit (+20% für Unvorhergesehenes) ein.
- Verteile die Aufgaben gleichmäßig über die Praktikumstage und notiere das jeweilige Datum des Bearbeitungstages an der Aufgabe.
- Erstelle ein Kanban-Board (auf Papier oder digital) mit den drei Spalten:
  1. ausstehende Aufgaben (To Do),
  2. Aufgaben in Bearbeitung (In Progress) und
  3. abgeschlossene Aufgaben (Done)

Kanban-Board
Mit dem Kanban-Board werden Aufgaben visualisiert, sodass man einen Überblick behält. Damit soll ein effizientes Arbeiten ermöglicht werden.

Beispiel:

To-Do	In Progress	Done
Abschlussbericht → 28.10	Steckbrief → 20.10	Mein erster Tag → 20.10
Betriebserkundung → 26.10	Tagesbericht → 19.10	Tagesbericht → 18.10
Interview → 27.10		
Tagesbericht → 20.10		

2. Schritt: Arbeitsprozess gestalten

Sich seinen Arbeitsprozess bewusst zu gestalten ist sehr sinnvoll, da es zu einem effizienteren Arbeiten führt. Mit einfachen Mitteln lassen sich oft die Qualität der Arbeitsergebnisse steigern und die benötigte Arbeitszeit reduzieren.

- Plane für die Aufgabenbearbeitung jeweils ein Zeitfenster ein und trage die voraussichtlich benötigte Arbeitszeit (+20% als Reserve) in deinen Kalender.
- Gestalte deinen Arbeitsort. Es gibt belege dafür, dass man an einem aufgeräumten Schreibtisch konzentrierter und damit schneller arbeitet. Auch laute Musik und Hintergrundgeräusche können ablenken. Wenn du es nicht ganz still haben möchtest, versuche es doch mal mit leiser Klassik oder mit Naturgeräuschen (z. B. Waldrauschen).

Effizientes Arbeiten
(auch: wirtschaftlich) bedeutet, dass das Ziel mit möglichst geringem Aufwand erreicht wird.

- Visualisiere im Kanban deine abgeschlossenen Aufgaben und schau dir an, was morgen ansteht. Klapp nach der Bearbeitung deinen Hefter zu oder fahr deinen Computer herunter. Damit signalisierst du dir, dass du für heute fertig bist.
- Belohne dich nach getaner Arbeit.

3. Schritt: Den Einstieg finden – Pomodoro-Technik

Wahrscheinlich kennen alle Situationen, in denen wir einfach nicht in die Arbeit kommen. In solchen Situationen findet man dann immer wieder scheinbar wichtige Gründe, weshalb erstmal das Zimmer aufgeräumt, der Müll runtergebracht oder Sonstiges gemacht werden muss. Man spricht hier von Prokrastination. Wenn du unmotiviert bist, dann ist der Trick a) einfach anzufangen und b) kurze Arbeitsintervalle zu wählen.

- Beginne mit kleinen und übersichtlichen Aufgaben. Lange Aufgaben bringen in solchen Situationen sowieso nichts!
- Stelle dir einen Wecker auf 25 Minuten. In diesen 25 Minuten arbeitest du ohne Unterbrechung möglichst konzentriert. Anschließend machst du 5 Minuten Pause, in der du dir etwas zu trinken holen, auf die Toilette gehen oder aufs Handy schauen kannst. Das Ganze wiederholst du. Wenn du nicht schon fertig bist, so machst du nach 4 Durchgängen 45 Minuten Pause.

Falls es dir sehr schwer fällt, dich auf die Aufgaben zu konzentrieren, so beginne zunächst mit einer kürzeren Arbeitszeit von z. B. 10-15 Minuten. Hauptsache ist, dass du anfängst! Du wirst sehen, dass der Anfang erstmal gemacht werden muss. Dann wird es dir zunehmend leichter fallen, dich zu motivieren weiterzumachen.

Pomodoro-Technik
Diese Technik ist nach den Küchenuhren in Form einer Tomate (ital.: Pomodoro) benannt, mit deren Hilfe kurze Arbeitszeiten eingestellt werden. Die Methode dient also dem Zeitmanagement.

Mein Praktikumshefter

Mein erster Tag

- Was wurde mir gezeigt und erklärt?
- Wie wurde ich aufgenommen?
- Wie war die Zusammenarbeit mit den anderen Mitarbeiter:innen?
- Was habe ich schon selbst gemacht?

Steckbrief Praktikumsbetrieb

Beispiel: El Rapido Catering GmbH

- Gründung 2014
- 9 feste Mitarbeiter:innen, 1 Auszubildender und Servicekräfte nach Bedarf
- Abteilungen und Berufe:
- Küche (3 Köche, 2 Hilfskräfte, 1 Auszubildende zur Köchin),
- Lager (1 Fachkraft für Lagerlogistik, 1 Berufskraftfahrer)
- Verwaltung (1 Kaufmann für Büromanagement, 1 Kaufmann für Dialogmarketing)
- Ausbildungsbefähigung nur für Koch/Köchin

Großküche

Lager für Lebensmittel (auch fertige Speisen)

Kleines Büro

LKW an Laderampe

Tagesberichte

Beispiel für einen Bericht eines ersten Praktikumstages

82302-082

Beispiel: El Rapido Catering GmbH

8:00-9:30 Uhr: Abwaschen und Vorbereitung für das Kochen (Säubern und Schneiden)
9:30-10:00 Uhr: Pause
10:00-12:00 Uhr: Speisenzubereitung für 100-Personencatering (200 Vorspeisen, 3 Suppen, 4 Salate, 2 Nachspeisen), Portionierung und Verpackung
12:00-12:45 Uhr: Mittagspause und Fahrt zum Catering
12:45-15:00 Uhr: Service beim Auftraggeber

Arbeitsplatzbeschreibung

Beispiel: Alto Metallbau GmbH

- Wie ist ein Arbeitsplatz räumlich aufgebaut?
  → Büro mit Schreibtisch, Computer und Telefon
- Was ist das Ziel?

Entlastung der Abteilungsleiter:in bei der Korrespondenz und Bürokratie

- Welche Hauptaufgaben werden erledigt?
  → Selektion der Mails für Abteilungsleiter:in, Annahme von Post, Kommunikation (Telefon, Mail, ...) im Auftrag der Abteilungsleiter:in
- Was sind Nebenaufgaben? → Rechercheaufträge übernehmen, Materialbestellungen
- Was darf selbst entschieden werden?
  → Bestellungen für das Büro
- Mit wem wird zusammengearbeitet?
  → Zuarbeit für die Abteilungsleiter:in
- Was muss man dafür können?
  → abgeschlossene Ausbildung (Kauffrau/-mann für Büromanagement), Organisations- und Kommunikationsfähigkeit (in Deutsch und Englisch)

Typische Tätigkeitsbeschreibung

Beispiel: El Rapido Catering GmbH

Als gängige Vorspeise (ital: Antipasti) werden oftmals gegrillte Paprikastreifen-Spieße zubereitet.
Zunächst richtet man seinen Arbeitsplatz mit einen Kochmesser, einem Spickmesser, einer Schüssel für die Abfälle, eine weitere Schüssel und einem (Gemüse-)Schneidebrett ein. Dann werden die Paprika (rot, gelb und grün) aus dem Kühlhaus geholt und zunächst gesäubert. Das heißt, dass die Paprika abgewaschen werden und Strunk, Kerne und die weißen Häute innen mit dem Spickmesser herausgeschnitten werden. Die Abschnitte werden in die Schüssel für die Abfälle gepackt. Anschließend werden die Paprika in ca. 3cm breite Streifen geschnitten und in eine saubere Schüssel gelegt.
Wenn alle Paprika fertig vorbereitet sind, wird der Arbeitsplatz gewechselt. Am Herd wird eine Grillpfanne stark erhitzt und die Paprika beidseitig angebraten, sodass sie die typischen Grillstreifen haben. Mit der Grillzange werden die Paprikastreifen anschließend in eine Schüssel gelegt und mit etwas Balsamicoessig, Salz, Pfeffer, Kräutern und Olivenöl aromatisiert.
Im dritten Schritt wird zunächst ein Hirtenkäse in Würfe (ca. 3 cm) geschnitten. Die abgekühlten Paprikastreifen als „Welle" abwechselnd mit Käse auf einen Holzspieß gesteckt. Im Kreis werden die Spieße dann auf einer Servierplatte angerichtet, in Klarsichtfolie eingepackt und im Kühlhaus zwischengelagert.

Vorstellung eines Ausbildungsberufs: Beispiel Asphaltbauer:in

82302-083

Fazit und Abschlussbericht

Beispiel: Tischlerei Holzwurm

Mein Praktikum in der Tischlerei Holzwurm hat mir sehr gut gefallen, da ich sehr nett von den Mitarbeiter:innen aufgenommen wurde und auch wirklich mithelfen konnte. Gegen Ende des Praktikums durfte ich einzelne Arbeiten auch ganz alleine machen. So habe ich beispielsweise ein altes Fenster komplett alleine restauriert. Lediglich das neue Glas haben wir gemeinsam eingesetzt.

Für mich war das Praktikum sehr erfolgreich, da ich jetzt genau weiß, dass mir das Arbeiten mit Holz großen Spaß macht und es mir auch liegt. Und dennoch ist mir klar geworden, dass ich in einem weiteren Praktikum den Beruf Veranstaltungskaufmann/-frau kennenlernen möchte, da mich dieser noch mehr interessiert und momentan eine Ausbildung für mich Plan A ist. Im Vergleich zur Schule ist das ständige Stehen körperlich sehr anstrengend und am Ende des Tages war ich teilweise sehr erschöpft. Auf Dauer kann ich mir eine sitzende Tätigkeit mehr für mich vorstellen und auch das Arbeiten am Computer gefällt mir und ich bin es aus der Schule gewöhnt. Als Plan B bleibt die Ausbildung zum Tischler aber in meinem Hinterkopf und vielleicht werde ich in den Ferien in der Tischlerei aushelfen.

Tools zur Beruflichen Orientierung

Im Bereich der Beruflichen Orientierung gibt es eine unüberschaubar große Anzahl an Apps und Websites. Diese verändern sich immer wieder, sodass sich damit auch die Qualität verändert. Prüfe auf jeden Fall immer, wer hinter dem Angebot steht, welche Informationen du über dich preisgeben willst und ob du nicht mit deinen Daten „bezahlst".

Die folgenden Tools zur Berufsorientierung halten die Autor:innen für hilfreich:

Titel	Kurzbeschreibung	Was	Wofür	Besonderheit/ Achtung	
Berufe Net	Im BerufeNet findest du zu allen Berufen die wichtigsten Informationen.	Verzeichnis/ „Suchmaschine" der Berufsfelder und -bilder mit offiziellen Informationen als Text	Orientierung und vertieftes Wissen über einzelne Berufe		82302-084
Berufe TV	Im BerufeTV findest du zu den verschiedenen Berufsfeldern Überblicksfilme und Filme zu den verschiedenen Berufen	Verzeichnis der Berufsfelder und -bilder mit Informationen als Videos	Orientierung und Wissen über einzelne Berufe		82302-085
Planet Beruf	Planet Beruf ist dein Navigator durch die verschiedenen Schritte der Berufsorientierung.		Allgemeine Orientierung und Wissen über einzelne Berufe	Unterschiedliche Adressaten: Schüler:innen, Lehrer:innen	82302-086
Ich mach´s	Hier findest du Einblicke in viele spannende Berufe durch Videos.		Wissen über einzelne Berufe		82302-087
Check U	Mit diesem Erkundungstool kannst du herausfinden, welche Berufe zu dir passen. Dazu testest du deine Fähigkeiten und gibst Auskunft über deine Sozialen Kompetenzen, Interessen und beruflichen Vorlieben.	Berufs-Matching nach Auswahltest	Schüler:innen ab 9. Klasse zur möglichen Vorauswahl an geeigneten Berufen	Anmeldung nötig, um erneut zugreifen zu können	82302-088

TOOLS

	Titel	Kurzbeschreibung	Was	Wofür	Besonderheit/Achtung
82302-089	Job-Checker	Das Erkundungstool kann dir in kürzerer Zeit Berufe vorschlagen, die zu dir passen könnten.	Berufs-Matching nach Auswahltest	Schüler:innen 7.-8. Jahrgang und ggf. mit sozialpädagogischem Förderbedarf	Keine Anmeldung nötig
82302-090	Job Futuromat	Hier kannst du herausfinden, ob sich verschiedene Berufe durch die Digitalisierung verändern.	Verzeichnis zur Überprüfung der Automatisierbarkeit einzelner Berufe	Vertieftes Wissen über Berufe	
82302-091	Berufe-City	Hier kannst du 37 Berufshauptgruppen in einer virtuellen Stadt erkunden.		Wissen über einzelne Berufegruppen und Verweis zu den Berufen	
82302-092	Lohnt sich das?	Durch Videos kannst du einen Einblick in verschiedene Berufe bekommen und schauen, ob die Berufe sich für dich lohnen könnten.		Vertieftes Wissen über einzelne Berufe	
82302-093	Berufsprofiling	Mit diesem Erkundungstool kannst du herausfinden, welche Berufe zu dir passen. Dazu musst du verschiedene Tests durchlaufen.	Berufs-Matching nach Auswahltest	Schüler:innen ab 9. Klasse zur möglichen Vorauswahl an geeigneten Berufen	Anmeldung erforderlich, Zugänge werden zugemailt. Ergebnisbericht kommt verzögert per Mail.
82302-094	Serena Supergreen	Rette den Urlaub von Serena und ihren Freundinnen, indem du dich spielerisch mit Fragen der Nachhaltigkeit befasst.	Spiel verknüpft u. a. Technik, Nachhaltigkeit und Berufsorientierung	Für Schüler:innen 9./10. Jahrgang im Fach WAT z. B. als Unterrichtseinheit (4 Std.)	Als App oder als Download auf dem PC, Sprungcodes
82302-095	berufswahlapp	Die Berufswahlapp ist in sechs Bundesländern das Portfolioinstrument für die Berufswahl	Berufs-Matching nach Auswahltest	Schüler:innen ab 9. Klasse zur möglichen Vorauswahl an geeigneten Berufen	Anmeldung nötig, um erneut zugreifen zu können

Titel	Kurzbeschreibung	Was	Wofür	Besonderheit/Achtung
Azubiyo	Azubiyo.de ist ein Navigator durch die Berufsorientierung.	Stellensuchmaschine, Arbeitsmaterialien, Tutorials, Auswahltest	Systematische Arbeitsmaterialien für Schüler:innen ab 8. Klasse	Arbeitshefte (print und digital) sowie Website für Schüler:innen und Lehrer:innen.
Berufsinformationszentrum (BIZ)	Im BIZ der Agentur für Arbeit findest du alles, was du für deine Studien- und Berufswahl sowie deine Stellensuche benötigst.	Informationsbeschaffung zu Berufen und Ausbildung, Studium Berufswahl	Für Schüler:innen ab 8. Klasse	In Lerngruppen nach Anmeldung, alleine ist keine Anmeldung nötig
TalenteCheck (Berlin)	Im TalenteCheck erkunden die Schüler:innen ohne Leistungsdruck ihre eigenen Potenziale (Stärken und Talente) und bringen diese in den Zusammenhang mit der Berufswahl.	Erlebnis- und Erkundungsort (außerschulischer Lernort) der Agentur für Arbeit und IHK Berlin	8. Klasse zu Beginn der Beruflichen Orientierung	Kaum inklusiv, Anmeldung von Klassen erforderlich,
like2be	In dem Online-Spiel (auch als App) lernen die Schüler:innen Berufsbiografien und Berufe mit ihren Anforderungen kennen. Sie schlüpfen in die Rolle einer Person, die Arbeits- bzw. Ausbildungssuchenden die passende (Ausbildungs-)Stelle vermittelt.	Spiel zum Thema Matching zwischen Berufsanforderungen und den Profilen	Dient der Auseinandersetzung mit verschieden Berufen und deren Anforderungen und führt zur Selbstreflexion des eigenen Profils	Spiel setzt das Lesen der Informationen voraus. Daher eher ab 9. Klasse geeignet .

82302-096

82302-097

82302-098

82302-099

Das iPhone 1 mit Multitouch-Bedienoberfläche wurde 2007 auf den Markt gebracht.

Die Entwicklung eines der ersten Microprozessoren gelang Intel im Jahr 1971.

Sony brachte 1994 die Spielekonsole Playstation auf den Markt.

Henrich Focke baute 1935/36 einen der ersten gebrauchsfähigen Hubschrauber der Welt.

Der von James Dyson entwickelte Handtrockner kam 2006 auf den Markt.

Was weißt du schon?

1. Benenne Erfindungen von Produkten und Technologien, die du besonders beeindruckend findest.
2. Erläutert zu zweit, welche Bedeutungen die Erfindungen für Einzelpersonen und die Gesellschaft hatten und was sie möglicherweise verändert haben.
3. Diskutiert in der Klasse, welche technischen Entwicklungen aus eurer Sicht unersetzlich sind und auf welche ihr verzichten könntet.
4. Entwickelt Ideen für Erfindungen, die es aus eurer Sicht unbedingt noch bräuchte.

4

#Technik in deiner Welt

Stell dir vor, du müsstest ohne Technik leben. Was würde sich dann für dich persönlich und in unserem gesellschaftlichen Zusammenleben alles ändern? Dabei ist es heutzutage kaum mehr möglich, sich ein Leben komplett ohne Technik vorzustellen. Denn sie umgibt uns fast überall im Alltag, in der Schule und später auch im Beruf. Und da sich Technik schnell entwickelt, müssen wir uns immer wieder mit neuen technischen Entwicklungen befassen. Einige dieser technischen Neuerungen können beispielsweise dazu beitragen, unseren weltweiten Ressourcenverbrauch zu reduzieren, andere haben eher einen persönlichen Nutzen, indem sie uns das Leben erleichtern. Fast jede Entwicklung geht dabei mit vielfältigen Änderungen für den oder die Einzelne:n und die Gesellschaft einher und häufig sind auch negative Folgen z. B. für die Umwelt dabei, die man beim Einsatz abschätzen und abwägen muss. In diesem Kapitel kannst du selbst technisch aktiv werden, vorhandene Technik aus verschiedenen Blickwinkeln betrachten und diese auch kritisch hinterfragen.

Was lernst du in diesem Kapitel?

... komplexe Produkte aus verschiedenen Werkstoffen zu entwickeln und zu fertigen.
... Dienstleistungen zu planen und zu realisieren.
... Methoden des Projektmanagements anzuwenden.
... Arbeitsprozesse zu dokumentieren, zu präsentieren und zu bewerten.
... die Ergonomie von Arbeitsplätzen zu beschreiben und zu analysieren.
... Inventionen als Prozess der Technikentwicklung zu beschreiben und die Bedeutung von Innovation für die gesellschaftlich Entwicklung zu beurteilen.
... technische und technologische Innovationen zu bewerten.
... das Zusammenspiel zwischen Mensch und Maschine am Beispiel der Robotik zu erläutern und zukünftige Entwicklungen in diesem Feld zu beurteilen.
... Chancen und Herausforderungen von Making und Reparatur für den oder die Einzelne:n und die Gesellschaft zu beurteilen.

Alternativ: Statt eines Makerspace könnt ihr auch ein **Repair-Café** besuchen. Repair-Cafés (auch Reparatur-Cafés) sind Selbsthilfewerkstätten zur Reparatur defekter Alltags- und Gebrauchsgegenstände. Jede:r kann das vorhandene Werkzeug und die Ausstattung nutzen. Meist ehrenamtliche Helfer:innen unterstützen mit ihrem technischen Wissen.

Ein Makerspace erkunden

Makerspaces sind offene Werkstätten, die zum Selbermachen einladen. Das Wort setzt sich zusammen aus den englischen Begriffen „to make" (machen) und „space" (Raum). Manchmal werden solche Werkstätten auch MakerLab oder FabLabs genannt. Dort findet man häufig nicht nur fachkundige und motivierte Personen, die andere bei der Umsetzung eigener Ideen unterstützen, sondern auch einen gut ausgestatteten Raum für die eigenen Vorhaben. Neben klassischen Werkzeugen und Maschinen zur Fertigung hält dieser auch neue Techniken wie beispielsweise 3D-Drucker und Laserschneider bereit. Seid ihr neugierig geworden? Erkundet diesen technischen (Lern-)Ort und macht euch ein eigenes Bild.

Geht dabei so vor:

1

Makerspace auswählen
Entscheidet gemeinsam in eurer Arbeitsgruppe, welchen Schwerpunkt eure Erkundung haben soll: Innovationen (→ Kap. 4.2) oder Making (→ Kap. 4.4). Recherchiert mithilfe des QR-Codes nach einer offenen Werkstatt in eurer Nähe, die ihr besuchen wollt:

**Makerspaces/
offene Werkstätten
in eurer Nähe**

82302-100

Prüft, ob die Werkstatt eine Homepage hat und sichtet diese.
So könnt ihr überprüfen, ob sie zu eurem Schwerpunkt passt. Informiert euch alternativ bei Werkstätten vor Ort.

2

Die Fragestellung und Methode festlegen
Einigt euch, was genau ihr bei der Erkundung herausfinden wollt. Formuliert eine passende Fragestellung, die ihr mit eurer Erkundung beantworten könnt. Legt anschließend fest, wie ihr die dafür notwendigen Erkenntnisse bekommt. Einige Aspekte könnt ihr beobachten oder im Vorfeld über die Homepage erlesen. Andere Dinge könnt ihr beispielsweise über Expert:innengespräche ermitteln. Manchmal ist es auch hilfreich, eine der Veranstaltungen oder einen der Workshops der Werkstätten zu besuchen.

3

Die Erkundung organisieren
Kontaktiert die Verantwortlichen. Hierbei solltet ihr nicht nur einen Termin ausmachen, sondern auch schon eure Schwerpunktsetzung mitteilen. Plant den Ablauf der Erkundung, die Anreise und lasst euch diese von eurer Lehrkraft genehmigen, damit ihr versichert seid. Denkt daran, auch die Dokumentation und eure Aufgabenverteilung schon mit einzuplanen (→ vgl. Kap. 4.4: #Projektmanagement, M7-M10).

4

Die Erkundung durchführen
Besichtigt das Makerspace, das ihr euch ausgesucht habt. Denkt daran, dass es offene Werkstätten sind, die ggf. bei eurem Besuch auch von anderen genutzt werden. Wenn ihr Fotos machen wollt, müsst ihr entweder so fotografieren, dass keine Menschen auf den Fotos sichtbar sind oder ihr müsst diese um Erlaubnis fragen. Um eure Erkundung zu dokumentieren, könnt ihr auch Gegenstände aus dem Makerspace mitbringen, die ihr selbst gefertigt habt, zum Beispiel mit einem 3D-Drucker (→ Kap. 4.4: #3D-Druck, M15-M20, Praxisseite).

5

Die Erkundung auswerten
Wertet die Ergebnisse eurer Beobachtungen und Gespräche inhaltlich aus. Reflektiert auch, wie geeignet eure Frage- und Beobachtungsbögen waren und auf welche Chancen und Herausforderungen ihr gestoßen seid. Bereitet eure Ergebnisse für eine Präsentation vor. Nutzt dafür ein digitales Tool (zum Beispiel Book Creator, TaskCard, Prezi, Canva).

6

Die Erkundung präsentieren
Präsentiert und diskutiert eure Ergebnisse im Plenum. Beantwortet dabei auch die Frage, was der Besuch bei euch persönlich bewirkt hat. Ist ein Makerspace auch für euch ein Ort, an dem ihr euch vorstellen könntet, Technik im Austausch mit anderen selbst zu gestalten?

4.1 Ran an die Maschine – Fertigen wie die Profis

Bist du sicher?

Alina kann heute Morgen gar nicht schnell genug in der Schule sein, denn sie möchte ihren Freund:innen ihre neue Frisur und ihre neuen Klamotten zeigen. Allerdings schickt ihre WAT-Lehrerin Frau Riemer sie erstmal zusammen mit Eren in die benachbarte Klasse, da beide nicht „die passende Kleidung" für den Technikunterricht im Fachraum tragen. Frustriert verlassen sie den Raum, während die anderen an ihren Projekten weiterarbeiten.

M1 Kein guter Start in den Tag

AUFGABEN 82302-263

1. Beschreibe das Erscheinungsbild von Alina und Eren (**M1**).
2. Erarbeite mithilfe der Methode Werkraumordnung auf der nächsten Seite die Gründe dafür, dass Alina und Eren nicht am Unterricht teilnehmen dürfen (**M1**).
3. Erläutere anhand des Beispiels einer Tischbohrmaschine oder eines Tellerschleifers, welche Gefahren für Alina und Eren bestehen, wenn sie sich nicht umziehen.
4. Leitet gemeinsam ab, welche Tipps ihr den beiden für die Zukunft geben würdet, um am WAT-Unterricht im Fachraum teilnehmen zu können.

H zu Aufgabe 3
Analysiere, an welchen Bauteilen die Maschinen das größte Gefahrenpotenzial aufweisen.

Werkraumordnung

Erklärvideo „Werkraumordnung“

82302-101

Wann darfst du rein und arbeiten?

- Betrete den Technikfachraum und den Maschinenraum nur in Begleitung deines Lehrers/deiner Lehrerin.
- Trage eng anliegende, geeignete Kleidung und geschlossenes Schuhwerk.
- Binde lange Haare zusammen und lege herabhängenden Schmuck ab.
- Erst wenn du durch deine Lehrkraft eingewiesen wurdest, darfst du an Maschinen arbeiten.

Was ist beim Arbeiten zu beachten?

- Halte Fluchtwege und Einrichtungen zur Brandbekämpfung frei.
- Stelle die Bewegungs- und Arbeitsfreiheit am Arbeitsplatz und an der Maschine her.
- Lege deine Jacke und Taschen an dem dafür vorgesehenen Ort ab.
- Verlasse bei Pausenzeiten den Fachraum in Absprache mit deinem Lehrer/deiner Lehrerin, wenn du Essen und Trinken möchtest.
- Prüfe den ordnungsgemäßen Zustand der Werkzeuge und Geräte.
- Melde Gefahren und Schäden oder Mängel, die du an Werkzeugen entdeckt.
- Melde Verletzungen – auch wenn sie klein erscheinen – deinem Lehrer/deiner Lehrerin.
- Lese Arbeitsanleitungen sorgfältig und befolge sie.
- Beachte, dass an jeder Maschine nur eine Person arbeiten kann und halte den Sicherheitsabstand ein, wenn du wartest oder zusiehst.
- Spanne Materialien und Werkstücke zur Bearbeitung sorgfältig ein.
- Nutze festgelegte Schutzausrüstung wie z. B. Schutzbrille und Gehörschutz bei Arbeiten, wo dies empfohlen wird.

Woran muss ich nach der Arbeit denken?

- Reinige Geräte und Werkzeuge.
- Säubere deinen Arbeitsplatz: räume größere Materialreste weg und nutze den Staubsauger zur Entfernung von Holzstaub und -spänen.
- Lagere Werkzeuge, Geräte und Material an den dafür vorgesehenen Orten sachgerecht.
- Verstaue deine Arbeitskleidung.
- Wasche deine Hände vor dem Verlassen des Raumes.

Basierend auf: Deutsche Gesetzliche Unfallversicherung: Werkraum: Ordnung und Sicherheit. In: www.publikationen.dguv.de, 01/2023

Ergonomie – mehr als nur Komfort?

Wahrscheinlich spielst du in deiner Freizeit gerne mal am PC oder schaust einen Film. Nach einer Weile vor dem Bildschirm wirst du dich vermutlich strecken und reflexartig nach deinem Nacken greifen. Aua – das tut weh! Doch wie halten das Büroangestellte nur stundenlang aus?

M2 Alles leere Versprechen ?

ERGONOMIE

Mit der Ergonomie wird beabsichtigt, geeignete Arbeitsbedingungen für Menschen zu schaffen und die Nutzung technischer Systeme und Werkzeuge zu verbessern. Dabei wird die Arbeit an die Fähigkeiten und körperlichen Gegebenheiten des Menschen angepasst bzw. eine gesunde Körperhaltung unterstützt.

Dies kann sich beispielsweise auf die Körperhaltung oder die Lichtstärke während der Nutzung beziehen. Die Hauptziele bestehen darin, die Nutzbarkeit von Maschinen und Werkzeugen zu erleichtern und Gesundheitsschäden zu verringern.

M3 Ergonomie bei Produkten

Eine gut in der Hand liegende Tasse, ein bequemer Stuhl und eine Tastatur, die das Tippen fast mühelos ermöglicht. All diese Produkte bieten mit ihren speziellen Formen und Anpassungsmöglichkeiten eine ergonomische Nutzung. In den meisten Fällen sind sie mit zusätzlichen Funktionen ausgestattet, um die Nutzungszufriedenheit zu verbessern. Bei Tastaturen reichen diese Funktionen von Handgelenkauflagen bis hin zu programmierbaren Tasten, wodurch häufig genutzte Funktionen schnell verfügbar sind. Unternehmen haben den Mehrwert dieser Produkte erkannt, die nicht nur die Gesundheit fördern, sondern auch die Produktivität steigern und das Wohlbefinden am Arbeitsplatz verbessern können.

Ergonomische Tastatur

M4 Arbeitsplätze im Wandel

Im Büro

Am Schreibtisch

M5 Sind Exoskelette die Zukunft?

Viele handwerkliche Tätigkeiten werden immer noch von Menschen durchgeführt, was jedoch starke körperliche Belastungen und gesundheitliche Risiken mit sich bringt. Um dem entgegenzuwirken und junge Fachkräfte anzulocken, werden bereits in einigen Branchen sogenannte Exoskelette eingesetzt. Hierbei handelt es sich um eine Art Roboteranzug, der körperliche Entlastung bieten soll. Es gibt Exoskelette, die bei Überkopfarbeiten, beispielsweise Montagearbeiten, das Gewicht der Arme abstützen. Darüber hinaus lassen sich auch Systeme zur Entlastung des Rückens und der Beine finden, die beispielsweise bei Hebe- und Tragearbeiten unterstützen sollen. Solche Exoskelette werden seit 2023 im Berliner Charité-Krankenhaus getestet, um die dortigen Pflegefachkräfte zu unterstützen.

Obwohl Exoskelette viele Vorteile bieten, gibt es auch einige Probleme, die berücksichtigt werden müssen. So können die Kosten für viele Unternehmen ein Ausschlusskriterium sein. Hinzu kommt, dass Exoskelette in der Regel auf Batterien angewiesen sind, was ihren Einsatz weiter einschränkt. Nicht zuletzt stellen Sicherheitsstandards eine weitere Herausforderung dar.

Ein Mitarbeiter montiert Teile einer Autokarosserie mithilfe eines Exoskeletts.

Video: Wie Exoskelette die Arbeit erleichtern

82302-102

AUFGABEN

82302-264

1. Beschreibe, wie die Überschriften auf dich wirken (**M2**).
2. Erläutere die Bedeutung von Ergonomie in der Produktgestaltung (**#Ergonomie**, **M3**).
3. Vergleiche die beiden Arbeitsplätze in **M4** mit Blick auf die Arbeitsumgebung und Ergonomie: Was fällt dir auf?
4. Nimm Stellung dazu, welchen Arbeitsplatz du als Unternehmer:in anbieten würdest und wo du als Angestellte:r lieber arbeiten würdest (**#Ergonomie**, **M4**).
5. Diskutiert den Einsatz von Exoskeletten in der Arbeitswelt in Hinblick auf Vor- und Nachteile sowie Chancen und Herausforderungen für Unternehmen und Angestellte (**M5**, QR-Code in Randspalte).

F **zu Aufgabe 3**
Befrage Erwachsene in deiner Familie zur Ergonomie ihres Arbeitsplatzes.

F Recherchiere weitere Anwendungsbeispiele für Exoskelette.

Was zeichnet Maschinen aus?

Mit der Waschmaschine kannst du deine Wäsche waschen und mit der Nähmaschine nähen. Da diese Geräte als Maschinen bezeichnet werden, sind sie es wohl auch. Aber was macht eine Maschine aus? Ist dein Fahrrad eine Maschine?

M6 Sind das auch Maschinen?

Fahrrad

Schaufel

Bagger

MASCHINE

Eine Maschine ist ein Gerät, das aus **Teilen oder Komponenten besteht, die miteinander verbunden sind.** Mindestens eines dieser Teile kann sich **bewegen** und ist so zusammengebaut, dass es eine **bestimmte Aufgabe erledigen kann.** Außerdem ist der **Antrieb der Maschine** nicht auf die direkt eingesetzte menschliche oder tierische Kraft angewiesen.

M7 Organe einer Maschine

1 **Antriebsorgan:** Dieses Organ stellt dem System die Energie durch z. B. einen Motor oder eine Batterie bereit.

2 **Übertragungsorgan:** Die Energie wird hier aufgenommen, angepasst und weitergegeben.

3 **Arbeitsorgan:** Damit wird die Aufgabe ausgeführt.

4 **Führungsorgan:** Um die Aufgabe gezielt auszuführen, wird das Arbeitsorgan in seiner Bewegung eingeschränkt.

5 **Steuerungsorgan:** Mit diesem Organ können anderer Organe wie das Arbeitsorgan gezielt gesteuert werden.

6 **Positionierungsorgan:** Hier wird der Gegenstand fixiert und bearbeitet.

7 **Stützorgan:** Damit werden alle Organe miteinander verbunden und in Position gehalten.

M8 Organe am Beispiel einer Tischbohrmaschine

M9 Zeichen an Maschinen

Gütezeichen & Siegel erklärt

82302-298

AUFGABEN

82302-265

1. Betrachte die Abbildungen (**M6**).
   a) Stelle Vermutungen an, ob es sich bei den Abbildungen um Maschinen handelt. Begründet eure Einschätzung.
   b) Analysiere, ob es sich tatsächlich um Maschinen handelt (**#Maschine**, **M6**).
2. Ordnet zu zweit die Funktionsorgane der Tischbohrmaschine zu (**M7**, **M8**).
3. Erkläre die dargestellten Zeichnen in Gruppenarbeit (**M9**, QR-Code)
4. Stelle Maschinen in deinem Haushalt mit ihren Siegeln in einer Übersicht dar.
5. Diskutiert in der Klasse, ob und wie wichtig es ist, beim Kauf neuer Maschinen auf Siegel zu achten.

Wie entstehen Produkte in der Fertigung?

Sicherlich konntest du bereits in der Werkstatt ein eigenes Projekt umsetzen. Vielleicht hast du hierzu Holz gesägt, Metall gebogen oder gebohrt, um deine Ideen zu verwirklichen. Doch welche weiteren Möglichkeiten gibt es, um Produkte zu fertigen?

M10 Hauptgruppen der Fertigung

1 **Urformen:**
In diesem Verfahren werden formlose Rohmaterialien in eine gewünschte (definierte) Form für ein Werkstück gebracht.

2 **Umformen:**
Hier wird das Werkstück in eine andere Form gebracht, ohne dabei Material hinzuzufügen oder zu entfernen.

3 **Stoffeigenschaften ändern:**
Durch dieses Verfahren werden Eigenschaften, wie Härte und Festigkeit, gezielt beeinflusst.

4 **Trennen:**
Hierunter zählen alle Verfahren, welche überschüssiges Material vom Werkstück entfernen.

5 **Beschichten:**
Das Beschichten umfasst das Auftragen einer Schicht eines anderen Materials auf die Oberfläche eines Werkstücks, um beispielsweise die Oberfläche zu schützen.

6 **Fügen:**
Das Fügen beinhaltet das dauerhafte Verbinden von zwei oder mehr Werkstücken.

M11 Facettenreiches Fertigen

1

Gebäck im Ofen

2

Nähen

3

Lackieren von Fingernägeln

4

Locher

M12 Was macht ein:e Papiertechnolog:in?

Papiertechnolog:innen überwachen den gesamten Herstellungsprozess, einschließlich der Verarbeitung von Holz- oder Altpapier für die Papierherstellung. Dies umfasst die Zerkleinerung des Faserstoffes, um eine gleichmäßige Grundsubstanz zu erhalten. Anschließend wird diese Substanz mit Wasser vermischt und auf einem Sieb zu einer dünnen Schicht gegossen. Diese Schicht durchläuft dann eine Reihe weiterer Schritte, bei dem das Papier getrocknet und gepresst wird. Hiernach wird das Papier gegebenenfalls noch beschichtet und veredelt. Daneben sind sie auch für die Qualitätssicherung und die Einhaltung von Umweltstandards verantwortlich. Arbeitsorte können Papierfabriken, Forschungslabore oder Unternehmen der Papierverarbeitung sein.

Produktionshalle einer Papierfabrik in Brandenburg

M13 Von der Idee zum fertigen Produkt

Selbstgebautes Vogelhäuschen aus Holz

AUFGABEN

82302-266

1. Nenne mindestens ein Beispiel für jedes der sechs Fertigungsverfahren (**M10**).
2. Analysiert zu zweit, um welche Fertigungsverfahren es sich bei den Bildern handelt (**M11**).
3. Stellt innerhalb eines Gruppenpuzzles mithilfe von **M12** den Herstellungsprozess von Papier mit seinen unterschiedlichen Fertigungsverfahren im Detail dar.
   a) Erarbeite mittels einer Internetrecherche detailliert eines der in **M12** beschriebenen Fertigungsverfahren für die Herstellung von Papier heraus.
   b) Vergleiche deine Ergebnisse mit den Expert:innen der anderen Gruppen.
   c) Stellt in der Stammgruppe gemeinsam den gesamten Ablauf der Papierherstellung mit den unterschiedlichen Fertigungsverfahren dar.
4. Gestalte ein (digitales) Plakat, auf dem du die Herstellung eines Produktes deiner Wahl und die dafür notwendigen Fertigungsschritte vorstellst (**M13**).

H zu Aufgabe 1
Ordne in der interaktiven Aufgabe im QR-Code die verschiedenen Fertigungsverfahren den jeweiligen Hauptgruppen zu.

82302-103

F zu Aufgabe 2
Untersuche deine Kleidung auf die sechs Hauptgruppen der Fertigung (M10).

Wie haben sich die Fertigung und die dazugehörigen Berufe verändert?

Bohrmaschinen, Kreissägen und viele andere Maschinen sind längst nicht mehr aus dem Handwerk wegzudenken. Auch in privaten Haushalten sind diese Technologien zu finden. Doch wie hat sich die Fertigung durch diese Maschinen im Laufe der Zeit verändert?

M14 Fertigung – früher und heute

Baumarbeiten Anfang des 20. Jahrhunderts

Baumarbeiten heute

AUTOMATISIERUNG

Automatisierung bedeutet, einen Prozess so anzupassen, dass er ganz oder teilweise ohne menschliche Hilfe ablaufen kann.
Dies kann durch den Einsatz von mechanischen Elementen (z. B. Zahnrädern) sowie anderen Technologien (z. B. komplexe Stromkreise) erreicht werden, die die Abläufe steuern und regulieren können.

M15 Die Geschichte des Sägens

In der Jungsteinzeit (ca. 4.000 vor Christus) wurden die ersten Sägen hergestellt, indem scharfe Kanten in handgroße Steine geschlagen wurden. Die Entdeckung von Kupfer und Zinn ermöglichte in der Bronzezeit (ca. 3.000 v. Chr.) die Herstellung von Sägeblättern durch das Schmieden und Gießen.
Im Römischen Reich (ca. 800 v. Chr.) wurde diese Technik weiterentwickelt, so entstanden durch die Entdeckung von Eisen und das Härten der Sägeblätter äußerst strapazierfähige Werkzeuge. Zusätzlich wurde erstmals eine Schränkung an den Sägezähnen eingeführt. Dadurch wurden die Äxte weitgehend in der Waldarbeit abgelöst, was mit einer Beschleunigung [der Arbeitsprozesse] und höheren Sicherheit verbunden war.
Im 18. und 19. Jahrhundert brachte die industrielle Revolution durch die Nutzung der Dampfmaschine bahnbrechende Veränderungen, einschließlich der Einführung der Bandsäge. Im 20. Jahrhundert führten verbesserte Elektromotoren und die Steuerungs- und Regelungstechnik zu effizienteren elekt-

Schränkung
bezeichnet die seitliche Neigung von Sägezähnen an einem Sägeblatt

rischen Sägen. Heute bieten moderne Sägemaschinen wie die Formatkreissäge, Pendelhubstichsäge, Bandsäge und computergestützte Sägeanlagen präzise Schnitte und eröffnen neue Möglichkeiten in der Konstruktion von Bauteilen.

Nedoluha, Alois: Geschichte der Werkzeuge und Maschinen. In: Nagler, Josef: Blätter für Technikgeschichte. Vol. 22, 1960 (Z. 1-15); Weber, Wolfhard: Verkürzung von Zeit und Raum. Technik ohne Balance zwischen 1840 und 1880. In: König, Wolfgang; Weber, Wolfhard: Propyläen Technik Geschichte: Netzwerke, Stahl und Strom, 1997 (Z. 21-25) und Bearbeiter

M16 Automatisierbarkeit von Tätigkeiten in der Arbeitswelt

Automatisierbarkeit im Beruf Kraftfahrzeugmechatroniker:in

3 der 4 **Kerntätigkeiten** in diesem Beruf sind - Stand heute - **automatisierbar**.

Das kann ein Vorteil sein, zum Beispiel wenn Roboter dir schwere oder monotone Arbeit abnehmen.

Ob dein (Wunsch-)Beruf tatsächlich automatisiert wird, ist damit nicht gesagt. Menschliche Arbeit kann zum Beispiel flexibler, wirtschaftlicher oder von besserer Qualität sein.

Nach: Job-Futuromat: Automatisierbarkeit im Beruf Kraftfahrzeugmechatroniker/in. In: www.job-futuromat.de, Abruf am 16.03.2023

Link zum Job-Futuromat

82302-104

monoton
gleichbleibend, oft langweilig und eintönig

M17 Die Arbeitswelt verändert sich mit jedem Tag

Opa Schultz und Tom sind gemeinsam in den nahegelegenen Baumarkt gefahren, um Holzbretter für neue Bienenkästen zu besorgen. Nachdem sie die passenden Bretter gefunden haben und zur Kasse gehen, stellen sie fest, dass auch hier Selbstbedienungskassen eingeführt wurden. Opa Schultz schnauft entrüstet: „Det is ja kaum zu fassen!“ „Was ist los?“ fragt Tom. „Früher hat man im Beruf allet selber jemacht und war´n Experte in seinem Gebiet. Heutzutage sind die Maschinen überall, und entweder ham se dich ersetzt oder du bist nur noch ein willenloser Tastendrücker.“ Tom stutzt und fängt an zu grübeln.

AUFGABEN

82302-267

1. Beschreibe anhand von **M14**, wie sich die Waldwirtschaft verändert hat.
2. a) Stelle die Entwicklung des Fertigungsverfahrens Sägen in einem Zeitstrahl dar (**M15**).
   b) Erläutere, welche Auswirkungen der technologische Fortschritt für die Waldwirtschaft hatte.
3. Nenne weitere Beispiele zu Berufen, die sich durch die Automatisierung verändert haben (**#Automatisierung**).
4. Untersuche mithilfe des Job-Futuromaten zwei Berufe deiner Wahl darauf, wie die Automatisierung sie verändern könnte (**M16**, QR-Code).
5. Diskutiert gemeinsam über die Zukunft dieser Berufe.
6. Bewertet die Aussagen von Opa Schultz über die Veränderungen in der Arbeitswelt (**M17**).

F zu Aufgabe 2
Benenne alternative Schneidverfahren, die das herkömmliche Sägen ablösen.

H zu Aufgabe 2
Ordne die jeweiligen Sägen in das korrekte Jahrhundert ein.

Womit sägen eigentlich die Profis?

Dachdecker:innen und Tischler:innen (auch Schreiner:innen genannt) sind Profis in ihrem Gebiet. Tagtäglich arbeiten sie mit Holz, um hochwertige Bauwerke, individuelle Möbel und präzise Holzkonstruktionen zu schaffen, die den Anforderungen ihrer Kund:innen gerecht werden. Welche Maschinen verwenden sie zum Sägen?

Diese Japansäge arbeitet auf Zug

SÄGEBLATT

Die Sägeblätter von Hand- und maschinellen Sägen bestehen vorwiegend aus gehärtetem Stahl und weisen scharfe Sägezähne auf. Zudem sind die Zähne in den meisten Fällen abwechselnd nach links und rechts seitlich geneigt, was als Schränkung bezeichnet wird. Dadurch kann sich das Sägeblatt freischneiden und bleibt somit nicht stecken.

Ein weiteres Merkmal am Sägeblatt ist die Richtung der Zähne. Diese zeigt an, in welche Richtung die Säge arbeitet. Zeigen die Zähne zum vorderen Ende des Sägeblattes, arbeitet sie auf Druck, und der eigentliche Schnitt entsteht bei der Vorwärtsbewegung. Bei Sägezähnen, die in Richtung des Hefts zeigen, arbeitet die Säge auf Zug, das heißt, der Schnitt entsteht beim Zurückziehen des Sägeblattes.

Daneben gibt es Sägeblätter, bei denen die Zähne weder in die eine noch in die andere Richtung zeigen. Eine solche Säge trägt Material ab, egal ob sie zum Körper hin oder vom Körper wegbewegt wird.

M18 Rundherum: die Kreissäge

Die Kreissäge ist eine stationäre Säge mit einem kreisrunden Sägeblatt, die darauf ausgelegt ist, präzise Schnitte durchzuführen und große Werkstücke zu bearbeiten. Kleine Ausführungen werden als Tischkreissägen bezeichnet, während größere Varianten mit einem fahrbaren Tisch als Formatkreissägen bekannt sind. So nützlich sie sind, die Arbeit mit dieser Maschine birgt auch Sicherheitsrisiken. Beispielsweise besteht das Risiko, dass man bei nicht richtig eingestellter Schutzhaube in Kontakt mit dem offenen Sägeblatt gerät. Außerdem kann es vorkommen, dass sich Holz aufgrund innerer Spannungen hinter dem Sägeblatt zusammendrückt. Dies kann dazu führen, dass das von unten kommende Sägeblatt das Werkstück mitreißt und gegen die eigene Person schleudert, was als „Kickback" (engl. für Rückschlag) bezeichnet wird. Um dies zu vermeiden, ist hinter dem Sägeblatt ein sogenannter Spaltkeil angebracht.

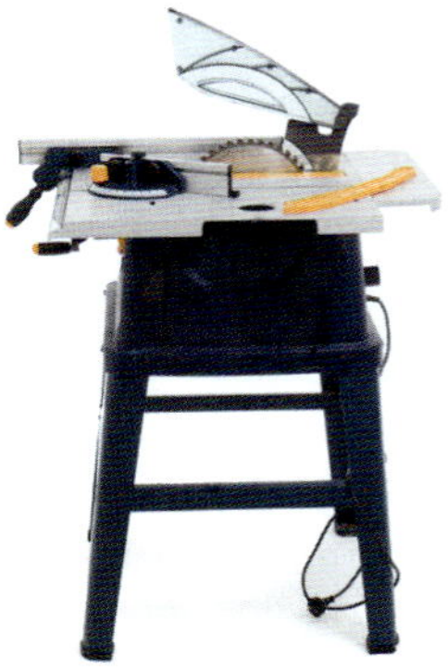

Kreissäge in einem Werkraum

M19 Von der Rolle: die Bandsäge

Die Bandsäge zeichnet sich als stationäre Sägemaschine durch das schmale, flexible und endlos geschlossene Sägeband aus, das um zwei Rollen läuft. Durch die charakteristischen Merkmale des Sägeblattes ist die Bandsäge besonders gut geeignet, um enge Kurvenschnitte und komplexe Formen in Materialien zu sägen.

Da das Sägeband kontinuierlich in einer regelmäßigen Bewegung um die Räder geführt wird und nur von oben auf das Werkstück trifft, kann unter anderem ein Ausfransen vermieden werden. Dennoch ist es wichtig, dass die Sägeblattverdeckung auf Werkstückhöhe eingestellt ist, um das Risiko von Verletzungen durch das Eingreifen in das offene Sägeblatt zu reduzieren. Für die Herstellung dieser endlosen Sägebänder werden die Enden zu einem geschlossenen Ring geschweißt oder gelötet.

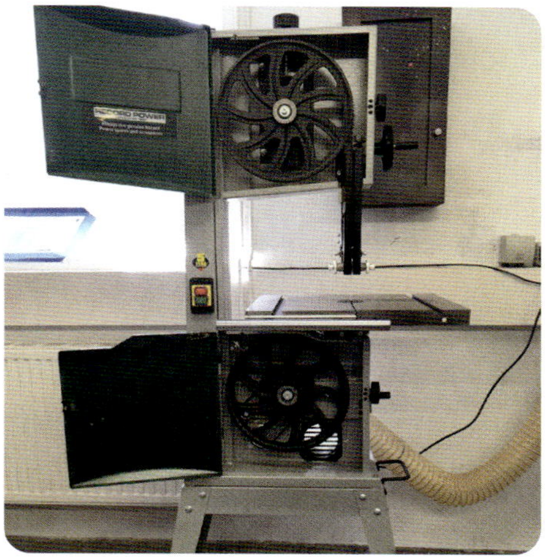

Bandsäge

M20 Welche Säge darf es denn sein?

Holztisch

Bauklötze

AUFGABEN

82302-268

1. Beschreibe in eigenen Worten, warum es notwendig ist, die Zähne am Sägeblatt zu schränken (**#Sägeblatt**).
2. Erkläre, weshalb es bei der Bandsäge nicht zu einem Kickback kommen kann (**M18**, **M19**).
3. Erörtert zu zweit die mögliche Problematik, welche mit den geschweißten bzw. gelöteten Sägebändern einhergehen (**M19**).
4. Entscheide, welche der beiden Sägemaschinen du für die Herstellung der Produkte in **M20** wählen würdest. Begründe deine Wahl.

F **zu Aufgabe 1**
Umformulieren: Analysiert zu zweit in eurem Fachraum die Sägen, die auf Zug und auf Stoß arbeiten und dokumentiert die Sägeblätter.

PRAXISSEITE

Erklärvideo zur Formatkreissäge

82302-400

So sägst du sicher an der Formatkreissäge

Um Zeit und Kraft einzusparen, insbesondere bei geraden Schnitten und vielen Schnitten gleicher Art, wird häufig auf die Formatkreissäge zurückgegriffen. Jedoch ist eine sachgemäße Vorgehensweise und die Verwendung von Sicherheitsausrüstung von großer Wichtigkeit, um Unfälle zu vermeiden.

Anreißen
Das Übertragen der Maße auf das Werkstück. Wird auch als "anzeichnen" beschrieben.

Hilfs- und Arbeitsmittel

1. **Bleistift, Stahllineal, Streichmaß und Anschlagwinkel:** Diese Arbeitsmittel dienen dazu, die Maße auf dem Holz anzureißen.

2. **Schiebestock:** Um Sicherheit und Präzision beim Sägen des Werkstücks gewährleisten zu können, wird ein Schiebestock eingesetzt.

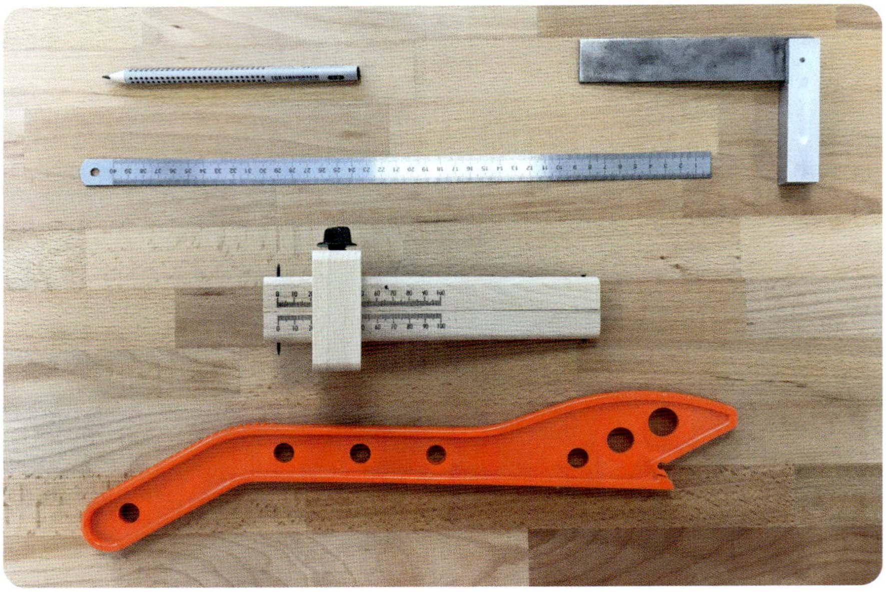

Sicherheit geht vor

Sägearbeiten an der Formatkreissäge werden immer unter Aufsicht einer Lehrkraft ausgeführt.

Während der Arbeit an der Formatkreissäge wird eine Sicherheitsbrille und Gehörschutz getragen.

Es ist enge Kleidung an der Maschine zu tragen. Außerdem ist Schmuck abzulegen und bei langen Haaren werden diese entweder mit einem Haargummi fixiert oder zu einem Dutt zusammengebunden.

Es ist darauf zu achten, dass sich keine Person innerhalb des Gefahrenbereiches befindet.

An allen drehenden Maschinen werden **keine** Handschuhe getragen.

Sollten die eigenen Hände zu nah an das Sägeblatt kommen (innerhalb des Umkreises von 120 mm), dann ist ein Schiebestock zu verwenden.

Erst beim vollständigen Stillstand der Maschine kann nach den gesägten Teilen gegriffen werden.

Das Material wird mit geschlossenen Fingern an das Sägeblatt geführt.

Die Schutzhaube (s. Abbildungen zu Schritt 3) ist auf die Werkstückdicke anzupassen.

Arbeitsschritte beim Sägen

1 Zuerst werden die Umrisse des Werkstücks aus der technischen Darstellung (Skizze oder Zeichnung) mit Bleistift, Gliedermaßstab und Streichmaß auf das Material übertragen. Hierbei muss darauf geachtet werden, dass das Werkstück winklig ist und die Maße exakt übernommen werden. Die so entstandenen Linien werden „Anriss" genannt. Bei der Verwendung einer Formatkreissäge besteht die Möglichkeit, die Maße nicht unbedingt anzureißen, wenn man sich dazu entscheidet, mit den Skalen der Anschläge zu arbeiten.

2 Nun werden das geeignete Sägeverfahren und der passende Anschlag bestimmt. Hierzu überprüfst du, wie dein geplanter Schnitt zur längsten Seite des Werkstücks steht. Wenn der Schnitt parallel zur längsten Kante sein soll, ist der Parallelanschlag zu wählen. Dieses Vorgehen wird das „Längssägen" genannt. Falls die Schnittlinie sich mit der längeren Kante kreuzt, wird der Queranschlag genommen. Man spricht dann vom „Quersägen". Die längste Seite des Werkstücks wird dann an den gewählten Anschlag gelegt, um so eine möglichst große Stabilität während des Sägens zu gewährleisten.

3 Die Maschine ist für den vorzunehmenden Schnitt anzupassen: Hierzu wird die Schutzhaube auf die Höhe des Werkstücks positioniert und es werden die gewünschten Maße an dem jeweiligen Anschlag eingestellt. Beim Längssägen ist ein Verklemmen des Werkstückes zwischen dem Parallelanschlag und dem Sägeblatt zu vermeiden. Hierzu ist der Parallelanschlag so weit zurückzuziehen, dass dessen Ende an einer gedachten 45° Linie, ausgehend von der vorderen Sägeblattkante, anstößt. Sollte mit dem Queranschlag gearbeitet werden, ist darauf zu achten, dass dieser nicht in das Sägeblatt hineinragt.

PRAXISSEITE

4 Es ist bei ausgeschalteter Maschine zu prüfen, ob die eigenen Hände zu nah an das Sägeblatt kommen würden und aus diesem Grund ein Schiebestock eingesetzt werden muss. Außerdem ist darauf zu achten, dass man selbst oder andere nicht im Gefahrenbereich stehen.

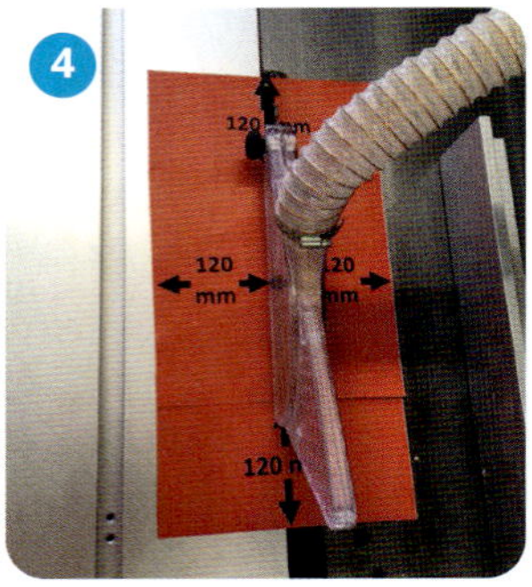

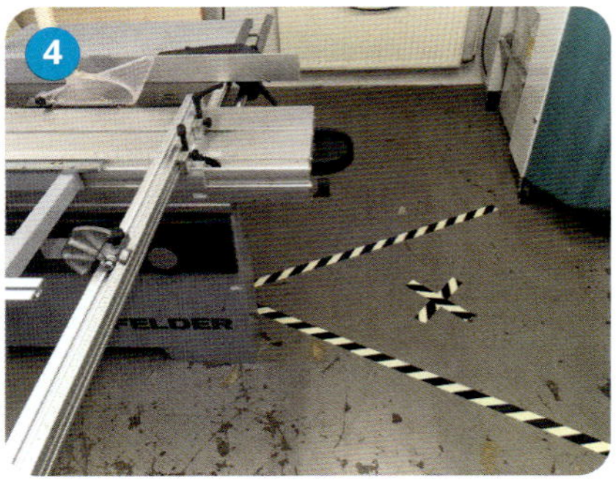

5 Die Maschine wird eingeschaltet.

6 Es wird die längste Seite des Werkstücks fest gegen den jeweiligen Anschlag gepresst und mit beiden geschlossenen Händen wird das Werkstück langsam und kontrolliert dem Sägeblatt zugeführt. Unstetige Bewegungen sind zu vermeiden.

7 Nach dem Schnitt ist die Maschine auszuschalten und das Werkstück kann entnommen werden. Anschließend ist die Arbeitsfläche zu reinigen. Hierbei ist u. a. darauf zu achten, angefallenen Holzstaub nicht wegzupusten, sondern durch einen Sauger zu beseitigen.

Sägen an der Bandsäge

Die Bandsäge kann aufgrund des flexiblen Sägebandes komplexe Kurvenschnitte ermöglichen. Um dies in Zukunft wie ein Profi handhaben zu können, sind ein paar Schritte zu beachten.

Erklärvideo zur Bandsäge

82302-401

Hilfs- und Arbeitsmittel

1. **Bleistift, Stahllineal, Streichmaß und Anschlagwinkel:** Diese Arbeitsmittel dienen dazu, die Maße auf dem Holz anzureißen.

2. **Schiebestock und Querschneidlade:** Um Sicherheit und Präzision beim Sägen des Werkstücks gewährleisten zu können, kommen der Schiebestock und die Anlagewinkel zum Einsatz.

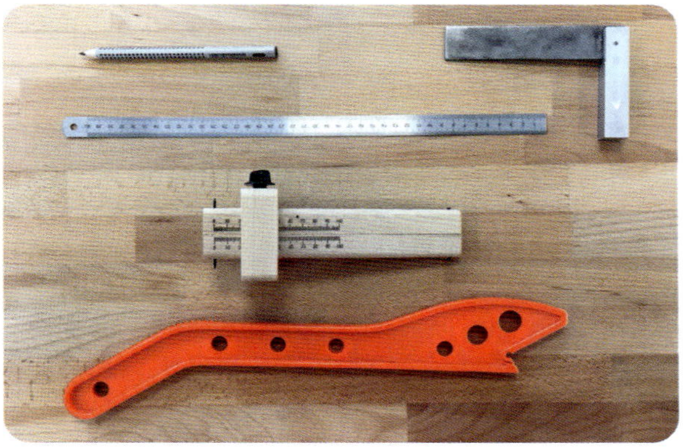

Sicherheit geht vor

Es ist enge Kleidung an der Maschine zu tragen. Außerdem ist Schmuck abzulegen und bei langen Haaren werden diese entweder mit einem Haargummi fixiert oder zu einem Dutt zusammengebunden.

Sägearbeiten an der Bandsäge werden immer unter Aufsicht einer Lehrkraft ausgeführt.

Es ist darauf zu achten, dass sich keine Person innerhalb des Gefahrenbereiches befindet.

Das Material wird mit geschlossenen Fingern an das Sägeblatt geführt.

Während der Arbeit an der Bandsäge wird eine Sicherheitsbrille und Gehörschutz getragen.

Erst beim vollständigen Stillstand der Maschine kann nach den gesägten Teilen gegriffen werden.

An allen drehenden Maschinen werden **keine** Handschuhe getragen.

Stelle die obere Sägeblattführung knapp über die Werkstückdicke ein.

Sollten die eigenen Hände zu nah an das Sägeblatt kommen (innerhalb des Umkreises von 120 mm), dann ist ein Schiebestock zu verwenden.

Arbeitsschritte

1 Zuerst werden die Umrisse des Werkstücks aus der technischen Darstellung mit Bleistift, Gliedermaßstab und Streichmaß auf das Material übertragen. Hierbei muss darauf geachtet werden, dass das Werkstück winklig ist und die Maße exakt übernommen werden.

2 Nun werden das geeignete Sägeverfahren und der passende Anschlag bestimmt. Hierzu überprüfst du, wie dein geplanter Schnitt zur längsten Seite des Werkstücks steht. Wenn der Schnitt parallel zur längsten Kante sein soll, ist der Anschlag der Maschine zu wählen. Dieses Vorgehen wird das „Auftrennen" genannt. Falls die Schnittlinie sich mit der längeren Kante kreuzt, ist ein Anlagewinkel zu nehmen. Man spricht dann vom „Quersägen". Die längste Seite des Werkstücks wird dann an den gewählten Anschlag gelegt, um so eine möglichst große Stabilität während des Sägens zu gewährleisten.

3 Bei geschwungenen Konturen wird ohne einen Anschlag gearbeitet. Hier spricht man dann vom „Schweifen".

4 Die Maschine ist für den vorzunehmenden Schnitt anzupassen. Hierzu wird die obere Sägeblattführung an die Werkstückdicke angepasst. Bei sehr langen Werkstücken ist eine Tischverlängerung einzubauen oder eine weitere Person nimmt hinter der Maschine das Material entgegen, um auf diese Weise ein Abkippen zu vermeiden.

5 Es ist bei ausgeschalteter Maschine zu prüfen, ob die eigenen Hände zu nah an das Sägeblatt kommen würden und aus diesem Grund ein Schiebestock eingesetzt werden muss. Außerdem ist darauf zu achten, dass man selbst oder andere nicht im Gefahrenbereich stehen.

6 Die Maschine wird eingeschaltet.

7 Es wird die längste Seite des Werkstücks fest gegen den jeweiligen Anschlag gepresst und mit beiden geschlossenen Händen wird das Werkstück langsam und gleichmäßig durch das Sägeblatt zugeführt. Unstetige Bewegungen sind zu vermeiden. Außerdem ist beim Vorschieben darauf zu achten, die Schnittfuge durch Druckausübung nicht zusammen zu drücken und das Werkstück nicht zurückzuziehen, da ansonsten die Gefahr besteht, dass das Sägeblatt reißen oder abspringen könnte.

8 Nach dem Schnitt ist die Maschine auszuschalten und das Werkstück kann entnommen werden. Anschließend ist die Arbeitsfläche zu reinigen. Hierbei ist u. a. darauf zu achten, angefallenen Holzstaub nicht wegzupusten, sondern durch einen Sauger zu beseitigen.

Können Lichtstrahlen Stahl schneiden?

Sabine überlegt, ob sie sich die Augen lasern lassen soll. Es wäre sicherlich ein Traum, zu Hause und auf der Arbeit ohne Brille zurechtzukommen. Jedoch hat sie Bedenken, denn werden Laser sonst nicht auch in der Industrie eingesetzt, um Stahlplatten zu trennen?

M21 Wo finde ich überall einen Laser?

Kassiererin

Multifunktionsdrucker

Verkehrskontrolle

Atom
kleinstes Teilchen eines Elements

LASER

Die Bezeichnung „Laser" stammt aus dem Englischen und steht für „Light Amplification by Stimulated Emission of Radiation". Übersetzt bedeutet dies, dass Licht durch den Ausstoß angeregter Strahlung verstärkt wird. Kurz gesagt werden Atome angeregt und anschließend gebündelt, um einen energiereichen Lichtstrahl zu erzeugen.

M22 Laserschneider

Der Laserschneider ist eine Anwendung von Lasertechnik, die es ermöglicht, Materialien in kürzester Zeit zu gravieren und zu schneiden. Da verschiedene Materialien unterschiedlich auf den Vorgang des Laserschneidens reagieren, können nicht alle Materialien mit dem Laser bearbeitet werden.

Mit dem Laserschneider können verschiedene Materialien bearbeitet werden.

Eisenmetalle, Hölzer und einige Kunststoffe wie Polymethylmethacrylat (PMMA), auch bekannt als Plexiglas, können ohne Probleme verwendet werden. Die Schnittkanten sind in der Regel sehr sauber und benötigen keine weitere Nachbearbeitung, obwohl im Falle von Hölzern die Kanten sich dunkel verfärben.

Anders verhält es sich bei Materialien mit spiegelnder Oberfläche, da die Laserstrahlen reflektiert werden, und bei bestimmten Kunststoffen wie Polyvinylchlorid (PVC), das unter anderem für Kabelisolierungen verwendet wird, da hier giftige Dämpfe entstehen. Diese Materialien sollten vermieden werden. Dennoch ist zu beachten, dass einige Werkstoffe sich aufgrund der Hitze verziehen können.

M23 Sicherheitsmaßnahmen beim Laserschneiden

Laserstrahl nicht auf spiegelnde Oberflächen richten	...	...

M24 Wasser statt Licht

Ein alternatives Schneidverfahren ist das Wasserstrahlschneiden. Bei diesem Verfahren werden dem Wasser Partikel, wie beispielsweise Diamanten, zugesetzt und mit hohem Druck verwendet, um Werkstoffe zu trennen. Da beim Schneiden keine Hitze entsteht, bietet dieser Vorgang den Vorteil, dass das Material sich nicht verziehen kann, und es ermöglicht die Bearbeitung von Kunststoffen, die ansonsten giftige Dämpfe verursachen könnten.

Ein weiterer Vorteil des Wasserstrahlschneidens gegenüber dem Laserschneiden ist die Möglichkeit, Materialien mit Dicken bis zu 300 mm zu schneiden, während das Laserschneiden in der Regel nur bis zu 50 mm schafft. Trotz der zahlreichen Vorteile lassen sich auch einige Nachteile benennen. Zum einen ist die Anwendung im Vergleich zum Laserschneiden sehr kostenaufwendig, zum anderen ist der Schnitt etwas breiter, was zu einem vergleichsweise höheren Materialverlust führen kann.

Material wird mithilfe eines Wasserstrahls bearbeitet.

AUFGABEN

82302-269

1. Benenne die Anwendungsbeispiele für die Lasertechnik (**M21**, **#Laser**).
2. Erkläre, welche Materialien sich besonders gut für das Laserschneiden eignen (**M22**).
3. Arbeitet zu zweit mithilfe von **M22** die Vor- und Nachteile des Laserschneidens heraus.
4. Erläutere mithilfe einer Internetrecherche die notwendigen Sicherheitsmaßnahmen für das Laserschneiden in der Schule (**M23**).
5. Erörtert zu zweit, ob für die Fertigung von Fahrradbremsscheiben der Einsatz von Laserschneiden oder das Wasserstrahlschneiden am geeignetsten ist (**M22**, **M24**).

F **zu Aufgabe 1**
Nenne mithilfe einer Internetrecherche weitere Beispiele für die Anwendung von Lasertechnik.

F **zu Aufgabe 3**
Erkläre mithilfe einer Recherche, wie ein Laser funktioniert.

4.2 Technische Neuerungen und deren gesellschaftliche Folgen

Was ist eine Neuerung?

Prototyp
bezeichnet die Fertigung eines ersten Modell seines Produktes oder eines Bauteils. Mithilfe des Prototyps kann man die Tauglichkeit und die Akzeptanz des Produktes bei den Nutzer:innen prüfen. Häufig reicht dazu ein vereinfachtes Modell, das aber funktionsfähig ist.

Alina hat einen Prototyp für einen beleuchteten, farblich anpassbaren Kleiderschrank entwickelt, der sich beim Öffnen einschaltet. Kurz vor der Präsentation beim Erfinder:innenwettbewerb ihrer Schule zweifelt sie, ob ihre Erfindung wirklich eine richtig neue Idee, also eine echte Neuerung, ist.

Hinweis: Häufig werden mit dem Begriff Innovation Ideen und Erfindungen bezeichnet, deren Entwicklung eigentlich aber auch die wirtschaftliche Markteinführung umfasst. Da in diesem Kapitel die technischen Aspekte im Vordergrund stehen, verwenden wir hier die Bezeichnung „technische Neuerung".

INVENTION UND INNOVATION

Täglich haben Menschen Ideen für neue Produkte, Dienstleistungen oder Technologien oder die Verbesserung bereits bestehender. Diese neuen Erfindungen werden Inventionen genannt. Im Moment der Markteinführung, also wenn die weiterentwickelte Erfindung dann zum (Ver-)Kauf angeboten wird, wird daraus eine sogenannte Innovation.
Die wesentliche Gemeinsamkeit von Inventionen und Innovationen ist die Neuartigkeit im jeweiligen Kontext. Also was bei uns neuartig ist, kann in einem anderen Land längst ganz normal sein. Im Fokus steht die neue technische Problemlösung. Hierbei werden mit bekannten Mitteln neue Ziele oder bekannte Ziele mit neuen Mitteln erreicht. Bei einer Invention bzw. einer Innovation werden also neue Produkte entwickelt, bestehende Produkte angepasst oder neu kombiniert, neue Fertigungsverfahren oder Methoden zur Arbeitsorganisation eingesetzt. Neuerungen werden zum Beispiel entwickelt, um wirtschaftlichen Erfolg oder eine optimierte Produktion zu erreichen, entstehen manchmal aber auch eher zufällig aus dem Tüfteln heraus.

M1 Inventionen und Innovationen – was ist was?

a

Mit einem Baukasten unternimmt die Erfinderin im heimischen Arbeitszimmer erste Versuche, einen Roboter-Greifarm zu konstruieren.

b

Eine Schule hat einen Bausatz mit der Anleitung zur Konstruktion verschiedener Roboter erworben und setzt ihn jetzt im Unterricht ein.

c

Der mit dem Bausatz konstruierte Roboter wird von dem Erfinder im heimischen Arbeitszimmer auf seine Funktionalität hin getestet.

d

Der Bausatz mit der Anleitung zur Konstruktion verschiedener Roboter ist im lokalen Handel erhältlich.

e

Der Bausatz mit der Anleitung zur Konstruktion verschiedener Roboter wird auf einer Neuheitenausstellung präsentiert.

f

Die beiden Erfinder entwerfen im heimischen Arbeitszimmer erste Ideen für die Konstruktionsanleitung verschiedener Roboter.

M2 Technisches Erfinden – alles geplant oder doch nur Zufall?

Klebestreifen-Abroller

Der Klebestreifen als durchsichtige Kunststofffolie, die mit Klebstoff beschichtet ist, wurde im frühen 20. Jahrhundert eher nebenbei erfunden. Die Erfinder:innen forschten nach einem Klebstoff für Pflaster, der die Haut nicht schädigt. Dieser war anfänglich jedoch zu fest und wurde auf Cellophan aufgebracht – das Ergebnis war ein durchsichtiger Klebestreifen.

Cellophan
ist ein Verpackungskunststoff, der direkten Lebensmittelkontakt haben darf. Cellophan ist nicht gut verformbar, kann dafür aber aus nachwachsenden Rohstoffen, wie z. B. Holz, hergestellt werden.

Magnetschwebebahn in Shanghai, China

Im Jahr 1934 hatte der Ingenieur Hermann Kemper eine Idee, die die Fortbewegung revolutionieren kann: Er versuchte, die Räder der Eisenbahnen durch Elektromagnete zu ersetzen, um so effizienter reisen zu können. Um die erreichbare Geschwindigkeit der Magnetschwebebahn zu erhöhen, entwickelte er zusätzlich ein Röhrensystem. Auf Basis dieser Erfindung wurde 1979 der Transrapid, die erste Magnetschwebebahn, die für den Personenverkehr zugelassen war, vorgestellt.

Haftnotizzettel

Post-it – die kleinen Haftnotizen, die sich nach der Verwendung rückstandslos wieder entfernen lassen – wurden ebenfalls zufällig erfunden. Im Jahr 1968 sollte Spencer Silver einen noch stärkeren Klebstoff entwickeln als die bisher bekannten.
Im Entwicklungsprozess stellte sich heraus, dass er dieses Ziel nicht erreicht hatte, im Gegenteil: Sein Klebstoff konnte leicht wieder abgelöst werden. Einen Anwendungsbereich für sein Produkt gab es zu diesem Zeitpunkt noch nicht. Jahre später suchte ein Kollege nach haftenden Lesezeichen, die sich rückstandslos entfernen lassen würden. Endlich wurde der Klebstoff genutzt, um Post-its herzustellen.

M3 Patente – wie kann ich meine technischen Neuerungen schützen?

Um technische Gegenstände und Verfahren vor Nachahmung durch konkurrierende Unternehmen zu schützen, können die Erfinder:innen bei dem Patentamt ihres Landes ein Patent anmelden. Zu patentierende Erfindungen müssen drei Kriterien erfüllen: Sie müssen neuartig sein, auf einer erfinderischen Tätigkeit beruhen und eine gewerbliche Anwendbarkeit aufweisen.
Erfindungen gelten als neu, wenn sie zum Zeitpunkt der Patentanmeldung nicht zum Stand der Technik gehören. Die gewerbliche Anwendbarkeit ist gegeben, wenn die Erfindung gewerblich hergestellt oder genutzt werden kann. Im Patentgesetz sind außerdem einige Ausschlüsse und Sonderregelungen festgelegt. Hat die Erfindung das Prüfungsverfahren erfolgreich durchlaufen und wurden die Gebühren bezahlt, ist das Produkt bis zu 20 Jahre vor Nachahmung geschützt.

Bearbeiterin, basierend auf: Deutsches Patent- und Markenamt: Schutzvoraussetzungen. In: www.dpma.de, 08.02.2023

Patentamt
In Deutschland ist das deutsche Patent- und Markenamt in München für die Vergabe von Patenten zuständig.

AUFGABEN

82302-270

1. Beschreibe den Unterschied zwischen den Begriffen Invention und Innovation am Beispiel eines Roboters (**#Invention und Innovation, M1**).
2. Stelle dar, wie technische Neuerungen entstehen können (**M2**).
3. Erörtert zu zweit, ob Alina ihre Erfindung der Kleiderschrankbeleuchtung patentieren lassen kann (**M1-M3**).

F zu Aufgabe 1
Erstelle eine Übersicht zu einer Neuerung deiner Wahl.

F zu Aufgabe 3
Erläutere, worin bei der von dir gewählten Neuerung die Neuartigkeit liegt.

Ohne Fahrer:in ans Ziel – wie funktioniert autonomes Fahren?

In den letzten Ferien hat Alina auf dem Weg in den Urlaub auf der Autobahn ein Schild entdeckt, das sie noch nicht kannte. Ihre Mutter Sabine hat ihr erklärt, dass es sich hierbei um Landmarkenschilder handelt, mit deren Hilfe autonome Fahrzeuge ihren Standort bestimmen können. Aber was sind eigentlich autonome Fahrzeuge und wozu müssen die ihren Standort bestimmen?

M4 Autonomer Nahverkehr

Alina kommt aufgeregt aus der Schule nach Hause. Beim Abendbrot erzählt sie ihren Eltern, was sie heute entdeckt hat: „Mama, Papa, ich habe heute auf dem Nachhauseweg ein Plakat entdeckt. Da wurde Werbung gemacht für einen Bus, der von unserem Dorf nach Berlin fahren soll und das ganz ohne Fahrer oder Fahrerin. Dadurch, dass unserem lokalen Busunternehmen so viel Personal fehlt, kam der Bus ja zuletzt immer nur alle zwei Stunden. Jetzt kann ich endlich wieder alleine zu meinen Freundinnen, zu Opa oder ins Kino fahren, ich freue mich ja so!"

„Na das hört sich ja richtig spannend an. Aber findest du die Vorstellung nicht ein bisschen seltsam, dass niemand diesen Bus steuert?", entgegnet Mutter Sabine. „Darüber habe ich mir gar nicht so genau Gedanken gemacht. Ein bisschen unangenehm ist der Gedanke irgendwie schon. Vielleicht fahren wir die erste Fahrt mal gemeinsam? Wir könnten ja endlich mal wieder in die Stadt fahren." Sabine wird nachdenklich: „Das klingt wirklich verlockend, Alina. Leider bin ich aber auf die Unterstützung des Busfahrers oder der Busfahrerin angewiesen, denn alleine komme ich mit dem Rollstuhl leider nicht in den Bus." „Stimmt ja, schade. Naja, vielleicht kann Opa uns ja mal mit dem Bus besuchen kommen und ich fahre dann mit ihm los?" Vater Christian bremst seine Tochter aus: „Das klingt nach einem ganz schönen Abenteuer. Immerhin hat Opa nicht mal mobiles Internet auf seinem Smartphone, wie soll er sich da unterwegs ein Ticket kaufen? Weißt du, Alina, vielleicht sollten wir uns mit dem Thema erstmal ein bisschen auseinandersetzen, bevor wir die nächsten Schritte planen – dann fällt uns die Entscheidung bestimmt leichter."

M5 Autonomes Fahren – was bedeutet das eigentlich?

Video: Wie funktioniert autonomes Fahren?

82302-105

Karikatur: Cloud Science, 2019

M6 Bringen Verkehrsschilder Sicherheit oder Verwirrung?

Elif und Eren legen ihren Weg zur Schule immer zu Fuß zurück. Aufgrund einer Baustelle ist eine Straße ihrer üblichen Route diese Woche aber gesperrt. Die neue Strecke bringt auch neue Herausforderungen mit sich …

Schilderwald auf dem Schulweg

Eren

Kontakte

Hey Eren, schau dir mal das Foto an 🙄… Ich hatte eben auf dem Nachhauseweg keine Ahnung, wo ich hier langlaufen darf und wo nicht. Warum muss alles immer so kompliziert sein? Das versteht doch niemand. Wie bist du da entlang gelaufen?

An der Kreuzung ist ein Stoppschild. Da kannst du sicher über die Straße gehen. Die Fahrzeuge müssen dort anhalten und dich rüber lassen. Und die anderen Schilder sind dazu da, damit die Fahrzeuge wissen, dass sie nur geradeaus und nach links fahren dürfen. Dann ist da noch die Höchstgeschwindigkeit angegeben, aber die anderen Schilder kenne ich auch nicht …

Wozu brauchen wir die Schilder überhaupt?

Damit sich die fahrenden Personen im Straßenverkehr orientieren können, sonst machen doch alle, was sie wollen 🙈.

Und wie ist das mit Autos, die alleine fahren? Wäre es nicht für alle leichter, wenn es immer nur ein Schild gäbe?

Also für die Umwelt wäre das auf jeden Fall besser, schließlich wird für die ganzen Schilder eine Menge Material benötigt. Allerdings müsste so ein Schild mit allen Informationen ziemlich groß sein. Das können Menschen in kurzer Zeit gar nicht richtig erfassen. Ich könnte mir aber vorstellen, dass autonome Fahrzeuge auch Schilder mit vielen Informationen schnell erfassen und verarbeiten können. Trotzdem brauchen die ja regelmäßigen Standortinformationen und da das Internet hier noch nicht so gut ausgebaut ist, werden solche Infos auch über Schilder geliefert.
Dafür gibt es ja zum Beispiel auch die neuen Schilder auf der Autobahn. Also ganz ohne wird es wohl noch nicht funktionieren.

M7 Ein- und Ausparken wie von Zauberhand?

Opa Schultz kommt gerade vom Einkaufen und möchte in sein Auto steigen. Doch was ist das? Die benachbarten Autos haben so nah geparkt, dass er nicht einsteigen kann. Da erinnert sich Opa Schultz: Beim Kauf seines Autos hat er eine Ein- uns Ausparkautomatik als Sonderausstattung einbauen lassen. Mithilfe von mehreren Sensoren, Kameras und einer separaten Steuerung kann sein Auto ganz alleine, sogar ohne dass er darinsitzt, ein- und ausparken.

Bisher hat er diese Funktion noch nie genutzt – schließlich haftet er im Falle eines Unfalls trotzdem und so richtig vertraut er der Technik dann doch nicht. In dieser besonderen Situation lässt er es auf einen Versuch ankommen. Er öffnet die App auf seinem Smartphone und drückt auf den entsprechenden Button – und es klappt! Ob er diese Funktion zukünftig noch häufiger nutzen wird?

App für autonomes Parken

Video: Wie funktioniert eine Einparkhilfe?
82302-106

AUFGABEN
82302-271

1. Beschreibe, was man unter autonomen Fahren versteht (**M4**).
2. Ermittle mögliche Chancen und Herausforderungen des autonomen Nahverkehrs (**M4**).
3. Stelle die Merkmale der sechs Stufen des automatisierten Fahrens dar (**M5**).
4. Erläutere, welche Auswirkung das vermehrte Aufstellen von Verkehrsschildern für die einzelnen Verkehrsteilnehmenden mit sich bringt (**M6**).
5. Diskutiert zu zweit, ob Opa Schultz zukünftig lieber selbst ein- und ausparken oder die Parkautomatik nutzen sollte (**M7**).

F **zu Aufgabe 3**
Stellt für die einzelnen Stufen des autonomen Fahrens dar, wie das Ein- und Ausparken erfolgt (**M5**, **M7**).

F **zu Aufgabe 4**
Diskutiert zu zweit, welche Auswirkungen das autonome Fahren auf die Anzahl der Verkehrsschilder auf den Straßen haben wird (**M6**).

Autonomes Fahren – Problemlöser oder Problemverursacher?

personenbezogene Daten
Das sind Informationen über eine Person, die es ermöglichen, herauszufinden, wer jemand ist (z. B. Name und Adresse).

Mai-Thi überlegt, ihren Arbeitsweg in einem autonomen Fahrzeug zurückzulegen, um während der Fahrt Akten ihrer Patient:innen zu lesen und sich so auf die Termine vorbereiten zu können. Allerdings ist der Schutz personenbezogener Daten besonders wichtig – darf sie in ihrem autonomen Fahrzeug überhaupt sensible Daten lesen?

M8 Der Umwelt zuliebe?

Karikatur: Thomas Plaßmann

M9 Digitalunternehmen als Entwicklungstreiber?

Unternehmen, die sich mit digitaler Technologie beschäftigen, interessieren sich nicht so sehr für Autos selbst, sondern dafür, wie Autos Daten austauschen und mit Apps und Smartphones verbunden sind. Sie wollen, dass Autos miteinander, mit anderen Fahrzeugen, mit Straßen und Ladesäulen und mit den Menschen, die sie benutzen, kommunizieren können.

Im Gegensatz zu den Autoherstellern, die sich auf das Auto als Gerät konzentrieren, wollen diese Unternehmen, dass alle Geräte gut zusammenarbeiten und jede:r sie nutzen kann. Für sie ist es in Ordnung, wenn selbstfahrende Elektroautos langsam fahren, damit sie alles um sich herum gut erkennen können. Das Unternehmen Google zum Beispiel möchte mit seinen Daten Geld verdienen und immer mehr Daten sammeln. Handys und andere Geräte, die Daten verarbeiten, sind dabei hilfreich.

In der Zukunft könnten selbstfahrende Autos als Taxis oder Lieferdienste genutzt werden, wenn sie zuverlässig, preiswert und weit verbreitet sind. Dann sind die Autos selbst nicht mehr das Wichtigste, sondern nur ein Teil von vielen Möglichkeiten, wie man sich fortbewegen kann.

M10 Mit Robo-Taxis zu mehr Nachhaltigkeit?

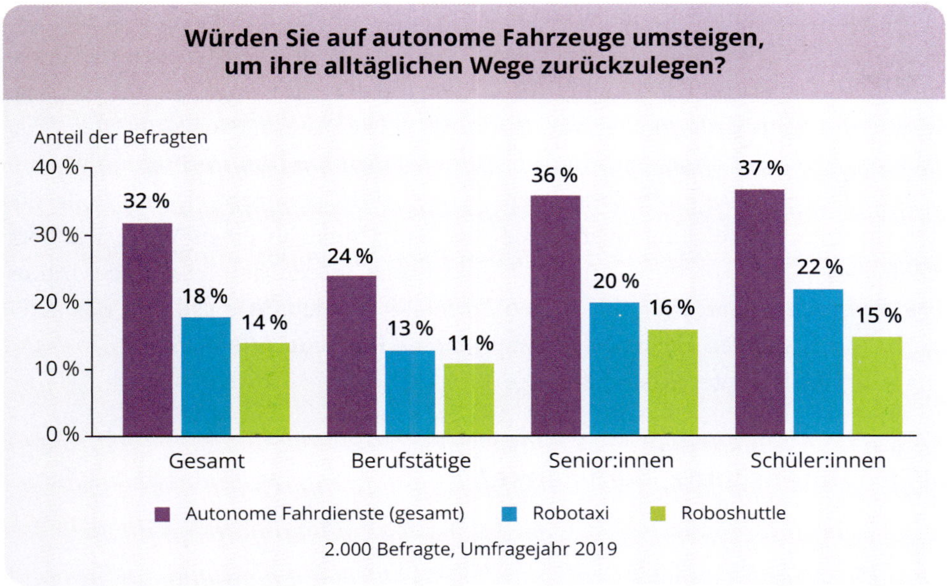

Nach: Statista; Datenquelle: Deloitte

M11 Sind Verkehrsunfälle menschengemacht?

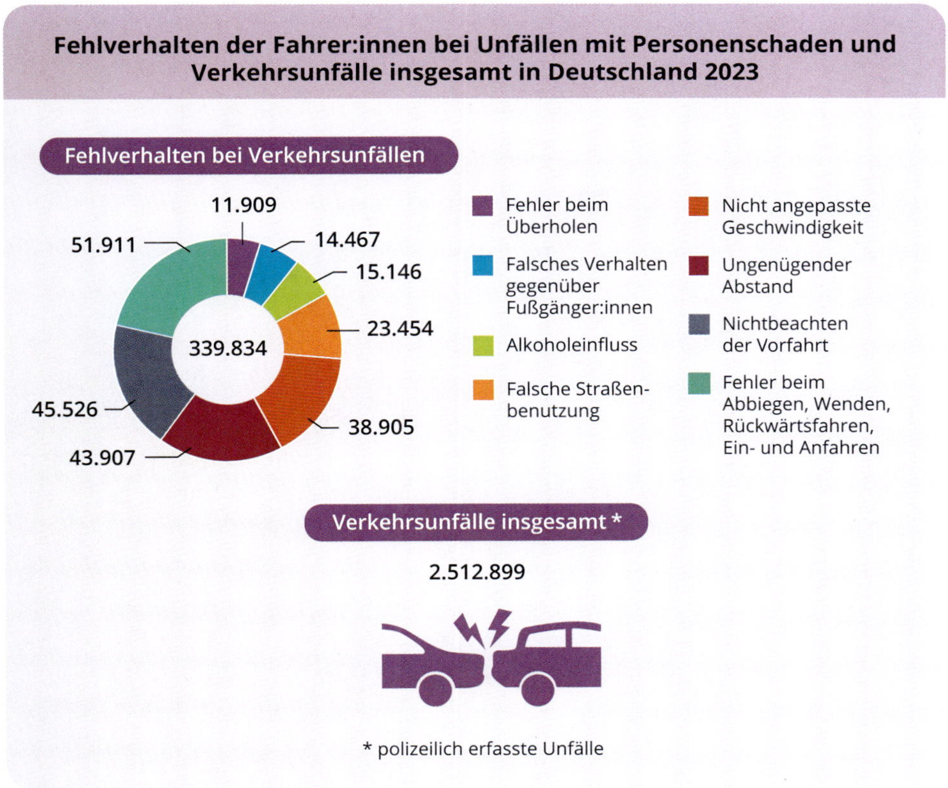

©C.C. Buchner Verlag, Daten nach: Destatis, 2023

M12 Dilemmasituation – für wen entscheiden?

Ein autonomes Auto mit einem 60-jährigen Insassen fährt in der Dämmerung auf einer Landstraße. Hinter einer Kurve überquert, unvorhersehbar für das Fahrzeug und den Insassen, eine junge Familie die Straße – ein Zusammenstoß ist ohne Ausweichmanöver unvermeidlich.

Das Fahrzeug könnte auf die Gegenfahrbahn ausweichen, doch dort kommt ihm ein voll besetzter Kleinbus entgegen. Bei einem Zusammenstoß mit dieser Geschwindigkeit würden die Insassen beider Fahrzeuge getötet werden. Als letzte Alternative bleibt der Straßengraben auf der rechten Fahrbahnseite, doch dort geht es eine steile Böschung hinab in einen Wald. Bei dem Aufprall würde der Insasse des Autos getötet werden. Wie soll sich das autonome Fahrzeug verhalten?

M13 Datenschutz, nein danke?

Datenschutz
Hiermit sollen persönliche Daten von Menschen geschützt werden.

Der Datenschutz-Albtraum auf vier Rädern: Wann du wie schnell wohin fährst – alles bekannt

Durch die 360°-Kamera ausgespäht: Selbst außerhalb des Autos bist du nicht sicher!

Häufig besuchte Orte, Intelligenz, Präferenzen – was die Autohersteller alles über uns wissen

Sensoren, Mikrofone, Kameras, gekoppelte Geräte – alles auslesbar!

TECHNIKFOLGENABSCHÄTZUNG

Das Ziel der Technikfolgenabschätzung ist es, frühzeitig Chancen und Herausforderungen von technischen Innovationen zu erkennen.
In der interdisziplinären Analyse werden der gesellschaftliche Bedarf technologischer Innovationen und deren Passfähigkeit gegenübergestellt. Gleichzeitig werden auch wirtschaftliche und ökologische Faktoren berücksichtigt. Beispielsweise werden bei der Elektromobilität die Auswirkungen des Wechsels auf das Stromnetz untersucht. Auch werden hierzu die Versorgungs- und Entsorgungsmöglichkeiten sowie der Ressourcenabbau bewertet. Auf Basis der Erkenntnisse können Handlungsmöglichkeiten aufgezeigt werden.

interdisziplinär
verschiedene Fachrichtungen der wissenschaftlichen Forschung einschließend

AUFGABEN

82302-272

1. Gib die Herausforderungen der (autonomen) Elektromobilität wieder (**M8**).
2. a) Fasse die Rolle von Digitalunternehmen bei der (Weiter-)Entwicklung des automatisierten Fahrens zusammen (**M9**).
   b) Leite mögliche Veränderungen in produzierenden und Logistikunternehmen ab, die aus der vermehrten Nutzung selbstfahrender Fahrzeuge resultieren (**M9**).
3. Analysiere die Bereitschaft verschiedener Personengruppen, autonome Flottenfahrzeuge wie Robo-Taxis zu nutzen (**M10**).
4. a) Untersuche anhand von **M11**, ob Verkehrsunfälle tatsächlich menschengemacht sind.
   b) Beurteilt zu zweit folgende Aussage von Christian zum autonomen Fahren: „Wenn in ein paar Jahren nur noch autonome Fahrzeuge auf den Straßen unterwegs sind, wird es keine Verkehrsunfälle mehr geben, da der Mensch als unvorhersehbarer Faktor entfällt."
5. a) Führe die Beurteilung der Situationen in **M12** mithilfe des QR-Codes in der Randspalte in der „Moral Machine" durch.
   b) Diskutiert in einer Gruppe, wie sich das autonome Fahrzeug in der Dilemmasituation verhalten soll. Bezieht hierbei auch eure Ergebnisse aus Aufgabe a) mit ein (**M12**).
   c) Verfasst in der Gruppe Regeln, die bei der Entwicklung und Programmierung von autonomen Fahrzeugen zugrundliegen sollten (**M12**).
   d) Vergleicht die von euch aufgestellten Regeln mit den ethischen Regeln für den automatisierten und vernetzten Fahrzeugverkehr (QR-Code).
6. a) Analysiere anhand der Schlagzeilen aus **M13**, auf welche Art und Weise Autohersteller Nutzer:innendaten sammeln und nutzen.
   b) Leite anhand deiner Ausarbeitung aus Aufgabe 6 a) ab, welche Maßnahmen jede:r einzelne ergreifen kann, damit die persönlichen Daten geschützt bleiben.

F zu Aufgabe 1
Erstelle eine Übersicht zu einer Neuerung deiner Wahl.

F zu Aufgabe 3
Erläutere, worin bei der von dir gewählten Neuerung die Neuartigkeit liegt.

Moral Machine

82302-107

Die 20 ethischen Regeln

82302-108

Werden Neuerungen von Menschen für Menschen gemacht?

Paul hat zu seinem Geburtstag ein neues Smartphone geschenkt bekommen, von dem er begeistert ist. Er recherchiert sehr viel zu Programmiersprachen, um eigene Programme erstellen zu können, die ihm den Alltag erleichtern. Doch wer hat eigentlich wann Programmiersprachen oder auch das Internet erfunden?

M14 Von wann ist das?

Glühbirne

Auto

Smartphone

Flugzeug

Computer

M15 Ada Lovelace als Informatik-Pionierin

Countess
englischer Adelstitel

Augusta Ada King Byron, Countess of Lovelace wurde am 10.12.1815 in London geboren. Mit 17 Jahren lernte Ada den Professor der Universität Cambridge, Charles Babbage kennen, der an seiner „Analytical Engine", einer mechanischen Rechenmaschine, forschte.

Ada Lovelace untersuchte diese Rechenmaschine und sah in dieser Maschine den ersten Computer. Sie formulierte sogar die systemische Verarbeitung von Informationen als Grundidee der Informatik. Sie beschrieb den Computer als Maschine, die Musikstücke komponieren könne und schrieb die erste Software – ein Programm zur Berechnung der Bernoulli-Zahlen. Da sie als Frau nicht in Bibliotheken gehen durfte, war sie bei ih-

Bernoulli-Zahlen
mathematische Zahlenfolge

Portrait von Ada Lovelace, 19. Jahrhundert

ren Ausarbeitungen darauf angewiesen, dass ihr Ehemann die wissenschaftlichen Beiträge für sie abschrieb.
Wenngleich die Ausführungen von Ada Lovelace zu ihren Lebzeiten wenig Anerkennung gefunden haben, war sie ihrer Zeit voraus und gilt heute als Informatik-Pionierin.

M16 Konrad Zuse – ein Erfinder des Computers

Video: Das binäre Zählsystem

82302-109

Erste Rechenmaschine von Konrad Zuse

Am 22.06.1910 wurde Konrad Zuse in Berlin geboren. Hier studierte er auch Maschinenbau, Architektur und schließlich Bauingenieurwesen. Da Zuse nach eigener Auskunft „zu faul zum Rechnen" war, begann er 1935 im Wohnzimmer seiner Eltern mit dem Bau der ersten binär arbeitenden, programmierbaren, mechanischen Rechenmaschine, dem Z1. Aus Kostengründen nutzte er hierfür unter anderem Bleche und Stahlstifte, die er im Altwarenhandel gekauft hatte und von Hand bearbeitete.
Da diese Rechenmaschine noch nicht zuverlässig funktioniert, nutzt er für seinen Z3, den er am 12.05.1941 vorstellt, ausrangierte Telefonrelais der Post. Nachdem der Z3 durch einen Bombenangriff zerstört wurde, arbeitete Zuse am Z4. In der Zwischenzeit hatte jedoch John von Neumann vom Institute for Advanced Study in Princeton einen elektronischen Computer entwickelt, der die Leistungsfähigkeit von Zuses Computer deutlich überstieg. Konrad Zuse legte mit seinem Z3, der ersten vollautomatischen, frei programmierbaren, programmgesteuerten Rechenanlage im Dualsystem, eine wichtige Grundlage für die Erfindung des Computers, wie wir ihn heute kennen.

Bearbeiterin, basierend auf: Schramm, Martin: Der Computer hatte viele Väter. In: www.ardalpha.de, 11.05.2021

Telefonrelais wurden früher genutzt, um beispielsweise eingehende Anrufe durch Leuchten oder Hupen anzuzeigen

M17 Das World Wide Web – das digitale Tor zur Welt?

Tim Berners-Lee wurde am 08.06.1955 in London geboren. Nach seinem Physikstudium hatte er die Vision, dass Wissenschaftler:innen ortsunabhängig Informationen miteinander austauschen können sollten. Die Grundlage hierfür, das ARPAnet, welches vier Computer an unterschiedlichen Universitätsstandorten miteinander verband, wurde bereits 1969 eingeführt. Seit 1971 waren auch der Versand und das Empfangen von E-Mails möglich. Im Jahr 1989 entwickelte Berners-Lee das World Wide Web, welches mit der Aktivierung der ersten Website im Jahr 1990 auch für Menschen außerhalb von Militär und Forschung nutzbar wurde.

Tim Berners-Lee

Bearbeiterin, basierend auf: Schramm, Martin: Der Computer hatte viele Väter. In: www.ardalpha.de, 11.05.2021

F zu Aufgabe 2a
Recherchiere zur Berechnung der Bernoulli-Zahlen.

Ein **Umspannwerk** ist eine elektrische Anlage, die dazu dient, die Spannung von elektrischem Strom in Hoch- und Höchstspannungsnetzen für die regionale Verteilung oder den Endverbrauch herauf- oder herunterzutransformieren.

AUFGABEN

82302-273

1. a) Ermittle, wie häufig du die dargestellten Dinge pro Tag nutzt (**M14**).
b) Beschreibe einen möglichen Tagesablauf, wenn es die von dir am häufigsten genutzte Erfindung nicht gäbe – was wäre gleich, was würde sich verändern (**M14**)?
c) Erstelle jeweils einen Kurzsteckbrief zu den Erfinder:innen der abgebildeten Neuerungen (**M14**). Recherchiere hierzu im Internet.

2. a) Vergleiche die dargestellten Erfinder:innen in **M15-M17** miteinander: Welche Herausforderungen sind ihnen begegnet?
b) Versetzt euch als Gruppe in folgende Situation: Ihr kommt von der Schule nach Hause und sollt als Hausaufgabe drei verschiedene technischen Innovationen der letzten 20 Jahre beschreiben. Plötzlich zieht ein starkes Gewitter auf und ein Blitz schlägt in einem Umspannwerk ein – es kommt zum Stromausfall. Entwickelt als Gruppe eine Strategie, wie ihr heute und vor 100 Jahren mit dieser Situation umgehen würdet und vergleicht beide Szenarien miteinander.

Mit Neuerungen die Welt verbessern?

Paul ärgert sich. Von seinen Freund:innen, die andere Schulen besuchen, hört er immer, welche tollen neuen Apps sie im Unterricht nutzen. Und er darf nicht mal auf die Uhr von seinem Smartphone schauen. Doch verbessern digitale Anwendungen wirklich den Unterricht?

M18 Digitale Tools für guten Unterricht?

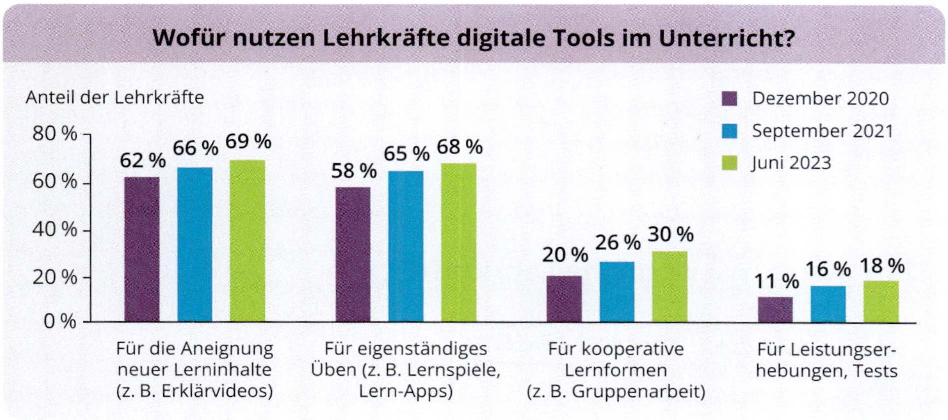

Nach: Statista; Datenquelle: Robert Bosch Stiftung: Das Deutsche Schulbarometer, 2024

Video: Noten für Lehrer:innen – wie geht guter Unterricht?
82302-110

M19 Herausforderungen überall!

1

DIGITALISIERUNG AN DEUTSCHEN SCHULEN (SYMBOLBILD)

Karikatur: Cloud Science, 2022

2

Mädchen mit schwerer Schultasche

3

Lehrkraft schreibt an der Tafel

M20 Digitalisierte Schule – eine Wunschvorstellung?

Ich würde gerne mehr digitale Tools im Unterricht einsetzen, aber wir haben die technische Ausstattung dafür nicht.

Die Erziehungsberechtigten möchten nicht, dass ihre Kinder auch noch in der Schule digitale Endgeräte nutzen, das machen sie in ihrer Freizeit schon genug.

Ich muss immer einen Plan B für den Unterricht vorbereitet haben für den Fall, dass die digitale Variante nicht funktioniert.

Der Wissensstand meiner Schüler:innen ist so unterschiedlich. Einige bedienen hier zum ersten Mal ein digitales Endgerät, andere nutzen Smartphones schon seit vielen Jahren.

Wenn die Schüler:innen ihre eigenen Geräte mitbringen, dann haben wir alles, was wir zur Nutzung digitaler Tools benötigen.

Unsere Schule hat nicht genug Budget, um die notwendige Infrastruktur anzuschaffen.

Ich würde gerne eine Weiterbildung besuchen, um mich im Einsatz digitaler Tools sicher zu fühlen. Dafür habe ich leider keine Zeit.

Viele Tools, die ich gerne nutzen würde, darf ich aus datenschutztechnischen Gründen nicht verwenden.

M21 Alexa, wo ist meine Lehrkraft?

Karikatur: RABE, 2023

AUFGABEN

1. a) Gebt zu zweit wieder, wofür Lehrkräfte digitale Tools im Unterricht einsetzen (**M18**).
   b) Diskutiert zu zweit, inwieweit der Einsatz digitaler Tools den Unterricht verbessern kann.
2. Erläutere, wie die dargestellten Situationen im Unterricht durch Neuerungen verbessert werden können (**M19**).
3. a) Analysiere anhand der Aussagen von Lehrkräften in **M20** die Herausforderungen der Digitalisierung im Unterricht.
   b) Entwickelt zu zweit Vorschläge, wie diese Herausforderungen durch Neuerungen gelöst werden können.
4. Analysiert die Karikatur (**M21**).
5. Entwickelt eine Vision, wie Unterricht im Jahr 2050 aussehen könnte?

82302-274

Woher kommt die Energie?

Paul und Peter gehen in den Ferien zelten. Schon auf dem Weg zum Campingplatz stellt Paul fest, dass er vergessen hat, sein Smartphone aufzuladen. Spätestens auf der Rückfahrt morgen wird er nicht mehr spielen und Videos schauen können. Was kann er tun, um sein Smartphone ohne eine Steckdose aufzuladen?

M22 Energieformen – das alles ist Energie

Chemische Energie	Chemische Energie liegt in Form von fossilen Brennstoffen wie Holz und Biomasse vor. Wenn eine chemische Reaktion stattfindet und die Bindungen sich ändern, wird diese Energie freigesetzt, z. B. beim Verbrennen von Holz.
Elektrische Energie	Elektrische Energie ist die Energie, die durch den Fluss von Elektronen in einem elektrischen Leiter wie einem Kabel transportiert wird. Diese Energieform wird genutzt, um Geräte wie Lampen oder Computer zu betreiben. Sie ist nur anhand ihrer Wirkung, z. B. Bewegung oder Licht, erkennbar.
Mechanische Energie	Mechanische Energie ergibt sich aus der Summe von kinetischer Energie (Bewegungsenergie), z. B. die Energie von fließendem Wasser oder einem fahrenden Auto, und potenzieller Energie (Lageenergie), z. B. gespeicherte Energie des Wassers in einem Stausee.
Thermische Energie	Thermische Energie (Wärmeenergie) ist die Energie, die mit der Bewegung von Teilchen in einem Stoff zusammenhängt. Je wärmer der Stoff ist, desto schneller bewegen sich die Teilchen und desto mehr thermische Energie hat er.
Strahlungsenergie	Strahlungsenergie ist Energie, die in Form von Wellen oder Teilchen wie Licht oder Wärmestrahlung durch den Raum transportiert wird. Die Sonne sendet bspw. Strahlungsenergie in Form von Sonnenlicht zur Erde.
Kernenergie	Kernenergie ist die Energie, die in den Atomkernen gespeichert ist. Sie kann freigesetzt werden, wenn Atomkerne gespalten (Kernspaltung) oder verschmolzen (Kernfusion) werden.

Biomasse
organisches Material wie Pflanzenreste, Holz und landwirtschaftliche Abfälle, das als Energiequelle genutzt werden kann

PRIMÄRENERGIETRÄGER

Primärenergieträger sind natürliche Energiequellen, die noch keiner technischen Umwandlung unterzogen worden. Sie sind die ursprüngliche Form von Energie, wie sie in der Natur vorkommt. Es werden drei Arten von Primärenergieträgern unterschieden: Fossile, nukleare und regenerative Primärenergieträger.

M23 Woher stammt unsere Energie?

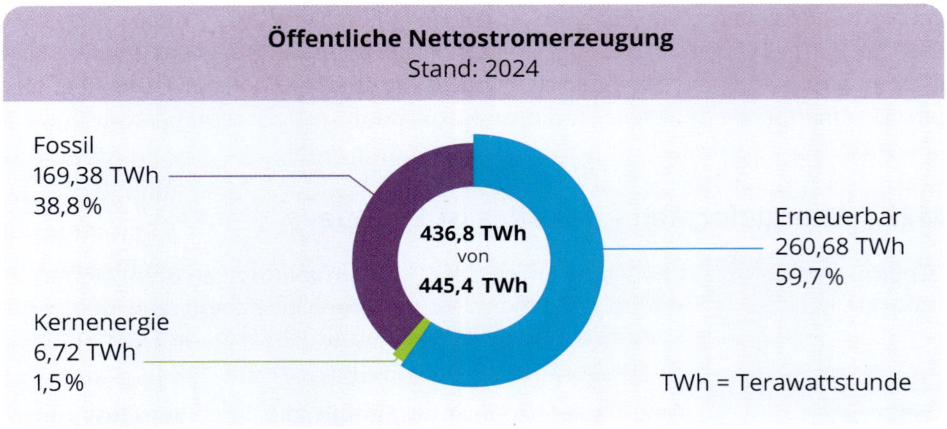

Nach: Energy Charts, Fraunhofer ISE, 2023

M24 Die Kraftquellen der Welt

Primärenergieträger erklärt

82302-111

Fossile Brennstoffe sind über Millionen von Jahren aus organischen Materialien entstanden. Da sie sich in einem Zeitraum von 100 Jahren kaum erneuern, ist ihr Vorkommen begrenzt. Hierzu zählen Kohle, Erdöl, Erdgas und Methanhydrat. Bei nuklearen Primärenergieträgern wird die Energie durch Kernspaltung in Kernreaktoren festgesetzt.
Problematisch hierbei sind die langfristigen Umweltschäden und gesundheitlichen Risiken für die Bevölkerung, sollte es zu einem Unfall kommen. Auch der radioaktive Abfall, der bei der Kernspaltung entsteht und über einen langen Zeitraum hinweg gefährlich bleibt, muss in Endlagern deponiert und sicher verwahrt werden. Die regenerativen oder erneuerbaren Primärenergieträger sind nachhaltig, da sie sich natürlich erneuern oder nicht erschöpfen. Hierzu zählen z. B. Solar- und Windenergie, Wasserkraft oder Biomasse.
Da viele erneuerbare Energieträger von Wetterbedingungen oder Tageszeiten abhängig sind, kommt es zu Schwankungen in der Energieerzeugung. Gleichzeitig ist eine Speicherung der Energie noch nicht in großem Maßstab wirtschaftlich oder effizient nutzbar.

AUFGABEN

82302-275

1. Gib für jede Energieform zwei Beispiele aus deinem Alltag an (**M22**).
2. Analysiere, welche Energieträger in Deutschland am meisten Energie erzeugen – sind es eher fossile, nukleare oder regenerative Primärenergieträger (**M23**, **#Primärenergieträger**)?
3. Entwerft als Gruppe ein (digitales) Plakat zu einer Anlage zur Energieversorgung und stellt eure Ergebnisse der Klasse vor (**M24**, QR-Code).

F zu Aufgabe 2
Ermittle, wie die Verteilung der Primärenergieträger hinsichtlich der Energieerzeugung in drei anderen Ländern ist. Recherchiere hierzu im Internet.

Warum brauchen wir eine Energiewende?

Paul kommt nach den Ferien wieder in die Schule. Auf einmal ist eine Solaranlage auf dem Dach, die Sonnenlicht in elektrische Energie umwandelt. So kann er an der Ständerbohrmaschine oder wenn er im Klassenzimmer sein Handy auflädt einen Teil der „Sonnenergie“ nutzen und so die Umwelt schützen. Aber warum ist das wichtig?

M25 Wer stößt die meisten Treibhausgase in Deutschland aus?

©C.C.Buchner Verlag, aktuelle Daten nach: Umweltbundesamt (Datenerhebung: 2022; Grafikerstellung: 2024)

M26 Energie im Wandel – die Energiewende

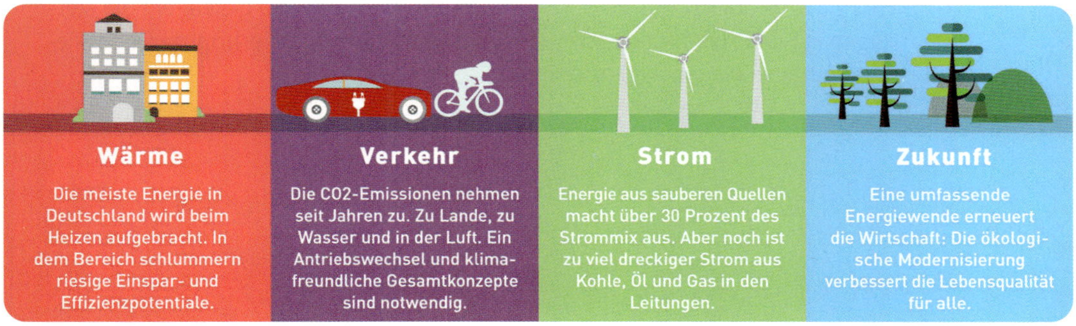

©Heinrich-Böll-Stiftung

M27 Energiewende – aber wie?

Um auch zukünftigen Generationen ein Leben auf der Erde zu ermöglichen, müssen die globale Erwärmung und der Ausstoß von Kohlenstoffdioxid, das die Umwelt stark belastet, minimiert werden. Damit dieses Ziel erreicht werden kann, werden drei zentrale Ansätze verfolgt: Die erste mögliche Maßnahme hierfür ist, dass bis 2050 die erneuerbaren Energien etwa 60 % des Bruttoendenergieverbrauchs einnehmen sollen und somit fossile Energieträger zunehmend ersetzen. Gleichzeitig muss die Energieeffizienz erhöht werden, indem Anlagen modernisiert werden, sodass beispielsweise die bei der Energieumwandlung entstehende Wärme zum Heizen genutzt werden kann.

Der zweite Ansatz zur Energiewende bezieht sich auf die Entwicklung von Speicherlösungen für Energie. Erneuerbare Energien wie Solar- oder Windenergie stehen nicht ständig zur Verfügung. Wenn an einem Tag sehr viel Strahlungsenergie der Sonne in elektrische Energie umgewandelt werden kann, muss diese sofort genutzt werden, da es noch an Speichermöglichkeiten zum späteren Abruf fehlt. Denkbar wäre die Nutzung dieser überschüssigen Energie zur Spaltung von Wasser. Der entstandene Wasserstoff kann in Tanks gespeichert und mittels Brennstoffzellen wieder in elektrische Energie umgewandelt werden.

Ein weiterer Aspekt der Energiewende ist die Fokussierung der Dezentralisierung. Die Bereitstellung der Energie soll zukünftig nicht mehr durch einige wenige Großkraftwerke erfolgen, sondern viele kleine Anlagen zur Energieumwandlung speisen ihre Energie ein, um die Energieversorgung sicherzustellen.

ENERGIEWENDE

Die Energiewende bezeichnet den Übergang von traditionellen, fossilen und nuklearen Primärenergieträgern zu nachhaltigeren, erneuerbaren Energieformen. Dieser Prozess ist sowohl eine technologische als auch eine sozialpolitische Herausforderung. Die Energiewende wird durch politische Unterstützung in Form von Gesetzgebung, Förderprogrammen und Investitionen sowie einer Anpassung der Marktstrukturen vorangetrieben. Die wesentlichen Schlüsselelemente der Energiewende sind die Reduzierung des Energieverbrauchs, der Einsatz erneuerbarer Primärenergieträger, die Verringerung der Treibhausgasemissionen, die Dezentralisierung der Energieerzeugung sowie die Anpassung der Energieinfrastruktur.

F zu Aufgabe 1b
Sieh dich auf der interaktiven Deutschlandkarte hinter dem QR-Code um und arbeite heraus, welche Orte und Organisationen in deiner Nähe einen Beitrag zur Energiewende leisten.

82302-112

F zu Aufgabe 2
Recherchiere und bewerte die von der Bundesregierung festgelegten Maßnahmen zur Energiewende.

AUFGABEN

82302-276

1. a) Ordne die CO_2-Ausstoßungen der Größe nach zu (**M25**).
   b) Erörtert zu zweit, welchen Beitrag ihr und eure Familien leisten können, um den Ausstoß an CO_2 innerhalb der Sektoren zu verringern.
2. Erarbeite die wichtigsten Faktoren und Ziele der Energiewende (**M26**, **M27**, **#Energiewende**).
3. Entwickelt in der Klasse Ideen, welche Technik(en) der Zukunft und welche konkreten Maßnahmen zur Energiewende beitragen können (**M25-M27**, **#Primärenergieträger** (S. 229), **#Energiewende**).

Ein Leben ohne Kommunikation, geht das überhaupt?

Charlotte bemerkt nach der Aufnahme eines neuen Videos für ihren Kanal, dass der Ton fehlt und überlegt anschließend, wie sie sicherstellen kann, dass auch Menschen mit Hörbeeinträchtigungen ihre Videos verstehen können. Wie kann Charlotte das erreichen?

M28 Kommunikation ohne Worte: das Morsealphabet

A	• ▬	N	▬ •
B	▬ • • •	O	▬ ▬ ▬
C	▬ • ▬ •	P	• ▬ ▬ •
D	▬ • •	Q	▬ ▬ • ▬
E	•	R	• ▬ •
F	• • ▬ •	S	▬
G	▬ ▬ •	T	• • •
H	• • • •	U	• • ▬
I	• •	V	• • • ▬
J	• ▬ ▬ ▬	W	• ▬ ▬
K	▬ • ▬	X	▬ • • ▬
L	• ▬ • •	Y	▬ • ▬ ▬
M	▬ ▬	Z	▬ ▬ • •

Morse(alphabet)
Zeichenfolge zur Übermittlung von Nachrichten mittels Telegrafen (s. M29 Bild 2), benannt nach dem Erfinder Samuel Morse

M29 Kommunikation im Wandel der Zeit

1

Telefonanlage

2

Telegraf

3

Drehwahltelefon

4

Telefonzelle

5

kabelgebundenes Tastentelefon

6

kabelloses Festnetztelefon

7

Handy

8

Smartphone

Aktives Zuhören bedeutet, aufmerksam zuzuhören, um den Sprecher vollständig zu verstehen und auf ihn eingehen zu können.

KOMMUNIKATION

Kommunikation ist der Prozess, bei dem Informationen, Gedanken, Emotionen oder Ideen zwischen zwei oder mehreren Personen ausgetauscht werden.
Sie ist ein grundlegender Aspekt des menschlichen Zusammenlebens und wesentlich für Beziehungen, Bildung, Geschäftswelt und alle Bereiche des gesellschaftlichen Lebens. Effektive Kommunikation erfordert nicht nur das Senden von Informationen, sondern auch aktives Zuhören und das Verstehen der Botschaft des Anderen. Sie kann direkt, also von Angesicht zu Angesicht, oder indirekt, über technische Hilfsmittel wie Telefon, E-Mail oder soziale Medien, stattfinden.

M30 Gefahrenquelle Smartphone?

Charlotte: Als ich letzte Woche mit dem Fahrrad zum Sport gefahren bin, habe ich kurz eine Nachricht auf meinem Smartphone gecheckt. Dabei habe ich den Bordstein übersehen und wäre fast gestürzt.

Sabine: Die Fotos von meinem Tag hänge ich nicht an meine Haustür, damit meine Nachbarn sie sehen können. Wieso sollte ich sie dann im Internet posten?

Elif: Mein großer Bruder hängt den ganzen Tag am Smartphone. Wir machen fast gar nichts mehr zusammen.

Alina: Gestern hat jemand die Zugangsdaten für das Onlinebanking meines Papas gehackt. Zum Glück hat er es schnell bemerkt und der Schaden konnte behoben werden.

Paul: Gestern habe ich mein Smartphone mit Karton in eine VR-Brille verwandelt und konnte mir eine Windkraftanlage ansehen. Das war, als wäre ich wirklich da. Aber hinterher war mir ganz schön übel.

M31 Senden und Empfangen

1

Zwei junge Erwachsene unterhalten sich.

2

Video auf einer Online-Plattform

AUFGABEN 82302-277

1. Findet euch zu zweit zusammen. Jede:r schreibt eine kurze Nachricht im Morsecode. Tauscht die Nachrichten aus und übersetzt sie (**M28**).
2. Arbeite die wesentlichen Merkmale und Unterschiede der verschiedenen Meilensteine der Kommunikationstechnik heraus (**M29**).
3. a) Erläutere, inwieweit dein Smartphone in deinem Alltag für dich zur Gefahr werden kann (**M30**).
   b) Analysiert zu zweit, in welchen Alltagssituationen euer Smartphone einen Nutzen bietet.
4. Entwickle Vorschläge, wie Charlotte es schaffen kann, dass möglichst viele Personen ihre Videos verstehen können (**M31**).
5. Diskutiert zu zweit Chancen und Herausforderungen der Kommunikation im Wandel der Zeit: Welche Möglichkeiten und Gefahren ergeben sich dadurch (**#Kommunikation**, **M28-M31**)?

F **zu Aufgabe 2**
Erstelle eine Zeitstrahl zur Entwicklung des Musikhörens.

METHODE

Technische Exkursion

Worum geht es?

Jeden Tag werden neue technische Inventionen vorgestellt, die häufig zu Innovationen werden. Hier einen Überblick zu behalten ist gar nicht so leicht. Aber diese Innovationen einmal mit eigenen Augen sehen und vielleicht sogar ausprobieren können? Das könnt ihr in einer technischen Exkursion erleben.

Geht dabei so vor:

1. Schritt: Schwerpunkt festlegen

Ihr müsst euch genau überlegen, welche technische Innovation ihr näher kennenlernen und was ihr darüber erfahren möchtet. Informiert euch hierfür am besten im Internet über aktuelle technische Innovationen.
Ihr könnt euch beispielsweise über die neuesten Trends in der Kommunikation informieren. Ein möglicher Schwerpunkt könnten hier die künstliche Intelligenz oder Chatbots sein.

2. Schritt: Geeigneten Ort auswählen

Nicht jedes Unternehmen oder jede Einrichtung kann und muss alle technischen Innovationen einsetzen. Informiert euch genau, welche Unternehmen bzw. Einrichtungen in eurer Umgebung die von euch ausgewählte technische Innovation einsetzen bzw. zeigen. Gemeinsam mit eurer WAT-Lehrkraft macht ihr einen Vor-Ort-Termin für eine technische Exkursion aus. Denkt dabei daran, den Schwerpunkt eurer technischen Exkursion deutlich zu benennen. Für das Thema Kommunikation eignet sich beispielsweise ein Besuch im Museum für Kommunikation in Berlin.

3. Schritt: Technische Exkursion vorbereiten

Bevor ihr zur technischen Exkursion aufbrecht, solltet ihr einige wichtige Punkte klären:

- Was genau macht das Unternehmen bzw. was genau zeigt die Einrichtung, das/die ihr besucht und was möchtet ihr in dem Unternehmen/der Einrichtung sehen?
- Gibt es ggf. (Sicherheits-)Aspekte, die ihr vor eurem Besuch berücksichtigen müsst? Das könnten zum Beispiel das Tragen langer Kleidung oder das Zusammenbinden von Haaren sein.
- Welche Fragen wollt ihr vor Ort stellen?
- Wie lange wird euer Ausflug dauern, müsst ihr ggf. Verpflegung mitnehmen?
- ...

4. Schritt: Technische Exkursion durchführen

Jetzt nehmt euch euer vorbereitetes Material und los geht's! Stellt vor Ort alle eure Fragen, lasst euch alles zeigen und probiert alles aus, was möglich ist. Aber bedenkt dabei immer, dass die Abläufe in den Unternehmen bzw. Einrichtungen durch eure Anwesenheit nicht gestört werden sollten – achtet also genau auf das, was die Mitarbeitenden euch sagen.

5. Schritt: Technische Exkursion auswerten

Zurück in der Schule geht es an die Auswertung. Zuerst sollte jede:r für sich verschriftlichen, was es bei der technischen Exkursion hinsichtlich des festgelegten Schwerpunktes zu sehen gab. Vergleicht anschließend eure Ausarbeitungen miteinander.

6. Schritt: Ergebnisse veröffentlichen

Formuliert ein Gesamtergebnis eurer technischen Exkursion. Stellt dieses in Form eines Vortrages, eines Posters oder als große Präsentation auf dem nächsten Schulfest vor.

Mit dem Fahrrad in den Urlaub – Utopie oder Realität?

Ama und Tom möchten dieses Jahr den ersten gemeinsamen Urlaub zusammen erleben, doch das Budget ist knapp. Sie haben sich für eine Woche eine kleine Ferienwohnung im Nationalpark Harz gebucht. Da sie vor Ort noch ein paar Ausflüge machen möchten, ist die Urlaubskasse beinahe leer. Doch wie kommen sie jetzt kostengünstig zu ihrem Reiseziel?

M32 Mit dem Fahrrad in den Urlaub?

a Fahrt mit dem **Harz-Berlin-Express** für 32 € pro Person für die Hin- und Rückfahrt, Fahrten vor Ort müssten zusätzlich bezahlt werden oder für 6 € pro Peron könnte ein Fahrrad mitgenommen werden; Fahrtdauer ca. 4 Stunden

b Miete eines **Kleinwagens** für eine Woche für ca. 500 € zzgl. Kraftstoffkosten von ca. 150 €; Fahrtdauer ca. 2,5 Stunden

c Nutzung der vorhandenen **E-Bikes**, Fahrten vor Ort könnten mit dem Fahrrad realisiert werden, Fahrtdauer ca. 14,5 Stunden; Übernachtung auf der Hälfte der Strecke für ca. 50 € pro Übernachtung

d Nutzung eines **Fernbusses** für 18 € pro Person pro Fahrt, Fahrten vor Ort müssten zusätzlich bezahlt werden oder für 27 € pro Person könnte ein Fahrrad mitgenommen werden; Fahrtdauer ca. 4,5 Stunden

M33 Alles eine Frage der richtigen Einstellung?

Tom fragt seinen Großvater in Sachen Urlaub um Rat: „Du, Opa, wir wollen doch im Sommer wegfahren. Ich hatte ja gar nicht auf dem Schirm, wie teuer das alles ist. Wie habt ihr das denn damals gemacht?" Opa Schultz zuckt gelassen mit den Schultern. „Naja, bei uns ging es damals eben nicht nach Mallorca, sondern kostengünstig in den Harz oder an die Ostsee. Und weil das nicht so weit weg ist, konnten wir mit dem Fahrrad fahren." „Aber da wart ihr doch bestimmt eine Woche unterwegs, oder?" „Nein, nein. Meistens sind wir zwei Tage gefahren. Übernachtet haben wir dann auf dem Campingplatz."

Tom wird nachdenklich: „Wenn ich mit dem Fahrrad zur Arbeit fahre, dann tut mir am nächsten Tag alles weh. Ich kann mir das absolut nicht vorstellen, Opa." „Du brauchst eben ein bequemes Fahrrad, das gut auf dich abgestimmt ist, und musst ein wenig vorher trainieren, dann ist das halb so schlimm. Wenn du möchtest, können wir uns dein Fahrrad einmal gemeinsam ansehen."

M34 Ein Fahrrad ... für alles?

Oh je, draußen regnet es. Wie soll ich jetzt zu meinem Reiseziel kommen, ohne nass zu werden?

Wenn ich mit dem Fahrrad auf die Arbeit gefahren bin, fühle ich mich richtig fit und wach.

Die Strecke bis zum Schwimmbad ist mir zu weit, da bin ich ja 45 Minuten unterwegs.

Es gibt kein schlechtes Wetter, nur ungeeignete Kleidung.

Auf dem Weg zur Schule bin ich durch eine Scherbe gefahren, jetzt ist mein Reifen platt.

M35 Ein umweltverträglicher Weg in den Urlaub?

Verkehrsmittelnutzung zur Fahrt in den Urlaub in Deutschland (Stand: 2023)

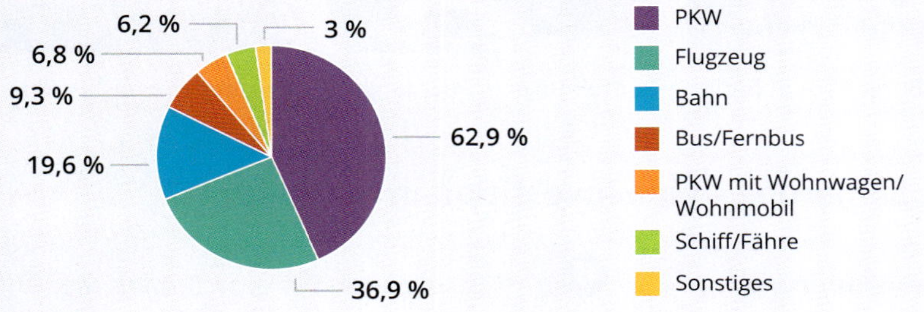

©C.C. Buchner Verlag; Datenquelle: VuMA Touchpoints, 2023

AUFGABEN

82302-278

1. Ermittle, welches Verkehrsmittel Ama und Tom am kostengünstigsten an ihr Reiseziel bringt (**M32**).
2. Stelle dar, worauf Tom beim Einstellen seines Fahrrads achten muss (**M33**).
3. Analysiere die verschiedenen Situationen: Welche Gründe sprechen dafür bzw. dagegen, mit dem Fahrrad zu fahren (**M34**)?
4. a) Diskutiert zu zweit, inwiefern die Statistik auch auf alltägliche Fahrten, z. B. zu Freizeiteinrichtungen, übertragbar ist (**M35**).
   b) Beurteilt zu zweit die Wege zu euren Freizeitaktivitäten hinsichtlich der Umweltverträglichkeit (**M35**).

F zu Aufgabe 1
Arbeite unter verschiedenen Aspekten heraus, welches Verkehrsmittel am geeignetsten ist, z. B. Kosten, Fahrtdauer, Umweltverträglichkeit, Kosten vor Ort etc.

F zu Aufgabe 3
Erkläre, wie du vorgehen kannst, wenn dein Fahrrad unterwegs einen platten Reifen hat.

Wie entstehen individuelle Wohn(t)räume der Zukunft?

Alina erstellt für den Unterricht eine Familienübersicht, einschließlich ihrer Eltern, ihres Opas, Bruders, ihrer Tanten Jule und Mai-Thi sowie Cousine Charlotte. Manchmal wünscht sich Alina, sie würde auch in so einem großen Haus wohnen, in dem sie direkt in Hausschuhen zu ihren Freund:innen gehen kann. Doch dann fragt sie sich, wie das Wohnen in der Zukunft aussehen wird.

M36 Sind alle Baustile gleich?

Interaktive Aufgabe: Ordne die Bauwerke zu

82302-113

1

Kolosseum in Rom

2

Magdeburger Dom

3

Neues Palais in Potsdam

4

Brandenburger Tor in Berlin

5

Einsteinturm in Potsdam

6

„Tanzendes Haus" in Prag

M37 Sanierung – eine Investition in die Zukunft?

a
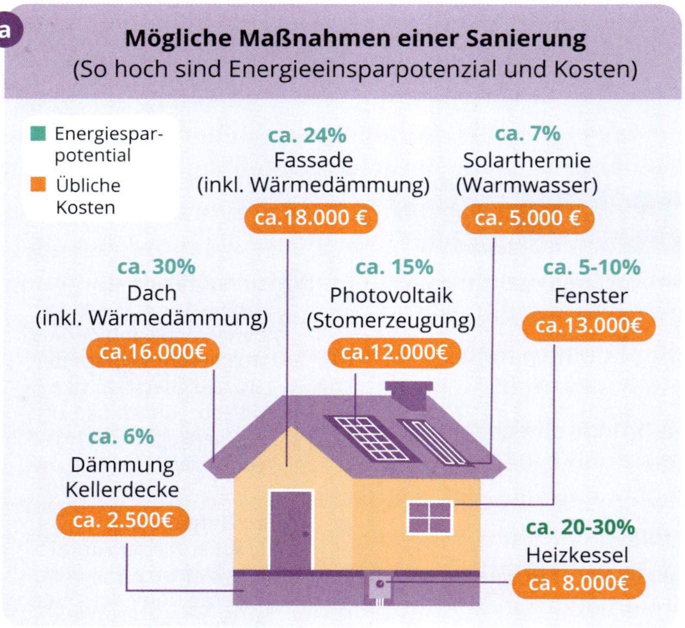

Nach: Bosch; Datenquelle: Bosch, Forsa, Wüstenrot

b
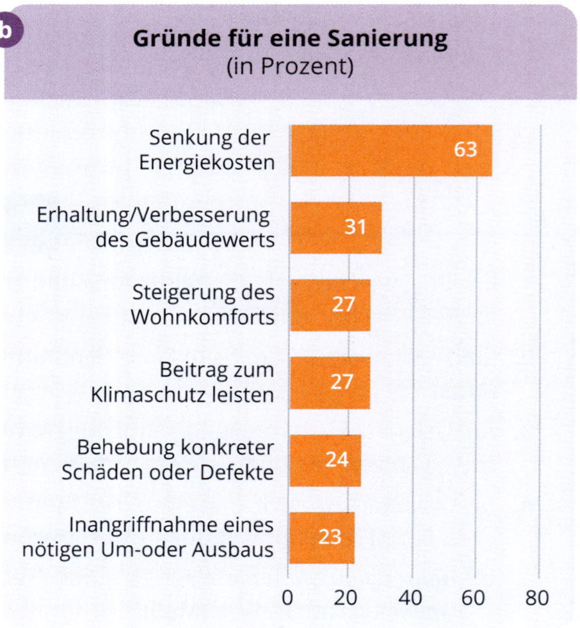

Nach: Bosch; Datenquelle: Bosch, Forsa, Wüstenrot

M38 Mit einem Plan zum Wohn(t)raum?

Alina sitzt mit ihrer Mutter am Küchentisch: „Mama, sag mal, worauf habt ihr eigentlich damals geachtet, als ihr das Haus hier geplant habt?" Sabine überlegt kurz: „Da kam einiges zusammen. Als erstes haben wir natürlich darauf geachtet, dass alles barrierefrei zugänglich ist, damit ich mit dem Rollstuhl auch ohne Hilfe überall hinkomme. Und dann war uns das Thema Energieeffizienz besonders wichtig." Sabine und Christian haben z. B. hochdämmende Fenster und Türen, ein effizientes Heiz- und Kühlsystem und eine Solaranlage auf dem Dach installieren lassen. Außerdem haben sie darauf geachtet, sparsam mit den Ressourcen umzugehen. So haben sie im Garten effiziente Gartenbewässerungssysteme einbauen lassen, die mithilfe ihres Regenwassernutzungssystems beinahe autark laufen. Im Haus wurden schadstoffarme Materialien verwendet und Christian hat Pflanzen zur Verbesserung der Luftqualität aufgestellt. So herrscht ein angenehmes Wohnklima im Haus.

Barrierefreiheit
ermöglicht uneingeschränkten Zugang zu Informationen, Gebäuden und Dienstleistungen für alle Menschen.

autark
hier: selbstständig laufend, unabhängig von anderen Personen oder Faktoren

Energieeffizienz
möglichst großer Energienutzen bei möglichst kleinem Energieverbrauch

M39 Das Haus der Zukunft?

Beckum, Nordrhein-Westfalen – Immer weniger Jugendliche machen eine handwerkliche Ausbildung. Das spiegelt sich in einem gravierenden Fachkräftemangel wider. Unternehmen suchen händeringend nach Arbeitskräften, die die vielen anfallenden Aufträge bearbeiten können. Gleichzeitig werden auch die Kosten für die Baumaterialien wie Holz, Stahl oder Beton immer höher. Da kommt es wie gerufen, dass dank technischer Innovationen Häuser nun auch mit dem 3D-Drucker gebaut werden können. Das erste in Deutschland von einem 3D-Drucker errichtete Haus mit einer Fläche von 160 Quadratmetern wurde in nur 100 Stunden gedruckt. In klassischer Bauweise hätte ein vergleichbarer Bau etwa fünf Monate gedauert.

AUFGABEN

82302-279

1. a) Beschreibe die besonderen Merkmale der verschiedenen Baustile (**M36**).
   b) Ordne die Bauwerke mithilfe des QR-Codes jeweils einem Baustil zu und recherchiere, wann die Bauwerke errichtet wurden (**M36**).
2. a) Arbeite anhand von **M37** die Gründe für Sanierungen heraus.
   b) Analysiere, welche Sanierungsmaßnahmen das beste Kosten-Nutzen-Verhältnis aufweisen (**M37**).
   c) Versetzt euch zu zweit in folgende Situation: Ein Freund bittet euch um Hilfe. Er hat ein Haus geerbt und möchte es sanieren. Hierfür stehen ihm zunächst 20.000 € zur Verfügung. Plant gemeinsam mit eurem Freund die Sanierung des Hauses.
3. Erarbeite Maßnahmen für ein nachhaltiges Bauen (**M38**).
4. Erörtere, inwieweit der 3D-Druck als Fertigungsverfahren für Gebäude in Zukunft relevant sein wird (**M39**).

F zu Aufgabe 4
Vergleiche aktuelle, innovative Bauprojekte miteinander und stelle sie der Klasse vor. Recherchiere hierfür im Internet.

Haus aus dem 3D-Drucker

82302-114

Mit Maschinen zu neuen Arbeitsplätzen?

Hüssein möchte mit seinem Gemüseladen expandieren. Für die neuen Läden hat er Selbstbedienungskassen gekauft, an der die Kund:innen ihre gekauften Artikel selbst scannen oder in einer neuen App erfassen und dann bezahlen können. Eren ist irritiert: Lassen sich eigentlich alle Tätigkeiten durch Maschinen ersetzen?

M40 Überall Maschinen!

1

2

3

4

Maschinen im alltäglichen Einsatz

M41 Neue Arbeitsplätze im Kiez

Gesucht:
Mitarbeiter:in (m/w/d) für die Weiterentwicklung des Marketingkonzepts der Gemüseläden.
Erfahrung in der strategischen Planung und dem digitalen Marketing gewünscht.

http://ichbineinefiktiveSeite.de
Gesucht: Mitarbeiter:in (m/w/d) zur Wartung und zum Support neuartiger Kassensysteme

http://ichbineinefiktiveSeite.de
Gesucht:
Kundenberater:in (m/w/d) für Obst und Gemüse.
Gewünscht sind Kenntnisse im Bereich gesunder Ernährung.

GESUCHT:
Lagerist:in (m/w/d) zum nächstmöglichen Zeitpunkt.

Gesucht:
Mitarbeiter:in (m/w/d) zur Herstellung und Darbietung von Kostproben.
Gültige Belehrung nach dem Infektionsschutzgesetz zwingend erforderlich.

GESUCHT: REINIGUNGSKRAFT (M/W/D) ZUR VERSTÄRKUNG DES REINIGUNGSTEAMS

M42 Nicht alle Veränderungen sind erwünscht

Ich habe doch eine Ausbildung als Verkäufer. Wenn die App und die Selbstbedienungskasse jetzt meine Aufgaben übernehmen, was soll ich dann machen?
Nick, 25, Verkäufer

Ich werde hier schon seit Jahren von Hüssein bedient, ich möchte nicht an so einem Automaten oder mit einer App meine Waren bezahlen.
Renata, 53, Kundin

Ich werde gerne bedient. Ich möchte mich einfach nicht damit auseinandersetzen, wie dieser neue Schnickschnack funktioniert, das dauert mir alles viel zu lange.
Gerd, 77, Kunde

Ich kann aufgrund meiner Sehschwäche gar nicht richtig lesen. Wie soll ich denn an dieser Selbstbedienungskasse oder per App das Obst und Gemüse bezahlen?
Konstantinos, 42, Kunde

Als IT-Expertin habe ich genug Aufträge für die nächsten 10 Jahre. Mich ersetzt so schnell niemand!
Amira, 36, Informatikerin

Ich kann mir das leckere Obst und Gemüse leider nicht leisten. Abends habe ich in den aussortierten Waren oft noch etwas Essbares gefunden. In den Laden zu gehen und zu fragen, das traue ich mich nicht.
Hannah, 21, Studentin

Es macht mir großen Spaß, Waren zu bestellen. Alles muss organisiert sein, damit die Regale immer gut gefüllt sind, aber nicht zu viel verdirbt. Jetzt bestellt das Kassensystem selbst … schade!
Fey, 30, Handelskauffrau

AUFGABEN

82302-280

1. a) Beschreibe, in welchen Tätigkeitsbereichen Menschen durch Maschinen ersetzt wurden (**M40**).
b) Beschreibt weitere Beispiele aus eurem Alltag.

2. Erläutere, welche neuen Arbeitsplätze durch Hüsseins Expansion des Gemüseladens und den Einsatz der Selbstbedienungskassen und der App entstanden sind (**M41**).

3. a) Arbeitet in Vierergruppen die Stärken und Schwächen der Einführung der Selbstbedienungskasse und der App heraus. Sammelt hierfür in eurer Gruppe Argumente für beide Positionen und geht darauf ein, inwieweit Maschinen die Arbeitswelt verändern (**M41**, **M42**).
b) Jede Gruppe legt zwei Sprecher:innen fest. Diese stellen stellvertretend für die Gruppen ihre Stärken-Schwächen-Analyse zur Einführung der Selbstbedienungskasse und der App in Hüsseins Gemüseladen vor.

VR/AR – eine neue Welt

Hüssein beauftragt Peter, ein Gestell für eine Selbstbedienungskasse zu konstruieren, sodass alle Kund:innen, also zum Beispiel sehr kleine oder auf einen Rollstuhl angewiesene Kund:innen, die Kasse problemlos nutzen können. Peter müsste für die Fertigung ständig in den Gemüseladen fahren, um die Passgenauigkeit zu prüfen – gibt es da nicht eine geeignetere Lösung?

M43 VR und AR im Einsatz in …

1

… der Fertigung

2

… der Konstruktion

3

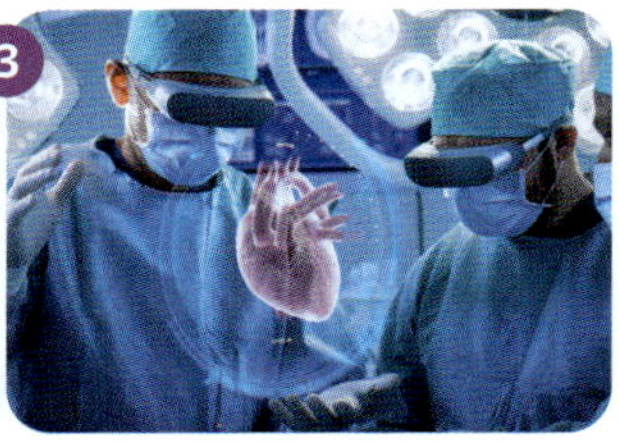

… der Medizin

4

… der Logistik

Controller
Gerät für die Steuerung von Elementen

VR UND AR

Virtual Reality (VR) und Augmented Reality (AR) sind beides Technologien, die digitale Inhalte in einer Weise präsentieren, die die menschliche Wahrnehmung erweitert oder verändert. Dabei ersetzt VR die reale Umgebung durch eine vollständige virtuelle Welt, die durch ein VR-Headset dargestellt wird. Mithilfe von Controllern und ähnlichen Geräten können die Nutzenden mit der digitalen Umgebung interagieren und erleben so eine vollständige Immersion. AR erweitert die reale Welt durch das Hinzufügen digitaler Elemente wie Informationen oder Bilder.

M44 Nutzung von VR und AR im Handwerk

Peter überlegt, wie er die Maße seines Gestells für Hüssein effizient und schnell überprüfen kann. Um ein paar erste Ideen zu sammeln, setzt er sich an seinen Computer, öffnet einen Chatbot und tippt: „Beschreibe mir, wie ich VR und AR in meiner Arbeit als selbstständiger Tischler-Meister nutzen kann."

KI: „In der Arbeit als selbstständiger Tischler-Meister können Virtual Reality (VR) und Augmented Reality (AR) in mehreren Arbeitsbereichen genutzt werden:

1. Kundenvorführung und -beratung: Den Kund:innen können Modelle in der virtuellen Realität präsentiert werden. Das ist viel realistischer und es gibt hinterher keine Überraschungen.

2. Maßanfertigung und Passgenauigkeit: In der virtuellen Realität kann die Passgenauigkeit der Werkstücke geprüft werden, ohne vor Ort sein zu müssen.

3. Direkte Instruktion: Es macht Spaß, Modelle AR-gestützt zu fertigen. Durch direkte Instruktionen muss nicht ständig auf die Anleitung geschaut werden.

4. Ausbildung und Fertigkeitstraining: Neue Fer-

tigungsverfahren können in sicherer Umgebung getestet werden. Das ist außerdem nachhaltig, weil kein Material verschwendet wird.
Insgesamt können VR und AR dabei helfen, die Arbeitsprozesse zu optimieren, die Kund:innenenbindung zu verbessern und sich von Wettbewerbern abzuheben. Diese Technologien bieten innovative Wege, um Fähigkeiten und Produkte zu präsentieren und den Kund:innen ein einzigartiges und personalisiertes Erlebnis zu bieten."

M45 VR und AR als Wundermittel?

Ich kann diese Brille nicht länger als 3 Minuten aufbehalten, dann wird mir schlecht.

Als ich da oben auf dem Dach stand, habe ich richtig weiche Knie bekommen, das hat sich so echt angefühlt!

Wenn ich einen Fehler mache, dann versuche ich es einfach nochmal. Es ist so toll, dass ich solange üben kann, bis ich mich sicher fühle.

Die Anwendung leitet mich Schritt für Schritt durch den Arbeitsprozess, bis ich das Werkstück fertiggestellt habe. Das ist besser als jede verschriftlichte Anleitung.

Ich brauche zum Lernen den persönlichen Kontakt. Ich muss einfach die Möglichkeit haben, jemanden zu fragen. Das kann so eine Brille leider nicht.

Als ich die Brille das letzte Mal verwendet habe, war das so aufregend, dass ich die ganze Nacht nicht schlafen konnte, weil ich die ganzen Eindrücke erst einmal verarbeiten musste.

Ich finde diese Technologie ja total praktisch, aber die Brillen sind so teuer, das kann ich mir leider nicht leisten.

Für meinen aktuellen Auftrag gibt es leider keine geeignete VR- oder AR-Anwendung. Jetzt habe ich die Brille und kann sie leider nicht nutzen.

Bevor ich meine Auszubildende an die teure Maschine lasse, kann sie erstmal in der virtuellen Umgebung üben. So ist sie in einer sicheren Umgebung und ich muss keine teure Übungsanlage kaufen.

AUFGABEN

82302-281

1. Beschreibe, in welchen Situationen VR- und AR-Anwendungen genutzt werden können (**M43**).
2. a) Stelle die Vorteile von VR und AR im Handwerk dar (**M44**).
   b) Entwickelt zu zweit mögliche Herausforderungen von VR- und AR-Anwendungen im Handwerk.
3. Diskutiert, ob und inwieweit wie der Einsatz von VR und AR eine geeignete Möglichkeit zur beruflichen Weiterbildung darstellt (**M44, M45**).

4.3 Zusammenspiel von Mensch und Maschine

Was ist ein Roboter?

Staubsaugerroboter, Rasenmähroboter, Lernroboter und Marsroboter sind nur einige Beispiele für die vielfältigen Einsatzmöglichkeiten von Robotern. Von der Automatisierung im Haushalt bis hin zum Lösen komplexer Aufgaben in der Raumfahrt spielen Roboter eine wichtige Rolle. Doch was sind die Merkmale von Robotern?

 # ROBOTER

Roboter sind Maschinen, die komplexe Aufgaben ohne das direkte Eingreifen von Menschen eigenständig erledigen können. Hierfür sind Roboter unter anderem mit Sensoren zur Wahrnehmung ihrer Umgebung und Aktuatoren wie Elektromotoren für mechanische Bewegungen ausgestattet.

Aktuator/Aktor
Bauteile, die mechanische Bewegungen ermöglichen

Sensor
Bauteile, die die Umwelt des Roboters erfassen (z. B. Temperatur und Position).

M1 Geschichte der Robotik

Der Begriff „Roboter" taucht als „robot"' erstmals 1920 im Theaterstück „W.U.R." (Werstands universal Robots) des tschechischen Schriftstellers Karel Čapek auf und steht abgeleitet von „robota" für Zwangsarbeit. In diesem dramatischen Werk werden menschenähnliche Wesen konstruiert, um Aufgaben wie die Arbeit in den Fabriken auszuführen. Obwohl sie sich äußerlich nicht von Menschen unterscheiden lassen, werden sie als „Roboter" bezeichnet, was dem heutigen Verständnis eines Androiden entspricht. Bei der Erstaufführung in den Vereinigten Staaten im Jahr 1922 wurden die „Roboter" durch metallische Kostüme und teilweise sichtbare Kabelstränge dargestellt. In den darauffolgenden Jahrzehnten wurden Roboter entwickelt, die sich in vier Generationen unterteilen lassen. Die erste Generation bestand aus stationären Robotern in der Industrie, die in ihrer Bewegung sehr eingeschränkt waren. Durch den Einsatz von Sensoren konnte die nächste Generation an Robotern Informationen (z. B. den Abstand zu einem Objekt) sammeln. Die dritte Generation besitzt neben Sensoren die Fähigkeit, über einen Computer für unterschiedliche Aufgabe umprogrammiert zu werden. Die vierte Generation von Robotern ist in der Lage, in Echtzeit die Umgebung wahrzunehmen und darauf zu reagieren.

Android
künstliche menschliche Maschine, die dazu entwickelt wurde, menschliche Bewegungen und kognitive, also geistige Fähigkeiten nachzuahmen

M2 Überall Roboter?

1 

2 

3 

Navigation, Kaffeeautomat, Rasenmäher

M3 Mensch + Chip = ?

Neuralink ist ein Unternehmen, das von Elon Musk und einigen anderen Investoren gegründet wurde. Das Ziel ist es, einen Chip zu entwickeln, mit dem eine direkte Verbindung zwischen dem menschlichen Gehirn und einem Computer hergestellt werden kann. Auf diese Weise sollen Menschen externe Geräte mit ihren Gedanken steuern können. Er soll es ihnen auch ermöglichen, Informationen auf andere Geräte zu übertragen und von ihnen zu erhalten. Im Februar 2024 gab das Unternehmen bekannt, den ersten menschlichen Versuch durchgeführt zu haben.

TRANSHUMANISMUS

Das menschliche Leben durch den Einsatz von Technologie zu verbessern ist das zentrale Ziel der Bewegung des „Transhumanismus“. Die Vertreter:innen sehen die Notwendigkeit, die biologischen Grenzen zu überwinden, um so die menschlichen Fähigkeiten zu erweitern. So sollen Prothesen die Leistungsfähigkeit des Menschen erhöhen, während Gehirn-Chips darauf abzielen, die Intelligenz zu steigern. Diese Vision einer technologisch optimierten Menschheit wirft jedoch auch ethische Fragen auf, u. a. welche Auswirkungen dies auf unsere Gesellschaft und Identität haben könnte.

Ethik
Lehre, die sich mit der Bewertung von menschlichem Verhalten und Handeln befasst

M4 Welche Zukunft willst du?

1

2

Links: Ein Roboter prüft zuhause den Gesundheitsstatus einer Patientin.

Rechts: Ein Roboter erledigt Aufgaben in Zusammenarbeit mit einer Frau.

AUFGABEN

82302-282

1. Beschreibe die Veränderung im Verständnis von Robotern (**M1**, **#Roboter**).
2. Analysiere die Abbildungen dahingehend, ob es sich um Roboter handelt oder nicht (**#Roboter**, **M2**).
3. Diskutiert in Kleingruppen über die technologischen Bestrebungen des Unternehmens Neuralink im Zusammenhang mit dem Transhumanismus und dessen Auswirkungen auf die Gesellschaft (**M3**, **#Transhumanismus**).
4. Entwirf ein mögliches Szenario für eine von dir gewünschte zukünftige Welt, in der Roboter eine Rolle spielen (**M4**).

Blitzsauber dank Roboter?

Eren soll nach der Schule im Haushalt helfen. Wenn er doch nur kleine Helferchen hätte, die das ganze Haus und vielleicht sogar den Garten auf Vordermann bringen, während er in Ruhe chillt – das wäre ein Traum. Doch gibt es sowas wirklich oder wird es ein Traum bleiben?

M5 Roboter bei dir zuhause

Staub- und Wischsaugroboter

Mähroboter

Fensterputzroboter

Programmierpapier

82302-115

M6 Vom Lernroboter zum Saug- und Mähroboter

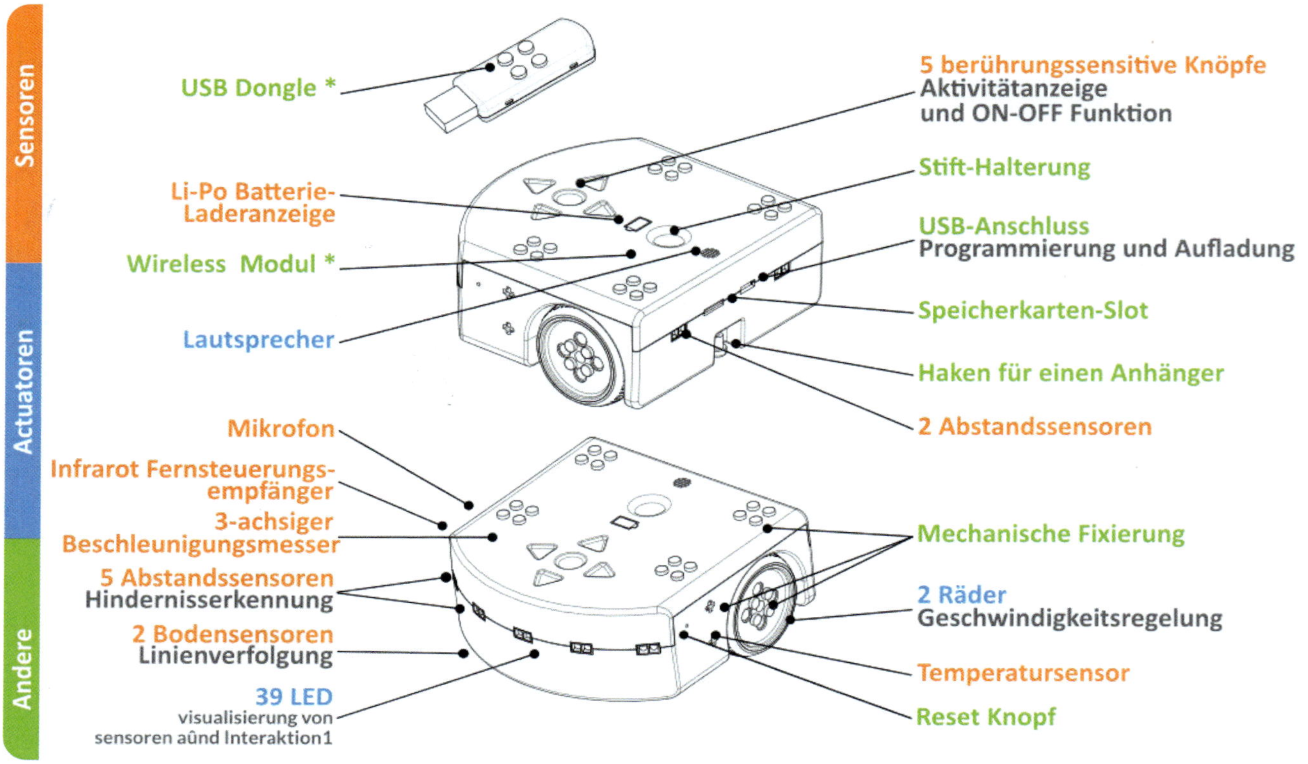

MESSEN, STEUERN UND REGELN

Messen, Steuern und Regeln sind grundlegende Konzepte zur Kontrolle und Überwachung technischer Systeme. Messen bezieht sich auf das Erfassen physikalischer Größen wie z. B. Temperatur, Geschwindigkeit oder Stromstärke. Hiermit werden genaue Informationen über einen Zustand oder Prozess angezeigt oder aufgezeichnet. Steuern ist der Vorgang, bei dem eine oder mehrere Größen, die sogenannten Steuergrößen, so beeinflusst werden, dass ein gewünschter Zustand oder Ablauf in einem technischen System erreicht wird. Das Ergebnis wird bei der Steuerung nicht überwacht oder korrigiert. Regeln ist ein Vorgang, bei dem eine Größe, die sogenannte Regelgröße, mit einem Sollwert verglichen und bei Abweichungen automatisch durch den Regler korrigiert wird.

M7 Haushaltsroboter – die Lösung für alles?

a Ich kann mir so einen teuren Roboter gar nicht leisten.

b Den schweren Eimer zum Bodenwischen kriege ich kaum getragen, wie gut, dass der Roboter für mich umherfährt und wischt.

c Ich möchte nicht, dass der Hersteller weiß, wie meine Wohnung aussieht!

d Ich hätte ja gern so einen Roboter, der mich im Haushalt unterstützt, aber das müsste ja erstmal eingerichtet werden und das ist mir viel zu kompliziert.

e Die riesige Auswahl erschlägt mich regelrecht, da kann ich mich nicht entscheiden.

f Ich muss endlich nicht mehr jeden Tag staubsaugen, sondern kann in der Zeit ein Buch lesen.

g Der saugt ja gar nicht gründlich, in den Ecken sind überall noch Krümel!

h Endlich muss ich nicht mehr stundenlang mit dem Rasenmäher auf- und ablaufen.

i Ich habe vorhin vergessen, die Stühle wegzuschieben, bevor ich den Saugroboter gestartet habe, jetzt ist er hängengeblieben.

AUFGABEN

82302-283

1. Beschreibe die Einsatzmöglichkeiten der dargestellten Roboter (**M5**).
2. a) Erläutere die Bauteile des dargestellten Lernroboters sowie die Unterteilung in Grundstruktur, Sensoren und Aktuatoren (**M6**).
   b) Begründe, bei welchen Bauteilen des Lernroboters es sich um ein Bauteil zum Messen, Steuern und Regeln handelt (**M6**, **#Messen, Steuern und Regeln**).
   c) Entwickelt zu zweit Lösungsansätze, welche Anforderungen der Lernroboter erfüllen muss, um als Rasenmäher eingesetzt werden zu können (**M6**).
3. a) Arbeitet eine Übersicht der Vor- und Nachteile von Saug- und Mährobotern im Haushalt heraus und ergänzt diese um eigene Argumente (**M7**).
   b) Diskutiert zu zweit den Einsatz von Robotern im Haushalt: Erleichtern sie den Alltag oder machen sie mehr Arbeit (**M7**)?

F zu Aufgabe 2b
Wende die Unterteilung aus **M6** auf einen Roboter aus dem Technikraum an.

Care-Roboter und KI in Medizin und Pflege

Mai-Thi hat einen Traum: Sie möchte eine eigene, hochmoderne Arztpraxis eröffnen. Aus der Erfahrung ihrer selbstständigen Kolleg:innen weiß sie, dass dieser Schritt mit großen Veränderungen verbunden ist. Sie ist dann selbst für die Wirtschaftlichkeit ihrer Praxis zuständig und muss auch alle Papierarbeit selbst erledigen. Doch welche Möglichkeiten hat sie, sich hierbei Unterstützung zu holen?

M8 Care-Roboter – mein Freund und Helfer?

Care-Roboter in verschiedenen Einsatzbereichen

KÜNSTLICHE INTELLIGENZ (KI)

Künstliche Intelligenz (KI) bezieht sich auf die Simulation menschlicher Intelligenz in Maschinen, die so programmiert sind, dass sie Denken imitieren, lernen und Probleme auf eine Art und Weise lösen, die der menschlichen Intelligenz ähnelt. KI umfasst eine Reihe von Technologien und Ansätzen, die darauf abzielen, Maschinen zu befähigen, Aufgaben zu erledigen, die normalerweise menschliches Denken erfordern.
Künstliche Intelligenz wird in vielen verschiedenen Bereichen zur Automatisierung eingesetzt, z. B. in der Medizin und im Kundenservice. Wichtig ist, dass KI immer noch von menschlich definierten Algorithmen und Datensätzen abhängig ist. Obwohl KI in einigen Bereichen menschenähnliche Fähigkeiten zeigen kann, fehlt ihr das volle Spektrum menschlicher Wahrnehmung, einschließlich Emotionen, Ethik und allgemeinem Verständnis.

M9 Care-Roboter – die Lösung für die Arztpraxis?

1 **Mai-Thi:** Stell dir mal vor: Du kommst in meine Arztpraxis und am Empfang würde ein Pflegeroboter sitzen, der deine Daten aufnimmt, deine Versichertenkarte einliest und dich dann später auch aufruft – wie würdest du das finden?

2 **Opa Schultz:** Naja, ein bisschen komisch wäre das schon. Was wäre denn, wenn der mal nicht richtig funktioniert?

3 Medizinisches Fachpersonal wäre ja weiterhin vor Ort. Und würdest du dir von so einem Roboter auch Blut abnehmen oder eine Impfung geben lassen?

4 Ich weiß nicht, das ist ja schon ein ziemlich sensibler Moment. Wenn der Roboter da dann einen Fehler macht?

5 Fehler kann ein Mensch ja auch machen, da sind wir nie sicher vor.

6 Ja, das stimmt schon. Aber gerade Menschen in meinem Alter gehen ja häufiger zum Arzt, um bspw. ihre Rezepte abzuholen. Ich finde den Austausch vor Ort auch immer ganz wichtig. Wenn ich jetzt nur vorbeikommen würde, um mein Rezept abzuholen, dann hätte ich ja in der Praxis gar keine soziale Interaktion mehr.

7 Wo du gerade von der Kommunikation sprichst, hast du schon mal die digitale Sprachassistenz deiner Arztpraxis genutzt? Wenn du da anrufst, dann wirst du automatisch durch das Gespräch geleitet und bekommst, wenn notwendig oder gewünscht, später einen Rückruf.

8 Ja, das habe ich mal gemacht, um ein Rezept zu bestellen. Ich fand das sehr umständlich. Hätte ich einfach eine Person am Telefon gehabt, hätte ich das Rezept viel schneller gehabt.

9 Wenn deine Daten richtig eingepflegt sind und von der KI verarbeitet werden, dann liegen individualisierte Behandlungspläne vor, die zu deiner Genetik und deiner Lebensgeschichte passen. Dann kriegst du dein Rezept schon nach Hause geschickt, bevor du anrufen musst. Und diese neuen KI-gestützten Diagnosetools helfen mir, Krankheiten früher und genauer zu erkennen und erstellen direkt Behandlungspläne. Das ist für mich eine echte Revolution!

AUFGABEN

82302-284

1. Beschreibe mögliche Einsatzszenarien der dargestellten Care-Roboter (**M8**).
2. a) Nimm Stellung, inwiefern du dich in deiner Arztpraxis von einem Care-Roboter und/oder KI behandeln lassen würdest (**#Künstliche Intelligenz**, **M9**).
   b) Diskutiert in der Klasse Chancen und Grenzen des Einsatzes von Robotern und KI in der Medizin (**#Künstliche Intelligenz**, **M9**).

Besser als 10 Arbeiter:innen?

Alinas Klasse macht einen Schulausflug zu einem großen Automobilhersteller in der Region. Als Hausaufgabe soll sie Überlegungen anstellen, welche Produktionsschritte notwendig sind und wie viele Arbeitsstunden es dauert, bis so ein Auto fertig ist. Alina stellt sich ein langes Fließband mit vielen Autos darauf und Personen darum vor, die daran arbeiten – aber ist das wirklich so?

M10 Roboter in Unternehmen

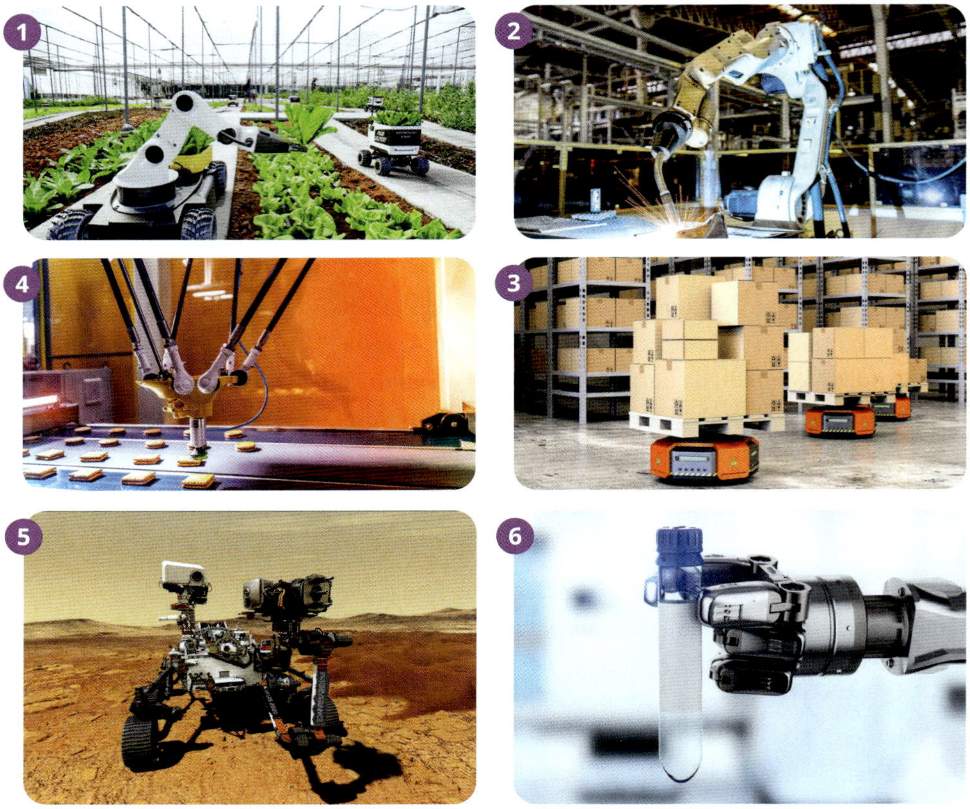

Roboter in verschiedenen Einsatzbereichen

M11 Alles besser durch Roboter?

Chancen	Herausforderungen
Steigerung der Produktivität	Hohe Anfangsinvestitionen
Verbesserung der Qualität	Arbeitsplatzverluste
Reduzierung von Betriebskosten	Wartung und Betrieb
Arbeitssicherheit	Ausbildung und Umschulung
Flexibilität	Ethik und Akzeptanz
Fachkräftemangel entgegenwirken	Datenschutz und Datensicherheit

M12 Was kann die KI?

Autoherstellung – beide Bilder wurden von einer KI generiert.

M13 Veränderungen durch Roboter?

Karikatur: Cloud Science, 2023

AUFGABEN

82302-285

1. Beschreibe mögliche Einsatzgebiete von Robotern in Unternehmen (**M10**).
2. Erläutert zu zweit Herausforderungen und Chancen von Robotern in Unternehmen und erweitert die Tabelle um eigene Argumente (**M11**, **M12**, QR-Code).
3. Analysiere die vorliegende Karikatur (**M13**).
4. Beurteilt die Chancen und Herausforderungen durch Roboter in Unternehmen aus verschiedenen Perspektiven, u.a. Angestellte und Unternehmer:innen.

Fallbeispiele

82302-116

Mein neuer Kollege ist eine Maschine?

Franziska stammt aus Singapur und arbeitet seit Kurzem im Reinigungsteam am Berliner Flughafen. Hier sorgt sie im Terminal für Sauberkeit und unterhält wartende Fluggäste mit Gesang und Witzen. Franziska ist ein Reinigungsroboter, der an vielen Flughäfen in Deutschland zu finden ist. Doch wie viele Maschinen wollen wir in unserem Alltag haben?

M14 Im Team mit Robotern

1

Roboter in einem Automobilwerk

2

Roboter in der Industrie

3

Roboter Franziska am Berliner Flughafen

M15 Wie kann die Zusammenarbeit mit Robotern aussehen?

Die Interaktion zwischen Menschen und Robotern lässt sich anhand von drei Ausprägungen beschreiben – Kollaboration, Kooperation und Koexistenz.

Kollaboration
Bei der Kollaboration erfolgt die Interaktion durch die direkte Zusammenarbeit von Menschen und Robotern, wobei beide ein gemeinsames Ziel verfolgen.

Kooperation
Eine kooperative Interaktion weicht davon etwas ab, da hier zwar ein gemeinsames Ziel verfolgt wird, jedoch die einzelnen Aufgaben getrennt voneinander absolviert werden.

Koexistenz
Die Koexistenz beschreibt ein Zusammentreffen von Mensch und Roboter, welches lediglich für einen kurzen Moment geschieht. Bei dieser Interaktionsform verfolgen die betroffenen Menschen und Roboter unterschiedliche Ziele und versuchen sich nicht gegenseitig zu beeinträchtigen.

M16 Sturm auf die Maschinen!

Während der industriellen Revolution im 19. Jahrhundert in England waren Arbeiter:innen aus der Textilbranche gegen die Einführung von Maschinen. Sie argumentierten, dass die Maschinen ihre Arbeitsplätze bedrohen, denn diese seien wesentlich effizienter und erforderten weniger Arbeitskräfte. In ihrer Verzweiflung zerstörten sie Maschinen in Fabriken in der Hoffnung, damit die Technologie zurückzudrängen und ihre Arbeitsplätze zu schützen.

Arbeiter zerstören Webstühle, 1812

M17 Arbeiten wir bald alle mit KI?

In der heutigen Zeit sind wir umgeben von faszinierenden Technologien, die sich die Künstliche Intelligenz (KI) zu Nutze machen. So gibt es beispielsweise einen Chatbot, der einem jederzeit Fragen beantworten und menschenähnliche Gespräche führen kann, oder ein Fernglas, das in der Lage ist, bis zu 8.000 verschiedene Vogelarten zu erkennen. Darüber hinaus hat der Einsatz von KI zu einer bemerkenswerten Entdeckung auf dem Gebiet der Materialwissenschaften geführt. Wissenschaftler:innen konnten mithilfe von KI ein mögliches neues Material für Batterien finden.

Jedoch wird diese Entwicklung nicht von allen positiv gesehen. So haben beispielsweise in den USA Mitglieder der Mediengewerkschaft SAG-AFTRA im Jahr 2023 durch Streiks unter anderem auf die Notwendigkeit klarer Regelungen für den Einsatz Künstlicher Intelligenz aufmerksam gemacht. Diese Regelungen sollen Künstler:innen vor den potenziellen Gefahren schützen.

Im Jahr 2024 gab der Internationale Währungsfonds (IWF) bekannt, dass sich etwa bei der Hälfte der Arbeitsplätze, die in Zukunft von KI betroffen sein werden, der Einsatz von KI positiv auf die Produktivität auswirken könnte. Auf der anderen Seite besteht jedoch die Gefahr, dass die verbleibende Hälfte der Arbeitsplätze durch die KI ersetzt wird, was zu einem Abbau von Arbeitsplätzen oder Gehaltskürzungen führen könnte.

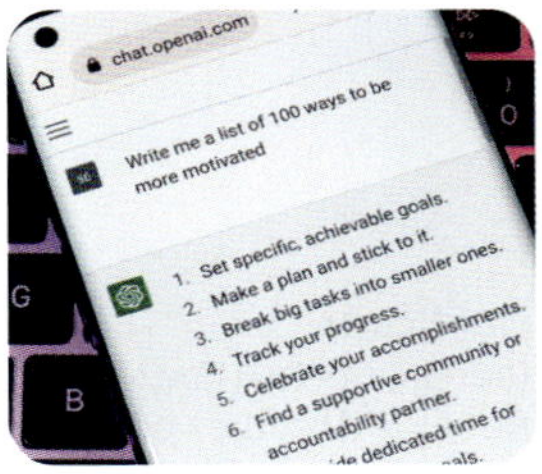

Der derzeit wohl bekannteste Chatbot – ChatGPT. Der KI-Assistent beantwortet Fragen, erstellt Texte und unterstützt bei Problemen.

AUFGABEN

82302-286

1. Beschreibe den Wandel in der Interaktion zwischen Menschen und Robotern (**M14**).
2. Analysiere, welche Form von Mensch-Roboter-Interaktion zu erkennen ist (**M14**, **M15**).
3. Arbeite mithilfe einer Internetrecherche heraus, ob ähnliche Protestbewegungen wie in **M16** beschrieben in der heutigen Zeit existieren.
4. Diskutiert in Kleingruppen über die Chancen und Risiken von KI in der Arbeitswelt. Nehmt hierzu verschiedene Perspektiven ein (**M17**).

4.4 Mach mal was – Making und Reparatur

Wie werde ich Maker:in?

Der Begriff Making kommt aus dem Englischen und bedeutet wörtlich übersetzt „machen" oder „tun". Ist nicht jede:r von uns eine Macherin oder ein Macher? Könnte man denken, doch der Begriff beschreibt eine Gruppe von Menschen, die mit eigenen Mitteln technische Probleme lösen wollen, ohne kostspielige Speziallösungen zu nutzen.

M1 Making at it's best: verschiedene Making-Produkte

a

Das Bild zeigt ein Internetradio auf einer Kappe. Die Materialkosten betragen 5 €. Die Kappe wurde in einem Workshop entwickelt, in dem gemeinsam Ideen gesammelt wurden, wie man ein tragbares Radio in Textilien einbauen kann. Die Teilnehmenden haben nicht nur eine Kappe mit nach Hause genommen, sondern dabei sehr viel gelernt.

Quellcode
(auch Quelltext) bezeichnet eine Abfolge von Programmanweisungen, die in einer Programmiersprache verfasst wurden. Diese können von einem Computer verarbeitet werden.

Open Source
(engl. Open: offen, Source: Quelle) bezeichnet Software, deren Quellcode öffentlich zugänglich ist. Die Software darf kopiert, verbreitet, genutzt und verändert werden. Allerdings müssen dabei die Nutzungsbedingungen beachtet werden.

b

Eine Holzspielzeugtorte wird mit einem selbst gebauten 3D-Scanner gescannt. So werden dreidimensionale Daten über deren Form und ggf. Aussehen erfasst, wie zum Beispiel die Farbgebung. Mit den Daten können digitale 3D-Modelle erstellt werden. Diese können beispielsweise mit einem 3D-Drucker ausgedruckt werden. Die Anleitung für den Bau der Hardware und der Quellcode für die Programmierung sind im Netz als Open Source frei verfügbar.

c

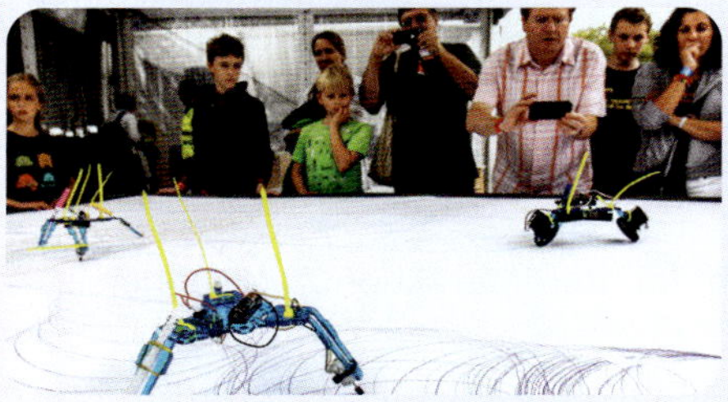

Auf einer Maker-Messe betrachtet eine Gruppe von Menschen mehrere Roboter, die mit Stiften Muster auf ein großes Papier zeichnen. Diese wurde von Messebesucher:innen programmiert, um ein Kunstwerk zu gestalten. Gleichzeitig haben sie dabei gelernt, wie man Roboter programmiert und darüber diskutiert, wo dies in der Industrie genutzt wird.

Bearbeiterin, basierend auf: Metz, Moritz: Digitale Renaissance des Bastlertums. In: www.deutschlandfunkkultur.de, 09.12.2018

MAKER-BEWEGUNG

Bei der Maker-Bewegung handelt es sich um eine neue Generation von Bastler:innen und Tüftler:innen, die neben klassischen Werkzeugen insbesondere auch digitale Technologien einsetzen, um technische Lösungen zu entwickeln. Den Zugang zu diesen Technologien erhalten Maker:innen häufig über öffentliche Werkstätten und als große Austauschformate haben sich Maker-Messen etabliert. Die Maker-Szene ist in der realen und digitalen Welt gut vernetzt und entwickelt Produkte nach dem Open-Source-Prinzip. Jede:r kann an der Entstehung mitwirken und Vorhandenes weiterentwickeln. Das Teilen von Wissen gehört dazu.

M2 So wirst du ein:e Maker:in

1. Seid kreativ! Macht es anders, probiert aus!
2. Seid neugierig! Was machen andere?
3. Macht nach! Gute Ideen sind zum Nachmachen da.
4. Zeigt und teilt! Teilt eure Ideen, Materialien und Werkzeuge!
5. Arbeitet nachhaltig! Nutzt Abfall, vermeidet Müll!
6. Bittet um Hilfe! Sucht euch Unterstützung! Fragt!
7. Scheitert! Tut nicht weh.
8. Räumt auf!
9. Habt Spaß!

Nach: Schön, Sandra / Ebner, Martin / Narr, Kristin: Making-Aktivitäten mit Kindern und Jugendlichen. Handbuch zum kreativen digitalen Gestalten, Norderstedt, 2016, S. 31

Den vollständigen Text zu den CO_2-Ampeln findest du hier:

82302-117

M3 Eine Community, die allen hilft?

Die „MachBar" ist ein Makerspace in Potsdam. Während der Coronapandemie wurde festgestellt, dass es einen sehr engen Zusammenhang zwischen dem CO_2-Gehalt und der in der Luft enthaltenen Virenbelastung gibt. Damit wurde das Lüften als notwendige Hygienemaßnahme u.a. an Schulen angesehen, um den CO_2-Gehalt im Raum zu senken. Doch wie kann man den CO_2-Gehalt sicher erkennen und das Lüften nicht nur dem „Bauchgefühl" überlassen? Um dieses Problem zu lösen, hat sich in der MachBar eine Gruppe von Engagierten gebildet, um CO_2-Ampeln zu bauen. Diese Ampeln visualisieren den CO_2-Gehalt in den drei Stufen grün, gelb und rot und erleichtern es damit Schulen, ihre Lüftungskonzepte umzusetzen.

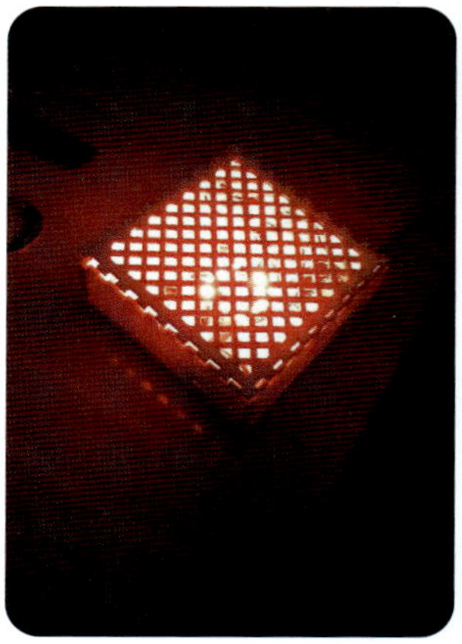

Drei Varianten von Gehäuse-Designs für die CO_2-Ampeln

AUFGABEN

82302-287

1. a) Beschreibe, welche Funktionen die abgebildeten Making-Produkte haben und wie diese technisch realisiert wurden (**M1**).
   b) Erläutere den Begriff Maker:in anhand der Beispiele aus **M1** und der Definition (**#Maker-Bewegung**).
2. Stellt zu zweit Gemeinsamkeiten und Unterschiede zwischen den Maker-Grundsätzen (**M2**) und dem handwerklichen Arbeiten in eurem Technik-Fachraum heraus.
3. a) Analysiere, welche Maker-Grundsätze im Beispiel angewendet wurden (**M3**).
   b) Entwickelt in 3er-Teams ein eigenes Maker-Projekt, zum Beispiel, indem ihr ein sprechendes Poster zu einem Thema eurer Wahl mit dem Makey Makey entwickelt (Praxisseite S. 259).

Ein sprechendes Poster mit dem Makey Makey erstellen

Gewöhnliche Poster haben das Problem, dass sie ein Thema verständlich erklären müssen, aber gleichzeitig nicht langweilig sein sollen. Mit einem sprechenden Poster kann man dies interaktiv gestalten und die Aufmerksamkeit aller fesseln.

Hilfs- und Arbeitsmittel

1. **Makey Makey:** Eine Leiterplatine, die es dir ermöglicht, Alltagsgegenstände als Tasten zu verwenden.
2. **Laptop und USB-Kabel:** Zum Anschließen und Programmieren deines Makey Makey. Du kannst auch ein Tablet verwenden, wobei ein Adapter benötigt wird.
3. **Kupferband, Rundkopfklammern:** Verwende dies, um lange Leiterbahnen für den Stromkreis und einzelne Kontaktpunkte zu erstellen.
4. **Krokodilklemmen, Anschlussdrähte:** Diese Arbeitsmittel dienen dazu, deine Leiterbahnen mit dem Makey Makey zu verbinden.
5. **Schere, Klebestift:** Zum kreativen Gestalten deines Posters.
6. **Plakat:** Dies wird der Grundkörper deines Posters sein.

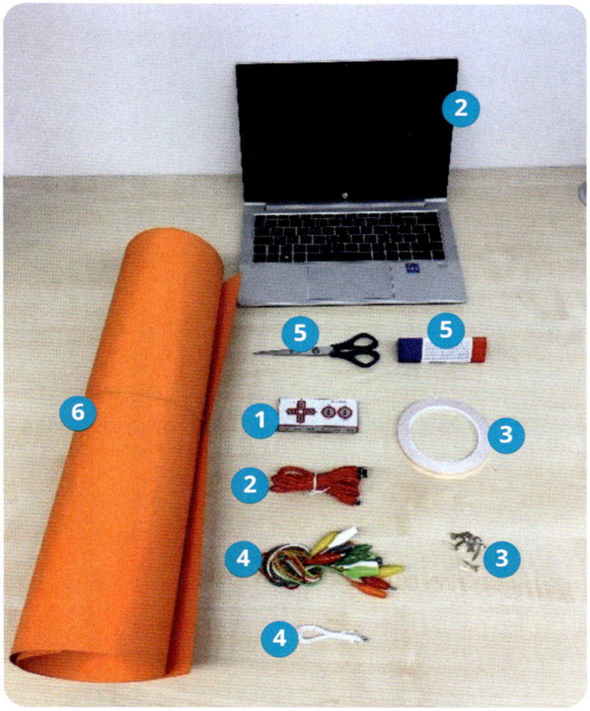

Sicherheits- und Arbeitshinweise

Fasse den Makey Makey immer an den Kanten an und achte darauf, die elektronischen Bauteile möglichst nicht zu berühren.

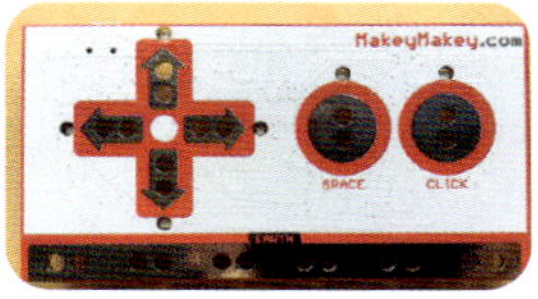

Board mit Leiterplatine

Der Makey Makey funktioniert, indem du den Stromkreis durch Berührung schließt. Dadurch kann zum Beispiel eine Tasteneingabe in deine Programmierung am Laptop erkannt werden. Dadurch können bestimmte Aktionen ausgeführt werden, wie zum Beispiel das Abspielen einer Tonaufnahme

Der Makey Makey hat zwei Seiten – eine Beginnerseite (links) und eine Fortgeschrittenenseite (rechts).

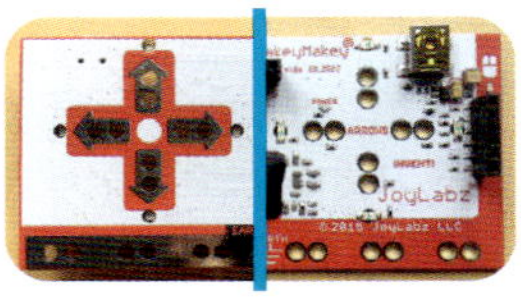

Beginner Fortgeschrittene

PRAXISSEITE

Auf der Fortgeschrittenenseite verwendest du die Anschlussdrähte und gehst nach dem gleichen Prinzip vor. Dabei steckst du die Drähte in die entsprechende Öffnung der schwarzen Stiftleisten ein.

Um einen Stromkreis auf der Beginnerseite aufzubauen, verbindest du eine Krokodilklemme mit dem „Earth“-Anschluss (Erdung) und eine weitere Krokodilklemme mit einem der Eingänge (z. B. die Leertaste = „Space“).

Arbeitsschritte

1. Entscheide dich für eine Idee für dein Poster.

2. Recherchiere passende Informationen und wähle aus, welche auf das Poster kommen sollen und welche über den Laptop „gesprochen“ werden sollen.

3. Plane, wie dein Poster aussehen soll und beginne mit dem Gestaltungprozess.

4. Wähle das passende Material für die Leiterbahnen aus. Dazu kannst du beispielsweise Kupferband, Aluminiumfolie oder sogar einen Bleistift verwenden.

4
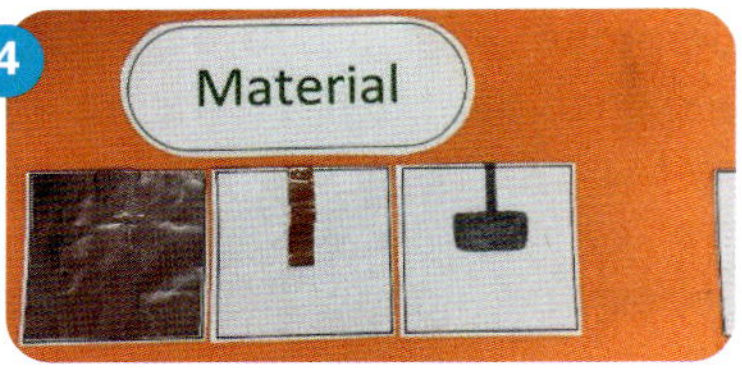

5. Entscheide, wo die Kontaktstellen oder Tasten auf deinem Poster sein sollen und aus welchem Material sie bestehen werden. Du kannst beispielsweise Reißzwecken oder Rundkopfklammern verwenden.

5
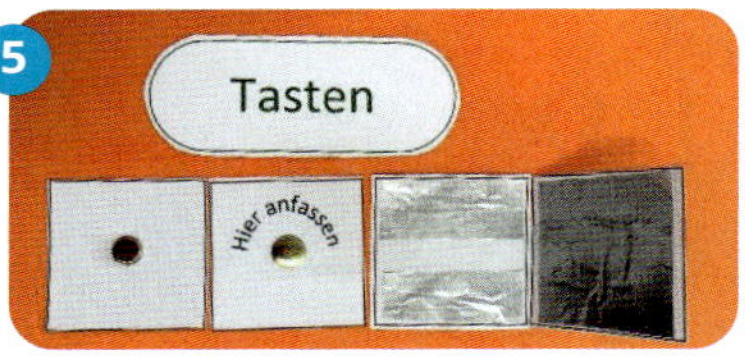

6. Plane auf der Rückseite deines Posters, wie die Verkabelung realisiert werden soll und markiere die Stellen, an denen du für die Kontaktstellen Löcher durch den Karton machen musst.

6
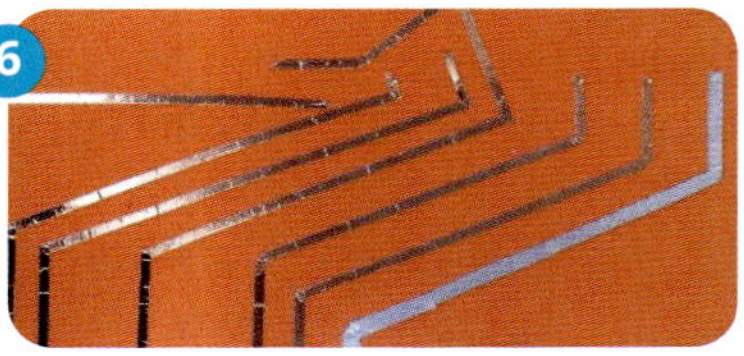

7. Nimm mit einem Aufnahmegerät die Inhalte auf,, die später vom fertigen Poster wiedergegeben werden sollen.

8. Erstelle eine passende Programmierung für dein Poster. Dazu kannst du beispielsweise Scratch nutzen.

Hier gelangst du zu Scratch:

82302-118

8
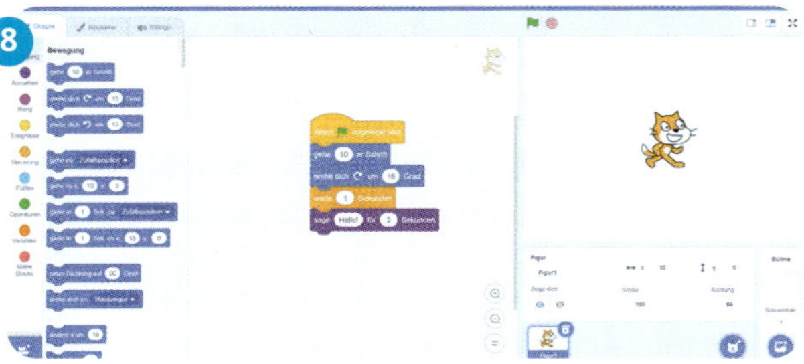
Benutzeroberfläche von Scratch

9. Teste und optimiere deine Programmierung und dein Poster, bis das gewünschte Ziel erreicht ist.

10. Stelle dein Projekt deinen Mitschüler:innen vor.

Helfen Pläne?

Endlich ist mal wieder richtig was los im Repair Café, in dem Jule ehrenamtlich arbeitet. Diesmal soll jedoch nicht repariert werden, sondern aus alten Kabelrollen sollen neue Tische für ein großes Fest entstehen. Das ist Upcycling im besten Sinne, funktioniert aber nur, wenn alle tatkräftig mitmachen. Doch wie geht Jule am besten vor, damit das Projekt „Kabeltrommeltisch" auch gelingt und alles rechtzeitig fertig wird?

M4 Weise Worte oder voll verplant?

Pläne sind nichts. Planung ist alles.
Dwight D. Eisenhower

Ein Ziel ohne Plan ist nur ein Wunsch.
Antoine de Saint-Exupéry

Wenn man es nicht schafft zu planen, plant man es nicht zu schaffen.
Benjamin Franklin

Wenn der Plan nicht funktioniert, ändere den Plan. Aber niemals das Ziel.
unbekannt

PROJEKT
Ein Projekt ist ein einmaliges Vorhaben, das ein bestimmtes Ziel verfolgt. Sie haben in der Regel einen definierten zeitlichen Umfang und umfassen verschiedene Tätigkeiten, die aufeinander abgestimmt sind und der Zielerreichung dienen. Projekte unterscheiden sich durch ihre Einzigartigkeit von Routineaufgaben und werden häufig im Team durchgeführt. Die Planung einer Urlaubsreise kann beispielsweise genauso ein Projekt sein wie die Erstellung eines Internetauftrittes.

M5 Gemeinsam auf dem falschen Weg

Opa Schultz ist im Gartenbauzentrum, um sich bei seinem eigenen Projekt eines Gartenhäuschens beraten zu lassen. „Es sollte schön schlicht sein, vielleicht een oder zwei Fenster ...", beginnt er. Die Verkäuferin murmelt „Fensterfassade", während sie notiert. Opa Schultz fährt fort: „...dann sollte da Platz für meine Werkzeuge und vielleicht alte Imkerstöcke haben. Ick bin nämlich Imker." „Hmmm, interessant. Weiträumiger Platz ... notiert. Was noch?" fragt die Verkäuferin. Opa Schultz beginnt zu grübeln. Schließlich sagt er: „Mal gucken, vielleicht noch ´ne Bank, damit ick mich abends schön entspannt hinsetzen kann? Ja, das wär´ schön." Die Verkäuferin notiert sich den letzten Gedanken und sagt begeistert: „Alles klar, so wie es aussieht, ist unser Gartenhaus ‚Glorios' die ideale Wahl für Sie. Es verfügt über große, lichtspendende Fenster, eine weitläufige Terrasse mit Sitzgelegenheit, und mit den 36 m² haben Sie mehr als genug Platz, um mit ihrer Familie den Abend zu genießen." Opa Schultz schaut die Verkäuferin verwirrt an.

M6 Spiel MeisterPower: Ohne Planung läuft hier nichts ...

Hier geht es zum Spiel:

82302-119

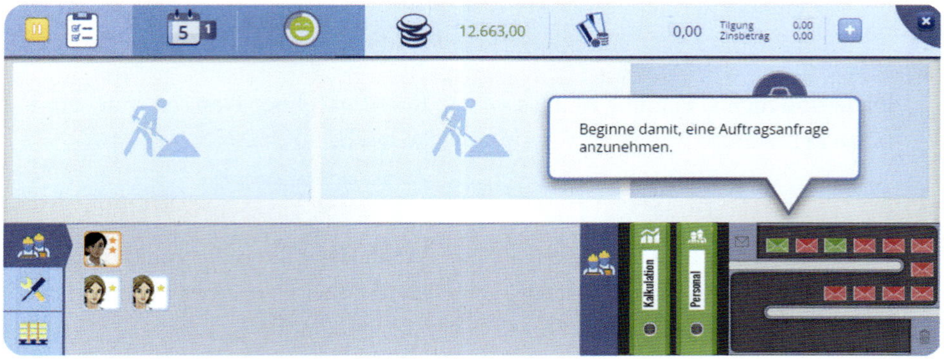

Benutzeroberfläche des Spiels

AUFGABEN

82302-288

1. a) Beschreibe, welche Bedeutung Planung aktuell in deinem Leben hat.
   b) Begründe daran anknüpfend, welches der Zitate aus **M4** dir am ehesten zusagt.
2. a) Erläutere den möglichen Grund für die Verwirrung von Opa Schultz (**M5**, **#Projekt**).
   b) Erörtere, welche Bedeutung Planungsprozesse für den Tischlermeister Peter Koslowski bei seiner beruflichen Tätigkeit haben.
3. a) Scanne den QR-Code zu **M6** und spiele das Spiel MeisterPower. Wähle hierfür den Handwerksberuf des Zimmerers bzw. der Zimmerin aus (**M6**).
   b) Erläutere, welche unternehmerischen Aspekte du im Blick behalten musst, damit dein Unternehmen erfolgreich läuft.
   c) Bewerte, welche Rolle Planungen für Unternehmen spielen im Vergleich zu deinem persönlichen Leben.
   d) Diskutiert zu zweit, ob sich euer Verhältnis zur Planung möglicherweise in eurem späteren Leben ändern muss und wird und begründet eure Einschätzungen.

Wie bekomme ich Struktur in mein Projekt?

Kennst du das? Egal ob eine Klassenarbeit bevorsteht oder ein Fest geplant ist, der Tag kommt immer näher und auf einmal sieht man, dass noch unglaublich viel zu tun ist. Damit man dann nicht in Stress gerät, hilft es, sich klare Ziele zu stecken und das Projekt zu planen.

 # PROJEKTMANAGEMENT

Das Projektmanagement umfasst Maßnahmen und Aktivitäten zur Organisation von Projekten, die dazu dienen, das Projektziel zu realisieren. Dabei müssen Rahmenbedingungen wie beispielsweise Zeitvorgaben, die Anzahl an Mitarbeitenden und die Finanzmittel, berücksichtigt werden. Da Projekte verschiedene Phasen von der Projektinitiierung bis zum Projektabschluss durchlaufen, werden verschiedene Maßnahmen zum Definieren von Zielen und zur Planung, Durchführung und Überwachung von Arbeitsschritten und Prozessen genutzt.

M7 Ziele definieren: Nur SMART kommst du ans Ziel!

Interaktive Aufgabe: Ordne die Definitionen zu!

82302-120

S spezifisch

M messbar

A attraktiv

R realistisch

T terminiert

1. Das Erreichen des Ziels ist für alle Mitmachenden angemessen und attraktiv. Erst so sind alle motiviert, dauerhaft mitzumachen.
2. Das Ziel ist so zu wählen, dass es unter realistischen Bedingungen erreicht werden kann. Ist das Projekt zu groß, wirkt es nicht schaffbar.
3. Wenn Termine für die einzelnen Aufgaben und das gesamte Projekt gesetzt werden, ist es wahrscheinlicher, dass das Ziel erreicht wird.
4. Wenn sich das Ziel messen lässt, kann man besser überprüfen, ob man auf dem richtigen Weg ist. Manchmal gibt es (zahlenmäßige) Werte wie zum Beispiel die Anzahl an Tischen, die man nutzen kann. Manchmal sind es aber auch Dinge, die sich nicht so einfach zählen lassen. Die Zufriedenheit der Nutzer:innen einer technischen Lösung muss man beispielsweise über andere Methoden ermitteln.
5. Das Ziel sollte so konkret wie möglich formuliert werden, damit es eindeutig und unmissverständlich ist. Bei einem Tisch sollte so beispielsweise entschieden werden, ob es ein Tisch zum Stehen oder Sitzen ist, wenn man das Thema formuliert.

M8 Schon SMART und bereit für den Start?

Die Möblierung für das Fest ist eine große Aufgabe. Jule hat sich daher Hilfe geholt: Peter, Paul, Azra und Opa Schultz haben zugesagt, ihr im Repair Café zu helfen. Gemeinsam sind sie auf der Suche nach einer passenden Zielstellung. Azra hält fest:

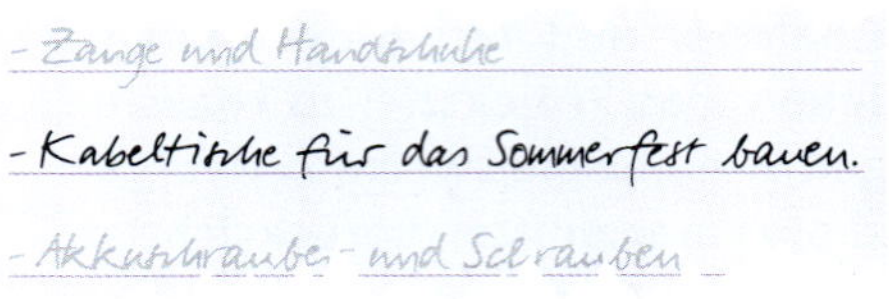

Kabeltrommeltisch

M9 Einen Projektstrukturplan erstellen

Interaktive Aufgabe: Ordne die Arbeitspakete und –aufgaben zu!

82302-121

In einem Projektstrukturplan werden alle relevanten Tätigkeiten eines Projektes erfasst und strukturiert. In dem Plan werden zunächst die Teilprojekte als oberste Gliederungsebene festgelegt. Diesen Schwerpunkten werden Arbeitspakete zugeordnet, die konkrete Aufgabenstellungen umfassen. Bei unternehmerischen Projekten werden darüber hinaus noch Teilaufgaben als weitere Gliederungsebene ergänzt, die zwischen den Teilprojekten und den Arbeitspaketen angeordnet wird.

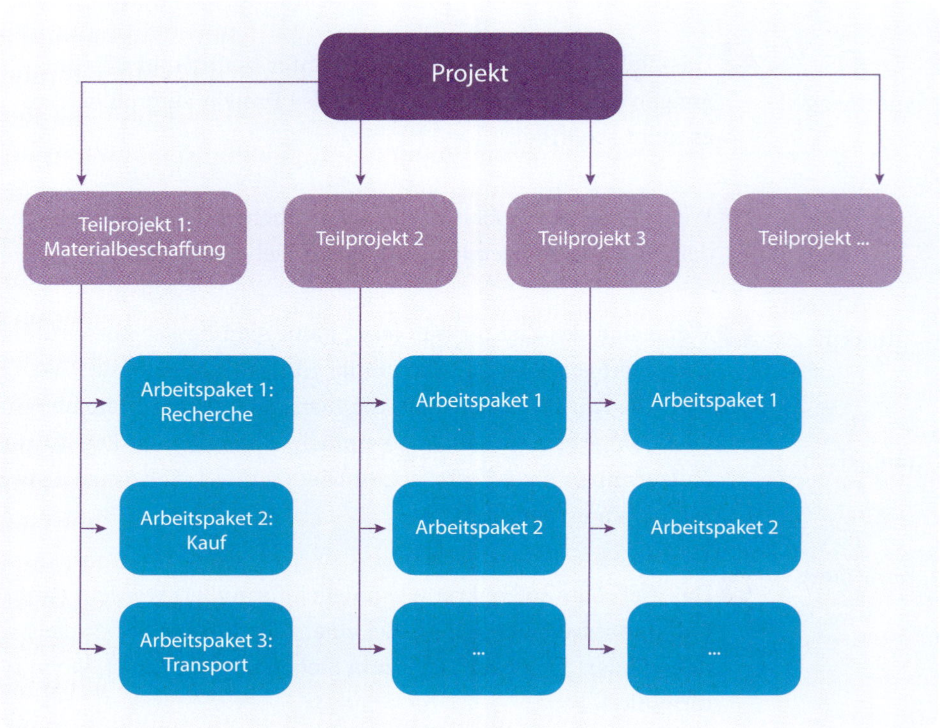

M10 Meilensteine und Zuständigkeit

a) Arbeittsschritte

Jule: Ich erstelle einen Entwurf für die Tische. Den sollten wir in der zweiten Woche abstimmen. Wenn wir ihn abgestimmt haben, fertige ich in der dritten Woche einen Prototyp an. Wenn wir mit dem zufrieden sind, können wir in der fünften Woche mit der Fertigung der Tische beginnen. Dafür muss dann aber das Material schon vorliegen.

Azra: Ich möchte gerne recherchieren, wo wir die Kabeltrommel herbekommen und schaffe das in einer Woche.

Opa Schultz: Ich habe noch reichlich Arbeitsplattenöl zu Hause. Ich kann also gerne die Oberflächenbearbeitung übernehmen. Und beim Transport der Kabeltrommeln unterstütze ich euch auch gerne, schließlich habe ich einen Anhängerführerschein.

b) Arbeitsplan

Arbeitspaket	Wer?	Bis wann?
Bezugsquelle von alten Kabeltrommeln recherchieren	Azra	07.04.
...	...	...

AUFGABEN

82302-289

1. Ordne die Beschreibungen a-e den einzelnen Buchstaben von SMART zu (**M7,** QR-Code).
2. a) Erläutere, inwiefern Azras Zielsetzung den SMART-Kriterien entspricht (**M8**).
   b) Ergänze die Zielsetzung von Azra, bis diese den SMART-Kriterien entspricht.
3. Ordne die Arbeitspakete und Arbeitsschwerpunkte einander zu (**M9**, QR-Code).
4. a) Entwickelt in Partner:innenarbeit einen Arbeitsplan (**M10b**) für das Projekt „Kabeltrommeltische“, in dem die Arbeitsschritte, die Zuständigkeiten und Zeitangaben enthalten sind. Bindet die Beispiele ein (**M10a**) und überlegt euch zusätzlich vier weitere Arbeitsschritte für den Plan. Beginnt beim Arbeitsplan mit der Planung am 01.04.
   b) Stellt eure Arbeitspläne in der Klasse vor und vergleicht diese miteinander.

F zu Aufgabe 4a
Entwickelt abschließend einen Ablaufplan für euer Projekt.

Läuft doch alles, oder nicht? So behältst du dein Projekt im Blick

Jule hat eine schlaflose Nacht mit Alpträumen hinter sich. In ihrem Traum waren alle fleißig am Arbeiten, aber am Ende herrschte totales Chaos beim Fest, weil vieles nicht fertig war. Doch wie steht es denn eigentlich wirklich mit den Projektvorbereitungen? Sie beschließt genauer zu prüfen, was noch zu tun ist.

M11 Ein Projekt durchführen und überwachen

Alle zwei Wochen trifft sich das Projektteam im Repair-Café. Gemeinsam werden der Arbeitsplan und der aktuelle Projektstand geprüft. Dabei diskutiert das Team viele Fragen: Wo liegen Probleme und Herausforderungen? Was hat gut geklappt? Wo müssen wir noch nachsteuern oder neu planen? Es können inhaltliche Fragen aufgegriffen, aber auch Probleme in der Zusammenarbeit besprochen werden.

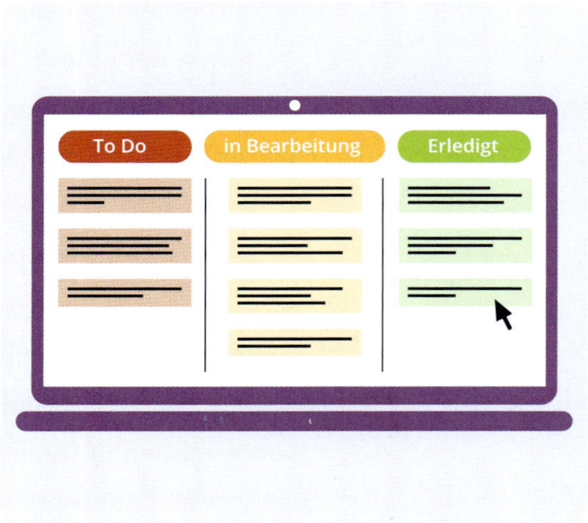

Interaktive Aufgabe: Ordne die Aussagen zu!

82302-122

Das Teamtreffen sollte so oft wie möglich stattfinden.

Es sollten auf keinen Fall Probleme der Zusammenarbeit angesprochen werden.

Wichtig ist, dass es immer genug zu essen gibt, damit sich alle wohlfühlen.

Freunde dürfen dazu stoßen, dann bringt es allen mehr Spaß.

Der Arbeitsplan ist eine wichtige Grundlage für das Teamtreffen.

Der Projektverlauf wird auf einem digitalen Board festgehalten.

M12 Projektergebnisse präsentieren

Ergänzende Texte

82302-123

Im Repair-Café sind im letzten Jahr viele tolle Projekte entstanden. Jule ist sehr stolz darauf und möchte diese Ergebnisse gerne präsentieren. Doch wie geht das eigentlich am besten, ohne für die Vorbereitung allzu viel Zeit zu investieren und es gleichzeitig für die Zuhörenden interessant zu gestalten? Sollte die Präsentation während des Sommerfestes stattfinden oder gibt es eine Möglichkeit, die Ergebnisse auch längerfristig zugänglich zu machen?

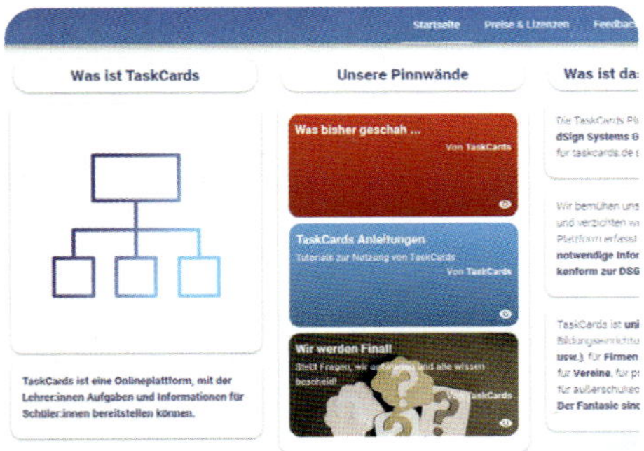

Beispiel für eine digitale Pinnwand

Beispiel für eine virtuelle 3D-Ausstellung

Virtuelle Pinnwände | Museumsgang | Virtuelle 3D-Präsentationen | Elevator Pitch | ...

Informationen zu den Methoden der Projektpräsentation findet ihr hier:

82302-124

M13 Der Blick zurück: das Projekt auswerten

Nach dem Fest kommt das Team noch einmal zusammen. Paul ist zufrieden: „Unser Projekt ist doch richtig gut gelaufen. Wir waren rechtzeitig fertig und die Tische wurden auch von vielen Leuten bewundert". Azra sieht die Sache jedoch anders: „Nee, das finde ich gar nicht. Überleg doch mal, wie stressig es am Schluss war. Nur, weil wir am Ende bis spät abends in der Werkstatt waren, haben wir es überhaupt geschafft. Am Anfang war es ja noch lustig, aber am Ende waren alle total genervt." „Ja, das stimmt. Und man sieht es den Tischen auch an. Guck dir mal die Oberfläche der letzten Tische an. Zum Glück hat sich niemand an den Splittern verletzt", meint Peter. Jule versucht zu beschwichtigen: „Naja, so schlimm war es nun auch wieder nicht. Ich finde, wir können trotzdem stolz auf uns sein. Immerhin haben wir es zusammen gemeistert und jede und jeder hat richtig gut mitgearbeitet. Und beim nächsten Mal können wir es ja besser machen!"

AUFGABEN

82302-290

1. Ordne die Aussagen zur Bedeutung von Projekttreffen in richtig und falsch ein (**M11**, QR-Code).

2. a) Bildet 3er-Gruppen. Jede:r von euch wählt ein Präsentationsformat aus und erläutert, was dieses Format kennzeichnet (**M12**).
b) Erklärt euch gegenseitig die vier Präsentationsformate.
c) Diskutiert gemeinsam, zu welchem Format ihr Jule raten würdet.

3. a) Analysiere, welche Schwerpunkte zur Bewertung des Projektes von den jeweiligen Personen in den Mittelpunkt gerückt werden (**M13**).
b) Entwickle Kriterien, die dir bei der Projektbewertung wichtig wären.

F zu Aufgabe 3b
Wenn du gerade kein Projekt hast, nutze das Beispiel mit den Kabeltrommeltischen für das Sommerfest.

Schicht für Schicht und trotzdem dicht?

Immer wieder stehen in Jules Repair-Café Besucher:innen staunend vor dem 3D-Drucker. Unermüdlich arbeitet das Gerät und Stück für Stück druckt er Jules Bauteil aus. Doch wie funktioniert so eine Fertigung eigentlich genau?

M14 Additive und subtraktive Fertigungsverfahren

Verschiedene Gegenstände gefertigt mit additiven und subtraktiven Fertigungsverfahren

3D-DRUCK

Mithilfe von 3D-Druck-Verfahren werden dreidimensionale Objekte Schicht für Schicht hergestellt.
Erst diese Schichten zusammen ergeben das fertige Produkt. Daher bezeichnet man den Druck auch als additives Fertigungsverfahren. Im Gegensatz dazu stehen subtraktive Fertigungsverfahren, bei denen nicht zum Objekt gehörende Teile entfernt werden.

M15 Aufbau eines FDM-3D-Druckers

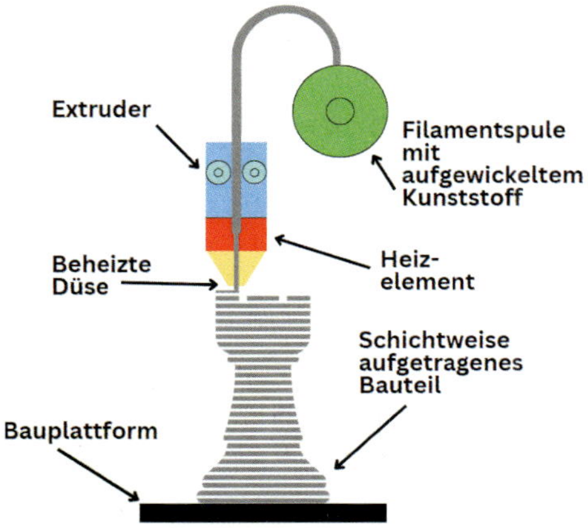

Bauteile eines 3D-Druckers

3D-Drucker im Druckvorgang

Video: 3D-Drucker in Aktion

82302-125

FDM
(engl. Fused Deposition Modeling) Schmelz-Schichtung

Extrusion
bezeichnet das Herausdrücken der plastisch verformbaren Masse, also des geschmolzenen Kunststoffes. Diese Masse wird durch die formgebende Düse gedrückt.

M16 Druck dich glücklich

3D-gedruckte Produkte: Karabinerhaken, Armreif, Obstschale

AUFGABEN 82302-291

1. Benenne, welche Produkte mit einem additiven Fertigungsverfahren gefertigt wurden (**M14**, **#3D-Druck**)
2. Erläutere, wie der Druck mit dem FDM-Drucker funktioniert (**M15**, QR-Code).
3. Bewerte, für welche der dargestellten Produkte der 3D-Druck ein geeignetes Fertigungsverfahren ist (**M16**).
4. Entwickelt in Kleingruppen erste Ideen, was ihr gerne mit einem 3D-Drucker drucken würdet.

Wie kommt man von der Idee zum 3D-Produkt?

Ein 3D-Drucker arbeitet Schicht für Schicht und allmählich entstehen dreidimensionale Produkte daraus. Aber woher „weiß" der Drucker, was zu tun ist? Bevor der 3D-Druck gestartet werden kann, müssen einige Vorarbeiten geleistet werden.

M17 Von der Idee zum fertigen Produkt

1 Die Idee
Zu Beginn steht eine Idee für etwas, das hergestellt werden soll. Die Idee kann zum Beispiel eine Lösung für ein Problem sein, wie etwa ein fehlendes Boot in einem Spiel.

a

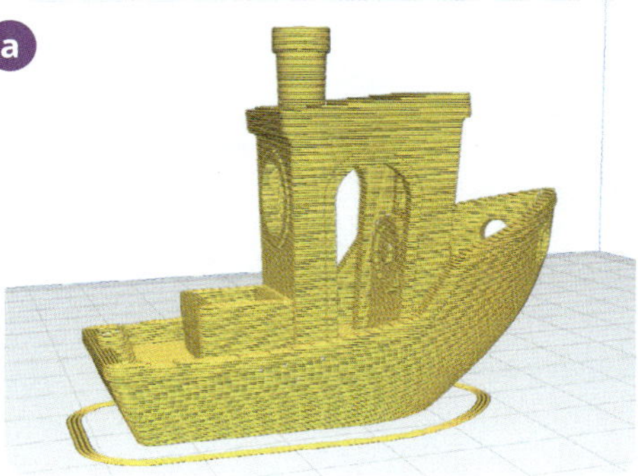

2 Die Konstruktion
Auf Grundlage der Idee muss dann ein 3D-Modell erstellt oder ein bereits bestehendes Modell in einer Datenbank gefunden werden. Es ist auch möglich, mit einem 3D-Scanner ein bereits vorhandenes Boot abzuscannen und hierüber ein Modell zu erzeugen.

b

3 Das Slicen
Ein 3D-Modell beschreibt erst einmal nur die dreidimensionale Gestalt eines Objektes. Damit der Drucker dieses drucken kann, muss er jedoch konkrete Anweisungen erhalten. Dies wird mit einer Slicing Software (auch Slicer genannt) vorgenommen. Das Modell wird dabei virtuell in Schichten/Scheiben geschnitten (eng. Slice), mit denen der 3D-Drucker das Modell beim Fertigungsprozess Schicht für Schicht aufbaut.

c

4 Der 3D-Druck

Die genauen Anweisungen für den Drucker werden als G-Code bezeichnet (G steht dabei für das englische Wort „geometry", also geometrisch). Dieser muss kabellos über ein Netzwerk oder über ein Speichermedium (SD-Karte oder USB-Stick) auf den Drucker übertragen werden. Der Drucker führt dann im Druckprozess die Anweisungen Schritt für Schritt durch.

d

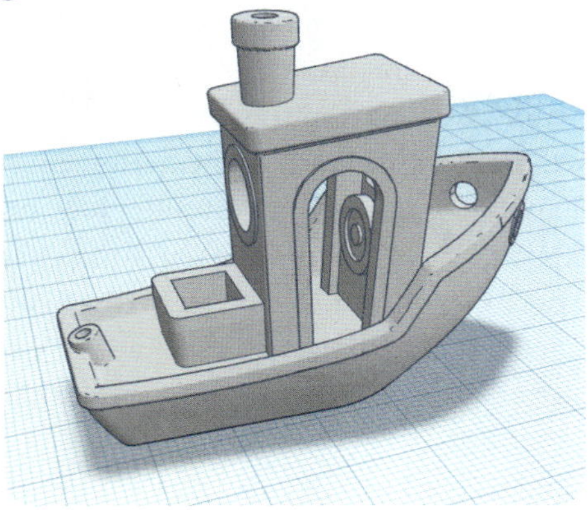

5 Gedrucktes Objekt

Wenn keine Fehler auftreten ist der Druck irgendwann abgeschlossen. Nach einer kurzen Abkühlzeit kann das fertige Objekt aus dem Drucker entnommen werden. Manchmal sind kleine Nacharbeiten notwendig.

e

M18 Richtig oder falsch?

Interaktive Aufgabe: Richtig oder falsch?

82302-126

Der G-Code ist eine Datei, die ich immer aus dem Internet herunterlade, um meinen Druck zu starten.

Das fertig gedruckte Objekt sollte sofort aus dem Drucker entnommen werden, damit es nicht auf der Druckplatte festklebt.

Mithilfe einer Slicing Software wird das 3D-Modell in konkrete Anweisungen für den Drucker umgewandelt.

M19 Ohne Stütze geht es nicht

Objekt mit Stützstrukturen, die noch entfernt werden

Charlotte hat im Repair-Café einen kleinen Aufsteller gedruckt. „Die ®Stützstrukturen zu entfernen nervt ganz schön. Wofür braucht man die überhaupt?“, fragt sie ihre Mutter. Jule erklärt: „Wenn du dir deinen Aufsteller anguckst, dann hat der doch Überhänge. Ohne Stützstrukturen kann der Drucker das gar nicht drucken.“ „Aber das Entfernen dauert so lange. Und hier ist noch eine scharfe Kante“, erwidert Jule ungeduldig. Jule sieht sich den Aufsteller genauer an: „Das stimmt, daher versucht man Objekte so zu konstruieren, dass keine Stützstrukturen benötigt werden. Oder du fertigst den Aufsteller in zwei Teilen, die man zusammenstecken kann.

M20 Clever konstruiert

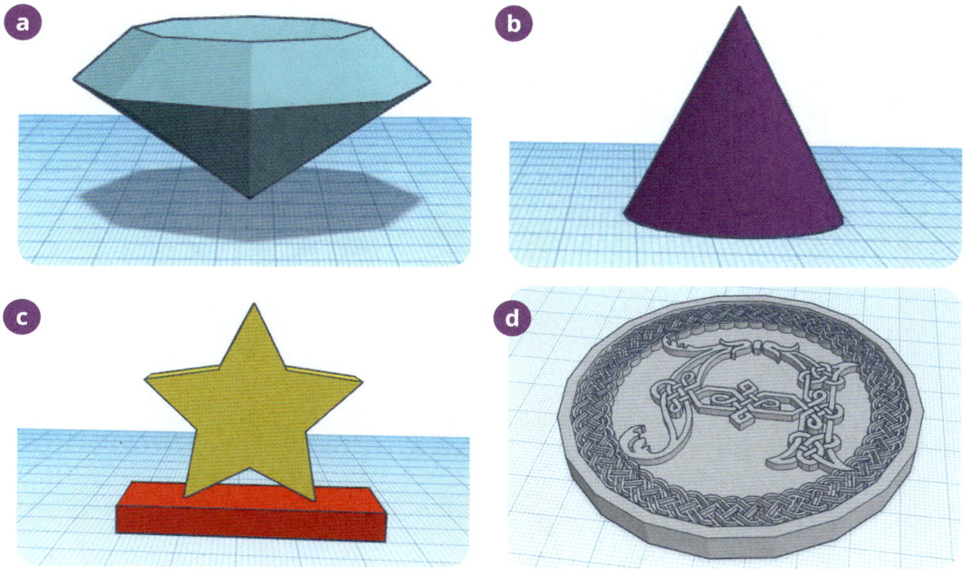

Verschiedene 3D-Modelle

F zu Aufgabe 1
Recherche nach einem 3D-Modell eines Bootes und begründe deine Entscheidung:
Auf folgenden Seiten kannst du suchen:
- https://www.thingiverse.com/
- https://free3d.com/de/
- https://open3dmodel.com/de/3d-models/

AUFGABEN

82302-292

1. Ermittle, welche Abbildung zu dem jeweiligen Prozessschritt passt (**M17**).
2. a) Ordne die Aussagen den Kategorien „richtig“ und „falsch“ zu (**M18**, QR-Code).
   b) Formuliere selbst drei Aussagen und lasse sie von einer Mitschülerin oder einem Mitschüler beantworten.
3. Erkläre, was Stützstrukturen sind (**M19**).
4. Begründe, ob die Modelle in **M20** ohne Stützstrukturen druckbar sind.
5. Entwickelt in Gruppen Ideen, wie Charlotte den Aufsteller in der Form ändern könnte, sodass keine Stützstruktur mehr benötigt wird (**M19**).

Lässt sich heutzutage alles drucken?

Neue, individuell an dich angepasste Turnschuhe, ein gedrucktes Steak ohne tierische Bestandteile oder ein ganzes Haus – vieles lässt sich mit einem 3D-Drucker erstellen. Und das auch noch häufig an dem Ort, an dem es gebraucht wird. Doch lässt sich alles drucken?

M21 Frisch aus dem 3D-Drucker

1

2

3

4

5

6

7

8

Verschiedene 3D-gedruckte Produkte

M22 Für mich die beste Wahl?

Den Drachen hat Janne aus mehreren gedruckten Einzelteilen zusammengesetzt.

Das liebste Hobby des Tüftlers Janne ist der 3D-Druck. Er hat sich einen 3D-Drucker angeschafft und druckt für sich selbst und seine Freunde viel: von kleinen Geschenken und Dekorationen, über Alltagshelfer bis hin zu Ersatzteilen.

Auf dem Lastenrad haben zwei Personen Platz.

Die Unternehmerin Svenja entwickelt elektronisch betriebene Lastenräder.

a Bei den meisten 3D-Druck-Verfahren ist eine Nachbereitung nötig. Zum Beispiel das Entfernen von stützenden Strukturen.

b Beim 3D-Druck können komplexe Formen realisiert werden. Dadurch können vor allem beim industriellen Einsatz Hohlkörper-Konstruktionen entwickelt werden, die sehr „filigran" und trotzdem stabil sind. Für diese wird weniger Material benötigt als für Vollkörper.

c Die Prototypentwicklung ist durch den Einsatz von 3D-Druck-Verfahren deutlich schneller geworden ist. Denn nach der Konstruktion kann das Produkt direkt gefertigt werden, ohne dass erst aufwendig Bauteile zur Fertigung, wie zum Beispiel Spritzgussformen, hergestellt werden müssen.

e Gerade die Anschaffung von FDM-Druckern ist kostengünstig geworden. Sie sind häufig auch in offenen Werkstätten vorhanden und mit geringem Vorwissen nutzbar.

f Bei Serienfertigungen sind 3D-Druck-Verfahren im Vergleich zu klassischen Verfahren wie dem Spritzgussverfahren deutlich zeitintensiver und häufig auch teurer.

g Durch die schichtweise Produktionsweise sind die Produkte anfällig für Brüche.

h Mit der starken Verbreitung von 3D-Druckern ist auch eine Community entstanden. Ein großes Repertoire an Vorlagen findet man zum Teil zur kostenfreien Nutzung im Internet.

d Durch die gute Zugangsmöglichkeit zu FDM-Druckern müssen Interessierte nicht auf Dienstleistungen von Unternehmen zurückgreifen. Dies ermöglicht auch eine regionale Herstellung von Produkten.

i Bei der Herstellung von Produkten kann im Vergleich zu anderen Fertigungstechniken Material eingespart werden. Dadurch, dass man Produkte mit Hohlräumen fertigen kann, wird weniger Material benötigt und dennoch eine hohe Stabilität erzeugt.

M23 Der 3D-Drucker als Lösungsstrategie vor Ort

Jorge Luís arbeitet auf Kuba in einem Repair-Café. In diesem Repair-Café wurden viele Geräte mit dem 3D-Drucker erstellt. Den ersten 3D-Drucker hat er gekauft. Doch schon beim zweiten begann er, viele Bauteile selbst auszudrucken. Da auf Kuba kein Pfandsystem für Getränkeflaschen existiert, nutzt Jorge diese, um daraus Filament herzustellen. Mit den Druckern wurden bereits für ein lokales Krankenhaus Produkte für den Sanitätsbereich gedruckt, da diese nicht lieferbar waren. Jorge bezeichnet es als seine Leidenschaft, neue Lösungen zu entwickeln. Seine Wege sind dabei jedoch ganz andere, als sie Marketingabteilungen großer Konzerne entwickeln würden. Aber das ist ihm egal. Dafür kann er seine Lösungen direkt vor Ort entwickeln.

AUFGABEN

82302-293

1. Benenne die Produkte, die mithilfe eines 3D-Druck-Verfahrens gefertigt wurden (**M21**).
2. Suche dir einen Partner/eine Partnerin. Teilt auf, wer von euch die Perspektive von Svenja und wer die von Janne einnimmt (**M22**).
   a) Ordnet die Texte a-i zunächst den Kategorien "Vorteile" und "Nachteile" zu.
   b) Erstelle ein Ranking der Vor- und Nachteile von 3D-Druckverfahren für deine Person.
   c) Tausche dich mit deinem Partner/deiner Partnerin aus und begründe dein Ranking.
   d) Diskutiert die Bedeutung von 3D-Druck-Verfahren vergleichend für Unternehmen und Privatpersonen.
3. Bewertet in Partnerarbeit, welche Bedeutung der 3D-Druck für Jorge Luís und sein Umfeld hat (**M23**).
4. Diskutiert, ob man heutzutage wirklich alles drucken kann.

Was passiert mit unserem Schrott?

Gestern noch voll funktionsfähig und heute bewegt sich auf einmal gar nichts mehr. Kennst du das? Gerade die Dinge, die man häufig nutzt, gehen irgendwann auch kaputt. Doch was passiert dann eigentlich mit unseren Produkten?

Grafik: Wo landet der Elektroschrott?

82302-127

M24 Jede Menge Elektroschrott …

EcoInsight
@ecoinsight

Die Menschheit produziert immer mehr **Elektroschrott.**

- In Deutschland landeten im Jahr 2020 etwas mehr als eine Million Tonnen Elektro- und Elektronikgeräte in den Abfallsammelstellen (+9 % gegenüber dem Vorjahr).
- In Deutschland verursachte 2020 jede Person durchschnittlich 12,5 Kilogramm Elektroabfall, in der EU waren es 10,5 Kilogramm.
- Griechenland kann es besser: Nur 5,7 Kilogramm Elektroschrott wurden dort 2020 verursacht.
- Von Westeuropa aus landen viele Abfälle in China und Indien. Und von Nordamerika aus wird der Schrott nach Mexiko, Brasilien und Afrika geschickt.

08:46 - 06. Mai

Bearbeiterin, basierend auf: ©Statistisches Bundesamt: EU-weit 4,7 Millionen Tonnen Elektroschrott im Jahr. In: www.destatis.de, Abruf am 06.05.2024

M25 Wie setzt sich der Elektroschrott zusammen?

Zusammensetzung des weltweiten Elektroschrotts 2022
(in Millionen Tonnen)

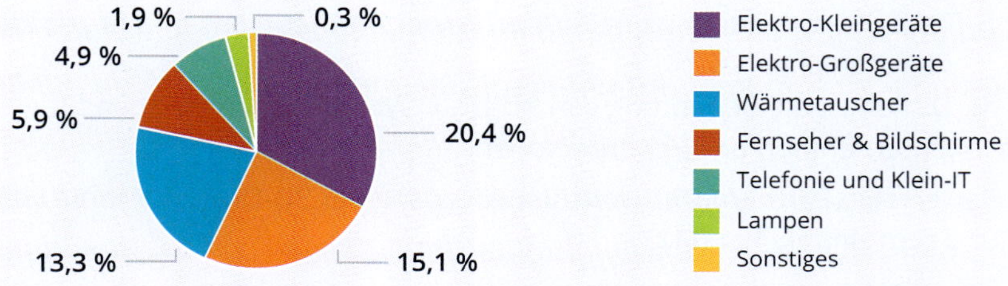

©C.C. Buchner Verlag; Datenquelle: The Global E-waste Monitor 2024

M26 Mit Müll Geld verdienen

1

Mülldeponie in Agbogbloshie, Ghana

2

Poster des Dokumentarfilms "Welcome to Sodom" (2018)

Elektromüll in Ghana

82302-128

Sodom und Gomorra
„Sodom und Gomorra" ist ein Ausdruck des Entsetzens. Er stammt aus der Bibel und bezieht sich auf zwei antike Städte, die laut der biblischen Überlieferung aufgrund ihrer Sündhaftigkeit von Gott zerstört wurden. Sie werden daher verwendet, um Orte oder Situationen zu beschreiben, die als besonders verdorben oder sündhaft angesehen werden.

AUFGABEN

82302-294

1. a) Benenne Produkte, die zum Elektroschrott zählen, sobald sie defekt sind (**M24**).
b) Beschreibe die aktuelle Situation zum Elektroschrott mithilfe des Posts (**M24**).
c) Erarbeitet in Partner:innenarbeit Vermutungen, wie es zur Zunahme von Elektroschrott kommt.

2. a) Erläutere die Grafik **M25** zur Zusammensetzung des Elektroschrotts.
b) Erstellt in 4er-Gruppen eine Umfrage, um herauszufinden, was in euren Haushalten im vergangenen Jahr kaputt gegangen ist und was mit den kaputten Geräten passiert ist. Führt die Umfrage durch.
c) Wertet die Ergebnisse der Umfrage aus und erstellt dazu ein Kreisdiagramm.
d) Vergleicht euer Ergebnis mit der vorliegenden Grafik (**M25**).

3. a) Erkläre, welche Auswirkungen der europäische Elektroschrott auf die Bewohner:innen rund um die Mülldeponie Agbogbloshie hat (**M26**, QR-Code).
b) Erstellt Plakate für eine Demonstration, um auf die Situation aufmerksam zu machen und für bessere Lebensbedingungen der Menschen einzutreten.

4. a) Erörtere, warum der Film über die Mülldeponie Agbogbloshie in Anlehnung an den Ausspruch „Sodom und Gomorra" mit dem Titel „Welcome to Sodom" veröffentlicht wurde (**M26**).
b) Beziehe Stellung zu der Aussage auf dem Bild: „Dein Smartphone ist schon hier".

F zu Aufgabe 2d
Recherchiere mithilfe des QR-Codes, wie du den Elektroschrott aus deinem Haushalt richtig entsorgst.

82302-129

Wie entsteht unser ganzer Schrott?

Elektroschrott ist ein großes Problem in Deutschland und weltweit. Aber wodurch entsteht der eigentlich? Ist ja klar: Produkte halten nicht ewig und anschließend sind sie eben Schrott. Stimmt das wirklich oder gibt es auch andere Gründe, warum Produkte aussortiert werden?

M27 Eine Glühlampe für die Ewigkeit?

Kohlenstoff
chemisches Element

Elektrischer Widerstand
Fähigkeit eines Materials, den Fluss von elektrischem Strom zu behindern oder zu begrenzen

(elektrische) Leistung
Rate, mit der elektrische Energie umgesetzt oder übertragen wird, gemessen in Watt (W)

Das „Centennial Light“ (englisch für hundertjähriges Licht) leuchtet schon seit über 100 Jahren in der Feuerwache „Station 6“ der Stadt Livermore nahe San Francisco in den USA. Außer weniger Momente, in denen der Einsatzort der Lampe gewechselt wurde und einigen Stromausfällen, leuchtet die Lampe ununterbrochen.

Bei der Lampe handelt es sich um eine Kohlefadenlampe, bei der ein Faden aus Kohlenstoff durch den elektrischen Widerstand bei der Nutzung zu glühen beginnt. Grund für die Langlebigkeit der Glühlampe soll vor allem ihre geringe Leistung von nur 4 Watt sein.

Das Centennial Light – die langlebigste Glühlampe der Welt

OBSOLESZENZ

Obsoleszenz beschreibt die Alterung eines Produktes. Mit Alterung ist gemeint, dass ein Produkt nicht mehr geeignet ist, um ein Bedürfnis zu befriedigen.
Neben der natürlichen Alterung wird auch von der künstlichen Alterung gesprochen. Damit meint man einen vorzeitigen Verschleiß in Bezug auf die erwartbare Lebensdauer.

M28 Welche Formen der Obsoleszenz gibt es?

Funktional:
Die sich rasch ändernden technischen und funktionalen Anforderungen an ein Produkt können dazu führen, dass diese untereinander nicht mehr kompatibel sind. Zum Beispiel setzen Apps bestimmte technische Anforderungen voraus, die von „veralteten“ Geräten nicht mehr geleistet werden.

Werkstofflich:
Beschreibt die begrenzte Haltbarkeit von Bauteilen oder ein Verschlechtern ihrer Eigenschaften, zum Beispiel durch Rosten von Metallteilen oder das spröde werden von Kunststoffen.

Psychologisch:
Produkte werden aufgrund von Moden oder neuen technischen Trends von den Nutzenden ausgetauscht. Zum Beispiel wird das neue Modell eines Smartphones gekauft, obwohl das alte Modell noch völlig funktionsfähig ist.

Ökonomisch:
Ein Neukauf erscheint günstiger als die Kosten zur Instandhaltung und -setzung aufzubringen.

M29 Lang lebe mein Produkt?

Auf der einen Seite steigt die Ausstattung privater Haushalte mit elektronischen Geräten, wie Kühlgeräte, Smartphones oder Fernseher. Auf der anderen Seite hat sich die durchschnittliche Nutzungsdauer dieser Geräte in den letzten Jahren tendenziell verkürzt. [...] Die Gründe dafür sind vielfältig: Neben schnelleren Innovationszyklen, schlechter Reparierbarkeit, hohen Reparaturkosten, fehlenden Software-Updates, dem Verbraucherwunsch nach modernen Geräten und Werbe- und Rabattaktionen führen oft Defekte zum Neukauf. So ist der Anteil der Haushaltsgroßgeräte, die innerhalb von weniger als fünf Jahren aufgrund eines Defektes ersetzt wurden, von 3,5 Prozent in 2004 auf 8,3 Prozent in 2012 gestiegen. Dabei verursachen Herstellung, Transport, Nutzung und Entsorgung jedes neuen Produkts erhebliche Umweltbelastungen: Begrenzt verfügbare Ressourcen werden abgebaut, Treibhausgase schaden dem Klima und das Abfallaufkommen steigt.

Umweltbundesamt: Produkte länger nutzen. Tipps zu Verbraucherrechten, Reparatur und Neukauf, 2018

M30 So geht's – oder doch nicht?

To-do-Liste für geplante Obsoleszenz

- **Kurzfristigkeit:** Das Produkt soll die erwartete Lebensdauer keinesfalls überschreiten. Nur minderwertige oder störanfällige Materialien an heiklen Stellen verwenden, z. B. billigen Kunststoff anstelle von Metall einsetzen!
- **Reparierbarkeit vermeiden:** Keine üblichen Werkzeuge sind verwendbar, keine Schrauben werden sichtbar. Die Kosten einer Reparatur sind, wenn überhaupt möglich, so hoch, dass es sich nicht mehr auszahlt und das Produkt entsorgt wird.
- **Produkte unbenutzbar machen (funktionale Obsoleszenz):** immer wieder Systemänderungen einführen, durch die eine Nutzung eines Geräts nicht mehr möglich ist (z. B. keine Sicherheitsupdates für Betriebssysteme mehr durchführen).
- **Obsoleszenz in das Gerät programmieren (programmierte Obsoleszenz):** Nach einer gewissen Verwendungsdauer (in der nicht das volle Potenzial ausgeschöpft wird) sollen die Benutzer:innen Verbrauchsmaterialien ersetzen (müssen). Beispiel: Druckerpatronen.
- **Künstliche Nachfrage erzeugen:** durch Massenmedien und Werbung für Zuwachs bei der Nachfrage von immer besseren Produkten und Dienstleistungen sorgen.
- **Künstliche Knappheit erzeugen:** die Produktion beschränken, obwohl Produkte, Funktionen und Service ausreichend verfügbar sind. Auf maximalen Gewinn achten!

Nach: polis aktuell: Schon wieder kaputt? Geplante Obsoleszenz, Nr. 3/2019

AUFGABEN

82302-295

1. Beschreibe die Besonderheit des „Centennial Lights" (**M27**).
2. a) Benenne weitere Beispiele für die verschiedenen Arten von Obsoleszenz (**#Obsoleszenz, M28**).
   b) Erkläre, welche Form der Obsoleszenz bei modernen Leuchtmitteln im Vergleich zum „Centennial Light" vermutlich vorliegt (**M27**, **M28**).
3. Erläutere, welches Zusammenspiel zwischen der Lebensdauer und der Umweltfreundlichkeit von Produkten besteht (**M29**).
4. Diskutiert in der Klasse, welche Folgen die geplante Obsoleszenz für die Gesellschaft und die Umwelt hat (**M30**).

Mein Gerät – mein Recht auf Reparatur?

So ein Ärger, dein Smartphone ist kaputt! Das Gerät ist gar nicht so alt und viel zu schade zum Wegwerfen, aber die Reparatur ist langwierig und teuer. Welche Maßnahmen könnten helfen, Reparaturen einfacher zu machen, sodass du eine echte Wahl hast und was hat Politik damit zu tun?

M31 Herausforderungen bei der Reparatur

Tom und Charlotte treffen sich am Nachmittag im Park. Tom ist nicht so gut drauf – ihm ist letzte Woche sein Tablet runtergefallen und jetzt ist das Display kaputt. Charlotte hat sofort eine Idee: „Aber du kannst es doch im Repair-Café bei meiner Mama reparieren!" Daran hatte Tom auch als Erstes gedacht: „Ja, ich war vorgestern schon bei Tante Jule. Dort habe ich festgestellt, dass das Display verklebt ist und sich das Tablet gar nicht so einfach öffnen lässt. Vielleicht brauche ich sogar Spezialwerkzeug. Und die Bauanleitung habe ich im Internet auch nicht gefunden." „Wie doof ... Schreib doch einfach mal den Hersteller an!", meint Charlotte. „Hab ich gestern schon gemacht. Der meint, dass ich das Gerät in eine Vertragswerkstatt geben soll. Aber dort kostet die Reparatur die Hälfte vom Neupreis! Und wenn ich mir selbst das Ersatzteil beschaffe, lande ich auch fast bei dem Preis. Das nervt mich echt!" Charlotte staunt nicht schlecht über den hohen Reparaturpreis. „Und wenn du Pech hast, gibt es dann bald noch nicht mal mehr sinnvolle Updates für dein Gerät ..."

M32 Ein Recht auf Reparatur?

Texte: Recht auf Reparatur

82302-130

Chamberlain, Elizabeth, übers. v. Parker, Maria, veröffentlicht auf iFixit, CC BY-NC-SA 3.0

M33 Defekt? Problem gelöst

Illustration: Michael Hüter | Copyright: Germanwatch e.V., www.germanwatch.org, 2017

AUFGABEN

82302-296

1. Gib wieder, auf welche Herausforderungen Tom bei der Reparatur seines Tablets gestoßen ist (**M31**).
2. Führe die Kopfstandmethode durch: Lies dazu die Texte zu **M31** (QR-Code) und erläutere, was geschehen müsste, damit eine Reparatur gut durchführbar ist für:
   a) dich selbst,
   b) eine freie Werkstatt,
   c) eine Vertragswerkstatt.
3. a) Interpretiere die Karikatur (**M33**).
   b) Bewerte, wie du auf den Vorschlag des Verkäufers reagieren würdest.
4. Diskutiert abschließend in der Klasse, ob das Recht auf Reparatur ein politisches Ziel ist, für das du dich aussprechen würdest.

Reparieren als Beruf?

Reparieren findest du sinnvoll und dir ist schon die ein oder andere Reparatur geglückt? Na, dann mach doch dein Hobby zum Beruf! So einfach ist das jedoch nicht. Finde heraus, welche Berufe sich mit Reparaturen beschäftigen!

M34 Kaputte Keramik – mein Beruf?

a) Kesselflicker:in

Kesselflicker:innen waren Kupferschmiede, welche von Dorf zu Dorf zogen und dort „Flickarbeiten" anboten. Sie sammelten reparaturbedürftige Töpfe und Pfannen ein, löteten Löcher wieder zu, verstärkten Kesselböden und führten andere Reparaturarbeiten durch. Obwohl dies ein großes handwerkliches Geschick voraussetzte und die Menschen auf eine langjährige Nutzung ihrer Haushaltswaren angewiesen waren, waren die Kesselflicker nicht angesehen. Die ansässigen Kupferschmiede hielten sie für „Störer und Pfuscher" und teilweise wurde ihnen das Anbieten ihrer Arbeiten in Orten verboten, in denen bereits Kupferschmiede niedergelassen waren.

Krünitz, Johann Georg: Kesselflicker. In: Oekonomische Encyklopädie oder allgemeines System der Staats- Stadt- Haus- und Landwirthschaft

b) Kintsugi-Künstler:in:

Kintsugi (jap. „goldenes Verbinden) beschreibt eine von langer japanischer Tradition geprägte Methode, um zerbrochene Keramik zu reparieren. Durch die Verwendung von Gold- und Silberpigmenten veredelt es das reparierte Objekt. Dadurch erscheint die Reparatur für viele Betrachtende nicht als Makel, sondern das Objekt erhält eine neue Ästhetik. Diese Reparaturdienstleistung wird von Künstler:innen angeboten. Eine Reparatur einer zerbrochenen Tasse kostet etwa 50 €. Vielfach bieten die Künstler:innen auch Workshops an, in denen die Teilnehmenden die Technik anwenden und ihre Lieblingsstücke selbst reparieren.

Zerbrochene Schale im Kintsugi-Stil

M35 Welche Bedeutung hat die Reparatur für das Handwerk?

Handwerksanteil an den gesamten Jahresumsätzen durch Reparaturen

Aktivität	Umsatzanteil
Instandhaltung und Reparatur von Kraftwagen	85 %
Reparatur von Geräten der Unterhaltungselektronik	77 %
Reparatur von Uhren und Schmuck	74 %
Reparatur von elektrischen Haushaltsgeräten und Gartengeräten	71 %
Reparatur von Schuhen und Lederwaren	62 %
Reparatur von elektrischen Ausrüstungen	52 %

Nach: Bizer, Kilian et al.: Handwerk und Reparatur – ökonomische Bedeutung und Kooperationsmöglichkeiten mit Reparaturinitiativen. Umweltbundesamt, Göttingen (Texte, 15 /2019)

Im Jahr 2014 wurden 6 % des handwerklichen Gesamtumsatzes über Reparaturdienstleistungen erzielt. Das sind etwa 31 Milliarden Euro.

Kleine Unternehmen, die bis zu vier Mitarbeitende haben, bieten besonders häufig Reparaturdienstleistungen an.

Etwa 46.000 Handwerksunternehmen in Deutschland bieten fast ausschließlich Reparaturdienstleistungen an. Insgesamt beschäftigen sie rund 213.000 Mitarbeitende.

Spiel: Serena Supergreen

82302-131

M36 Jetzt bist du dran: Repariere eine Windkraftanlage!

1. Lade dir die passende App für iOS oder Android herunter (QR-Code).
2. Beginne ein neues Spiel und mache dich mit den Funktionen vertraut. Wenn du den Affen befreit hast, gehe aus dem Spiel, indem du auf das Haussymbol klickst.
3. Gehe auf „Didaktik" und wähle die Gondel aus.

M37 Mit Reparaturen selbstständig machen?

Bei Elifs Lieblingssneakern löst sich die Sohle ab. Enttäuscht berichtet sie ihrer Cousine davon. Die hat einen guten Rat: Ein Schuster kann sowas doch leicht beheben, oder? Ihr Vater weiß, wo es einen Schuster gibt und so macht sich Elif mit neuer Hoffnung auf den Weg. Doch an der Tür hängt ein Schild: Aufgrund schlechter Auftragslage dauerhaft geschlossen! Elif geht enttäuscht nach Hause, tippt lustlos auf ihrem Handy herum und findet dann schließlich ihre Lösung: das Unternehmen „Sneaker Rescue".

AUFGABEN

82302-297

1. a) Beschreibe die abgebildeten Gegenstände und ihre Reparatur (**M34**).
b) Vergleiche die beiden Reparaturtätigkeiten miteinander. Gehe dabei darauf ein, wie die Reparaturen durchgeführt werden und welches Ansehen damit verbunden ist.

2. a) Erläutere die Bedeutung von Reparaturen für das Handwerk (**M35**).
b) Recherchiere nach Unternehmen aus deiner Region, die Reparaturdienstleistungen anbieten und beschreibe diese.

3. a) Spiele die Szene im Spiel Serena Supergreen und analysiere, welche Reparaturtätigkeiten du im Spiel durchgeführt hast (**M36**, QR-Code).
b) Vergleiche deine Spielerfahrungen mit dem Steckbrief „Anlagenmechaniker:in" im nebenstehenden QR-Code und erläutere, welche Anforderungen zum Beruf gehören.
c) Bewerte, inwiefern diese berufliche Tätigkeit zu deinen beruflichen Vorstellungen passt.
d) Erarbeite einen Steckbrief eines Berufes, in dem repariert wird. Stelle diesen deiner Klasse vor.

4. a) Stelle Vermutungen auf, warum Sneaker Rescue (**M37**) erfolgreich ist, obwohl „klassische" Schuster zunehmend schließen.
b) Beschreibt weitere Geschäftsideen, die sich mit Reparaturen beschäftigen. Führt dazu eine Recherche durch.
c) Entwickelt zu zweit oder in einer Gruppe eine eigene Geschäftsidee zur Reparatur.

H zu Aufgabe 2b
Nachfolgende Ideen kannst du recherchieren: iFixit, Swapfiets, Reparie

Steckbrief Anlagemechaniker:in

82302-132

Eine Reparatur durchführen

Worum geht es?

Keine Reparatur gleicht der anderen. Oder doch? Wenn du viel reparierst, wirst du merken, dass du Erfahrungen sammelst, die dir bei den folgenden Reparaturen helfen. Dazu gehört auch, einen bestimmten Ablauf einzuhalten, damit du alles Wichtige bedenkst.

Hinweis: Wenn du für andere reparierst, zum Beispiel in einem Repair-Café, sind besondere rechtliche Grundlagen zu beachten. Informiere dich bei Bedarf hierzu im Internet, bevor du eine Reparatur beginnst.

Geht dabei so vor:

1. Schritt: Ziel der Reparatur definieren

Du analysierst den defekten Gegenstand und befragst ggf. die Besitzerin oder den Besitzer nach dem Defekt. Frage dich selbst oder den Besitzer/die Besitzerin, wie hoch die dafür notwendigen Kosten sein dürfen. Dokumentiere das Ziel der Reparatur.

Beispiel: *In Jules Repair-Café kommt jemand mit folgendem Problem an seinem Fahrrad:*
Beim Ziehen des Bremshebels kann man diesen bis zum Lenker ziehen und trotzdem ist die Bremswirkung gering.
Ziel: Die Bremswirkung soll wiederhergestellt werden. Reparaturkosten bis maximal 20 € sind in Ordnung.

↓ ↓ ↓

2. Schritt: Problem analysieren

Entwickle Ideen, wie du das Problem lösen kannst. Untersuche dafür ggf. den defekten Gegenstand genau, um spezifischere Aussagen zu dem Defekt treffen zu können. Wann tritt der Defekt auf? Unter welchen Bedingungen funktioniert der Gegenstand ggf. normal etc.
Hol dir Informationen ein, wie der Gegenstand genau aufgebaut ist. Welche Wirkmechanismen musst du bei der Reparatur beachten?

Beispiel: Das Problem tritt nur auf, wenn man den Bremshebel für die Vorderradbremse zieht. Der Bremsklotz ist abgebremst, was man an der Abnutzungsmarkierung erkennt. Er muss getauscht werden. Bei den Bremsen handelt es sich um eine V-Brake. Dieses ist bei der Beschaffung der Bremsklötze zu beachten.

V-Brake
Fahrradbremse mit zwei Bremsarmen

↓ ↓ ↓

3. Schritt: Reparatur planen

Plane deine Reparatur und erstelle ggf. einen Instandsetzungsplan, in dem du die notwendigen Teilschritte der Reparatur und den Materialbedarf festhältst.

- Welche Sicherheitsmaßnahmen sind zu beachten?
- Welche Ersatzteile benötigst du? Sind diese verfügbar und zu welchen Kosten?

- Welche Werkzeuge benötigst du? Wo könntest du ggf. Spezialwerkzeug leihen oder frei nutzen?
- Wie kannst du dafür notwendiges Wissen erlangen? (Expert:innen, Video-Tutorials, ...)

Beispiel:

- passende Bremsklötze für V-Brakes → Fachhändler, Kosten unter 20 €
- Innensechskantschlüssel → vorhanden
- ...

4. Schritt: Reparatur durchführen

Richte dir einen passenden Arbeitsplatz ein. Du solltest ausreichend Platz haben und ggf. auch die Möglichkeit, bei einer Unterbrechung den Reparaturgegenstand zu lagern.
Beginne nun mit deiner Reparatur. Wenn du den Gegenstand auseinanderbauen musst, hilft es, die einzelnen Schritte zu fotografieren. Auch ein gezieltes Ablegen von Einzelteilen in der Reihenfolge ihrer Demontage erleichtert dir den späteren Zusammenbau.

Beispiel:

Bremsklotz am Vorderreifen des Fahrrads

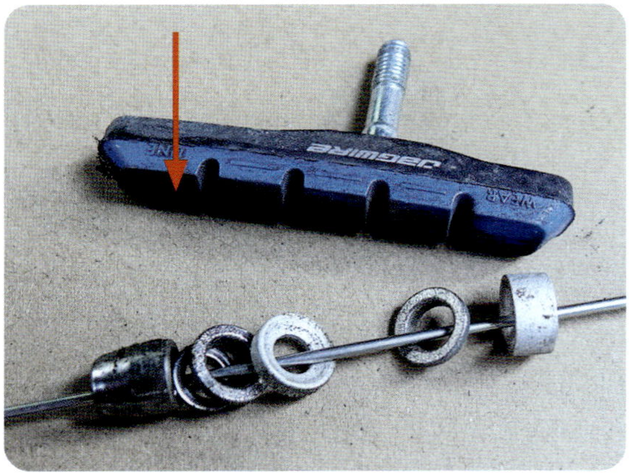

Demontierter Bremsklotz mit Abnutzungsmarkierung

5. Schritt: Kontrolle und Funktion prüfen

Der Gegenstand ist wieder zusammengebaut und sieht wieder funktionsfähig aus? Super, dann bist du schon richtig gut vorangekommen! Bevor du bzw. der Besitzer/die Besitzerin den Gegenstand jedoch wieder nutzt, solltest du eine systematische Funktionsprüfung durchführen. Teste, ob der Defekt behoben ist und alles andere immer noch funktioniert. Lass deine Reparatur von der Fachlehrkraft abnehmen, bevor du den Gegenstand wieder in Betrieb nimmst.

Beispiel: Da die Bremsen für die Fachsicherheit beim Fahrrad zentral sind, ist die Reparatur durch eine Fachperson abzunehmen!
Prüfe selbst,
- ob die Bremsklötze richtig festgezogen sind.
- ob der Bremszug wieder eingehangen ist.
- ob die Ausrichtung der Bremsklötze zur Felge stimmt.
- ob die Bremse gut bremst, wenn du den Bremshebel ziehst.

6. Schritt: Reparaturprozess reflexieren

Hat alles geklappt wie geplant? Ist die Reparatur geglückt?
- Was hat dazu beigetragen, dass deine Reparatur gelungen ist? Wie kam es dazu, dass sie misslungen ist?
- Was waren Herausforderungen und wie konnten diese gelöst werden? Welche Herausforderungen waren nicht lösbar?
- Was konntest du lernen, was dir ggf. auch bei späteren Reparaturen hilft?
- Würdest du die Reparatur noch einmal durchführen? Und falls ja, würdest du auf die gleiche Art und Weise vorgehen?

KOMPETENZTRAINING

M1 Das richtige Verfahren für eine Ukulele

Selbstgebaute Ukulele aus Holz

Ukulele aus dem 3D-Drucker

M2 Frisch gedruckt und schon kaputt

Bruch an einem 3D-gedruckten Teil entlang der Schicht

M3 Entscheidungen während des autonomen Fahrens

Robo-Taxi an einem Zebrastreifen

Aufgaben

1. Benenne die beiden eingesetzten Verfahren zur Herstellung der abgebildeten Musikinstrumente (**M1**).
2. Ordnet die Fertigungsverfahren zu zweit jeweils einer der sechs Hauptgruppen der Fertigung zu (**M1**).
3. Erläutert, ob es sich bei den Musikinstrumenten in **M1** um eine Innovation oder eine Invention handelt.
4. Vergleicht die Vor- und Nachteile der jeweiligen Fertigungsverfahren (**M1**).
5. Beschreibe, in welcher Lage das Bauteil gedruckt wurde (**M2**).
6. Erkläre die Ursache für den Bruch (**M2**).
7. Erkläre, wie ein solcher Bruch vermieden werden kann (**M2**).
8. Erörtere die Nachhaltigkeit in Bezug auf die Reparierbarkeit und den Herstellungsprozess von 3D-gedruckten Teilen (**M2**).
9. Benenne, um welche Stufe des autonomen Fahrens es sich in dieser Situation handelt (**M3**).
10. Beschreibe die Arten der Mensch-Roboter-Interaktionen beim autonomen Fahren (**M3**).
11. Diskutiert die Situation im Falle eines Ausfalls des Bremssystems und die moralischen Entscheidungen, vor denen die Programmier:innen von autonomen Fahrsystemen stehen.

Erläuterungen zu Operatoren

Die Operatoren für das Fach Wirtschaft-Arbeit-Technik sind Verben, die dir anzeigen, welche Tätigkeiten beim Bearbeiten von Aufgaben erwartet werden. Diese Übersicht ist dem Rahmenlehrplan Berlin/Brandenburg entnommen.

Operator	Handlung
Nennen, Angeben	Informationen aufzählen, zusammentragen, wiedergeben
Beschreiben	Sachverhalte, Objekte oder Verfahren mit eigenen Worten darstellen
Vergleichen	Gemeinsamkeiten, Ähnlichkeiten und Unterschiede ermitteln und darstellen
Erklären	Sachverhalte verständlich und nachvollziehbar machen und in Zusammenhängen darstellen
Erläutern	Sachverhalte darstellen und unter Verwendung zusätzlicher Informationen veranschaulichen
Begründen	Sachverhalte, Entscheidungen bzw. Thesen durch nachvollziehbare Argumente stützen und sachlich (beispielhaft) belegen
Analysieren, Untersuchen	unter einer Fragestellung wesentliche Bestandteile, Ursachen oder Eigenschaften herausarbeiten bzw. nachweisen
Diskutieren, Erörtern	sich argumentativ mit verschiedenen Positionen auseinandersetzen und ggf. zu einer begründeten Schlussfolgerung gelangen
Beurteilen	zu Sachverhalten eine selbstständige Einschätzung formulieren und begründen

Methodenglossar

Worum geht es?

Eine Mindmap (englisch: mind map; auch: Gedanken[land]karte, Gedächtnis[land]karte) erstellen, ist eine Technik, die für das Erschließen oder das visuelle Darstellen eines Themengebietes oft zum Einsatz kommt. Hierbei sollen Gedanken freien Lauf erhalten und so die Fähigkeit des Gehirns zur Kategorienbildung genutzt werden.

Geht dabei so vor:

1. Schritt: Das Thema bestimmen

Zuerst gilt es, ein möglichst konkretes Thema bzw. einen bestimmten Begriff zu bestimmen. Schreibt dieses Thema/diesen Begriff in die Mitte eines Papiers.

2. Schritt: Hauptäste setzen

Zieht Linien/Hauptäste von dem Thema/Begriff in verschiedene Richtungen. Schreibt dann Oberbegriffe in Großbuchstaben am Ende der Hauptäste. Mit diesen Oberbegriffen strukturiert ihr das Thema/den Begriff grundlegend, überlegt hier also genau, welche Begriffe ihr für die Hauptäste wählt.

3. Schritt: Erweiterung und Abschluss

Ergänze nun Nebenarme mit einer zweiten (und evtl. dritten) Gedankenebene.

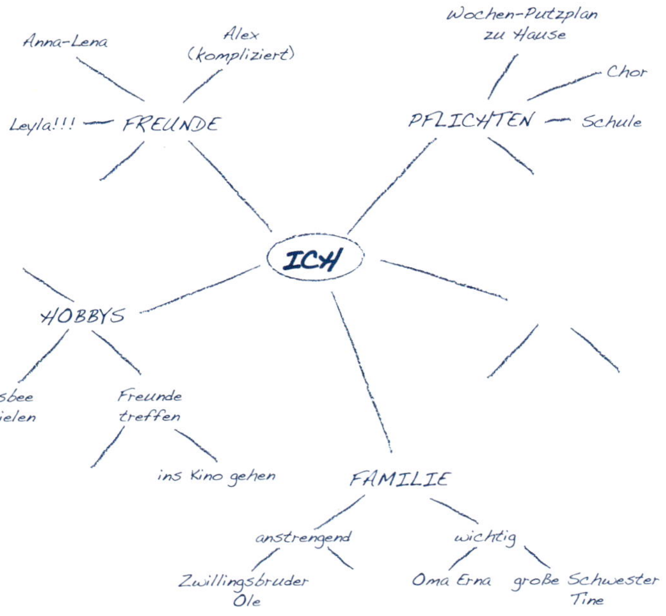

Eine Positionslinie/Meinungslinie bilden

Worum geht es?

Mithilfe einer Positionslinie können Einstellungen körperlich zum Ausdruck gebracht werden. Dies kann in jedem größeren Raum geschehen, z. B. in eurem Klassenraum.

Geht dabei so vor:

1. Schritt: Vorbereitung

Auf einer gedachten oder durch einen Klebestreifen auf dem Boden markierten Linie positionieren sich die Schüler zu einer Frage oder zu einem Problem. Die Enden dieser Linie stellen alternative Pole (ja/nein; stimmt/stimmt nicht), der Abstand zwischen diesen Punkten entsprechend abgestufte Positionen dar.

2. Schritt: Durchführung

Die Schüler werden dann aufgefordert, ihre Positionen zu begründen und sich auch argumentativ aufeinander zu beziehen.

Scholz, Lothar: Spielerisch Politik lernen. Methoden des Kompetenzerwerbs im Politik- und Sozialkundeunterricht, Frankfurt/M, 2003, S. 114

Ein Wandplakat erstellen

Worum geht es?

Ein Wandplakat bietet die Möglichkeit gelernten Inhalt zu visualisieren.

Geht dabei so vor:

1. Schritt: Vorbereitung

Haltet das Wichtigste fest. Hierbei können euch folgende Materialien helfen:

- Bilder, Tabellen, Fotos ...
- Kurze Informationstexte

2. Schritt: Gestaltung

- Klare, saubere, deutliche Schrift
- Keine Rechtschreibfehler
- Farben verwenden, die auch von weitem gut erkennbar sind
- Raum gut aufteilen (nicht dicht gedrängt)

Nach: Klippert, Heinz: Methodentraining. Übungsbausteine für den Unterricht, Weinheim und Basel: Beltz Verlag 1999, S. 168

Karikaturen interpretieren

Worum geht es?

Karikaturen sind Meinungsäußerungen von Zeichner:innen. Die Künstler:innen wollen damit etwas aussagen und erreichen. Manchmal wollen sie den Betrachter zum Schmunzeln bringen. Häufig soll eine Diskussion über bestimmte Themen / Probleme ausgelöst werden. Oft wollen Karikaturen aber auch Kritik an irgendetwas / irgendwem üben.
Schwierig an Karikaturen ist oft, dass die Zeichner:innen genau das Gegenteil von dem abbilden, was sie eigentlich sagen wollen (das nennt man Ironie).
Eine Karikatur interpretierst du immer nach demselben Muster:

Gehe dabei so vor:

1. Schritt: Karikatur beschreiben

Beschreibe die Karikatur, ohne auf Details einzugehen. Beantworte hierzu u. a. folgende Fragen:

- Was ist zu erkennen (Personen, Ort, Zeichen ...)?
- Was wird gesagt und getan?
- Was fällt noch auf?

2. Schritt: Karikaturaussage erläutern

Erläutere, was der/die Zeichner:in aussagen und was er erreichen will. (Unterhaltung? Probleme auf den Punkt bringen? Kritik üben? ...)

3. Schritt: Karikatur bewerten

Bewerte die Karikatur. Ist sie lustig / gelungen / korrekt / ...? Hat der/die Zeichner:in deiner Meinung nach Recht? Fehlen wichtige Aspekte?

Im Internet recherchieren

Worum geht es?

Im Internet findet man viele Informationen. Bei einer Suche kann man sich schnell verirren. Jede Menge Onlineshops und unseriöse Seiten sind daran interessiert, sich mit Falschinformationen Vorteile zu verschaffen. Daher sollte eine Internetrecherche immer strukturiert angegangen werden.

Geht dabei so vor:

1. Schritt: Wähle die passende Suchmaschine aus

Eine Suchmaschine ist eine Internetseite, auf der du einen Suchbegriff eingibst und diese dir dann die zu deinem Begriff passenden Internetseiten auflistet. Sie hilft also dabei, die Unmengen an Informationen, die sich im Internet befinden, zu durchsuchen. Du öffnest eine Suchmaschine, indem du ihre Internetadresse in deinem Browser eingibst.

www.google.de
Die wohl bekannteste Suchmaschine der Welt.

www.ecosia.org
Verwendest du diese Suchmaschine, werden Bäume zur Klimarettung gepflanzt.

www.duckduckgo.de
Suchmaschinen sammeln deine Daten. DuckDuckGo hingegen verspricht, keine Daten von dir zu sammeln.

www.blinde-kuh.de
Eine Suchmaschine, die sich auf Inhalte für Kinder und Jugendliche spezialisiert hat.

2. Schritt: Suchbegriff eingeben

Die Suchmaschine kann nur dann gut nach Informationen suchen, wenn du deine/n Suchbegriff(e) möglichst präzise formulierst.

3. Schritt: Wähle die passenden Ergebnisse aus

Bei den meisten Suchmaschinen erhältst du eine Liste mit den Ergebnissen deiner Suche. Abgebildet sind meistens Überschriften mit kurzen Textauszügen passender Internetseiten. Klickst du sie an, gelangst du zu dieser Internetseite. Achtung! Besuche nur Internetseiten, die dir seriös erscheinen. Internetseiten, bei denen in kürzester Zeit viele Werbeanzeigen aufblenden, du ständig zum „Bestelle hier" aufgefordert wirst oder die unangemessene Bilder zeigen, gehören nicht zu den seriösen Internetquellen. Wie du herausfindest, ob eine Internetseite seriös ist oder nicht, kannst du dir über den QR-Code ansehen.

Du hast die richtigen Informationen gefunden?
Dann weiter mit Schritt 4.

Du hast keine passenden Informationen gefunden?
Gehe zurück zu den Ergebnissen der Suchmaschine und versuche es bei anderen Internetseiten aus der angezeigten Liste. Passe notfalls deine Suchbegriffe (Schritt 2) an, um zu besseren Ergebnissen zu kommen.

4. Schritt: Informationen prüfen und speichern

Jeder kann im Internet Informationen veröffentlichen, daher prüfe, ob dir die Informationen plausibel vorkommen.
Passende Textstellen oder Bilder kannst du mit gedrückter rechter Maustaste markieren. Drücke die Tastenkombination Strg + C, um zu kopieren. Füge die Texte oder Bilder mit der Tastenkombination Strg + V zum Beispiel in ein Textverarbeitungsprogramm ein. Beachte das Urheberrecht und gib die Quelle deiner Informationen mit dem Namen, dem Link (URL) und dem Datum, an dem du die Information gefunden hast, an. Das sieht dann zum Beispiel so aus:

Quelle: Bundeszentrum für Ernährung, https://www.bzfe.de/ernaehrung/die-ernaehrungspyramide/die-ernaehrungspyramide-eine-fuer-alle/ernaehrungspyramide-wie-esse-ich-vegetarisch/ (besucht am 11.03.2023)

Ein Gruppenpuzzle durchführen

Worum geht es?

Diese Unterrichtsmethode ist eine Form der Gruppenarbeit. Sie arbeitet mit zwei Gruppenformen, der Stamm- und der Expertengruppe.
Beim Gruppenpuzzle werden die Mitglieder einer Klasse in Gruppen eingeteilt. Jede Gruppe bearbeitet das Gesamtthema, jedoch jedes Mitglied in Einzelarbeit einen anderen Teil.

Geht dabei so vor:

1. Schritt: Bildet Stammgruppen

- Teilt die Klasse in Stammgruppen von drei bis sechs Personen auf.
- Teilt jedem Mitglied einer Stammgruppe eine Teilaufgabe zu. Jedes Gruppenmitglied wird somit zum „Experten" eines Themas.
- Gebt euch ausreichend Zeit, damit ihr euch in euer Gebiet einarbeiten könnt.

Stammgruppen

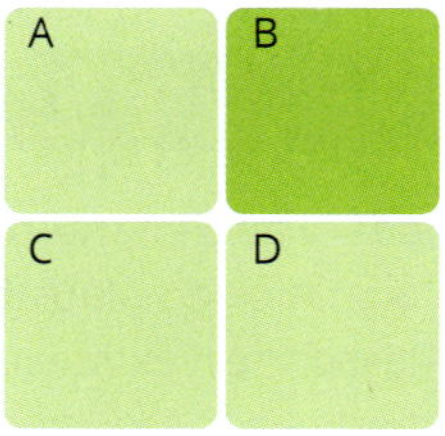

2. Schritt: Bildet Expertengruppen

- Bildet nun „Expertengruppen", indem sich Mitglieder des gleichen Themengebiets treffen und ihre Ergebnisse vergleichen.
- Besprecht in euren „Expertengruppen" eure Teilaufgabe als Experten. Löst zusammen die Teilaufgabe und formuliert ein Ergebnis mit dem sich jeder „Experte" einverstanden erklärt.

Expertengruppen

3. Schritt: Rückkehr in die Stammgruppen

- Kehrt als „Experten" anschließend in eure ursprünglichen Gruppen zurück.
- Vermittelt als „Experten" euren anderen Gruppenmitgliedern, was ihr über euer Themengebiet erarbeitet habt.
- Hört den anderen Experten zu und stellt ihnen gegebenenfalls Verständnisfragen.

Stammgruppen

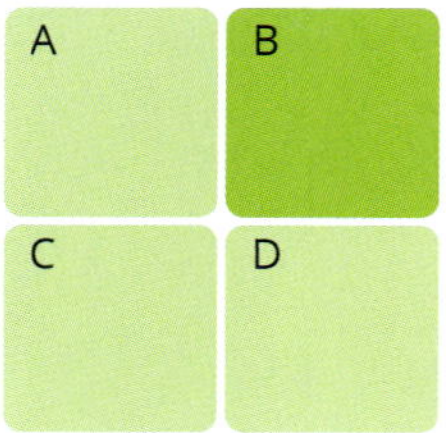

Register

A

Absatz 87, 90 f.
AIDA-Formel 166
Arbeitsformen 94
Arbeitskampf 138, 140
Arbeitsplatz 94, 102, 185, 196 f.
Augmented Reality (AR) 244 f.
Aufbau- und Ablauforganisation 92
Ausbildung 122, 127, 133, 136, 144 f., 148
Automatisierung 128, 202 f., 250
Autonomes Fahren 217 ff., 221 f.

B

Berufliche Orientierung 124, 187 ff.
Berufsberater 122, 124, 155
Berufswahl 133, 144, 146, 148, 150
Beschaffung 83
Bewerbung 156, 162, 164, 170 ff.
Bewerbungsschreiben 172 f.
BIZ (Berufsinformationszentrum) 125, 189

C

Check-U 124, 158 f., 187
Containern 61
Convenience Food 28 f.
CO_2-Kompensation 52. 57
CO_2-Zertifikate 52

D

3D-Druck 30, 241, 256, 268 ff., 275 ff.
Demografischer Wandel 130
Dienstleistung 85
Domestizierung 20 f.

E

Elektroschrott 278 f.
Energiewende 231 f.
Ergonomie 196 f.
Ernährung 15, 22, 30, 40 f.
Ernährungsformen 46 f.
Erneuerbare Energien 106, 230 ff.
Export 32, 58, 108 f.

F

Fachkräftemangel 130 ff., 241, 252
Fähigkeiten 129, 156 f.
FDM-Drucker 269, 276 f.
Fertigung 104, 200, 202
Finanzen 148 f., 153, 263
Fixe Kosten 114
Future Skills 129

G

Gewerkschaft 96, 136, 138 ff.
Gewinn 23, 115
Globalisierung 33, 39
Greenwashing 52 f.

H

Hard Skills 157
Hierarchie 92, 165
Homeoffice 99 f.

I

Import 36, 58 f., 109
Innovation 129, 214, 223
Interview 18 f., 174
Invention 214, 236

J

Job-Futuromat 128, 188, 203
Jugendarbeitsschutzgesetz (JArbSchG) 136

K

Klima 34 f., 40, 44, 46 f., 240
Klimawandel 46, 64, 73
Kommunikation 86, 234 f.
Kompetenzen 127, 129
Konsum 31, 36, 53, 60, 64, 66, 68, 72
Kosten 86, 90 f., 114 f.
Kreditanstalt für Wiederaufbau 72
Künstliche Intelligenz (KI) 250

L

Landwirtschaft 20 ff., 46 f., 56, 83 f.
Laser 212
Lebenslauf 168 f., 171
Lebensmittel 20, 22 f., 24 f., 28, 32 ff.
Lebensmittelampel 54
Lebensmittelverschwendung 60 f.
Lobbyismus 54 f.
Lieferkette 36, 39

M

Makerspace 192 f., 258
Making 256
Management 133, 182 f., 263 ff.
Marketing 86
Maschine 198, 242
Massentierproduktion 20, 22 f.
Matching 167, 187 ff.
Mitbestimmung 96 f., 139

N

Nachhaltigkeit 52, 66 ff., 221
Nutri-Score 54
Nutzwertanalyse 153 f.

O

Oberstufenzentrum 127, 144 f.
Obsoleszenz 280 f.
Organisation 90f., 92 f.

P

Plastikproduktion 26
Plastikverpackung 26 f.
Plastikmüll 53
Politik 50, 54 f., 57, 65, 68, 72 f.
Potenzialanalyse 160 f.
Praktikum 179 ff.
Praktikumshefter 182 f., 184 f.

Praktikumsplatz 180
Produkt 196, 200 f., 214, 256, 270, 276, 280
Produktion 84, 90, 104
Projektmanagement 263 ff., 266 f.

R
Recruiting 164
Recycling 68
Regionalität 37, 42 ff., 50, 81, 132
Rente 135
Reparatur 256 ff., 283 f., 285 f., 287 ff.
Roboter 246 f., 248 ff., 254 ff.
Rohstoffe 66, 82 f., 84, 90

S
Sägen 204 ff.
Sägeblatt 204
Schüler:innenfirma 90, 92, 96, 114
Sicherheit 102 f., 194 f., 206, 209, 218, 252, 259
Soft Skills 157
Sorben 43
Spreewald 43 ff.
Stellenanzeige 162 ff., 166
Steuern 109
Streik 96, 138 f., 140, 255
Strukturwandel 105

T
Technikfolgenabschätzung 223
Tarifkonflikt 138 ff., 141
Tarifvertrag 96, 141
Tourismus 43, 106 f.

U
Umsatz 115
Unsichtbare Kosten 50 f.
Unternehmen 80 f., 87, 92

V
Variable Kosten 114 f.
Vegan 31, 46
Verbraucherbeschwerde 62 f.
Virtual Reality (VR) 244 f.
Vorstellungsgespräch 176 f.

W
Werbung 53, 86
Wirtschaftskreislauf 109
Wirtschaftssektoren 84, 231 f.

Z
Zukunft 127, 129, 203

Bildnachweis

AdobeStock / Artalis-Kartographie – S. 108; - / Daniel Bahrmann – S. 43; - / blattwerkstatt – S. 163; - / bryanpollard – S. 84; - / contrastwerkstatt – S. 94; - / Gorodenkoff – S. 244; - / ifeelstock – S. 190; - / LIGHTFIELD STUDIOS – S. 235; - / mari1408 – S. 271; - / mije shots – S. 106; - / Daria Nipot – S. 40; - / Marcel Paschertz – S. 67; - / photonic – S. 269; - / Pixel-Shot – S. 197; - / PRILL Mediendesign – S. 215; - / Racle Fotodesign – S. 167; - / Didier San Martin – S. 264; - / Massimo Santi – S. 240; - / Seventyfour – S. 269; - / spuno – S. 43; - / theerakit – S. 233; - / victoria p. – S. 106; - / vitals – S. 31; - / Tomasz Warszewski – S. 240; - / Mathias Weil – S. 242; - / Björn Wylezich – S. 38; - / vxnaghiyev (KI-generiert) – S. 253; Alamy Stock Photo / Archivart – S. 24; - / Ascannio – S. 255; - / B Christopher – S. 190; - / Colport – S. 224; - / Gado Images – S. 280; - / Imagebroker – S. 218; - / NurPhoto SRL – S. 215; - / Zoonar GmbH – S. 225; - / ZUMA Press, Inc. – S. 256; AUDI AG – S. 197; Autodesk – S. 272 (3), 273 (6), 274 (4); Bayerischen Motoren Werke Aktiengesellschaft – S. 244; Bergmoser + Höller Verlag, Aachen – S. 141; Bundesagentur für Arbeit (BA) – S. 158; Bundesanstalt für Landwirtschaft und Ernährung (BLE), Text: Larissa Kessner, BLE – S. 46; Bundesministerium für Ernährung und Landwirtschaft (BMEL) – S. 60; Camino Filmverleih GmbH – S. 279; Christian Möller, Cloud Science – S. 217, 218, 227, 253; Daniel Preikschat/LR – S. 45; DER SPIEGEL 14/1964 – S. 105; DER SPIEGEL 16/1978 – S. 105; DER SPIEGEL 30/2016 – S. 105; Dreamstime.com / Peter Lewis – S. 199; dSign Systems GmbH – S. 267; Europäische Union – S. 44; foodsharing e.V. – S. 60; Fotolia / Apart Foto – S. 198; - / Peter Atkins – S. 233; - / contrastwerkstatt – S. 94; - / GordonGrand – S. 27; - / svort – S. 233; - / taddle – S. 80; - / Maksim Toome – S. 224; Getty Images Plus / DigitalVision, Christopher Robbins – S. 57; - / DigitalVision, Siri Stafford – S. 97; - / iStock Editorial, Mickis-Fotowelt – S. 242; - / iStockphoto, aaron007 – S. 82; - / iStockphoto, All the rights for presented photos are my own. – S. 250; - / iStockphoto, Alter_photo – S. 83; - / iStockphoto, bchiku – S. 82; - / iStockphoto, beats3 – S. 25; - / iStockphoto, bergamont – S. 34; - / iStockphoto, Igor Borisenko – S. 198; - / iStockphoto, Stepan_Bormotov – S. 233; - / iStockphoto, Boxun Liu – S. 56; - / iStockphoto, Sabrina Bracher – S. 94; - / iStockphoto, Cameramannz – S. 82; - / iStockphoto, Elena Chertovskikh – S. 201; - / iStockphoto, Cristina Canton – S. 57; - / iStockphoto, chat9780 – S. 84; - / iStockphoto, checha – S. 199; - / iStockphoto, comzeal – S. 84; - / iStockphoto, cookelma – S. 213; - / iStockphoto, Coprid – S. 233; - / iStockphoto, Creative Credit – S. 57; - / iStockphoto, demaerre – S. 247 (2); - / iStockphoto, Marina Demidiuk – S. 268; - / iStockphoto, Dio5050 – S. 80; - / iStockphoto, DmyTo – S. 275; - / iStockphoto, Everyday better to do everything you love – S. 34; - / iStockphoto, Andrea Ferro – S. 82; - / iStockphoto, Firn – S. 75; - / iStockphoto, fongfong2 – S. 34; - / iStockphoto, Sebastian Frank – S. 200; - / iStockphoto, FurryZen – S. 268; - / iStockphoto, Julia Garan – S. 250; - / iStockphoto, Oscar Giraldo – S. 290; - / iStockphoto, gorodenkoff – S. 244, 254; - / iStockphoto, Taras Grebinets – S. 215; - / iStockphoto, Finn Hafemann – S. 246, 248; - / iStockphoto, Halfpoint – S. 84; - / iStockphoto, harmpeti – S. 275; - / iStockphoto, MarkHatfield – S. 82; - / iStockphoto, sufiyan huseen – S. 118; - / iStockphoto, David Petrus Ibars – S. 200; - / iStockphoto, Farhad Ibrahimzade – S. 246; - / iStockphoto, chayakorn lotongkum – S. 22; - / iStockphoto, industryview – Cover, S.201; - / iStockphoto, ipopba – S. 244; - / iStockphoto, jittawit.21 – S. 212; - / iStockphoto, Kerkez – S. 84, 215; - / iStockphoto, NATALIA KHIMICH – S. 200; - / iStockphoto, Khanchit Khirisutchalual – S. 250; - / iStockphoto, Sanghwan Kim – S. 65; - / iStockphoto, Kolonko – S. 199; - / iStockphoto, koosen – S. 82; - / iStockphoto, kurmyshov – S. 268; - / iStockphoto, kynny – S. 252, 275; - / iStockphoto, Rainer Lesniewski – S. 76; - / iStockphoto, LightFieldStudios – S. 27; - / iStockphoto, Lightworks9 – S. 233; - / iStockphoto, LSOphoto – S. 184; - / iStockphoto, Natalia Maliseva – S. 56; - / iStockphoto, Ryan McVay – S. 67; - / iStockphoto, Melpomenem – S. 198; - / iStockphoto, Mik_photo – S. 212; - / iStockphoto, milosradinovic – S. 84; - / iStockphoto, mofles – S. 184; - / iStockphoto, Marco Montalti – S. 285; - / iStockphoto, monkeybusinessimages – Cover, S. 214; - / iStockphoto, CarmenMurillo – S. 242; - / iStockphoto, Nature – S. 246; - / iStockphoto, Nikuwka – S. 233; - / iStockphoto, nilimage – S. 155; - / iStockphoto, nine_far – S. 34; - / iStockphoto, OcusFocus – S. 227; - / iStockphoto, omgimages – S. 118; - / iStockphoto, Arsenii Palivoda – S. 212; - / iStockphoto, Henadzi Pechan – S. 248; - / iStockphoto, phive2015 – S. 224; - / iStockphoto, Phoenixns – S. 276; - / iStockphoto, PhonlamaiPhoto – S. 252; - / iStockphoto, photovs – S. 202; - / iStockphoto, PicturePartners – S. 84; - / iStockphoto, pierivb – S. 34; - / iStockphoto, PLG – S. 242; - / iStockphoto, Poike – S. 27; - / iStockphoto, Pongchart – S. 118; - / iStockphoto, Andrey Popov – S. 84, 197, 240; - / iStockphoto, Prostydio – S. 34; - / iStockphoto, psisa – S. 205; - / iStockphoto, Qju Creative – S. 215; - / iStockphoto, Rawpixel – S. 27; - / iStockphoto, Matthias Rohrberg – S. 240; - / iStockphoto, Aleksandr Rybalko – S. 84; - / iStockphoto, SeventyFour – S. 84; - / iStockphoto, Andrii Shablovskyi – S. 63; - / iStockphoto, shironosov – S. 63; - / iStockphoto, simpson33 – S. 250; - / iStockphoto, Marina_Skoropadskaya – S. 275; - / iStockphoto, Smederevac – S. 184; - / iStockphoto, smirart – S. 278; - / iStockphoto, somchaisom – S. 224; - / iStockphoto, Sporran – S. 200; - /

iStockphoto, stevanovicigor – S. 56; - / iStockphoto, stoonn – S. 56; - / iStockphoto, Thossaphol – S. 252; - / iStockphoto, Three Spots – S. 214; - / iStockphoto, Thx4Stock – S. 215; - / iStockphoto, Karl-Hendrik Tittel – S. 104; - / iStockphoto, undefined undefined – S. 248; - / iStockphoto, urfinguss – S. 67; - / iStockphoto, vitpho – S. 112; - / iStockphoto, volody10 – S. 22; - / iStockphoto, Liubomyr Vorona – S. 61; - / iStockphoto, Jacob Wackerhausen – S. 57; - / iStockphoto, Wavebreakmedia – S. 212; - / iStockphoto, WoodyAlec – S. 63; - / iStockphoto, xieyuliang – S. 104; - / iStockphoto, Yauhen_Zaluzhny – S. 205; - / iStockphoto, Zeffss1 – S. 74 (2); - / iStockphoto, mesut zengin – S. 56; - / iStockphoto, Zinkevych – S. 250; - / iStockphoto, AlekZotoff – S. 268; - / Monkey Business Images – S. 118; - / Photodisc, Ryan McVay – S. 224; - / PhotoObjects.net, Zedcor Wholly Owned – S. 37; - / Stockbyte, Jupiterimages – S. 202; haltungsform.de – S. 23 (4); Handwerkskammern Baden-Württemberg – S. 262; Heiko Sakurai, Essen – S. 28; Heinrich-Böll-Stiftung/freepik.com, 2017 – S. 231; imago images / photothek – S. 279; Institut für Arbeitsmarkt-und Berufsforschung, CC BY-SA 4.0 – S. 128, 203; iStockphoto / BIG_TAU – S. 184; - / bombuscreative – S. 224, 233; - / J J Osuna Caballero – S. 233; - / Chesky_W – S. 252; - / Laurentius – S. 190; - / mariusFM77 – S. 82; - / Mfpar35 – S. 80, 216; - / sematadesign – S. 61; Kenter GmbH, Leipheim – S. 254; Konrad NetPL – S. 275; Kreuzbär, Berlin – S. 86; Kühne + Nagel AG & Co. KG – S. 35; machBar - Wissenschaftsladen Potsdam e.V. c.o. – S. 258 (3); Mauritius Images / Alamy Stock Photo, Angela Serena Gilmour – S. 240; - / Alamy Stock Photo, KATE NOBLE – S. 35; - / Blend Images, Hill Street Studios – S. 227; - / imageBROKER, Anton Luhr – S. 80; - / imageBROKER, MrLogo – S. 199; - / McPHOTO – S. 199; - / Günter Rossenbach – S. 240; Michael Hüter, Germanwatch e.V. – S. 284; Michael Hüter, Lernen und Gesundheit: das Schulportal der DGUV – S. 103; Mobsya Association, Creative Commons Attribution-ShareAlike 3.0 Unported (CC BY-SA 3.0) – S. 248; Moritz Metz – S. 256 (2); my Boo Bambusfahrräder – S. 64; Nasa / JPL-Caltech – S. 252; Nervous System, Inc. – S. 269; Nina Autenrieth – S. 267; Paragon Innovations / www.pargonInnovations.com – S. 261, 262; Penny Markt GmbH – S. 50; picture-alliance / AP Photo, Charles Krupa – S. 226; - / AP Photo, Uncredited – S. 255; - / AP, RICHARD VOGEL – S. 104; - / Christoph Reichwein – S. 138; - / dpa / dpa-Zentralbild, Patrick Pleul – S. 106; - / dpa, Matthias Balk – S. 30; - / dpa, Patrick Pleul – S. 43, 45; - / dpa, Annette Riedl – S. 165; - / dpa, Christoph Sator – S. 26; - / dpa, Markus Scholz – S. 96; - / dpa, Ingo Wagner – S. 104; - / dpa, Jan Woitas – S. 254; - / dpa Themendienst, Robert Guenther – S. 199; - / dpa-Zentralbild / dpa, Britta Pedersen – S. 96; - / imageBRO-

KER, Schoening Berlin – S. 152; - / Snowfield Photography, Ralf Ibing – S. 268; - / SULUPRESS.DE, Marc Vorwerk – S. 250; - / SZ Photo, Scherl – S. 190; - / ZB, Manfred Uhlenhut – S. 150; R. L. Foote Design Studio – S. 275; Sabine Voigt, Köln – S. 116; Salzburger Nachrichten / T. Wizany – S. 40; Schwarwel, Leipzig – S. 47; Scratch ist ein Projekt der Scratch Foundation und der Lifelong Kindergarten Group am MIT Media Lab. Es steht kostenlos unter https://scratch.mit.edu zur Verfügung, CC BY-SA 2.0 DEED – S. 260; Servicestelle der Initiative Klischeefrei – S. 134 (2); Shutterstock / ako photography – S. 219; - / Creativa Images – S. 196; - / Lex0077 – S. 14; - / robtek – S. 190; Studio Theresa Bentz – S. 276; Synnatschke Photography – S. 43; Tafel Deutschland e.V. – S. 60; Thomas Plaßmann, Essen – S. 95, 220; Too Good To Go, Copenhagen – S. 60; Toonpool.com / RABE – S. 228; wikimedia.org – S. 20 (2), 104; zenziwerken.de / Daniel Groß – S. 275; zwei helden GmbH / Familienmagazin lausebande – S. 42